I0070147

TÉCNICAS CONTABILÍSTICAS

E OS IMPOSTOS

3ª Edição – Revista, Actualizada e Transformada

Autores

Gil Fernandes Pereira

e

Rui M. dos Santos

EDIÇÃO DOS AUTORES
Rua Simões de Castro, 170, 6º A e B
Telefone e Fax 239823646 - Apartado 260
3000-387 COIMBRA

OBRAS JÁ PUBLICADAS:

* Técnicas Contabilísticas e os Impostos
* A Contabilidade e a Escrituração por Decalque
* A Escrituração dos Livros Selados e o POC
* A Apresentação dos Elementos de Escrita ao Fisco
* A Exemplificação e Aplicação do POC
* Ordenação Explicativa e Contabilização do IVA
* Tratamento Fiscal e Contabilístico das Provisões, Amortizações e Reavaliações
* A Contabilidade das Empresas e a Informática
* IRS - Imposto Único das Pessoas Singulares
* IRC - Imposto Único das Pessoas Colectivas
* Reavaliação do Activo Imobilizado Corpóreo - D.L. 49/91
* Obrigações Fiscais dos Profissionais Independentes e Empresários Individuais
* O IVA nas Operações Internas e Intracomunitárias
* Mapas Recapitulativos e Declarações do IVA - Locação Financeira e Mais-Valias Fiscais não Tributadas
* Impostos - Tabelas e Taxas
* Código do IRC Ordenado Alfabeticamente por Assuntos
* Planos de Contas
* Código das Sociedades Comerciais Ordenado alfabeticamente
* A Reforma Fiscal e os Novos Regimes de Tributação do IRS e do IRC
* Manual Fiscal das Obrigações Declarativas
* Legislação Fiscal Com Exemplos de Aplicação
* Organização e Execução da Contabilidade Financeira das Empresas
* IES – Informação Empresarial Simplificada
* Código do Imposto sobre o Valor Acrescentado (IVA)
* Estatuto dos Benefícios Fiscais (EBF)
* Guia de Casos Práticos de Contabilidade e Fiscalidade
* SNC – Sistema de Normalização Contabilística
* Adaptação do Código do IRC ao SNC
* Microentidades e Entidades do Sector não Lucrativo
* O Balanço e os Movimentos Contabilísticos de Fim de Exercício
* PGCA – Plano Geral de Contabilidade de Angola
* CIVA – Ordenação Explicativa e Contabilização do IVA em Moçambique
* Lei das Sociedades Comerciais de Angola

INTRODUÇÃO

1ª EDIÇÃO

Ao longo da nossa carreira profissional temos tido a oportunidade de constatar que as maiores dificuldades que se deparam, na prática, a um contabilista são, precisamente, aquelas que se prendem com a forma de pôr em execução os seus conhecimentos teóricos.

Já nos foi dada também oportunidade de preparar, profissionalmente, alguns colegas, a maioria dos quais sabemos, que hoje não sentem dificuldades na conclusão dos seus trabalhos.

Mas, também, por outro lado, houve alguns que nos solicitaram ajuda ou colaboração para iniciarem ou organizarem escritas de Sociedades quando, afinal, necessitavam era de alguém que lhes fizesse sentir, com demonstrações e explicações breves, que tinham conhecimentos suficientes para tomarem sob sua responsabilidade a escrituração da contabilidade de uma sociedade, tarefa a que não se aventuravam apenas por não terem a certeza ou segurança quanto às suas possibilidades para a concretizarem.

Esses colegas referiam-se, muitas vezes, à falta de guias práticos para o efeito, pelo que nos vinham incutindo no espírito a necessidade de se preparar um manual prático de contabilidade dedicado aos "contabilistas não especializados" ou aqueles que adquirindo teoria escolar, possam sentir dificuldades na materialização dos seus conhecimentos.

O presente trabalho é, pois, dedicado a esses contabilistas e à escrituração por DECALQUE MANUAL das pequenas e médias Empresas, não porque a contabilidade Geral ou Analítica seja diferente num e noutro caso mas, simplesmente, porque actualmente a grande empresa, se não utiliza o computador, utiliza a contabilidade mecânica.

Na contabilidade das chamadas grandes empresas os serviços respectivos são distribuídos por inúmeros empregados, isto é, cada um tem a seu cargo, tarefas específicas, tais como:

a) - Elaboração de saques e expediente inerente;
b) - Ficheiros de Devedores e Credores;
c) - Facturação e recibos;
d) - Lançamentos de stocks;
e) - Lançamentos dos livros auxiliares, etc..

Por vezes, nessas empresas, os empregados mudam, periodicamente, de serviço, trocando com outros colegas, com o objectivo de possibilitar uma maior pluralização de conhecimentos, de forma a não se fazerem ressentir os serviços com a substituição, inesperada, de um elemento. No entanto, por experiência própria, devemos confessar que essas trocas nem sempre se realizam como se idealizam, por diversos factores.

Acontece, assim, que elementos admitidos após a conclusão dos seus estudos, aos quais é distribuída uma tarefa distinta, não tem oportunidade de pôr em prática todos os seus conhecimentos teóricos.

Ora, isso na pequena empresa já não acontece, tendo em linha de conta o reduzido número de empregados de escritório ao serviço. Nestes casos, o contabilista é obrigado a conhecer todo o expediente ou movimento contabilístico e, até, muitas vezes, esse pessoal se resume apenas ao guarda-livros. Em outros casos ainda é o contabilista quem executa toda a escrituração e expediente em regime de avença ou "part-time".

Assim, dominando-se, sem dificuldades, toda a técnica contabilística de uma pequena "escrita" comercial, industrial, agrícola, etc., está-se a um passo da escrituração ou infiltração na contabilidade das grandes empresas, pois, no que se refere à abertura, execução dos lançamentos e encerramento das contas, os princípios são os mesmos.

Neste nosso trabalho, dedicar-nos-emos à escrituração por decalque manual e só, muito resumidamente, citaremos os restantes sistemas de escrituração, tendo presente que estes se encontram devidamente desenvolvidos em livros próprios do ensino técnico ou profissional.

O plano da matéria a apresentar é a organização e escrituração completa da contabilidade de uma sociedade comercial e, ainda, sugestões, esclarecimentos e exemplificação das actuais "Obrigações de carácter fiscal" a cumprir em face dos elementos de escrita.

Apresentaremos, igualmente, neste mesmo trabalho, algumas considerações acerca da técnica ou modo de utilização do livro selado "Diário-Razão-Balancete".

Incluiremos ainda o anteprojecto do Plano de Contas Nacional, Classes de Contas de planos contabilísticos de diversos países, exemplos de aberturas de escritas dos diferentes tipos de sociedades, legislação diversa, etc..

Ao longo da presente obra, os estimados leitores aperceber-se-ão, facilmente, que tivemos a preocupação de usar o mínimo possível de teoria, em benefício de uma mais extensa exemplificação prática dos conhecimentos que se transmitem.

Luanda, Junho de 1974

O AUTOR

NOTA DE APRESENTAÇÃO DA 3ª EDIÇÃO

Esta obra foi estruturada de forma a facilitar uma rápida utilização, nomeadamente, pelas empresas, técnicos oficiais de contas, contabilistas e estudantes da área de contabilidade e auditoria. É composta por treze capítulos que abrangem a seguinte matéria:

No primeiro capítulo consta o "Exemplo nº 1, que é dedicado à organização da contabilidade de um comerciante ou de uma sociedade para início da sua escrituração", com a aprovação do balanço inicial pelos sócios e emissão da respectiva "Acta" de aprovação assinada pelos sócios. Em 2012 são apresentados os respectivos registos contabilísticos, com exemplos de lançamentos de abertura de 2011 e lançamentos na Contabilidade Geral Financeira.

No capítulo II inclui-se o quadro e lista de contas do PGCA – Plano Geral de Contabilidade de Angola, de forma resumida remetendo análise mais profunda do Plano para o nosso livro anterior – 2ª edição.

No III capítulo apresenta-se o "Exemplo nº 2 - Como organizar a contabilidade de um comerciante ou empresa para cumprimento da lei".

No IV capítulo apresenta-se o "Exemplo nº 3 – Movimentos contabilísticos de fim de exercício".

O capítulo V, compreende o IRT – Imposto sobre os Rendimentos do Trabalho (Lei nº 10/99), de 29 de Outubro.

No capítulo VI consta o Decreto Legislativo Presidencial nº 6/11, de 30 de Dezembro, inerente ao "Imposto do Selo" e obrigações contabilísticas.

O capítulo VII contém o Imposto sobre a Aplicação de Capitais, com exemplos de aplicação.

O capítulo VIII é dedicado a uma Associação de Solidariedade Social, com a Lei das Associações e registos contabilísticos. O capítulo IX é dedicado à contabilidade de uma sociedade comercial.

No capítulo X constam as obrigações contabilísticas e legislação fiscal da "Dissolução e Liquidação de Sociedades", com exemplos de aplicação. No capítulo XI mostram-se os registos contabilísticos de uma sociedade de empreitadas de Luanda.

O XII capítulo é dedicado à Segurança Social.

Finalmente, no último capítulo mencionam-se "Noções de Comércio e de Contabilidade".

Novembro de 2013

OS AUTORES

CAPÍTULO I

COMO ORGANIZAR A CONTABILIDADE

DE UM COMERCIANTE

OU DE UMA SOCIEDADE

PARA INÍCIO DA SUA ESCRITURAÇÃO

Para exemplo, vamos supor que o novo contabilista da Sociedade "X", Limitada, com sede em Luanda, pretendia organizar, pela primeira vez, a contabilidade da empresa.

1.1 INVENTÁRIO GERAL

Porque se deparam, a alguns contabilistas, dificuldades no apuramento dos valores de um comerciante ou de uma empresa que nunca possuiu escrita e agora pretende organizá-la, para um melhor controlo do seu património e cumprimento da Lei, resolvemos preencher o presente capítulo com a inventariação de todos os valores "Activos" e "Passivos" de uma empresa, com base em 31 de Dezembro de 2012.

Assim, o contabilista, com a colaboração dos sócios ou seus representantes, procedeu à contagem dos valores e identificação dos bens, que foram relacionados e transcritos para uma "Acta", depois de conferidos e aprovados em reunião, pelos sócios titulares do capital social:

1.1.1 VALORES ACTIVOS

1) CAIXA

Dinheiro em cofre..	8.400,00	
Vale do sócio "A", que brevemente regularizará, ou lhe será debitado..	2.100,00	10.500,00

2) BANCOS

Para o efeito, pediram-se extractos aos Bancos onde haviam sido movimentados valores.

Pelos registos de controlo existentes, confirmaram-se os seguintes valores:

2.1 Banco "A"...	65.400,00	
2.2 Banco "B"...	75.345,00	
2.3 Banco "C"...	56.692,50	197.437,50

3) LETRAS A RECEBER

3.1 Em carteira, aceites de:

Cliente "G" c/vencimento em 31/03/2012..........	30.000,00	
Cliente "H" c/vencimento em 05/04/2012..........	25.050,00	

3.2 À cobrança nos Bancos:

Banco "A", c/vencimento em 08/02/2012............	16.500,00	
Banco "C", c/vencimento em 10/02/2012............	16.800,00	88.350,00

4) DÍVIDAS DE CLIENTES

4.1 A curto prazo:

Cliente "A"..	33.750,00	
Cliente "B"..	102.000,00	
Cliente "C"..	33.750,00	
Cliente "D"..	60.000,00	
Cliente "E"..	35.760,00	
Cliente "F"..	27.870,00	293.130,00

4.2 A longo prazo:

Vendas a prestações, conforme detalhe em livro auxiliar..	57.750,00	
Cliente "I"...	30.000,00	87.750,00

5) DÍVIDAS DE CLIENTES DE COBRANÇA DUVIDOSA

5.1 Dívidas conforme registo:

Cliente "DA"...	3.000,00	
Cliente "DB"...	4.500,00	
Cliente "DC"...	14.400,00	21.900,00

6) MERCADORIAS

6.1 Inventário elaborado em 31/01/2012:

Valor das mercadorias existentes que foram valorizadas ao preço de custo (valor constante da factura do fornecedor, acrescida de todas as despesas até armazém)...	2.634.367,50

7) IMOBILIZADO CORPÓREO

Valores inventariados, nesta data, cuja identificação foi feita com auxílio de documentos de fornecedores, já arquivados.

Os valores que a seguir mencionamos são os de aquisição ou custo inicial. As desvalorizações considerá-las-emos em rubrica própria, apuradas em função dos anos de utilidade e taxas legais de amortização permitidas:

7.1 VIATURAS

Uma carrinha da marca Datsun, adquirida em Janeiro de 2011..	112.500,00	
Uma carrinha da marca Peugeot, adquirida em 2010..	150.000,00	262.500,00

7.2 MOBILIÁRIO DE ESCRITÓRIO

7.2.1 Aquisições em 2011:

Uma máquina de escrever referência "M"	10.500,00	
Uma máquina de somar referência "T"....	12.900,00	
Uma máquina de calcular da marca "F"...	10.350,00	
Duas secretárias metálicas com cadeiras..	19.275,00	

7.2.2 Aquisições em 2012:

Um cofre de parede.................................	5.250,00	
Uma estante em madeira para pastas........	18.750,00	77.025,00

7.3 MAQUINARIA

7.3.1 Aquisições em 2011:

Uma câmara frigorífica para frutas e legumes..	150.000,00	
Uma câmara frigorífica para artigos diversos.	225.000,00	375.000,00

TOTAL DO ACTIVO... **4.047.960,00**

1.1.2 VALORES PASSIVOS E SITUAÇÃO LÍQUIDA

1.1.2.1 VALORES PASSIVOS

1) LETRAS A PAGAR

Valor dos seguintes aceites, por liquidar, em 26/12, conforme registo de letras existente:

Saque do Fornecedor "A", com venc°. em 16/02.......	135.000,00	
Saque do Fornecedor "B", com venc°. em 28/02.......	195.000,00	
Saque do Fornecedor "C", com venc°. em 31/03.......	180.000,00	510.000,00

2) FORNECEDORES

Pediram-se extractos de c/c a todos os fornecedores, em presença dos quais tivemos o ensejo de confirmar, ou corrigir, os débitos a terceiros, por regularizar em 26/12/11.

Pelos documentos existentes e extractos recebidos, apuraram-se os seguintes saldos credores:

Fornecedor "A"..	162.600.00	
Fornecedor "B"..	131.047,00	
Fornecedor "C"..	162.000,00	
Fornecedor "D"..	226.200,00	
Fornecedor "E"..	157.500,00	
Fornecedor "F"..	523.095,00	
Fornecedor "G"..	82.240,50	
Fornecedor "H"..	270.900,00	1.715.583,00

3) AMORTIZAÇÕES

Tendo em consideração a legislação publicada em Angola, sobre limites de taxas de Reintegrações e Amortizações das Imobilizações Corpóreas e Incorpórias (Portaria n° 755/72, corrigida de acordo com o B.O. n° 70/73 e Portaria n° 57/74), calcular-se-iam as seguintes amortizações:

16

3.1 VIATURAS

Carrinha da marca Peugeot, adquirida em 2010:

* Amortizações de 2010: 33,33% s/100.000,00....	49.999,95	
* Amortizações de 2011: 33,33% s/100.000,00....	49.999,95	
Carrinha da marca Datsun, adquirida em 2011:		
* Amortizações de 2011: 33,33% s/75.000,00.....	37.496,25	137.496,15

3.2 MOBILIÁRIO DE ESCRITÓRIO

3.2.1 Aquisições em 2011:

Máquina de escrever referência "M"...............	10.500,00	
Máquina de somar referência "T"....................	12.900,00	
Máquina de calcular da marca "F"..................	10.350,00	
Secretárias metálicas com cadeiras..................	19.275,00	
Sub-total..	53.025,00	
Depreciação:		
Em 2011: 12,5% s/35.350,00....................	6.628,05	
Em 2012: 12,5% s/35.350,00....................	6.628,05	13.256,10

3.2.2 Aquisições em 2012:

Cofre de parede..	5.250,00	
Estante em madeira para pastas........................	18.750,00	
Sub-total...	24.000,00	
Em 2012: 12,5% s/16.000,00....................	3.000,00	3.000,00

3.3 MAQUINARIA

3.3.1 Aquisições em 2011:

Câmara frigorífica para frutas e legumes..............	150.000,00	
Câmara frigorífica para artigos diversos..............	225.000,00	
Sub-total	375.000,00	
Depreciação:		
Em 2011: 12,5% s/250.000,00....................	46.875,00	
Em 2012: 12,5% s/250.000,00....................	46.875,00	93.750,00

1.1.2.2 SITUAÇÃO LÍQUIDA

1.1.2.2.1 SITUAÇÃO LÍQUIDA INICIAL

Entrega em numerário pelos dois sócios aquando do início da actividade, conforme documentos assinados por ambos:

Sócio "A"...	375.000,00
Sócio "B"...	375.000,00
Capital inicial...........................	**750.000,00**

1.1.2.2.2 SITUAÇÃO LÍQUIDA ADQUIRIDA

Depois de minuciosamente reconferidos os valores activos e passivos antes descritos, chega-
-se à conclusão que a Sociedade obteve um lucro de 549.916,50, durante o período que ocorreu entre o início da actividade e a sua legali-
zação jurídica e contabilística.

A seguir exemplificamos o apuramento do lucro líquido antes referido:

1) Valor do "Activo"...................................	4.047.960,00
2) Valor do "Passivo".................................	2.473.085,25
Capital próprio................................	**1.574.874,75**
3) Capital inicial.....................................	750.000,00
Resultado do período................	**824.874,75**
TOTAL DO PASSIVO............................	**4.047.960,00**

Luanda, 31 de Dezembro de 2012

O Contabilista   Os Sócios

----------------------   ----------------------------

1.2 ESTRUTURA DO BALANÇO

Segundo aquele inventário, o "Balanço" da sociedade podia ser assim ordenado:

ACTIVO

Disponível		
Caixa..	10.500,00	
Bancos..	197.437,50	207.937,50
Realizável		
Letras a receber............................	88.350,00	
Devedores....................................	402.780,00	
Mercadorias..................................	2.634.367,50	3.125.497,50
Imobilizado		
Viaturas......................................	262.500,00	
Mobiliário de escritório....................	77.025,00	
Maquinaria....................................	375.000,00	714.525,00
Total do activo............................		**4.047.960,00**

PASSIVO

Exigível		
Letras a pagar...............................	510.000,00	
Credores......................................	1.715.583,00	2.225.583,00
Rectificações do activo		
Amortizações:		
Viaturas....................................	137.496,15	
Mobiliário de escritório..................	16.256,10	
Maquinaria.................................	93.750,00	247.502,25
Situação líquida		
Capital inicial...............................	750.000,00	
Lucros e perdas.............................	824.874,75	1.574.874,75
Total do passivo...........................		**4.047.960,00**

ACTA NÚMERO DOIS

--------- No dia trinta e um do mês de Dezembro de dois mil e doze, pelas quinze horas, reuniu na sua sede social, sita no Largo quatro de Fevereiro, em Luanda, a Assembleia Geral da sociedade comercial por quotas SOCIEDADE "X", LIMITADA, com o capital social de 750.000,00, matriculada na Conservatória do Registo Comercial de Luanda sob o número 500777888, com a seguinte ordem de trabalhos, constante da convocatória dirigida aos sócios:---

---------Ponto único – aprovação do balanço inicial para efeitos da conta-bilidade financeira.---

Os sócios aprovaram os documentos em apreciação pelo que foi encerrada a sessão pelas dezoito horas, tendo sido lavrada, de imediato, a presente acta, que vai ser assinada por ambos.------------------------------------

Sócio "A"

Sócio "B"

Em face dos dados apresentados, a empresa (SOCIEDADE "X", LDª.) organizou a sua contabilidade com um sistema informático idealizado para o efeito, efectuando os lançamentos de abertura e o correspondente movimento do ano de 2012.

Por isso, apresentam-se os respectivos movimentos processados pela via informatizada:

SOCIEDADE "X", LIMITADA

Balancete Razão - Financeira

Acumulado

Data da CTB: 31.12.2012		Mês: Dezembro de 2012			Pág. 1
Conta	Descrição	Mov. Débito	Mov. Crédito	Saldo Débito	Saldo Crédito
11	IMOBILIZAÇÕES CORPÓREAS	4,762,485.00	3,959,610.00	802,875.00	
18	AMORTIZAÇÕES ACUMULADAS	0.00	247,502.25		247,502.25
26	MERCADORIAS	2,634,367.50	0.00	2,634,367.50	
31	CLIENTES	402,780.00	0.00	402,780.00	
32	FORNECEDORES	0.00	2,225,583.00		2,225,583.00
43	DEPÓSITOS À ORDEM	197,437.50	0.00	197,437.50	
45	CAIXA	10,500.00	0.00	10,500.00	
51	CAPITAL	0.00	750,000.00		750,000.00
81	RESULTADO LÍQUIDO DO PERÍODO	0.00	824,874.75		824,874.75
Total		8,007,570.00	8,007,570.00	4,047,960.00	4,047,960.00

SOCIEDADE "X", LIMITADA

Balancete Geral - Financeira

Acumulado

Conta	Descrição	Mov. Débito	Mov. Crédito	Saldo Débito	Saldo Crédito
11	IMOBILIZAÇÕES CORPÓREAS	4,762,485.00	3,959,610.00	802,875.00	
111	TERRENOS E RECURSOS NATURAIS	4,047,960.00	3,959,610.00	88,350.00	
113	EQUIPAMENTO BÁSICO	375,000.00	0.00	375,000.00	
1134	Câmaras frigoríficas	375,000.00	0.00	375,000.00	
114	EQUIPAMENTO DE CARGA E TRANSPORTE	262,500.00	0.00	262,500.00	
1141	Carrinha marca Datsun	112,500.00	0.00	112,500.00	
1142	Carrinha marca Peugeot	150,000.00	0.00	150,000.00	
115	EQUIPAMENTO ADMINISTRATIVO	77,025.00	0.00	77,025.00	
1151	Mobiliário de escritório	77,025.00	0.00	77,025.00	
18	AMORTIZAÇÕES ACUMULADAS	0.00	247,502.25		247,502.25
181	Imobilizações corpóreas	0.00	247,502.25		247,502.25
1813	Câmaras frigoríficas	0.00	93,750.00		93,750.00
1814	Equipamento de carga e transporte	0.00	137,496.15		137,496.15
18141	Carrinha Peugeot	0.00	99,999.90		99,999.90
18142	Carrinha Datsum	0.00	37,496.25		37,496.25
1815	Equipamento administrativo	0.00	16,256.10		16,256.10
	Total da classe 1	4,762,485.00	4,207,112.25	802,875.00	247,502.25
26	MERCADORIAS	2,634,367.50	0.00	2,634,367.50	
261	Mercadorias - Existências	2,634,367.50	0.00	2,634,367.50	
	Total da classe 2	2,634,367.50	0.00	2,634,367.50	0.00
31	CLIENTES	402,780.00	0.00	402,780.00	
311	Clientes - correntes	380,880.00	0.00	380,880.00	
3112	Clientes - Não grupo	380,880.00	0.00	380,880.00	
31121	Clientes nacionais	380,880.00	0.00	380,880.00	
3112101	Cliente "A"	33,750.00	0.00	33,750.00	
3112102	Cliente "B"	102,000.00	0.00	102,000.00	
3112103	Cliente "C"	33,750.00	0.00	33,750.00	
3112104	Cliente "D"	60,000.00	0.00	60,000.00	
3112105	Cliente "E"	35,760.00	0.00	35,760.00	
3112106	Cliente "F"	27,870.00	0.00	27,870.00	
3112107	Cliente "I"	30,000.00	0.00	30,000.00	
3112120	Clientes - Vendas a prestações	57,750.00	0.00	57,750.00	
318	CLIENTES DE COBRANÇA DUVIDOSA	21,900.00	0.00	21,900.00	
3181	Clientes - correntes	21,900.00	0.00	21,900.00	
318101	Cliente "DA"	3,000.00	0.00	3,000.00	
318102	Cliente "DB"	4,500.00	0.00	4,500.00	
318103	Cliente "DC"	14,400.00	0.00	14,400.00	
32	FORNECEDORES	0.00	2,225,583.00		2,225,583.00
321	Fornecedores - correntes	0.00	1,715,583.00		1,715,583.00
3212	Não grupo	0.00	1,715,583.00		1,715,583.00
32121	Nacionais	0.00	1,715,583.00		1,715,583.00
3212101	Fornecedor "A"	0.00	162,600.00		162,600.00
3212102	Fornecedor "B"	0.00	131,047.00		131,047.00
A transportar		7,799,632.50	4,500,759.25	3,840,022.50	541,149.25

22

SOCIEDADE "X", LIMITADA

Balancete Geral - Financeira

Acumulado

Conta	Descrição	Mov. Débito	Mov. Crédito	Saldo Débito	Saldo Crédito
Transporte		7,799,632.50	4,500,759.25	3,840,022.50	541,149.25
3212103	Fornecedor "C"	0.00	162,000.00		162,000.00
3212104	Fornecedor "D"	0.00	226,200.00		226,200.00
3212105	Fornecedor "E"	0.00	157,500.00		157,500.00
3212106	Fornecedor "F"	0.00	523,095.00		523,095.00
3212107	Fornecedor "G"	0.00	82,241.00		82,241.00
3212108	Fornecedor "H"	0.00	270,900.00		270,900.00
322	FORNECEDORES - TÍTULOS A PAGAR	0.00	510,000.00		510,000.00
3222	Não grupo	0.00	510,000.00		510,000.00
32221	Nacionais:	0.00	510,000.00		510,000.00
3222101	Fornecedor "A"	0.00	135,000.00		135,000.00
3222102	Fornecedor "B"	0.00	195,000.00		195,000.00
3222103	Fornecedor "C"	0.00	180,000.00		180,000.00
	Total da classe 3	402,780.00	2,225,583.00	402,780.00	2,225,583.00
43	DEPÓSITOS À ORDEM	197,437.50	0.00	197,437.50	
431	MOEDA NACIONAL	197,437.50	0.00	197,437.50	
4311	Banco "A"	65,400.00	0.00	65,400.00	
4312	Banco "B"	75,345.00	0.00	75,345.00	
4313	Banco "C"	56,692.50	0.00	56,692.50	
45	CAIXA	10,500.00	0.00	10,500.00	
451	FUNDO FIXO	10,500.00	0.00	10,500.00	
4511	Caixa	10,500.00	0.00	10,500.00	
	Total da classe 4	207,937.50	0.00	207,937.50	0.00
51	CAPITAL	0.00	750,000.00		750,000.00
511	Sócio "A"	0.00	375,000.00		375,000.00
512	Sócio "B"	0.00	375,000.00		375,000.00
	Total da classe 5	0.00	750,000.00	0.00	750,000.00
81	RESULTADO LÍQUIDO DO PERÍODO	0.00	824,874.75		824,874.75
811	Ano de 2012	0.00	824,874.75		824,874.75
	Total da classe 8	0.00	824,874.75	0.00	824,874.75
Total		8,007,570.00	8,007,570.00	4,047,960.00	4,047,960.00

CAPÍTULO II

PGCA – PLANO GERAL DE CONTABILIDADE

DE ANGOLA

QUADRO E LISTA DE CONTAS

1 – Introdução:

A fim de orientar o processo de reconhecimento das operações e outros acontecimentos, simplificar o controlo dos registos efectuados e facilitar a consulta de saldos e quantias para efeitos de preparação das componentes das Demonstrações financeiras, optou-se pela sistematização e codificação das rubricas a usar na elaboração dos registos contabilísticos.

Com vista à harmonização, devem ser adoptados os quadros e listas de contas constante deste Plano e respeitadas as disposições gerais a seu respeito.

2 – Disposições gerais:

2.1 Classe 0 – Contas de ordem:

Esta classe é de uso facultativo.

Contudo, sugere-se o seu uso para controlo de situações de direitos e responsabilidades da entidade para com terceiros e de terceiros para com a entidade, que de momento não afectam o seu património mas que no futuro o podem afectar, e que facilitem a respectiva divulgação nas Notas às Contas.

2.2 Classes 1 a 8 – Contabilidade geral:

Estas classes são de uso obrigatório sempre que existam factos ou acontecimentos que pela sua natureza devam nelas ser registados.

Como regra geral não devem ser efectuadas alterações na disposição, nomenclatura e códigos de contas das rubricas constantes de cada uma das classes, sob pena de tais alterações poderem vir a pôr em causa os objectivos com que foram criadas.

Contudo, a título excepcional, são permitidas alterações desde que daí não venha a resultar qualquer prejuízo para a elaboração das demonstrações financeiras nos termos definidos neste Plano.

Podem ser efectuados desenvolvimentos de sub-rubricas de acordo com o que se considerar mais apropriado face à realidade da entidade.

As linhas em branco constantes destas classes podem ser substituídas pela nomenclatura considerada apropriada nas circunstâncias.

2.3 Classe 9 – Contabilidade analítica:

Esta classe é de uso facultativo o qual dependerá da necessidade sentida pela empresa e da ponderação do binómio custo/benefício.

Contudo, recomenda-se o seu uso para empresas industriais onde o apuramento dos custos de produção se torne moroso e difícil de executar por outra via.

No PGCA, que se passa a apresentar, apenas mencionamos as subcontas até 3 dígitos, para não avolumar a paginação desta edição, dado que na anterior, foi devidamente desenvolvido este Plano de Contas.

1 – MEIOS FIXOS E INVESTIMENTOS

11. Imobilizações corpóreas.
12. Imobilizações incorpóreas.
13. Investimentos financeiros.
14. Imobilizações em curso.
15. ....
16. ....
17. ....
18. Amortizações acumuladas.
19. Provisões para investimentos financeiros.

11. IMOBILIZAÇÕES CORPÓREAS:
   11.1 Terrenos e recursos naturais
   11.2 Edifícios e outras construções
   11.3 Equipamento básico
   11.4 Equipamento de carga e transporte
   11.5 Equipamento administrativo
   11.6 Taras e vasilhame
   11.9 Outras imobilizações corpóreas

12. IMOBILIZAÇÕES INCORPÓREAS:
   12.1 Trespasses
   12.2 Despesas de investigação e desenvolvimento
   12.3 Propriedade industrial e outros direitos e contratos
   12.4 Despesas de constituição
   12.9 Outras imobilizações incorpóreas

13. INVESTIMENTOS FINANCEIROS:
   13.1 Empresas subsidiárias
   13.2 Empresas associadas
   13.3 Outras empresas
   13.4 Investimentos em imóveis
   13.5 Fundos
   13.9 Outros investimentos financeiros

14. IMOBILIZAÇÕES EM CURSO:
   14.1 Obra em curso
   14.2 Obra em curso
   14.7 Adiantamentos por conta de imobilizado corpóreo
   14.8 Adiantamentos por conta de imobilizado incorpóreo
   14.9 Adiantamentos por conta de investimentos financeiros

18. AMORTIZAÇÕES ACUMULADAS:
  18.1 Imobilizações corpóreas
  18.2 Imobilizações incorpóreas
  18.3 Investimentos financeiros em imóveis

19. PROVISÕES PARA INVESTIMENTOS FINANCEIROS:
  19.1 Empresas subsidiárias
  19.2 Empresas associadas
  19.3 Outras empresas
  19.4 Fundos
  19.9 Outros investimentos financeiros

2 – EXISTÊNCIAS:

21. COMPRAS:
  22. Matérias-primas, subsidiárias e de consumo
  23. Produtos e trabalhos em curso
  24. Produtos acabados e intermédios
  25. Sub-produtos, desperdícios, resíduos e refugos
  26. Mercadorias
  27. Matérias-primas, mercadorias e outros materiais em trânsito
  28. Adiantamentos por conta de compras
  29. Provisão para depreciação de existências

21. COMPRAS:
  21.1 Matérias-primas, subsidiárias e de consumo
  21.2 Mercadorias
  21.7 Devoluções de compras
  21.8 Descontos e abatimentos em compras
  21.9 ....

22. MATÉRIAS-PRIMAS SUBSIDIÁRIAS E DE CONSUMO
  22.1 Matérias-primas
  22.2 Matérias subsidiárias
  22.3 Materiais diversos
  22.4 Embalagens de consumo
  22.5 Outros materiais

23. PRODUTOS E TRABALHOS EM CURSO
  23.1 ....
  23.2 ....

24. PRODUTOS ACABADOS E INTERMÉDIOS
  24.1 Produtos acabados
  24.2 Produtos intermédios
  24.9 Em poder de terceiros

25. SUB-PRODUTOS, DESPERDÍCIOS, RESÍDUOS E REFUGOS
25.1 Sub-produtos
25.2 Desperdícios, resíduos e refugos

26. MERCADORIAS
26.1 ....
26.2 ....
26.9 Em poder de terceiros

27. MATÉRIAS-PRIMAS, MERCADORIAS E OUTROS MATERIAIS EM TRÂNSITO:
27.1 Matérias-primas
27.2 Outros materiais
27.3 Mercadorias

28. ADIANTAMENTOS POR CONTA DE COMPRAS
28.1 Matérias-primas e outros materiais
28.2 Mercadorias

29. PROVISÃO PARA DEPRECIAÇÃO DE EXISTÊNCIAS
29.1 ....
29.2 Matérias-primas, subsidiárias e de consumo
29.3 Produtos e trabalhos em curso
29.4 Produtos acabados e intermédios
29.5 Sub-produtos, desperdícios, resíduos e refugos
29.6 Mercadorias

3 – TERCEIROS

31. Clientes
32. Fornecedores
33. Empréstimos
34. Estado
35. Entidades participantes e participadas
36. Pessoal
37. Outros valores a receber e a pagar
38. Provisões para cobranças duvidosas
39. Provisões para outros riscos e encargos

31. CLIENTES
31.1 Clientes – correntes
31.1.1 Grupo
31.1.2 Não grupo
31.2 Clientes – títulos a receber
31.2.1 Grupo
31.2.2 Não grupo

31.3 Clientes – títulos descontados
   31.3.1 Grupo
   31.3.2 Não grupo

31.8 Clientes de cobrança duvidosa
31.9 Clientes - saldos credores

32. FORNECEDORES
   32.1 Fornecedores – correntes
   32.2 Fornecedores – títulos a pagar
   32.8 Fornecedores – facturas em recepção e conferência
   32.9 Fornecedores – saldos devedores
   32.9.3 Material à consignação

33. EMPRÉSTIMOS
   33.1 Empréstimos bancários
   33.2 Empréstimos por obrigações
   33.3 Empréstimos por títulos de participação
   33.9 Outros empréstimos obtidos

34. ESTADO
   34.1 Imposto sobre os lucros
   34.2 Imposto de produção e consumo
   34.3 Imposto de rendimento de trabalho
   34.4 Imposto de circulação
   34.8 Subsídios a preço
   34.9 Outrs impostos

35. ENTIDADES PARTICIPANTES E PARTICIPADAS
   35.1 Entidades participantes
   35.2 Entidades participadas

36. PESSOAL
   36.1 Pessoal – remunerações
   36.2 Pessoal – participação nos resultados
   36.3 Pessoal – adiantamentos
   36.9 Pessoal – outros

37. OUTROS VALORES A RECEBER E A PAGAR
   37.1 Compras de imobilizado
   37.2 Vendas de imobilizado
   37.3 Proveitos a facturar
   37.4 Encargos a repartir por períodos futuros
   37.5 Encargos a pagar
   37.6 Proveitos a repartir por períodos futuros
   37.7 Contas transitórias
   37.9 Outros valores a receber e a pagar

38. PROVISÕES PARA COBRANÇAS DUVIDOSAS
38.1 Provisões para clientes
38.2 Provisões para saldos devedores de fornecedores
38.3 Provisões para participantes e participadas
38.4 Provisões para dívidas do pessoal
38.9 Provisões para outros saldos a receber

39. PROVISÕES PARA OUTROS RISCOS E ENCARGOS
39.1 Provisões para pensões
39.2 Provisões para processos judiciais em curso
39.3 Provisões para acidentes de trabalho
39.4 Provisões para garantias dadas a clientes
39.9 Provisões para outros riscos e encargos

4 – MEIOS MONETÁRIOS

41. Títulos negociáveis
42. Depósitos a prazo
43. Depósitos à ordem
44. Outros depósitos
45. Caixa
46. ....
47. ....
48. Conta transitória
49. Provisões para aplicações de tesouraria

41. TÍTULOS NEGOCIÁVEIS
41.1 Acções
41.2 Obrigações
41.3 Títulos da dívida pública

42. DEPÓSITOS A PRAZO
42.1 Moeda nacional
42.2 Moeda estrangeira

43. DEPÓSITOS À ORDEM
43.1 Moeda nacional
43.2 Moeda estrangeira

44. OUTROS DEPÓSITOS
44.1 Moeda nacional
44.2 Moeda estrangeira

45. CAIXA
45.1 Fundo fixo
45.2 Valores para depositar
45.3 Valores destinados a pagamentos específicos

48. CONTA TRANSITÓRIA
48.1 Banco ....
48.2 Banco ....

49. PROVISÕES PARA APLICAÇÕES DE TESOURARIA
49.1 Títulos negociáveis
49.2 Outras aplicações de tesouraria

5 – CAPITAL E RESERVAS

51. Capital
52. Acções/quotas próprias
53. Prémios de emissão
54. Prestações suplementares
55. Reservas legais
56. Reservas de reavaliação
57. Reservas com fins especiais
58. Reservas livres
59. ....

51. CAPITAL

52. ACÇÕES/QUOTAS PRÓPRIAS
52.1 Valor nominal
52.2 Descontos
52.3 Prémios

53. PRÉMIOS DE EMISSÃO

54. PRESTAÇÕES SUPLEMENTARES

55. RESERVAS LEGAIS

56. RESERVAS DE REAVALIAÇÃO
56.1 Legais
56.2 Autónomas

57. RESERVAS COM FINS ESPECIAIS

58. RESERVAS LIVRES

6 – PROVEITOS E GANHOS POR NATUREZA

61. Vendas
62. Prestações de serviço
63. Outros proveitos operacionais
64. Variação nos inventários de produtos acabados e de produção em curso
65. Trabalhos para a própria empresa
66. Proveitos e ganhos financeiros gerais
67. Proveitos e ganhos financeiros em filiais e associadas
68. Outros proveitos não operacionais
69. Proveitos e ganhos extraordinários

61. VENDAS
61.1 Produtos acabados e intermédios
61.2 Sub-produtos, desperdícios, resíduos e refugos
61.3 Mercadorias
61.4 Embalagens de consumo
61.5 Subsídios a preços
61.7 Devoluções
61.8 Descontos e abatimentos
61.9 Transferência para resultados operacionais

62. PRESTAÇÕES DE SERVIÇOS
62.1 Serviços principais
62.2 Serviços secundários
62.8 Descontos e abatimentos
62.9 Transferência para resultados operacionais

63. OUTROS PROVEITOS OPERACIONAIS
63.1 Serviços suplementares
63.2 Royalties
63.3 Subsídios à exploração
63.4 Subsídios a investimento
63.8 Outros proveitos e ganhos operacionais
63.9 Transferência para resultados operacionais

64. VARIAÇÃO NOS INVENTÁRIOS DE PRODUTOS ACABADOS E DE PRODUÇÃO EM CURSO
64.1 Produtos e trabalhos em curso
64.2 Produtos acabados
64.3 Produtos intermédios
64.9 Transferência para resultados operacionais

65. TRABALHOS PARA A PRÓPRIA EMPRESA
65.1 Para imobilizado
65.2 Para encargos a repartir por exercícios futuros
65.9 Transferência para resultados operacionais

66. PROVEITOS E GANHOS FINANCEIROS GERAIS
66.1 Juros
66.2 Diferenças de câmbio favoráveis
66.3 Descontos de pronto pagamento obtidos
66.4 Rendimentos de investimentos em imóveis
66.5 Rendimento de participações de capital
66.6 Ganhos na alienação de aplicações financeiras
66.7 Reposição de provisões

67. PROVEITOS E GANHOS FINANCEIROS EM FILIAIS E ASSOCIADAS
67.1 Rendimento de participações de capital
67.9 Transferência para resultados em filiais e associadas

68. OUTROS PROVEITOS E GANHOS NÃO OPERACIONAIS
68.1 Reposição de provisões
68.2 Anulação de amortizações extraordinárias
68.3 Ganhos em imobilizações
68.4 Ganhos em existências
68.5 Recuperação de dívidas
68.6 Benefícios de penalidades contratuais
68.8 Descontinuidade de operações
68.9 Alterações de políticas contabilísticas
68.10 Correcções relativas a exercícios anteriores
68.11 Outros ganhos e perdas não operacionais
68.19 Transferência para resultados não operacionais

69. PROVEITOS E GANHOS EXTRAORDINÁRIOS
69.1 Ganhos resultantes de catástrofes naturais
69.2 Ganhos resultantes de convulsões políticas
69.3 Ganhos resultantes de expropriações
69.4 Ganhos resultantes de sinistros
69.5 Subsídios
69.6 Anulação de passivos não exigíveis
69.9 Transferência para resultados extraordinários

7 – CUSTOS E PERDAS POR NATUREZA

71. Custo das mercadorias vendidas e das matérias consumidas
72. Custos com o pessoal
73. Amortizações do exercício
75. Outros custos e perdas operacionais
76. Custos e perdas financeiros gerais
77. Custos e perdas financeiros em filiais e associadas
78. Outros custos e perdas não operacionais
79. Custos e perdas extraordinárias

71 CUSTO DAS EXISTÊNCIAS VENDIDAS

71.1 Matérias-primas
71.2 Matérias subsidiárias
71.3 Materiais diversos
71.4 Embalagens de consumo
71.5 Outros materiais
71.9 Transferência para resultados operacionais

72. CUSTOS COM O PESSOAL

72.1 Remunerações – Órgãos sociais
72.2 Remunerações – Pessoal
72.3 Pensões
72.4 Prémios para pensões
72.5 Encargos sobre remunerações
72.6 Seguros de acidentes de trabalho e doenças profissionais
72.7 Formação
72.8 Outras despesas com o pessoal
72.9 Transferência para resultados operacionais

73. AMORTIZAÇÕES DO EXERCÍCIO

73.1 Imobilizações corpóreas
73.2 Imobilizações incorpóreas
73.9 Transferência para resultados operacionais

75. OUTROS CUSTOS E PERDAS OPERACIONAIS

75.1 Sub-contratos
75.2 Fornecimentos e serviços de terceiros
75.3 Impostos
75.4 Despesas confidenciais
75.5 Quotizações
75.6 Ofertas e amostras de existências
75.8 Outros custos e perdas operacionais
75.9 Transferência para resultados operacionais

76. CUSTOS E PERDAS FINANCEIROS GERAIS

76.1 Juros
76.2 Diferenças de câmbio desfavoráveis
76.3 Descontos de pronto pagamento concedidos
76.4 Amortizações de investimentos em imóveis
76.5 Provisões para aplicações financeiras
76.6 Perdas na alienação de aplicações financeiras
76.7 Serviços bancários
76.9 Transferência para resultados financeiros

77. CUSTOS E PERDAS FINANCEIROS EM FILIAIS E ASSOCIADAS

77.9 Transferência para resultados financeiros

78. OUTROS CUSTOS E PERDAS NÃO OPERACIONAIS

78.1 Provisões do exercício
78.2 Amortizações extraordinárias
78.3 Perdas em imobilizações
78.4 Perdas em existências
78.5 Dívidas incobráveis
78.6 Multas e penalidades contratuais
78.7 Custos de reestruturação
78.8 Descontinuidade de operações
78.9 Alterações de políticas contabilísticas
78.10 Correcções relativas a exercícios anteriores
78.11 Outros custos e perdas não operacionais
78.19 Transferência para resultados não operacionais

79. OUTROS CUSTOS E PERDAS EXTRAORDINÁRIAS

79.1 Perdas resultantes de catástrofes naturais
79.2 Perdas resultantes de convulsões políticas
79.3 Perdas resultantes de expropriações
79.4 Perdas resultantes de sinistros
79. 9 Transferência para resultados extraordinários

8 – RESULTADOS

81. RESULTADOS TRANSITADOS

81.1 Ano _____
81.2 Ano _____

82. RESULTADOS OPERACIONAIS

82.1 Vendas
82.2 Prestações de serviço
82.3 Outros proveitos operacionais
82.4 Variação nos inventários de produtos acabados e produtos em vias de fabrico
82.5 Trabalhos para a própria empresa
82.6 Custo das mercadorias vendidas e das matérias consumidas
82.7 Custos com o pessoal
82.8 Amortizações do exercício
82.9 Outros custos operacionais
82.19 Transferência para resultados líquidos

83. RESULTADOS FINANCEIROS

83.1 Proveitos e ganhos financeiros gerais
83.2 Custos e perdas financeiros gerais
83.9 Transferência para resultados líquidos

84. RESULTADOS FINANCEIROS EM FILIAIS E ASSOCIADAS
84.1 Proveitos e ganhos em filiais e associadas
84.2 Custos e perdas em filiais e associadas
84.9 Transferência para resultados líquidos

85. RESULTADOS NÃO OPERACIONAIS
85.1 Proveitos e ganhos não operacionais
85.2 Custos e perdas não operacionais
85.9 Transferência para resultados líquidos

86. RESULTADOS EXTRAORDINÁRIOS
86.1 Proveitos e ganhos extraordinários
86.2 Custos e perdas extraordinários
86.9 Transferência para resultados líquidos

87. IMPOSTOS SOBRE OS LUCROS
87.1 Imposto sobre os resultados correntes
87.2 Imposto sobre os resultados extraordinários
87.9 Transferência para resultados líquidos

88. RESULTADOS LÍQUIDOS DO EXERCÍCIO
88.1 Resultados operacionais
88.2 Resultados financeiros gerais
88.3 Resultados em filiais e associadas
88.4 Resultados não operacionais
88.5 Imposto sobre os resultados correntes
88.6 Resultados extraordinários
88.7 Imposto sobre os resultados extraordinários
88.9 Transferência para resultados transitados

89. DIVIDENDOS ANTECIPADOS
89.9 Transferência para resultados transitados

NOTAS EXPLICATIVAS

1 — Introdução:

Pretende-se que a informação contida neste Plano Geral de Contabilidade seja rapidamente compreensível pelos seus utentes. Contudo, presume-se que os utentes tenham um razoável conhecimento das actividades empresariais, económicas e de contabilidade e vontade de interpretar e aplicar a informação com razoável diligência.

Com base neste pressuposto, as Notas Explicativas constantes deste capítulo destinam-se apenas a auxiliar na interpretação e aplicação das disposições deste Plano não incluindo portanto, na generalidade dos casos, quaisquer regras de movimentação de contas e outras de natureza similar.

2 — Transacções em moeda estrangeira:

2.1 Definições:

Transacções em moeda estrangeira:
Transacções em moeda estrangeira são as transacções que são estabelecidas ou exijam pagamentos em moeda estrangeira.

Moeda estrangeira:
Moeda estrangeira é a moeda que não seja a moeda usada na apresentação das demonstrações financeiras.

Moeda de relato:
Moeda de relato é a moeda usada na apresentação das Demonstrações financeiras.

Taxa de câmbio:
Taxa de câmbio é a taxa de troca de duas moedas.

Diferença de câmbio:
Diferença de câmbio é a diferença que resulta do facto de ser relatado o mesmo número de unidades de moeda estrangeira, na moeda relato, as diferentes taxas de câmbio.

Taxa de fecho:
Taxa de fecho é a taxa de troca à vista à data do balanço.

Activos monetários:
Activos monetários são o dinheiro detido e os activos a serem recebidos em quantias de dinheiro.

Passivos monetários:
Passivos monetários são os passivos a serem pagos em quantias de dinheiro.

Justo valor:
Justo valor é a quantia pela qual um activo pode ser trocado, ou um passivo pago, entre partes conhecedoras e interessadas numa transacção ao seu alcance.

Investimento líquido numa empresa estrangeira:
Investimento líquido numa empresa estrangeira é a parte da entidade que relata nos activos líquidos dessa empresa.

3 — Imobilizações corpóreas:

3.1 Conteúdo das rubricas:

Terrenos e recursos naturais (conta 11.1):
Esta rubrica compreende os terrenos e os recursos naturais (plantações, minas, pedreiras, etc.) afectos às actividades operacionais da empresa. São também incluídos nesta rubrica os custos de desbravamento, movimentação de terras e drenagem com eles relacionados.

Edifícios e outras construções (conta 11.2):
Esta rubrica destina-se a registar os edifícios fabris, comerciais, administrativos e sociais, bem como as instalações fixas que lhes sejam próprias (água, energia eléctrica, ar condicionado, etc.).
São também incluídas nesta rubrica outras construções, tais como muros, silos, parques, albufeiras, canais, estradas e arruamentos, vias férreas internas, pistas de aviação, cais e docas.

Equipamento básico (conta 11.3):
Esta rubrica destina-se a registar o conjunto de instrumentos, máquinas, instalações e outros bens, com os quais a entidade realiza a extracção, transformação e laboração dos produtos ou a prestação dos serviços. São também incluídos nesta rubrica os gastos adicionais com a adaptação da maquinaria e de instalações ao desempenho das actividades da entidade.

Equipamento administrativo (conta 11.5):
Esta rubrica destina-se a registar o equipamento social e o mobiliário diverso.

Taras e vasilhame (conta 11.6):
Esta rubrica destina-se a registar os objectos destinados a conter ou acondicionar as mercadorias ou produtos, quer sejam para uso interno da entidade, quer sejam embalagens retornáveis com aptidão para utilização continuada.

3.2 Definições e situações particulares:

Actividades específicas:
Quando o objectivo da entidade respeite a actividades de transporte ou de serviços administrativos, os equipamentos desta natureza afectos a tais actividades devem ser contabilizados na rubrica de equipamento básico.

Aquisições conjuntas:
Um único dispêndio, relativo a um único imobilizado com vários componentes, deverá ser contabilizado separadamente se os componentes:
Tiverem vidas úteis diferentes.
Proporcionarem benefícios à empresa num modelo diferente, necessitando, por conseguinte, do uso de taxas e métodos de depreciação diferentes.

Os Terrenos e Edifícios são activos separáveis e deverão ser tratados separadamente para fins contabilísticos, mesmo quando adquiridos conjuntamente.

Sobressalentes:
A maior parte dos sobressalentes e equipamentos de serviço é geralmente registada como existências e o seu valor é reconhecido como um gasto quando consumida.

Os sobressalentes principais e equipamentos de reserva são classificados como activos fixos quando a empresa espera usá-los durante mais do que um período.

Melhoramentos:
Os melhoramentos só são reconhecidos como activos quando o dispêndio melhorar a condição do activo para além do seu nível de desempenho originalmente avaliado. Exemplos de melhoramentos que resultam em benefícios económicos futuros incluem:

Modificação de um elemento de uma instalação para prolongar a sua vida útil, incluindo um aumento da capacidade;

Actualização das peças de uma máquina para se conseguir uma melhoria significativa na qualidade de produção;

Adopção de novos processos de produção que facilitem uma redução substancial nos custos operacionais anteriormente avaliados.

Reparações e manutenções:
Os dispêndios em manutenção e reparação devem ser reconhecidos como um gasto na Demonstração de resultados se tiverem sido feitos para restaurar ou manter os benefícios económicos futuros do activo.

Os dispêndios em manutenção e reparação que tiverem sido feitos para repor os benefícios económicos futuros do activo cujas perdas, na data do registo inicial, já haviam sido consideradas, devem ser capitalizados desde que a quantia registada:

Não exceda a quantia recuperável do activo;

Possa ser recuperada do uso futuro do activo.

Substituições:
Os dispêndios com substituições devem ser reconhecidos como um gasto na Demonstração de resultados por se destinarem a manter os benefícios económicos futuros do activo.

Reavaliações:
Nos casos em que a reavaliação é efectuada com base numa avaliação de um perito:

O justo valor de terrenos e edifícios é geralmente o seu valor de mercado para o uso existente, o que pressupõe o uso continuado do activo na mesma ou similar actividade.

O justo valor de instalações e equipamentos é geralmente o seu valor de mercado. Quando não haja evidência de valor de mercado por força da natureza das instalações e dos equipamentos e porque estes componentes raramente são vendidos (excepto como parte de uma actividade continuada), eles são avaliados pelo seu custo de reposição depreciado.

Activos depreciáveis:
Activos depreciáveis são activos que:
Se espera que sejam usados durante mais que um período contabilístico.
Tenham uma vida útil limitada.

Sejam detidos para uso na produção ou no fornecimento de bens e serviços, para arrendamento a outros, ou para fins administrativos.

Os Terrenos não são considerados activos depreciáveis por terem uma vida útil ilimitada.

Vida útil:

A vida útil de um imobilizado é:

O período durante o qual se espera que um activo depreciável seja usado pela empresa; ou

O número de unidades de produção ou similares que a empresa espera obter do activo.

A vida útil é, portanto, definida em termos de utilidade esperada dos bens, e pode ser mais curta do que a sua vida económica.

A estimativa da vida útil é uma questão de julgamento. Ao exercer-se tal julgamento devem ser tidos em consideração os seguintes factores:

Utilização esperada do activo, avaliada com referência à sua esperada capacidade ou produção física;

Desgaste e estragos físicos esperados, que dependem da intensidade do uso, do programa de reparação e manutenção e do cuidado de manutenção em situação ociosa;

Obsolescência técnica proveniente de alterações ou melhoramentos na produção, ou de uma alteração no mercado de procura para o serviço ou produto derivado do activo;

Limites legais ou semelhantes sobre o uso do activo, tais como as datas de extinção de locações com ele relacionadas.

Durante a vida útil de um activo pode tornar-se evidente que a estimativa da vida útil seja inapropriada.

A vida útil pode ser dilatada, por exemplo, por dispêndios subsequentes no activo que melhorem a condição do mesmo para além do seu nível de desempenho originalmente avaliado.

A vida útil pode ser reduzida, por exemplo, por mudanças tecnológicas ou alterações de mercado dos produtos.

A vida útil de um edifício não é efectuada pelo aumento no valor do terreno sobre o qual um edifício se encontra implantado.

Quantia depreciável:

A quantia depreciável de um activo depreciável é o seu custo (histórico ou outro que o substitua) deduzido do valor residual estimado do activo.

O valor residual do activo é determinado por estimativa baseada no valor residual, prevalecente à data da estimativa, de activos semelhantes que tenham atingido o fim da sua vida útil e que tenham funcionado sob condições semelhantes àquelas em que o activo será usado.

A estimativa é feita à data de aquisição do activo e deverá ser revista na data em que se faça uma eventual reavaliação.

O valor residual bruto é, em todos os casos, reduzido pelos custos de venda esperados no fim da vida útil do activo.

O valor residual de um activo pode ainda ser reduzido de forma a reflectir custos significativos de desmantelamento, renovação ou restauração que sejam necessários incorrer no fim da vida útil do activo quando na compra do activo tais custos já se encontrem previstos.

Método de depreciação:

O método de depreciação a usar deve reflectir o modelo pelo qual os benefícios económicos do activo sejam consumidos pela empresa.

O método adoptado deve ser revisto periodicamente e, se houver uma mudança significativa no modelo esperado de benefícios económicos a obter destes activos, o método deve ser alterado para reflectir o modelo alterado.

O consumo de benefícios económicos pode resultar de:

Uso.

Obsolescência técnica.

Desgaste.

Rotura.

Este consumo deve ser contabilizado mesmo que o valor do activo exceda a quantia pela qual este se encontra registado (valor bruto deduzido das amortizações acumuladas).

Retiradas:

As perdas resultantes da retirada de um elemento das imobilizações corpóreas é determinada pela diferença entre a quantia pela qual se encontra registado (valor bruto deduzido das correspondentes amortizações) e devem ser reconhecidas como perdas na Demonstração de resultados.

Um bem cuja retirada se limite a uma retirada do uso activo e seja detido para alienação, deve ser registado pela quantia pela qual se encontra registado ou pelo valor realizável líquido, dos dois o mais baixo.

Alienações:

As perdas ou ganhos resultantes da alienação de um elemento das imobilizações corpóreas são determinados pela diferença entre o produto líquido estimado das alienações e a quantia pela qual o activo se encontra registado (valor bruto deduzido das correspondentes amortizações) e devem ser reconhecidos como perdas ou ganhos na Demonstração de resultados, consoante o apropriado.

Trocas:

Quando um elemento das imobilizações corpóreas seja trocado por um activo fixo semelhante, o custo do activo adquirido é igual à quantia registada do activo dado em troca, não surgido da operação qualquer ganho ou perda.

4 — Imobilizações incorpóreas:

4.1 Conteúdo das rubricas:

Trespasse (conta 12.1):

Esta rubrica destina-se a registar a diferença, quando positiva, entre o valor pago para aquisição de um conjunto de activos (e passivos) que constituam uma actividade empresarial e o justo valor dos activos e passivos adquiridos, desde que a actividade adquirida seja continuada pela adquirente. Na nomenclatura internacional este conceito de trespasse é denominado por <<goodwill>>, <<fonds de commerce>> ou <<aviamento>>.

Despesas de investigação e de desenvolvimento (conta 12.2):

Esta rubrica destina-se a registar:

Despesas de investigação, que são os encargos incorridos com a investigação original e planeada destinada a obter novos conhecimentos científicos ou técnicos e compreensão dos mesmos.

Despesas de desenvolvimento, que são as despesas resultantes da aplicação das descobertas da pesquisa e de outros conhecimentos a um plano ou concepção para a produção de novos ou substancialmente melhorados materiais, mecanismos, produtos, processos, sistemas ou serviços prévios ao início da produção comercial ou uso.

Propriedade industrial e outros direitos e contratos (conta 12.3):
Esta rubrica destina-se a registar patentes, marcas, alvarás, licenças, privilégios, concessões, direitos de autor e outros direitos e contratos assimilados.

Incluem-se nesta rubrica as quantias pagas com o objectivo de adquirir o direito ao arrendamento de um determinado imóvel. Por não constituir a aquisição de uma actividade empresarial, este direito encontra-se excluído do conceito de trespasse.

Despesas de constituição (conta 12.4):
Esta rubrica destina-se a registar as despesas iniciais de constituição e organização da empresa, bem como as despesas subsequentes relacionadas com a sua expansão, designadamente as despesas com aumento de capital, estudos e projectos.

4.2 Situações particulares:

Determinação da vida útil do trespasse:
Ao estimar-se a vida útil do trespasse, devem ser tidos em consideração os seguintes factores:
A vida previsível do negócio ou sector.
Os efeitos da obsolescência dos produtos, de alterações na procura e de outros factores económicos.
As expectativas de vida ao serviço da empresa dos principais indivíduos ou grupos de empregados.
Acções esperadas de concorrentes ou potenciais concorrentes.
Cláusulas gerais, regulamentadoras ou contratuais que afectem a vida útil.

Exemplos de actividades tipicamente incluídas nas despesas de investigação:
Actividades que:
Se destinam à obtenção de novos conhecimentos.
Procuram aplicações para as descobertas de pesquisa ou outros acontecimentos.
Procuram alternativas de produtos ou processos.
Formulam ou concebem possíveis produtos novos ou melhorados ou alternativas de processos.

Exemplos de actividades tipicamente incluídas nas despesas de desenvolvimento:
Actividades que:
Avaliam alternativas de produtos ou de processos.
Concepcionam, constroem e testam protótipos e modelos de pré-produção.
Concepcionam ferramentas, aparelhos, moldes e outros cunhos envolvendo nova tecnologia.
Concepcionem, construam e façam funcionar uma fábrica-piloto que não seja de escala economicamente viável para produção que comerciem.

Exemplos de actividades relacionadas com as de investigação e desenvolvimento mas que não se enquadram no seu âmbito:
Acompanhamentos de engenharia na fase inicial de produção comercial.
Controlo de qualidade durante a produção comercial, incluindo testes de rotina aos produtos.
Detecção de problemas relacionados com falhas durante a produção comercial.
Esforços de rotina para refinar, enriquecer ou de outra forma melhorar as qualidades de um produto existente.

Adaptação da capacidade existente a um requisito particular ou a uma necessidade do cliente como parte de uma actividade comercial contínua.

Alterações de concepção sazonais ou outras periódicas de produtos existentes.

Concepção rotineira de ferramentas, aparelhos, moldes e cunhos.

Actividades, incluindo engenharia de concepção e de construção relacionadas com a construção, transferência, rearranjo ou arranque de instalações ou equipamentos que não sejam instalações ou equipamentos usados exclusivamente para um projecto particular de pesquisa e desenvolvimento.

Exclusões no reconhecimento de despesas de investigação e desenvolvimento.

Encontram-se excluídos do reconhecimento como imobilizado incorpóreo os custos de investigação e desenvolvimento que:

Sejam incorridos por empresas que tenham como actividade a investigação e desenvolvimento.

Resultem de pesquisa de minérios, petróleo, gaz e similares.

5 — Investimentos financeiros

5.1 Conteúdo das rubricas:

Empresas subsidiárias (conta 13.1):
Esta rubrica destina-se a registar as transacções, com empresas pertencentes ao grupo, que não resultem das actividades operacionais exercidas pela entidade.

Empresas associadas (conta 13.2):
Esta rubrica destina-se a registar as transacções, com empresas associadas, que não resultem das actividades operacionais exercidas pela entidade.

Outras empresas (conta 13.3):
Esta rubrica destina-se a registar as transacções, com outras empresas, que não resultem das actividades operacionais exercidas pela entidade.

Investimentos em imóveis (conta 13.4):
Esta rubrica destina-se a registar os imóveis adquiridos que não se destinem a serem usados pela entidade ou nas operações por ela realizadas.

O conceito de imóveis pode revestir a forma, quer de terrenos, quer de edifícios.

Fundos (conta 13.5):
Esta rubrica destina-se a registar os bens detidos pela entidade com o objectivo de fazer face a compromissos prolongados, cujos rendimentos lhe estejam adstritos, como por exemplo fundos de pensões.

Depósitos bancários (conta 13.9.3):
Esta rubrica destina-se a registar os depósitos bancários em instituições de crédito que não possam classificar-se como meios monetários.

5.2 Definições:

Grupo:
Um grupo é composto pela empresa-mãe e todas as suas subsidiárias.

Empresa-mãe:
Empresa-mãe é uma empresa que detém uma ou várias subsidiárias.

Empresa subsidiária:
Empresa subsidiária é aquela que é controlada por uma outra empresa (conhecida como empresa-mãe).

Controlo:
Controlo é o poder de gerir as políticas operacionais e financeiras de uma empresa a fim de obter benefícios das suas actividades.

Empresa associada:
Empresa associada é aquela em que a detentora exerce uma influência significativa e que não seja uma subsidiária.

Influência significativa:
Influência significativa é o poder de participar nas decisões de política operacional e financeira, mas que não possa ser considerada como controlo dessas políticas.

Presume-se que existe influência significativa quando a investidora detiver directa ou indirectamente, através das suas subsidiárias, mais de 20% do poder de voto da investida, a menos que possa ser demonstrado que tal não se verifica.

Ao contrário, presume-se que não existe influência significativa quando a investidora detiver directa ou indirectamente, através das suas subsidiárias, menos de 20% do poder de voto da investida, salvo se tal influência poder claramente ser demonstrada.

A existência de influência significativa pode ser verificada por um ou mais dos seguintes meios:

Representação no Conselho de Administração ou em órgão de gestão equivalente.

Participação nos processos de definição de políticas.

Transacções materialmente relevantes entre a investidora e a investida.

Intercâmbio de pessoal de gestão.

Fornecimento de informação técnica essencial.

Outras empresas:
Outras empresas são aquelas que não possam ser consideradas como empresas subsidiárias nem como empresas associadas.

6 — Existências:

6.1 Conteúdo das rubricas:

Compras (conta 21):
Esta rubrica destina-se a registar o custo das aquisições de bens destinados a serem consumidos pela empresa no seu processo produtivo ou destinados à venda e que satisfaçam os critérios para reconhecimento como existências.

Esta conta deverá ser movimentada da seguinte forma:

A débito, por contrapartida das contas de fornecedores.

A crédito, por contrapartida:

Das contas de existências, ao longo do ano, no caso da entidade dispor de inventário permanente.

Da conta custo das existências vendidas e das matérias consumidas, apenas no final do ano, no caso da entidade optar pelo sistema de inventário intermitente.

Face ao exposto, no final de cada exercício esta rubrica deverá apresentar saldo nulo.

Matérias-primas (conta 22.1):
Esta rubrica destina-se a registar os bens que irão ser incorporados materialmente nos produtos resultantes da produção.

Matérias subsidiárias (conta 22.2):
Esta rubrica destina-se a registar os bens que irão ser usados na produção, mas que não serão incorporados materialmente nos produtos dela resultantes.

Embalagens de consumo (conta 22.3):
Esta rubrica destina-se a registar os bens envolventes ou recipientes das mercadorias e produtos, indispensáveis ao seu acondicionamento e transacção, e que não sejam retornáveis.

Produtos e trabalhos em curso (conta 23):
Esta rubrica destina-se a registar os bens que se encontram em curso de fabricação ou produção e não estão em condições de ser armazenados ou vendidos.

Produtos acabados e intermédios (conta 24):
Esta rubrica destina-se a registar os seguintes bens resultantes do processo produtivo da entidade:
Produtos acabados, que se destinam a armazenagem ou venda por se encontrarem acabados.
Produtos intermédios, que embora normalmente se destinem a reentrar no processo de fabrico se encontram, igualmente, em condições de armazenagem ou venda no estado em que se encontram.

Sub-produtos (conta 25.1):
Esta rubrica destina-se a registar os bens de natureza secundária resultantes do processo produtivo e que são obtidos simultaneamente com os produtos principais.

Desperdícios, resíduos e refugos (conta 25.2):
Esta rubrica destina-se a registar os bens resultantes do processo produtivo e que não respeitem as condições para serem reconhecidos com sub-produtos.

Mercadorias (conta 26):
Esta rubrica destina-se a registar os bens adquiridos pela entidade e destinados à venda sem que sejam objecto de qualquer modificação.

Matérias-primas, mercadorias e outros materiais em trânsito (conta 27):
Esta rubrica destina-se a registar os bens adquiridos que ainda não tenham sido recepcionados pela entidade, mas para os quais já tenha sido recebida a correspondente factura ou documento equivalente.

Adiantamentos por conta de compras (conta 28):
Esta rubrica destina-se a registar os adiantamentos feitos pela entidade relativos a compras cujo preço esteja previamente fixado.

Provisão para depreciação de existências (conta 29):
Esta rubrica destina-se a registar as diferenças relativas ao custo de aquisição ou produção, resultantes da aplicação dos critérios de valorimetria definidos para as existências, isto é, a diferença apurada entre o valor de custo e o valor realizável líquido, quando o primeiro for superior ao segundo.

6.2 Definições e situações particulares:

Gastos industriais de produção fixos:
Os gastos industriais de produção fixos são os custos indirectos de produção que permaneçam relativamente constantes independentemente do volume de produção.

Imputação de gastos industriais fixos:
A Imputação de gastos industriais de produção fixos é baseada na capacidade normal.

Por esta razão, a quantia de gastos industriais fixos imputada a cada unidade de produção não é aumentada pela baixa de produção ou instalações inactivas.

Em períodos de produção anormalmente alta, a quantia de gastos fixos imputada a cada unidade de produção é diminuída, a fim de que os inventários não sejam medidos acima do custo.

Capacidade normal:
Capacidade normal é a produção que se espera que seja atingida em média durante um número de períodos ou de temporadas em circunstâncias normais, tomando em conta a perda de capacidade resultante da manutenção planeada.

Gastos industriais de produção variáveis:
Os gastos industriais de produção variáveis são os custos indirectos de produção que variam directamente, ou quase directamente, com o volume de produção.

Imputação de gastos industriais de produção variáveis:
Os gastos industriais de produção variáveis são imputados a cada unidade de produção na base do uso real das instalações de produção.

Imputação em casos de produção simultânea:
A produção simultânea pode referir-se a:

Produção conjunta.

Produção da qual resulte um produto principal e um subproduto.

Quando os custos de conversão de cada produto não sejam separadamente identificáveis, a sua imputação é feita numa base racional e consistente.

A imputação pode ser baseada, por exemplo, nas vendas relativas de cada produto.

A maioria dos sub-produtos, pela sua natureza, são materialmente irrelevantes, pelo que são muitas vezes medidos pelo valor realizável líquido e este valor é deduzido ao custo do produto principal.

Técnicas para medição do custo:
Designam-se por técnicas para medição do custo os meios usados para medir o valor dos inventários.

Método dos custos padrões:

O método dos custos padrões é uma técnica de medição do custo que toma em consideração os níveis normais de:

Matérias e materiais consumidos.

Mão de obra.

Eficiência.

Utilização da capacidade.

Método do retalho:

Esta técnica de medição do custo é normalmente usada no sector de retalho para medir grande quantidade de unidades que:

Mudam rapidamente (têm grande rotação).

Têm margens semelhantes, para as quais não é praticável usar outros métodos de custeio.

Exemplos de custos excluídos do custo dos inventários:

Encontram-se excluídos do custo dos inventários, devendo ser reconhecidos como gastos no período em que ocorrem, entre outros, os seguintes custos:

Quantias anormais de matérias desperdiçadas, de mão de obra ou de outros custos de produção.

Custos de armazenamento, a menos que esses custos sejam necessários no processo de produção, anterior a um novo estágio de produção.

Gastos administrativos que não contribuam para colocar os inventários nos seus locais actuais e na sua condição de uso ou venda.

Custo de venda.

Métodos de custeio:

Designam-se por métodos de custeio os processos destinados a medir o valor de saída dos inventários, quer para serem incorporados no processo de produção, quer para serem vendidos.

Método de custeio de identificação específica:

Por este método são atribuídos custos específicos a elementos identificados de inventário.

Método de custeio do primeiro entrado, primeiro saído ("FIFO – first in first out"):

Este método pressupõe que os elementos de inventário que foram primeiro comprados são vendidos em primeiro lugar e consequentemente os elementos que permanecem em inventário no fim do período são os elementos mais recentemente comprados ou produzidos.

Método de custeio do custo médio:

Por este método o custo de cada elemento é determinado a partir da média ponderada do custo de elementos semelhantes comprados ou produzidos durante o período.

A média pode ser determinada numa base periódica ou à medida que cada entrega adicional seja recebida, o que depende das circunstâncias da empresa.

Método de custeio do último entrado, primeiro saído ("FIFO – first in first out"):

Este método pressupõe que os elementos de inventário que tenham sido comprados ou produzidos em último lugar são os primeiros vendidos e consequentemente os elementos remanescentes no inventário do fim do período são os que foram comprados ou produzidos em primeiro lugar.

Valor realizável líquido:

O valor realizável líquido é o esperado preço de venda de um bem deduzido dos necessários custos previsíveis de acabamento.

Situações a considerar na estimativa do valor realizável líquido:

A estimativa do valor realizável líquido deve ter por base:

As provas mais fiáveis disponíveis no momento em que sejam feitas as estimativas relativas à quantia que se espera realizar. Estas estimativas tomam em consideração:

As condições existentes no fim do período de relato.

As flutuações de preços ou custos directamente relacionados com acontecimentos que ocorram após o fim do período, na medida em que confirmem as condições anteriores.

A finalidade com que o inventário é detido.

Custo de reposição:

Entende-se por custo de reposição àquele que a empresa teria de suportar para substituir um bem nas mesmas:

Condições.

Qualidades.

Quantidades.

Locais de aquisição.

Locais de utilização.

Contratos de construção plurienais:

Para efeitos do disposto neste Plano designa-se por Contrato de construção, um contrato especificamente negociado para a construção de um activo ou de uma combinação de activos que estejam inter-relacionados, ou interdependentes em termos da sua concepção, tecnologia e função ou do seu propósito ou uso final, como por exemplo a construção de:

Pontes.

Edifícios.

Barragens.

Oleodutos.

Estradas.

Navios.

Túneis.

Peças complexas de equipamento:

O carácter plurienal destes contratos resulta do facto de normalmente as datas de início e fim das obras se situarem em períodos contabilísticos diferentes.

Também se enquadram neste conceito de Contratos de construção os contratos de prestação de serviços:

Que estejam directamente relacionados com a construção dos activos.

Para a destruição ou restauração de activos.

Para a restauração do ambiente que se segue à demolição de activos.

Este tipo de contratos pode assumir um dos seguintes tipos:

Contrato de preço fixado, em que o contratante concorda com um preço fixado ou com uma taxa fixa por unidade.

Contrato de sobrecusto, em que o contratante é reembolsado por:

Custos permitidos ou definidos.

Uma percentagem sobre os custos ou uma remuneração fixada.

Método da percentagem de acabamento:

De acordo com este método, os proveitos e custos associados ao contrato são reconhecidos com referência à fase de acabamento da actividade do contrato à data do Balanço. Em consequência da utilização deste método:

Os proveitos e custos relacionados do contrato são reconhecidos na Demonstração de resultados nos períodos em que o trabalho é executado.

Quaisquer excessos de custos que se relacionem com a actividade futura do contrato é reconhecido como um activo na rubrica de produtos e trabalhos em curso.

Qualquer perda esperada no contrato resultante de custos totais estimados superiores aos proveitos totais estimados é imediatamente reconhecida como um custo na Demonstração de resultados, através da criação de uma provisão para depreciação de existências.

Condições para que o desfecho de um contrato de construção possa ser fiavelmente estimado:

Para que o desfecho de um contrato de construção possa ser fiavelmente estimado, devem ser satisfeitas todas as condições seguintes:

Possam ser fiavelmente medidos:

Os proveitos do contrato.

Os custos incorridos do contrato, por forma a que possam ser comparados com as estimativas prévias.

Os custos para acabar o contrato.

A fase de acabamento.

Seja provável que os benefícios económicos associados com o contrato fluam para a empresa.

A empresa está normalmente em condições de fazer estimativas fiáveis se:

O contrato estabelecer:

Os direitos a cumprir por cada parte respeitante ao activo a ser construído.

A retribuição a ser trocada.

A maneira e os termos do pagamento.

Tiver um sistema interno eficaz:

De relato.

De orçamentação financeira.

Proveitos do contrato:

São considerados proveitos de um contrato:

Os proveitos iniciais acordados no contrato.

As variações subsequentes:

Para mais ou para menos, em resultado de acordos subsequentes entre as partes.

Para mais, baseadas em cláusulas de custo escalonado.

Para menos, em consequência de penalidades provenientes de atrasos causados pelo contratante na conclusão do contrato.

Para mais, quando o contrato envolva um preço fixado por unidade e estas aumentem.

Para mais ou para menos, por alterações ao âmbito do trabalho a executar previsto no contrato, solicitadas pelo cliente (por exemplo alterações nas especificações ou concepção do produto ou no prazo do contrato).

Para mais, quando o contratante procura obter, do cliente ou de uma terceira parte, o reembolso de custos não previstos no contrato, decorrentes, por exemplo, de demoras causadas pelos clientes, de erros nas especificações ou na concepção.

Para mais, se os níveis de desempenho especificados forem atingidos ou excedidos, por exemplo incentivos ao contratador pela conclusão do contrato mais cedo do que o previsto.

O reconhecimento destes proveitos, como proveitos de um contrato, fica condicionado pelas seguintes condições:

Haja condições que os tornem prováveis.

O cliente os aceite.

Haja negociações em estado avançado que indiquem que serão aceites.

Haja expectativas fundamentadas de que as condições serão atingidas.

A respectiva quantia possa ser medida com fiabilidade.

Exemplo de custos excluídos dos custos do contrato:

Encontram-se excluídos dos custos do contrato os custos que não possam ser atribuídos à actividade do contrato ou que a ela não possam ser imputados, como por exemplo:

Custos administrativos gerais relativamente aos quais o reembolso não esteja especificado no contrato.

Custos de vender.

Custos de pesquisa e desenvolvimento quanto aos quais o reembolso não esteja especificado no contrato.

Depreciação de activos fixos tangíveis ociosos que não sejam usados no contrato.

Fase de acabamento:

Para determinação da fase de acabamento a empresa deve usar o método que meça com fiabilidade o trabalho efectuado. Dependendo da natureza do contrato os métodos podem incluir:

Proporção entre os custos incorridos até à data e os custos totais estimados do contrato. Os custos incorridos a considerar devem referir-se apenas ao trabalho executado devendo ser excluídos, entre outros, os seguintes:

Custos que se relacionem com actividades futuras, tais como custos de materiais que ainda não tenham sido usados ou aplicados.

Adiantamentos feitos a subcontratadores por conta de trabalho ainda não realizado.

Levantamento do trabalho executado.

Conclusão de uma proporção física do trabalho contratado.

Os pagamentos progressivos e os adiantamentos recebidos dos clientes não são usados para determinar a fase de acabamento porque muitas vezes não reflectem o trabalho executado.

Método do contrato completado:

De acordo com este método, os proveitos e os custos associados ao contrato são acumulados sendo reconhecidos apenas na data em que a obra esteja concluída ou substancialmente concluída.

Contudo, qualquer prejuízo estimado no contrato é reconhecido imediatamente como um gasto.

7 — Terceiros:

7.1 Conteúdo das rubricas:

Clientes — títulos a receber (conta 31.2):

Esta conta destina-se a registar as letras sacadas a clientes e por estes aceites.

Esta conta reflecte, portanto, em qualquer momento as dívidas de clientes que estejam representadas por títulos ainda não vencidos, quer estejam em carteira, que tenham sido descontados.

O valor das letras a constar no Balanço deverá dizer respeito às letras em carteira pelo que para o respectivo apuramento deverá ser determinada a diferença entre o saldo desta conta e a conta Clientes – títulos descontados.

Clientes — títulos descontados (conta 31.3):

Esta conta tem natureza credora e destina-se a registar as letras descontadas.

Na data de vencimento das letras esta conta deverá ser debitada da seguinte forma:

Por contrapartida da conta Clientes – títulos a receber, caso na data de vencimento a letra não seja devolvida por falta de pagamento.

Por contrapartida da conta bancária onde o desconto haja sido efectuado, caso na data de vencimento a letra seja devolvida por falta de pagamento. Em simultâneo deverá ser efectuada a transferência da letra reflectida em Clientes – títulos a receber para a conta Clientes – correntes.

O saldo desta conta reflecte, portanto, em qualquer momento o valor das letras descontadas ainda não vencidas que deverá figurar numa nota das Notas às contas, dado que a responsabilidade da entidade perante o banco se mantém.

Clientes de cobrança duvidosa (conta 31.8):

Esta conta, conforme o próprio nome indica, destina-se a registar os clientes cujos saldos tenham uma cobrabilidade duvidosa. Quando cessarem as razões que determinaram a transferência dos saldos para esta conta, o respectivo lançamento deverá ser revertido.

Clientes — Saldos credores — Adiantamentos (conta 31.9.1):

Esta conta regista as entregas feitas à empresa relativas a fornecimentos a efectuar a terceiros, cujo preço não esteja previamente fixado. Aquando da emissão da factura, estas verbas serão transferidas para as respectivas contas na rubrica Clientes – correntes.

Clientes — Saldos credores — Embalagens a devolver (conta 31.9.2):

Esta conta, de natureza credora, regista o valor das embalagens enviadas aos clientes por irem acondicionar os bens vendidos mas que se destinam a ser devolvidas. Esta conta será saldada da seguinte forma:

Por contrapartida da respectiva conta de clientes – correntes, na data da devolução por parte do cliente.

Por contrapartida da respectiva conta de vendas, caso as embalagens não sejam devolvidas dentro dos prazos acordados.

Clientes — Saldos credores — Material à consignação (conta 31.9.3):

Esta conta, de natureza credora, é creditada por contrapartida da respectiva conta de clientes – correntes e regista o valor dos bens enviados à consignação para os clientes.

Esta conta será saldada da seguinte forma:

Por contrapartida da respectiva conta de vendas, na data em que os bens tenham sido vendidos deixando, portanto, de estar à consignação.

Por contrapartida da respectiva conta de Clientes – correntes, em caso de devolução dos bens por não terem sido vendidos.

Fornecedores — títulos a pagar (conta 32.2):

Esta conta destina-se a registar as letras sacadas pelos fornecedores e aceites pela entidade.

O saldo desta conta deverá reflectir, em qualquer momento, as dívidas a fornecedores não vencidas que se encontrem representadas por letras ou outros títulos de crédito.

Fornecedores — facturas em recepção e conferência (conta 32.8):

Esta conta destina-se a reflectir as compras, relativas a material recebido, cujas facturas:

Não chegaram à entidade até à data.

Embora tenham chegado à entidade, ainda não se encontrem conferidas.

Aquando da contabilização definitiva da factura esta conta deverá ser saldada por contrapartida da respectiva conta de Fornecedores – corrente.

Fornecedores — Saldos devedores — Adiantamentos (conta 32.9.1):

Esta conta destina-se a registar as entregas feitas pela empresa com relação a fornecimentos a efectuar por terceiros, cujo preço não esteja previamente fixado.

Aquando da recepção da factura, estas verbas deverão ser transferidas para as respectivas contas de Fornecedores – correntes.

Fornecedores — Saldos devedores — Embalagens a devolver (conta 32.9.2):

Esta conta, de natureza devedora, regista o valor das embalagens enviadas pelos fornecedores por virem a acondicionar os bens comprados mas que se destinam a ser devolvidas ao fornecedor. Esta conta será saldada da seguinte forma:

Por contrapartida da respectiva conta de fornecedores – correntes, na data da devolução ao fornecedor.

Por contrapartida da respectiva conta de compras, caso as embalagens não sejam devolvidas ao fornecedor dentro dos prazos acordados.

Fornecedores — Saldos devedores — Material à consignação (conta 32.9.3):

Esta conta, de natureza devedora, é criada por contrapartida da respectiva conta de Fornecedores – correntes e regista o valor dos bens recebidos à consignação dos fornecedores. Esta conta será saldada da seguinte forma:

Por contrapartida da respectiva conta de compras, na data em que os bens tenham sido vendidos a clientes deixando, portanto, de estar à consignação.

Por contrapartida da respectiva conta de fornecedores - correntes, em caso de devolução dos bens ao fornecedor por não terem sido vendidos.

Empréstimos por obrigações — convertíveis (conta 33.2.1):

Esta conta destina-se a registar, pelo valor nominal, as obrigações subscritas por terceiros que sejam convertíveis em capital.

Empréstimos por títulos de participação (conta 33.3):

Esta conta destina-se a registar, pelo valor nominal, os títulos de participação subscritos por terceiros.

Imposto sobre os lucros (conta 34.1):

Esta conta destina-se a evidenciar a dívida da entidade relativa a imposto sobre os lucros.

A débito deverão ser registados os pagamentos por conta efectuados e as eventuais retenções efectuadas por terceiros aquando da colocação de rendimentos à disposição da entidade.

A crédito deverá ser registada a estimativa de imposto a pagar relativa ao exercício, por contrapartida da conta 87 Imposto sobre lucros e da conta 81 Resultados transitados.

Quando se entender conveniente, esta conta poderá ser subdividida por exercícios.

Imposto de rendimento de trabalho (conta 34.3):

Esta conta, de natureza credora, destina-se a registar o imposto deduzido aos empregados devido pelo rendimento do seu trabalho, apurado aquando do processamento dos salários.

Esta conta será saldada por contrapartida de meios monetários a quando do respectivo pagamento ao Estado.

Subsídios a preços (conta 34.8):

Esta conta, de natureza devedora, destina-se a registar o complemento a receber do Estado, resultante do diferencial entre o preço de venda estabelecido pela empresa e o preço de venda ao público.

O débito deverá ser efectuado por contrapartida da conta 61.5 Subsídios a preços.

Esta conta será saldada por contrapartida de meios monetários a quando do respectivo recebimento do Estado.

Entidades participantes — conta subscrição (contas 35.1.1.1, 35.1.2.1, 35.1.3.1, 35.1.4.1):

Estas contas, de natureza devedora, destinam-se a registar, por contrapartida da conta 51 Capital, as subscrições de capital efectuadas por terceiros. Estas contas serão saldadas, por contrapartida de meios monetários, aquando do recebimento dos valores em dívida.

Entidades participantes — conta adiantamento sobre lucros (contas 35.1.1.2, 35.1.2.2, 35.1.3.2, 35.1.4.2):

Estas contas, de natureza devedora, destinam-se a registar, por contrapartida de meios monetários, as entregas efectuadas por conta de lucros futuros. Estas contas serão saldadas por contrapartida das contas *Entidades participantes – conta/lucros*, aquando da atribuição efectiva dos lucros.

Entidades participantes — conta lucros (contas 35.1.1.3, 35.1.2.3, 35.1.3.3, 35.1.4.3):

Estas contas, de natureza credora, destinam-se a registar, por contrapartida da conta *81 Resultados transitados*, a atribuição de lucros decidida em Assembleia Geral de sócios/accionistas.

Estas contas serão saldadas da seguinte forma:

Por contrapartida das contas *Entidades participantes – conta adiantamentos*, pela parte que haja sido adiantada.

Por contrapartida de meios monetários, pela parte remanescente.

Entidades participantes — conta subscrição (contas 35.2.1.1, 35.2.2.1, 35.2.3.1, 35.2.4.1):

Estas contas, de natureza credora, destinam-se a registar, por contrapartida de Investimentos Financeiros, as subscrições de capital efectuadas em outras empresas. Estas contas serão saldadas, por contrapartida de meios monetários, aquando do pagamento dos valores em dívida.

Entidades participadas — conta adiantamento sobre lucros (contas 35.2.1.2, 35.2.2.2, 35.2.3.2, 35.2.4.2):

Estas contas, de natureza credora, destinam-se a registar, por contrapartida de *meios monetários*, as entregas recebidas por conta de lucros futuros. Estas contas serão saldadas, por contrapartida das contas *Entidades participadas – conta lucros*, aquando da atribuição efectiva dos lucros.

Entidades participadas — conta/lucros (contas 35.2.1.3, 35.2.2.3, 35.2.3.3, 35.2.4.3):

Estas contas, de natureza devedora, destinam-se a registar, por contrapartida de proveitos financeiros, a atribuição de lucros decidida em Assembleia Geral de sócios/accionistas das participadas.

Estas contas serão saldadas da seguinte forma:

Por contrapartida das contas *Entidades participadas – conta adiantamentos*, pela parte que haja sido recebida adiantadamente.

Por contrapartida de meios monetários, aquando do recebimento da parte remanescente.

Pessoal — Remunerações (conta 36.1):

Esta conta, de natureza credora, destina-se a registar e controlar o processamento e pagamento das remunerações a órgãos sociais e ao pessoal.

Esta conta registará a crédito, por contrapartida de custos, os valores líquidos a pagar resultantes do processamento de salários e será saldada da seguinte forma:

Por contrapartida da conta *36.3 Pessoal – adiantamentos*, pela parte que haja sido adiantada.

Por contrapartida de meios monetários, aquando do pagamento na parte remanescente.

Pessoal – Participação nos resultados (conta 36.2):

Esta conta, de natureza credora, destina-se a registar e controlar os resultados atribuídos a órgãos sociais e ao pessoal que tenham sido deliberados em Assembleia Geral de sócios/accionistas.

Esta conta registará a crédito, por contrapartida da conta *81 Resultados transitados*, os valores líquidos a pagar e serão saldadas por contrapartida de meios monetários, aquando do pagamento.

Pessoal – Adiantamentos (conta 36.3):

Esta conta, de natureza devedora, destina-se a registar e controlar os vales dos empregados relativos a adiantamentos efectuados a empregados por conta de remunerações futuras.

Esta conta registará a débito, por contrapartida de meios monetários, os adiantamentos efectuados e será saldada por contrapartida da conta *Pessoal – Remunerações* após o registo do respectivo processamento de salários.

Compras de imobilizado (conta 37.1):

Esta conta, de natureza credora, destina-se a registar as dívidas para com terceiros resultantes de compras de imobilizado.

Esta conta registará a crédito, por contrapartida das respectivas contas de imobilizado, os valores em dívida e será saldada por contrapartida de meios monetários a quando do pagamento.

Vendas de imobilizado (conta 37.2):

Esta conta, de natureza devedora, destina-se a registar as dívidas de terceiros resultantes de vendas de imobilizado.

Estas contas registarão a débito, por contrapartida das contas de resultados respectivas, os valores facturados e serão saldadas por contrapartida de meios monetários aquando do recebimento.

Proveitos a facturar (conta 37.3):

Esta conta, de natureza devedora, serve de contrapartida aos proveitos a reconhecer no próprio exercício, para os quais ainda não tenha sido emitida a respectiva documentação vinculativa, por forma a dar cumprimento ao princípio da especialização dos exercícios.

No exercício seguinte, esta conta deverá ser saldada por contrapartida da respectiva conta de Terceiros após ter sido emitida a respectiva documentação vinculativa.

Encargos a repartir por períodos futuros (conta 37.4):

Esta conta, de natureza devedora, destina-se a registar os custos que devam ser reconhecidos apenas no ou nos exercícios seguintes, por forma a dar cumprimento ao princípio da especialização dos exercícios.

No exercício ou exercícios em que os encargos devam ser reconhecidos como custos, esta conta deverá ser creditada por contrapartida da conta de custos apropriada.

Para um maior controlo dos movimentos a incluir nesta conta, poderão ser abertas duas sub-contas, uma de natureza devedora e outra de natureza credora, destinadas a controlar, respectivamente, o valor inicial diferido e o total do valor já transferido para resultados em exercícios subsequentes. Neste caso, no final de cada ano, o total dos encargos a repartir por exercícios futuros é dado pelo saldo líquido das sub--contas utilizadas.

Encargos a pagar (conta 37.5):

Esta conta, de natureza credora, serve de contrapartida aos custos a reconhecer no próprio exercício, para os quais ainda não tenha sido recebida a respectiva documentação vinculativa, por forma a dar cumprimento ao princípio da especialização dos exercícios.

No exercício seguinte esta conta deverá ser saldada por contrapartida da respectiva conta de terceiros após ter sido recebida a respectiva documentação vinculativa.

Encargos a pagar — Remunerações (conta 37.5.1):

Esta conta destina-se a reconhecer, entre outros, os custos com férias do pessoal (e respectivos encargos fiscais) devidos por motivos de férias, cujo processamento e pagamento só ocorra no ano seguinte.

Proveitos a repartir por períodos futuros (conta 37.6):

Esta conta, de natureza credora, destina-se a registar os proveitos que devam ser reconhecidos apenas no ou nos exercícios seguintes, por forma a dar cumprimento ao princípio da especialização dos exercícios.

No exercício ou exercícios em que devam ser reconhecidos como proveitos esta conta deverá ser debitada por contrapartida da conta de proveitos apropriada.

Para um maior controlo dos movimentos a incluir nesta conta, poderão ser abertas duas sub-contas, uma de natureza credora e outra de natureza devedora, destinadas a controlar, respectivamente, o valor inicial diferido e o total do valor já transferido para resultados em exercícios subsequentes. Neste caso, no final de cada ano, o total dos proveitos a repartir por exercícios futuros é dado pelo saldo líquido das sub--contas utilizadas.

Proveitos a repartir por períodos futuros — Subsídios para investimentos (conta 37.6.3):

Devem ser registados nesta conta os subsídios a fundo perdido destinados a financiar imobilizações amortizáveis.

A quota–parte dos subsídios a transferir para proveitos *(conta 63.4 - Subsídios a investimento)* em cada exercício deverá ser apurada na mesma base da determinação das amortizações do imobilizado a que os subsídios se referem, por forma a cumprir com o princípio de balanceamento de custos e proveitos.

Proveitos a repartir por períodos futuros — Diferenças de câmbio favoráveis reversíveis *(conta 37.6.4)*:

Esta conta, de natureza credora, destina-se a registar as diferenças de câmbio favoráveis não realizadas, resultantes de elementos monetários não correntes e relativamente às quais exista a perspectiva de reversibilidade do câmbio.

Esta conta poderá ser sub-dividida por moedas ou por empréstimos e outras operações.

Contas transitórias — Transacções entre a sede e as dependências da empresa *(conta 37.7.1)*:

Esta conta destina-se a registar, ao longo do ano, as operações entre a sede e as dependências da empresa, sendo a sua movimentação idêntica a qualquer outra conta de Terceiros.

No final do ano, esta conta deverá ficar saldada através da integração, nas contas da Sede, dos activos e passivos das dependências.

Para uma maior facilidade de controlo, esta conta deverá ser sub-dividida em tantas sub-contas quantas as dependências existentes.

Outros valores a receber e a pagar *(conta 37.9)*:

As sub-contas a incluir nesta rubrica, dependendo da sua natureza, poderão ter saldo devedor ou credor. Estão abrangidas por esta rubrica as dívidas a receber ou a pagar derivadas de:

Empréstimos concedidos que não sejam de classificar nas contas *35 Entidades participantes* ou na conta *36.3 Pessoal – Adiantamentos.*

Subsídios recebidos que sejam de natureza reembolsável.

Outras operações relativas a dívidas de e a terceiros que não sejam de classificar nas restantes contas da classe 3.

Provisões para cobranças duvidosas *(conta 38)*:

Esta conta, de natureza credora, destina-se a registar as perdas previsíveis associadas a riscos de cobrança das dívidas de Terceiros, por forma a que estas sejam apresentadas pelo seu valor realizável líquido se este for inferior ao seu valor de registo inicial (corrigido, eventualmente, pelo efeito das diferenças de câmbio).

As provisões são criadas por contrapartida das correspondentes contas de custos e são corrigidas ou anuladas quando, respectivamente, se reduzam ou cessem os motivos que as originaram.

Provisões para outros riscos e encargos *(conta 39)*:

Esta conta, de natureza credora, destina-se a registar, as perdas previsíveis associadas a riscos de natureza específica e provável (contingências).

As provisões são criadas por contrapartida das correspondentes contas de custos e são corrigidas ou anuladas quando, respectivamente, se reduzam ou cessem os riscos previstos.

Provisões para pensões *(conta 39.1)*:

Esta provisão pode ter como suporte um fundo afecto, a considerar na conta *13.5 Investimentos Financeiros – Fundos.*

Provisões para garantias dadas a clientes (conta 39.4):

Consideram-se nesta rubrica as verbas destinadas a suportar os encargos que se espera vir a ter derivados de garantias previstas em contratos de venda.

Excluem-se do âmbito desta rubrica os réditos que devam ser diferidos de acordo com o disposto nas notas relativas a conta de Prestações de Serviço.

7.2 Definições:

Obrigações:

As obrigações são unidades de medida, de igual valor, de cada empréstimo.

As obrigações correspondem, portanto, a uma dívida da sociedade emitente para com cada um dos possuidores dos títulos.

Classificação das obrigações:

Quanto à forma de apresentação:
  Tituladas.
  Escriturais.
Quanto às garantias oferecidas:
  Sem garantias reais.
  Ordinárias.
  Com garantias reais.
  Hipotecárias.
  Consignação de rendimentos.
  Penhor.
Quanto à forma de emissão:
  Nominativas.
  Ao portador.
  Mistas.
Quanto ao preço:
  Ao par.
  Acima do par.
  Abaixo do par.
Quanto ao rendimento:
  Fixo.
  Variável.
Quanto ao valor do reembolso:
  Sem prémio.
  Com prémio.
Quanto ao modo de reembolso:
  Amortização constante.
  Amortização variável.
Quanto à possibilidade de acesso ao capital:
  Convertíveis.
  Não convertíveis.

Títulos de participação:

Os títulos de participação são unidades de medida, de igual valor, de cada empréstimo emitidos por empresas públicas ou de capitais maioritariamente públicos.

Os títulos de participação correspondem, portanto, uma dívida da sociedade emitente para com cada um dos possuidores dos títulos.

8 — Meios monetários:

Os meios monetários representam disponibilidades imediatas de tesouraria, quer em dinheiro, quer em valores, facilmente convertíveis em dinheiro.

8.1 Conteúdo das rubricas:

Títulos negociáveis (conta 41):
Esta conta destina-se a registar os títulos adquiridos para aplicação de excedentes de tesouraria e que são detidos com objectivo de serem transaccionados a curto prazo, ou seja, num período inferior a um ano.

Depósitos a prazo (conta 42):
Esta conta destina-se a registar os meios de pagamento existentes em contas a prazo nas insti-tuições de crédito.

Depósitos à ordem (conta 43):
Esta conta destina-se a registar os meios de pagamento existentes em contas à vista nas instituições de crédito.

Caixa (conta 45):
Esta conta agrega os meios de pagamento, tais como notas de banco, moedas metálicas de curso legal, cheques e vales postais, nacionais ou estrangeiros.

Caixa — Fundo fixo (conta 45.1):
Esta conta destina-se a reflectir os meios de pagamento destinados a fazer face a compras a dinheiro de pequeno montante.

Caixa — Valores a depositar (conta 45.2):
Esta conta destina-se a reflectir os meios monetários compostos por dinheiro ou cheques que resultem de recebimentos de Terceiros e para os quais ainda não tenha sido efectuado o correspondente depósito bancário.

Caixa — Valores destinados a pagamentos específicos (conta 45.3):
Esta conta destina-se a registar os meios monetários levantados do banco com o objectivo de fazer face a pagamentos de montante significativo através de caixa que, em condições normais, seriam pagos directamente através do banco.

Caixa — Conta transitória (conta 48):

Esta conta destina-se a registar os meios monetários que já não se encontram em depósitos à ordem por ter sido solicitada, a uma instituição financeira, a sua transferência para uma terceira entidade mas relativamente aos quais ainda não foi obtida confirmação da efectivação da operação.

Provisões para aplicações de tesouraria (conta 49):

Esta conta destina-se a registar a diferença entre o custo de aquisição e o preço de mercado das aplicações de tesouraria, quando este for inferior àquele.

A provisão é constituída por contrapartida da correspondente conta de custos e é corrigida ou anulada na medida em que se reduzirem ou deixarem de existir as situações que justificaram a constituição.

8.2 Situações particulares:

Caixa — Fundo fixo (conta 45.1):

Esta conta deverá ser debitada por contrapartida de:

Bancos, tendo por base um cheque passado à ordem do responsável pela caixa e um vale assinado por este, confirmando a recepção e a responsabilização pelo valor que lhe foi entregue; ou

Caixa – valores destinados a pagamentos específicos, tendo por base um vale assinado pelo responsável da caixa, confirmando a recepção e a responsabilização pelo valor que lhe foi entregue.

Esta conta será creditada apenas quando:

For necessário diminuir o valor do fundo fixo; ou

O responsável pela caixa mudar.

Nessa data, deverá ser:

Cancelado o vale anteriormente emitido.

Emitido novo vale que deverá ser assinado pelo responsável pela caixa a partir dessa data.

A contrapartida do crédito será um débito na mesma conta tendo por base o novo vale.

Os pagamentos efectuados mediante à utilização dos meios monetários desta caixa deverão ser registados a débito nas respectivas contas de custos e a crédito numa das seguintes contas:

Bancos, se for passado um cheque à ordem do responsável pela caixa para reposição do valor do fundo fixo.

Caixa – valores destinados a pagamentos específicos, se forem entregues ao responsável pela caixa valores em dinheiro para repor o valor do fundo fixo.

Os valores em caixa, compostos por meios monetários e documentos de despesa devem, em qualquer momento, totalizar o valor do fundo fixo. No final de cada mês o fundo fixo deverá ser composto exclusivamente por meios monetários.

9 — Capital e reservas:

9.1 Conteúdo das rubricas:

Capital (conta 51):

Esta conta destina-se a registar:

O capital nominal subscrito das empresas sob a forma de sociedade.

O capital inicial e as dotações de capital das empresas públicas.

O capital inicial, o adquirido e ainda as operações de natureza financeira com o respectivo proprietário no caso de comerciantes em nome individual.

O capital das cooperativas.

Acções/Quotas próprias — valor nominal (conta 52.1):
Esta conta destina-se a registar o valor nominal das acções ou quotas próprias adquiridas pela empresa.

Acções/Quotas próprias — descontos (conta 52.2):
Esta conta destina-se a registar a diferença quando positiva entre o valor nominal das acções ou quotas próprias adquiridas pela empresa e o respectivo custo de aquisição.

De forma a manter os descontos correspondentes às acções ou quotas próprias em carteira, esta conta deverá ser regularizada por contrapartida de reservas quando se proceder à venda das acções ou das quotas próprias.

Acções/Quotas próprias — prémios (conta 52.3):
Esta conta destina-se a registar a diferença, quando negativa, entre o valor nominal das acções ou quotas próprias adquiridas pela empresa e o respectivo custo de aquisição.

De forma a manter os prémios correspondentes às acções ou quotas próprias em carteira, esta conta deverá ser regularizada por contrapartida de reservas quando se proceder à venda das acções ou das quotas próprias.

Prémios de emissão (conta 53):
Esta conta destina-se a registar a diferença, entre os valores de subscrição das acções ou quotas emitidas e o seu valor nominal.

Prestações suplementares (conta 54):
Esta conta destina-se a registar as prestações de capital:
Previstas na lei especificamente para as sociedades por quotas.

Não previstas na lei, para as restantes entidades sujeitas a este Plano, mas cujo carácter seja semelhante ao definido para as das sociedades por quotas.

Reservas Legais (conta 55):
Esta conta destina-se a registar as reservas que devam ser constituídas por imposição legal e deverá ser sub-dividida, consoante as necessidades, tendo em vista a legislação que lhes é aplicável.

Reservas de Reavaliação — legais (conta 56.1):
Esta conta destina-se a registar os ajustamentos monetários resultantes de faculdades previstas em diplomas legais específicos e será movimentada de acordo com as disposições neles constantes.

Reservas de Reavaliação — autónomas — avaliação (conta 56.2.1):
Esta conta destina-se a registar os ajustamentos monetários resultantes de avaliações feitas por perito independente, bem como as correcções subsequentes baseadas em revisões posteriores da avaliação. Salvo quanto às correcções já referidas, o saldo desta conta mantém-se inalterável até que a conta *Reservas de Reavaliação – autónomas – realização (conta 56.2.2)* atinja o mesmo valor, devendo, quando tal acontecer, proceder-se ao respectivo balanceamento/anulação.

Estas reservas não podem pois ser utilizadas para aumentar capital, para cobrir prejuízos ou para distribuição aos sócios e accionistas.

Reservas de Reavaliação — autónomas — realização (conta 56.2.2):

Esta conta destina-se a registar a realização efectiva dos ajustamentos monetários resultantes de avaliações feitas por perito independente (incluindo as correcções subsequentes baseadas em revisões posteriores da avaliação) contabilizadas na conta *Reservas de Reavaliação – autónomas – avaliação (conta 56.2.1)* que ocorram em resultado de:

Venda dos bens.

Amortização do ajustamento monetário incluído nas amortizações dos bens já efectuadas.

Esta conta, de natureza devedora, deve ser:

Criada por contrapartida da conta *58 Reservas livres*.

Corrigida em função das correcções subsequentes da avaliação.

Anulada por contrapartida da conta *Reservas de Reavaliação – autónomas – avaliação (conta 56.2.1)* quando atinja o mesmo valor desta.

Reservas com fins especiais (57):

Esta conta destina-se a registar reservas afectas a um determinado fim específico.

10 — Notas gerais sobre os proveitos:

10.1 Definições:

Rédito:

Rédito é o influxo bruto de benefícios económicos, durante o período, proveniente do curso das actividades ordinárias de uma entidade, recebidos ou a receber de sua própria conta, quando esses influxos resultarem em aumentos de capital próprio, desde que não sejam aumentos relacionados com contribuições de participantes no capital próprio.

O rédito deve ser medido pelo justo valor da retribuição recebida ou a receber, acordada entre a empresa e o comprador ou utente do activo, tendo em atenção a quantia de quaisquer descontos comerciais e de abatimento de volume concedidos pela entidade.

Quando surja uma incerteza acerca da cobrabilidade de uma quantia já incluída no rédito, a quantia incobrável, ou a quantia a respeito da qual a recuperação tenha deixado de ser provável, é reconhecida como um gasto, e não como um ajustamento da quantia do rédito originalmente reconhecido.

10.2 Situações particulares:

Influxos com recebimento diferido:

Quando um influxo de dinheiro ou equivalentes de dinheiro for diferido, o justo valor da retribuição pode ser menor do que a quantia nominal do dinheiro recebido ou a receber. Nestes casos, quando o influxo constitua uma transacção de financiamento, o justo valor da retribuição deve ser determinado, descontando todos os recebimentos futuros, utilizando uma taxa de juro imputada. Esta taxa é a mais claramente determinável de:

Taxa de um instrumento similar de um emitente com uma classificação de crédito similar.

Taxa de juro que desconte a quantia nominal do instrumento para o preço de venda corrente, a dinheiro, dos bens ou serviços.

A diferença entre o justo valor e a quantia nominal da retribuição é reconhecida como rédito de juros.

Influxos resultantes de troca de bens:

Quando os bens sejam vendidos ou os serviços sejam prestados em troca de bens ou serviços dissemelhantes, a troca é vista como uma transacção que gera réditos. O rédito é medido da seguinte forma:

Pelo justo valor dos bens ou serviços recebidos ajustados pela quantia transferida de qualquer dinheiro ou seus equivalentes, ou quando este não possa ser medido com fiabilidade.

Pelo justo valor dos bens entregues ajustados pela quantia transferida de qualquer dinheiro.

Influxos resultantes de transacção única mas com componentes separadamente identificáveis:

Quando numa transacção única existam componentes separadamente identificáveis, estas devem ser analisadas em separado para efeitos de reconhecimento do rédito. Por exemplo, quando o preço de venda de um produto inclua uma quantia identificável de serviços subsequentes, essa quantia deve ser diferida e reconhecida como um rédito durante o período em que o serviço seja desempenhado.

Influxos resultantes de transacções com forma separada mas com uma substância económica única:

Quando em transacções com forma separada exista uma substância única, estas devem ser analisadas em conjunto para efeitos de reconhecimento do rédito. Por exemplo, se ao vender determinado bem se entrar num acordo separado para o recomprar numa data posterior, negando assim os efeitos substantivos das transacções, estas devem, por conseguinte, ser tratadas conjuntamente.

11 — Vendas:

11.1 Conteúdo das rubricas:

Vendas (conta 61):

Esta conta destina-se a registar o rédito proveniente da venda de bens.

Para este efeito, o termo bens inclui bens produzidos pela entidade com a finalidade de serem vendidos e bens comprados para revenda, tais como mercadorias compradas por um retalhista ou terrenos e outras propriedades detidas para revenda.

Subsídios a preços (conta 61.5):

Esta conta destina-se a registar os subsídios a receber do Estado destinados a complementar os preços de venda de bens que tenham sido por ele fixados.

Devoluções (conta 61.7):

Esta conta destina-se a registar as devoluções de clientes relativas a bens que anteriormente lhe tenham sido vendidos.

Para um maior controlo, as sub-contas Mercado Nacional e Mercado Estrangeiro poderão ser desenvolvidas por natureza de bens devolvidos.

Descontos e abatimentos (conta 61.8:

Esta conta destina-se a registar os descontos e abatimentos em vendas que revistam a forma de descontos comerciais.

Para um maior controlo, as sub-contas Mercado Nacional e Mercado Estrangeiro poderão ser desenvolvidas por natureza de bens devolvidos.

11.2 Situações particulares:

Avaliação da transferência de riscos e recompensas da propriedade para o comprador:
Esta avaliação exige um exame das circunstâncias da operação. Na maior parte dos casos, esta transferência coincide com a transferência do documento legal ou da passagem de posse para o comprador.

Tratamento quando existe incerteza sobre se os benefícios económicos associados com a transacção irão fluir para a entidade:
A certeza sobre se os benefícios económicos associados com a transacção irão fluir para a entidade, muitas vezes só ocorre depois da retribuição ser recebida ou de uma incerteza ser removida. Por exemplo, pode ser incerto que uma autoridade governamental estrangeira conceda permissão para remeter a retribuição de uma venda num país estrangeiro. Neste caso o rédito só deve ser reconhecido quando a permissão seja concedida, isto é, quando a incerteza é retirada.

Exemplo de situações em que a entidade retém os riscos significativos e as recompensas da propriedade e em que o rédito não deve ser reconhecido:
Quando a entidade retenha uma obrigação por execução não satisfatória, não coberta por cláusulas normais de garantia.
Quando o recebimento do rédito de uma dada venda esteja dependente da obtenção de rédito, pelo comprador, pela sua venda dos bens.
Quando os bens expedidos estejam sujeitos à instalação e esta seja uma parte significativa do contrato que ainda não tenha sido concluído.
Quando o comprador tenha o direito de rescindir a compra por uma razão especificada no contrato de venda e a entidade não esteja segura acerca da probabilidade da devolução.

Exemplo de situações em que a entidade retém somente um risco de propriedade insignificante:
Retenção do documento legal dos bens unicamente para proteger a cobrabilidade da quantia devida. Neste caso se a entidade tiver transferido os riscos e recompensas significativos da propriedade, a transacção é uma venda e o rédito deve ser reconhecido.
Venda a retalho quando for oferecido um reembolso se o cliente não ficar satisfeito. Neste caso o rédito deve ser reconhecido desde que o vendedor possa estimar com fiabilidade (com base em experiência anterior e outros factores relevantes) as devoluções futuras e reconheça um passivo correspondente.

Tratamento quando os custos não podem ser fiavelmente medidos:
Os custos, incluindo garantias e outros custos, a serem incorridos após a expedição dos bens podem normalmente ser medidos com fiabilidade quando as outras condições para o reconhecimento do rédito tenham sido satisfeitas. Porém, quando tal não acontecer o rédito não pode ser reconhecido pelo que qualquer retribuição já recebida pela venda dos bens deve ser reconhecida como um passivo.

Vendas do tipo <<facture mas não faça a expedição>>:
Nas vendas do tipo <<facture mas não faça a expedição>> por norma a entrega é retardada a pedido do comprador mas este fica com o título de posse e aceita a facturação. Nestas condições, o rédito é reconhecido desde que:
Seja provável que a entrega venha a ser feita.

Os bens em poder do vendedor, estejam identificados e prontos para entrega ao comprador no momento em que a venda é reconhecida.

O comprador acuse especificamente a recepção das instruções de entrega diferida.

Sejam aplicadas as condições usuais de pagamento:

Venda de bens sujeitos a instalação e inspecção:

Nas vendas de bens sujeitos a instalação, o rédito é reconhecido imediatamente após aceitação da entrega por parte do comprador quando:

O processo de instalação seja simples por natureza e caiba por isso ao comprador fazê-la.

A inspecção seja efectuada apenas para confirmar a natureza e qualidade dos bens.

Venda de bens quando tenha sido negociado um direito limitado de devolução:

Nas vendas de bens em que tenha sido negociado um direito limitado de devolução o rédito deve ser reconhecido apenas quando os bens tenham sido:

Formalmente aceites pelo comprador; ou

Entregues e o período de tempo para devolução tenha expirado.

Venda de bens à consignação:

Nas vendas de bens à consignação o receptor (comprador) encarrega-se de vender os bens por conta do expedidor (vendedor). Desta forma o rédito só deve ser reconhecido pelo expedidor quando os bens são vendidos a um terceiro pelo receptor.

Venda de bens a intermediários, tais como distribuidores, negociantes ou outros para revenda:

Nas vendas de bens a intermediários, tais como distribuidores, negociantes ou outros para revenda em que o comprador esteja actuando, em substância, como um agente, o rédito é reconhecido como se tratasse de uma venda à consignação.

Nos restantes casos, o rédito deve ser reconhecido com base nos critérios gerais de reconhecimento do rédito.

Vendas nas quais os bens sejam entregues somente quando o comprador faça o pagamento final de uma série de prestações:

Por norma, o rédito de vendas nas quais os bens sejam entregues somente quando o comprador faça o pagamento final de uma série de prestações deve ser reconhecido apenas quando os bens sejam entregues.

Contudo, o rédito pode ser reconhecido quando um depósito significativo tenha sido recebido desde que:

A experiência indique que a maior parte de tais vendas são consumadas.

Os bens estejam na posse do vendedor e identificados e prontos para entrega ao comprador.

Venda a prestações:

Nas vendas a prestações, a retribuição é recebida a prestações pelo que o valor total da retribuição inclui o preço da venda e uma quantia referente a juros. O preço de venda é o valor presente do total da retribuição determinado com base no desconto para o momento presente das prestações a receber, usando uma taxa de juro imputada.

O rédito das vendas a prestações deve ser reconhecido da seguinte forma:

O correspondente ao preço de venda, na data da venda.

O correspondente à quantia de juros, à medida que for ganho.

Assinaturas de publicações:

O rédito resultante de assinaturas de publicações deve ser reconhecido da seguinte forma:

Proporcionalmente ao período em que as publicações sejam expedidas, quando estas sejam de valor semelhante em cada período de tempo.

Proporcionalmente ao valor total das publicações, quando estas variam de valor de período para período.

12 — Prestações de serviço:

12.1 Conteúdo das rubricas:

Prestações de Serviço (conta 62):

Esta conta destina-se a registar o rédito proveniente da prestação de serviços.

A prestação de serviços envolve tipicamente o desempenho por uma entidade de uma tarefa contratualmente acordada durante um período de tempo igualmente acordado que pode ser prestada dentro de um período único ou durante mais do que um período.

Prestações de serviços — serviços principais (conta 62.1):

Esta conta destina-se a registar as prestações de serviço que façam parte da actividade da entidade e que sejam executadas a título principal.

As sub-contas Mercado Nacional e Mercado Estrangeiro deverão ser desenvolvidas por natureza de serviços prestados.

Prestações de serviços – serviços secundários (conta 62.2):

Esta conta destina-se a registar as prestações de serviço que façam parte da actividade da entidade e que não sejam consideradas actividades principais.

As sub-contas Mercado Nacional e Mercado Estrangeiro deverão ser desenvolvidas por natureza de serviços prestados.

Descontos e abatimentos (conta 62.8):

Esta conta destina-se a registar os descontos e abatimentos em prestações de serviço que revistam a forma de descontos comerciais.

Para um maior controlo, as sub-contas Mercado Nacional e Mercado Estrangeiro poderão ser desenvolvidas por natureza de serviços prestados.

12.2 Definições e situações particulares:

Fase de acabamento da transacção:

O reconhecimento do rédito com base na fase de acabamento da transacção é por vezes denominado como o método da percentagem de anulação segundo o qual o rédito é reconhecido nos períodos contabilísticos em que o serviço é prestado. Neste método, aplicam-se com as necessárias adaptações as disposições relativas a contratos plurienais constantes das notas explicativas relativas a existências.

Métodos para determinação da fase de acabamento da transacção:

Para a determinação da fase de acabamento da transacção, deve ser usado o método mais fiável para medir os serviços executados. Dependendo da natureza da transacção os métodos podem incluir:

Levantamentos do trabalho executado.

Serviços executados até à data com uma percentagem do total dos serviços a serem prestados.

A proporção que os custos incorridos até à data tenham com os custos totais estimados da transacção. Para este efeito somente os custos que reflictam trabalho executado até à data devem ser considerados para determinação dos custos incorridos até à data e somente os custos que reflictam trabalho executado ou a executar devem ser incluídos nos custos totais estimados da transacção. Nem sempre os pagamentos progressivos e os adiantamentos recebidos de clientes reflectem os serviços executados.

Elementos facilitadores da determinação de estimativas fiáveis:

Normalmente, a empresa está em condições de fazer estimativas fiáveis se tiver acordado com os parceiros da transacção o seguinte:

Os direitos que cada uma das partes está obrigada a cumprir quanto ao serviço a ser prestado e recebido pelas partes.

A retribuição a ser dada.

A maneira e os termos da liquidação.

Tratamento quando o desfecho da transacção não pode ser fiavelmente estimado:

Quando o desfecho da transacção não puder ser fiavelmente estimado nenhum lucro deve ser reconhecido mas devem ser usados os seguintes critérios:

Se se espera que os custos incorridos possam ser recuperados, o rédito deve ser reconhecido nessa medida.

Se se espera que os custos incorridos não possam vir a ser recuperados, o rédito não deve ser reconhecido mas os custos incorridos devem ser reconhecidos como um gasto.

Honorários de instalação:

Os honorários de instalação são reconhecidos como rédito da seguinte forma:

Na data do reconhecimento da venda dos bens, se forem inerentes a essa venda.

De acordo com a fase de acabamento, se não forem inerentes à venda.

Honorários de desenvolvimento de software a pedido do cliente:

Os honorários de desenvolvimento de software a pedido do cliente são reconhecidos como rédito com referência à fase de acabamento do desenvolvimento (incluindo conclusão dos serviços proporcionados por assistência de serviços pós entrega):

Honorários de serviços incluídos no preço dos bens vendidos:

Os honorários de serviços incluídos no preço dos bens vendidos são reconhecidos como rédito durante o período em que tais serviços serão prestados, se a quantia dos serviços subsequentes incluída no preço dos bens puder ser estimada. A quantia do rédito a diferir na data da venda dos bens deve ser aquela que cubra os custos esperados dos serviços acordados e o lucro razoável desses serviços.

Comissões de publicidade:

O rédito das comissões de publicidade deve ser reconhecido da seguinte forma:

Em referência à fase de acabamento, no caso do rédito se referir a comissões de produção.

Quando o respectivo anúncio (jornais, rádio ou televisão) surja perante o público, nos restantes casos.

Bilhetes de admissão:

O rédito relativo a bilhetes de admissão para um ou mais acontecimentos deve ser reconhecido da seguinte forma:

Na data em que o acontecimento tiver lugar, quando o rédito resultar de desempenhos artísticos, de banquetes e de outros acontecimentos especiais.

À medida que os serviços sejam executados, quando for vendida uma assinatura para um número de acontecimentos.

Propinas de ensino:

O rédito relativo a propinas de ensino deve ser reconhecido durante o período de instrução:

Quotas de iniciação, entrada e associativismo:

O rédito relativo a quotas deve ser reconhecido da seguinte forma:

De imediato e na totalidade, quando:

(i) não exista nenhuma incerteza significativa quanto à cobrabilidade; e

(ii) a quota permitir apenas o associativismo e todos os outros serviços ou produtos tenham de ser pagos em separado.

Numa base que reflicta a tempestividade, natureza e valor dos benefícios proporcionados, quando a quota der direito a:

(i) serviços ou publicações a serem proporcionadas durante o período de associação; ou à

(ii) compra de bens ou serviços a preços mais baixos do que os debitados a não sócios.

13 — Outras rubricas de proveitos:

13.1 Conteúdo das rubricas:

Serviços suplementares (conta 63.1):

Esta conta, destina-se a registar proveitos inerentes ao valor acrescentado, de actividades que não sejam próprias da actividade da entidade.

Royalties (conta 63.2):

Esta conta, destina-se a registar os proveitos derivados do uso, por terceiros de imobilizados da entidade como por exemplo, patentes, marcas, copyrights e software de computadores.

Subsídios à exploração (conta 63.3):

Esta conta, destina-se a registar subsídios a fundo perdido concedidos à entidade com a finalidade de cobrir custos que não se relacionem com investimentos em imobilizados.

Subsídios a investimentos (conta 63.4):

Esta conta, destina-se a registar os subsídios a fundo perdido concedidos à entidade destinados a financiar imobilizados amortizáveis.

O registo é feito apenas pela quota-parte do ano que se destine a compensar os custos relacionados, a qual deverá ser determinada de acordo com as disposições constantes da rubrica 37.6.3 Proveitos a repartir por exercícios futuros – subsídios para investimento.

Variação nos inventários de produtos acabados e de produção em curso (conta 64):

Esta conta destina-se a registar:

A crédito, a compensação dos custos incorridos e registados, por natureza, nas respectivas contas de custos, que se relacionem com custos necessários à produção de bens e que devam, por essa razão, ser transferidos para existências.

A débito, os custos da produção vendida.

O efeito líquido dos movimentos referidos dá, obviamente, a variação ocorrida nos produtos acabados e na produção em curso.

Caso a entidade não disponha de meios para determinar separadamente os custos que devem ser compensados e o custo da produção vendida, a variação ocorrida nos produtos acabados e na produção em curso poderá ser determinada pelo diferencial entre as existências iniciais e finais, devendo, neste caso, ser:

Debitada, pelo valor das existências iniciais de produtos acabados e da produção em curso.

Creditada, pelo valor das existências finais de produtos acabados e da produção em curso.

Esta conta terá, naturalmente, saldo credor se o saldo final de produtos acabados e da produção em curso for maior que o saldo inicial e saldo devedor na situação inversa.

Trabalhos para a própria empresa (conta 65):

Esta conta destina-se a compensar os custos incorridos e registados, por natureza, nas respectivas contas de custos relativos a trabalhos que a entidade tenha realizado para si mesma, sob a sua administração directa, aplicando meios próprios ou adquiridos para o efeito.

Estes trabalhos podem destinar-se ao seu imobilizado ou podem referir-se a situações que, pela sua natureza, devam ser repartidos por vários exercícios (caso em que serão registados por débito da 37.4 Encargos a repartir por exercícios futuros).

Proveitos e ganhos financeiros — juros (conta 66.1):

Esta conta destina-se a registar os juros resultantes do uso, por terceiros, de dinheiro ou seus equivalentes, que resultem de investimentos ou aplicações financeiras da entidade ou de atraso no recebimento de quantias devidas por terceiros.

Proveitos e ganhos financeiros — diferenças de câmbio favoráveis - realizadas (conta 66.2.1):

Esta conta destina-se a registar as diferenças de câmbio favoráveis não realizadas relacionadas com as actividades operacionais da entidade e com o financiamento de activos que não sejam de imputar a imobilizado ou a existências.

São consideradas diferenças de câmbio realizadas aquelas que resultem do diferencial entre o valor de registo da dívida na data do reconhecimento inicial da transacção e o valor pelo qual a dívida tenha sido paga ou recebida.

Proveitos e ganhos financeiros — diferenças de câmbio favoráveis — não realizadas (conta 66.2.2):

Esta conta destina-se a registar as diferenças de câmbio favoráveis não realizadas relacionadas com as actividades operacionais da empresa e com o financiamento de activos que não sejam de imputar a imobilizado ou a existências e que não devam ser diferidas por se considerar que é pouco provável a reversibilidade do câmbio.

São consideradas diferenças de câmbio não realizadas aquelas que resultem do diferencial entre o valor de registo da dívida na data do reconhecimento inicial da transacção e o valor que resulta da actualização dessa dívida para o câmbio em vigor no final do período, quando esta ainda não tenha sido paga ou recebida até essa data.

Proveitos e ganhos financeiros — desconto de pronto pagamento obtidos (conta 66.3):
Esta rubrica destina-se a registar os descontos desta natureza, quer constem da factura, quer sejam atribuídos posteriormente.

Proveitos e ganhos financeiros — rendimentos de participação de capital (conta 66.5):
Esta conta destina-se a registar os dividendos e lucros recebidos de empresas nas quais exista uma participação de capital e que não sejam subsidiárias nem associadas.

Proveitos e ganhos financeiros — ganhos na alienação de aplicações financeiras (conta 66.6):
Esta conta destina-se a registar os ganhos provenientes da alienação de aplicações financeiras, sendo as respectivas sub-contas creditadas pelo produto da venda e amortizações respectivas (no caso de investimentos em imóveis) e debitadas pelos custos correspondentes.

Proveitos e ganhos financeiros — redução de provisões (conta 66.7):
Esta conta destina-se a registar de forma global, no final do período contabilístico, a variação negativa da estimativa dos riscos, em cada espécie de provisão, entre dois períodos contabilísticos consecutivos, que seja de natureza financeira.

Proveitos e ganhos financeiros em subsidiárias e associadas — rendimentos de participação de capital (conta 67.1):
Esta conta destina-se a registar os dividendos e lucros recebidos de empresas subsidiárias e associadas.

Outros proveitos e ganhos não operacionais (conta 68):
Esta conta destina-se a registar os factos ou acontecimentos de natureza corrente que tenham carácter não recorrente ou não frequente.
Sempre que os factos ou acontecimentos em causa envolvem custos e proveitos, esta rubrica registará ambos se o efeito líquido de tais acontecimentos e factos for de natureza credora.

Outros proveitos e ganhos não operacionais — reposição de provisões (conta 68.1):
Esta conta destina-se a registar de forma global, no final do período contabilístico, a variação negativa da estimativa dos riscos, em cada espécie de provisão (de natureza financeira), entre dois períodos contabilísticos consecutivos.

Outros proveitos e ganhos não operacionais — ganhos em imobilizações (conta 68.3):
Esta conta destina-se a registar os ganhos provenientes da alienação de imobilizações, sendo as respectivas sub-contas creditadas pelo produto da venda e amortizações respectivas e debitadas pelos custos correspondentes.

Outros proveitos e ganhos não operacionais — descontinuidade de operações (conta 68.8):
Esta conta destina-se a registar os ganhos líquidos resultantes da descontinuidade de uma ou várias das operações da empresa.

Outros proveitos e ganhos não operacionais — alterações de políticas contabilísticas (conta 68.9):

Esta conta destina-se a registar as correcções favoráveis derivadas de alterações nas políticas contabilísticas cujos efeitos não puderam ser reconhecidos nos resultados transitados por não ter sido possível efectuar uma estimativa razoável do valor a reconhecer nessa conta.

Outros proveitos e ganhos não operacionais — correcções relativas a exercícios anteriores (conta 68.10):

Esta conta destina-se a registar as correcções favoráveis derivadas de erros ou omissões relacionados com exercícios anteriores, que não sejam de grande significado nem ajustamentos de estimativas inerentes ao processo contabilístico.

Proveitos e ganhos extraordinários (conta 69):

Esta rubrica destina-se a registar os proveitos e ganhos extraordinários resultantes de eventos claramente distinguíveis das actividades operacionais e da empresa e que, por essa razão, não se espera que ocorram nem de forma frequente nem de forma regular.

Sempre que eventos desta natureza originem simultaneamente custos e proveitos estes devem ser contabilizados nesta rubrica apenas se o respectivo valor líquido tiver natureza credora.

Proveitos e ganhos extraordinários — subsídios (conta 69.5):

Esta rubrica destina-se a registar os subsídios a fundo perdido que não estejam relacionados com custos operacionais actuais ou futuros, ou que se refiram a custos já incorridos em anos anteriores.

Proveitos e ganhos extraordinários — anulação de passivos não exigíveis (conta 69.6):

Esta rubrica destina-se a registar a anulação de passivos que deixem de ser exigíveis mas que não se enquadrem no âmbito de subsídios.

13.2 Definições:

Subsídios:

Entende-se por subsídios os auxílios na forma de transferência de recursos para uma entidade em troca do cumprimento passado ou futuro de certas condições relacionadas com as actividades operacionais dessa entidade. Os subsídios podem revestir a forma de empréstimos a fundo perdido isto é, empréstimos em que o emprestador se compromete a renunciar ao seu reembolso sob certas condições prescritas. Os subsídios do Governo são algumas vezes denominados por outros nomes, como dotações, subvenções ou prémios.

Subsídios a investimento:

Entende-se por subsídios a investimento, os subsídios relacionados com activos cuja condição primordial é que a entidade a que eles se propõe deva comprar, construir ou por qualquer forma adquirir imobilizados. Podem também estar ligadas condições subsidiárias restringindo o tipo ou localização dos activos ou dos períodos durante os quais devem ser adquiridos ou detidos.

Subsídios à exploração:

Entende-se por subsídios à exploração, os subsídios que não se enquadrem no âmbito de subsídios a investimentos.

Dividendos:

Entende-se por dividendos as distribuições de rendimento a detentores de investimentos em capital próprio representado por acções, baseadas na proporção das suas detenções de capital, como remuneração do capital investido.

Lucros:

Entende-se por lucros as distribuições de rendimento a detentores de investimentos em capital próprio representado por quotas, baseadas na proporção das suas detenções de capital, como remuneração do capital investido.

Rendimento efectivo de um activo:

Entende-se por rendimento efectivo de um activo a taxa de juro necessária para descontar para o momento presente os recebimentos de caixa futuros esperados durante a vida do activo de forma a igualar a quantia escriturada inicial do activo.

Descontinuidade de operações:

Entende-se por descontinuidade a venda ou abandono de uma linha separada e principal de negócios que seja distinta de outras actividades negociais, como por exemplo um segmento.

Segmentos sectoriais:

Entende-se por segmentos sectoriais os componentes distinguíveis de uma entidade cada um deles empenhado em proporcionar um serviço ou produto diferente, ou um grupo diferente de produtos ou serviços relacionados, predominantemente a clientes fora da entidade.

Segmentos geográficos:

Entende-se por segmentos geográficos os componentes distinguíveis de uma entidade empenhada em operações em regiões individualmente consideradas, ou consideradas em grupo dentro de áreas geográficas particulares, tal como se determine ser apropriado nas particulares circunstâncias de uma entidade.

14 — Custos e perdas:

14.1 Conteúdo das rubricas:

Custo das mercadorias vendidas e das matérias consumidas (conta 71):

Esta rubrica destina-se a registar a contrapartida das saídas das existências nela mencionadas, por venda ou integração no processo produtivo.

Caso a entidade disponha de inventário permanente, esta conta será movimentada ao longo do ano sempre que ocorram as referidas saídas.

No caso da entidade optar pelo inventário intermitente, esta conta será movimentada, apenas no termo do exercício, da seguinte forma:

A débito, por contrapartida:

Das contas de existências, pelo valor inicial destas.

Da conta 21 compras, pelo valor das compras efectuadas.

A crédito, por contrapartida das contas de existências, pelo valor das existências finais.

Pensões (conta 72.3):

Esta rubrica destina-se a registar os custos relativos a pensões, nomeadamente de reforma ou invalidez.

Prémios para pensões (conta 72.4):

Esta rubrica destina-se a registar os prémios da natureza em epígrafe destinados a entidades externas, a fim de que estas venham a suportar oportunamente os encargos com o pagamento de pensões ao pessoal da entidade.

Encargos sobre remunerações (conta 72.5):

Esta rubrica destina-se a registar as incidências relativas a remunerações que sejam suportadas obrigatoriamente pela entidade.

Outros custos com o pessoal (conta 72.8):

Esta rubrica destina-se a registar, entre outros custos, as indemnizações por despedimento e os complementos facultativos de reforma.

Amortizações do exercício (conta 73):

Esta rubrica destina-se a registar as amortizações do imobilizado corpóreo e incorpóreo atribuíveis ao exercício.

Sub-contratos (conta 75.1):

Esta rubrica destina-se a registar os trabalhos necessários ao processo produtivo próprio da entidade, relativamente aos quais se obteve a cooperação de outras empresas, submetidos a compromissos formalizados ou a simples acordos.

Conservação e reparação (conta 75.2.14):

Esta rubrica destina-se a registar os bens destinados à manutenção dos elementos do activo imobilizado e que não provoquem um aumento do seu valor ou da sua vida útil.

Ferramentas e utensílios de desgaste rápido (conta 75.2.16):

Esta rubrica destina-se a registar o equipamento dessa natureza.
Cuja vida útil não exceda, em condições de utilização normal, o período de um ano; ou
Que, pelo seu valor, tenham um montante inferior ao definido para permitir o seu reconhecimento no activo imobilizado corpóreo.

Outros fornecimentos (conta 75.2.19):

Esta rubrica destina-se a registar os fornecimentos de terceiros não enquadráveis nas restantes rubricas como seja, por exemplo, o custo dos bens adquiridos especificamente para oferta.

Rendas e alugueres (conta 75.2.21):

Esta rubrica destina-se a registar as rendas de terrenos e edifícios, bem como as relativas ao aluguer de equipamentos.
Nesta rubrica não devem ser registadas as rendas de bens em regime de locação financeira, mas apenas as de bens em regime de locação operacional.

Seguros (conta 75.2.22):
Esta rubrica destina-se a registar os seguros a cargo da entidade, com excepção dos relativos a custos com o pessoal.

Deslocações e estadas (conta 75.2.23):
Esta rubrica destina-se a registar os encargos com alojamento e alimentação fora do local de trabalho. Deverão ainda ser registados nesta rubrica os gastos com transporte de pessoal que tenham um carácter eventual.

Contudo, se os encargos da natureza acima referida forem suportados através de ajudas de custo, estas deverão ser registadas na rubrica 72.8 outras despesas com o pessoal.

Conservação e reparação (conta 75.2.26):
Esta rubrica destina-se a registar os serviços destinados à manutenção dos elementos do activo imobilizado e que não provoquem um aumento do seu valor ou da sua vida útil.

Comissões a intermediários (conta 75.2.31):
Esta rubrica destina-se a registar as verbas atribuídas às entidades que, de sua conta, agenciaram transacções ou serviços.

Trabalhos executados no exterior (conta 75.2.33):
Esta conta destina-se a registar os serviços técnicos prestados por outras empresas que a própria entidade não pode suportar pelos seus meios, tais como serviços informáticos, análises laboratoriais, trabalhos tipográficos, estudos e pareceres.

Honorários e avenças (conta 75.2.34):
Esta rubrica destina-se a registar as remunerações atribuídas aos trabalhadores independentes.

Ofertas e amostras de existências (conta 75.6):
Esta rubrica destina-se a registar o custo de ofertas e amostras de existências próprias, que não são de registar no custo das existências vendidas e das matérias consumidas.

Custos e perdas financeiros — juros (conta 76.1):
Esta conta destina-se a registar os juros resultantes do uso, pela entidade, de dinheiro ou seus equivalentes que resultem de financiamentos obtidos ou de atraso no pagamento de quantias devidas a terceiros.

Custo e perdas financeiros — diferenças de câmbio desfavoráveis — realizadas (conta 76.2.1):
Esta conta destina-se a registar as diferenças de câmbio desfavoráveis realizadas, relacionadas com as actividades operacionais da empresa e com o financiamento de activos que não sejam de imputar a imobilizado ou a existências.

São consideradas diferenças de câmbio realizadas aquelas que resultem do diferencial entre o valor de registo da dívida na data do reconhecimento inicial da transacção e o valor pelo qual a dívida tenha sido paga ou recebida.

Custos e perdas financeiros — diferenças de câmbio desfavoráveis — não realizadas (conta 76.2.2):

Esta conta destina-se a registar as diferenças de câmbio desfavoráveis não realizadas relacionadas com as actividades operacionais da empresa e com o financiamento de activos que não sejam de imputar a imobilizado ou a existências.

São consideradas diferenças de câmbio não realizadas aquelas que resultem do diferencial entre o valor de registo da dívida na data do reconhecimento inicial da transacção ou o valor actualizado na data do último período de relato e o valor que resulta da actualização dessa dívida para o câmbio em vigor no final do período, quando esta ainda não tenha sido paga ou recebida até essa data.

Custos e perdas financeiros — desconto de pronto pagamentos concedidos (conta 76.3):

Esta rubrica destina-se a registar os descontos desta natureza, quer constem da factura, quer sejam atribuídos posteriormente.

Custos e perdas financeiros — amortizações de investimentos em imóveis (conta 76.4):

Esta conta destina-se a registar as amortizações dos imóveis que se encontrem registados em investimentos financeiros.

Custos e perdas financeiros — perdas na alienação de aplicações financeiras (conta 76.6):

Esta conta destina-se a registar as perdas resultantes da alienação de aplicações financeiras, sendo as respectivas subcontas creditadas pelo produto da venda e amortizações respectivas (no caso de investimentos em imóveis) e debitadas pelos custos correspondentes.

Outros custos e perdas não operacionais (conta 78):

Esta conta destina-se a registar operações de natureza corrente que tenham carácter não recorrente ou não frequente.

Sempre que os factos ou acontecimentos em causa envolvam custos e proveitos, esta rubrica registará ambos se o efeito líquido de tais acontecimentos e factos for de natureza devedora.

Outros custos e perdas não operacionais — Provisões para riscos e encargos — pensões (conta 78.1.3.1):

Esta rubrica destina-se a registar as verbas atribuídas à provisão para pagamento de pensões (acumuladas na conta 39.1).

Outros custos e perdas não operacionais — amortizações extraordinárias (conta 78.2):

Esta conta destina-se a registar as amortizações, relativas a bens ao serviço da entidade, que tenham natureza extraordinária e não devam por isso ser registadas na conta <<Amortizações do exercício>>.

Outros custos e perdas não operacionais — perdas em imobilizações (conta 78.3):

Esta conta destina-se a registar as perdas provenientes:

Da alienação de imobilizações, sendo as respectivas sub-contas creditadas pelo produto da venda e amortizações respectivas e debitadas pelos custos correspondentes.

De abates de imobilizado, sendo as respectivas sub-contas creditadas pelas amortizações respectivas e debitadas pelos custos correspondentes aos bens abatidos.

Outros custos e perdas não operacionais — perdas em existências (conta 78.4):
Esta conta destina-se a registar as perdas de existências apuradas aquando da realização de um inventário físico, ou através de qualquer outra forma, e que não devam afectar o custo das existências vendidas e consumidas.

Outros custos e perdas não operacionais — custos de reestruturação (conta 78.7):
Esta conta destina-se a registar os custos de reestruturação da entidade que não resultem em expansão para outras actividades.

Outros custos e perdas não operacionais — descontinuidade de operações (conta 78.8):
Esta conta destina-se a registar as perdas líquidas resultantes da descontinuidade de uma ou várias das operações da empresa.

Outros proveitos e ganhos não operacionais — alterações de políticas contabilísticas (conta 78.9):
Esta conta destina-se a registar as correcções desfavoráveis derivadas de alterações nas políticas contabilísticas cujos efeitos não puderam ser reconhecidos nos resultados transitados por não ter sido possível efectuar uma estimativa razoável do valor a reconhecer nessa conta.

Outros custos e perdas não operacionais — correcções relativas a exercícios anteriores (conta 78.10):
Esta conta destina-se a registar as correcções desfavoráveis derivadas de erros ou omissões relacionados com exercícios anteriores, que não sejam de grande significado nem ajustamentos de estimativas inerentes ao processo contabilístico.

Custos e perdas extraordinários (conta 79):
Esta rubrica destina-se a registar os custos e perdas extraordinários resultantes de eventos claramente distinguíveis das actividades operacionais da entidade e que, por essa razão, não se espera que ocorram, nem de forma frequente, nem regular.
Sempre que eventos desta natureza originem simultaneamente custos e proveitos, estes devem ser contabilizados nesta rubrica apenas se o respectivo valor líquido tiver natureza devedora.

14.2 Definições:

Custos de empréstimos obtidos:
Custos de empréstimos obtidos são os custos de juros e outros incorridos por uma entidade relativos aos pedidos de empréstimos de fundos.

Activo qualificável:
Activo qualificável é um activo que leva necessariamente um período substancial de tempo para ser apresentado para o seu uso ou venda pretendido.

14.3 Situações particulares:
Exemplos de custos considerados como custos de empréstimos obtidos:
Juros de descobertos bancários.
Juros de empréstimos a curto e longo prazos.
Amortização de descontos ou prémios relacionados com empréstimos obtidos.

Amortização de custos acessórios relacionados com a obtenção dos empréstimos obtidos.
Encargos financeiros relativos a locações financeiras.
Diferenças de câmbio provenientes de empréstimos obtidos em moeda estrangeira.

Exemplos de activos qualificáveis:
Inventários que exijam um período substancial de tempo para os pôr numa condição vendável.
Instalações industriais.
Instalações de geração de energia.
Propriedades de investimento.

Exemplos de activos não qualificáveis:
Investimentos e inventários:
Fabricados de forma rotineira.
Produzidos em grande quantidade, numa base repetitiva, num curto espaço de tempo.
Adquiridos já prontos para o uso pretendido ou venda.

15 — Resultados:

15.1 Conteúdo das rubricas:

Resultados transitados (conta 81):
Esta conta é utilizada para registar os resultados líquidos e os dividendos antecipados provenientes do exercício anterior. Será movimentada subsequentemente de acordo com a distribuição de lucros ou a cobertura de prejuízos que for deliberada pelos detentores do capital.
Esta conta destina-se a registar igualmente:
A correcção dos erros fundamentais que devam afectar, positiva ou negativamente, os capitais próprios e não o resultado do exercício.
Os efeitos retrospectivos, negativos ou positivos, das alterações de políticas contabilísticas.
O imposto sobre os lucros derivados das situações acima referidas. A contabilização efectuada por contrapartida da conta 34.1 Imposto sobre os lucros.

Resultados operacionais (conta 82):
Esta conta destina-se a concentrar, no fim do exercício, os proveitos e os custos registados, respectivamente, nas contas 61 a 65 e 71 a 75 por forma a apurar os resultados operacionais da entidade. Os correspondentes registos deverão ser efectuados por contrapartida das sub-contas denominadas transferência para resultados operacionais.

Resultados financeiros (conta 83):
Esta conta destina-se a concentrar, no fim do exercício, os proveitos e os custos registados, respectivamente, nas contas 66 e 76 por forma a apurar os resultados financeiros da entidade. Os correspondentes registos deverão ser efectuados por contrapartida das sub-contas denominadas transferência para resultados financeiros.

Resultados em filiais e associadas (conta 84):
Esta conta destina-se a concentrar, no fim do exercício, os proveitos e os custos registados, respectivamente, nas contas 67 e 77 por forma a apurar os resultados em filiais e associadas da entidade. Os

correspondentes registos deverão ser efectuados por contrapartida das sub-contas denominadas transferência para resultados em filiais e associadas.

Resultados não operacionais (conta 85):
Esta conta destina-se a concentrar, no fim do exercício, os proveitos e os custos registados, respectivamente, nas contas 68 e 78 por forma a apurar os resultados não operacionais da entidade. Os correspondentes registos deverão ser efectuados por contrapartida das sub-contas denominadas transferência para resultados não operacionais.

Resultados extraordinários (conta 86):
Esta conta destina-se a concentrar, no fim do exercício, os proveitos e os custos registados, respectivamente, nas contas 69 e 79 por forma a apurar os resultados extraordinários da entidade. Os correspondentes registos deverão ser efectuados por contrapartida das sub-contas denominadas transferência para resultados extraordinários.

Resultado líquido do exercício (conta 88):
Esta conta servirá para agregar os saldos das contas 82 a 87 por forma a determinar os resultados líquidos do exercício. Os correspondentes registos deverão ser efectuados por contrapartida das subcontas denominadas transferência para resultados líquidos.

No início do exercício seguinte, o seu saldo deverá ser transferido para a conta 81 Resultados transitados.

Dividendos antecipados (conta 89):
Esta conta é debitada, por crédito das subcontas da conta 35.1 Entidades participantes pelos dividendos atribuídos no decurso do exercício, que sejam permitidos nos termos legais e estatutários, por conta dos resultados desse exercício.

No início do exercício seguinte, o seu saldo deverá ser transferido para a conta 81 Resultados transitados.

15.2 Definições:

Erros fundamentais:
Erros fundamentais são aqueles erros que têm um efeito de tal significado nas Demonstrações financeiras de um ou mais períodos anteriores que essas demonstrações financeiras não podem ser consideradas terem sido fiáveis à data da sua emissão.

Erros:
Erros podem resultar de erros matemáticos, erros na aplicação de políticas contabilísticas, má interpretação de factos, fraudes ou descuidos. Excluem-se deste âmbito as alterações das políticas contabilísticas as quais, pela sua natureza, são aproximações que podem necessitar revisão à medida que a informação adicional se torne conhecida, razão pela qual os ajustamentos resultantes da tal revisão não se consideram erros.

16 — Impostos sobre lucros:

16.1 Conteúdo das rubricas:

Imposto sobre os lucros (conta 87):
Esta conta destina-se a registar a estimativa de imposto sobre os lucros relacionada com resultados líquidos do exercício, devendo ser distinguida a parte relativa a resultados correntes e a parte relativa a resultados extraordinários. A quantia estimada de imposto deverá ser contabilizada por contrapartida da conta 34.1 Estado – Impostos sobre os lucros.

16.2 Definições:

Resultado contabilístico:
Resultado contabilístico é o resultado global positivo ou negativo, de um período, antes da dedução do respectivo imposto sobre os lucros.

Lucro tributável (Prejuízo fiscal):
Lucro tributável (Prejuízo fiscal) é a quantia de lucro (prejuízo) de um período, determinado de acordo com as regras estabelecidas pela Administração Fiscal que serve de base ao apuramento do imposto a pagar (recuperar).

Imposto sobre os lucros:
Imposto sobre os lucros é a quantia de imposto incluída na determinação do resultado líquido do período.

Imposto a pagar (recuperar):
Imposto a pagar (recuperar) é a quantia a pagar (receber) correntemente de impostos respeitantes ao lucro tributável de um período.

Taxa efectiva de imposto:
Taxa efectiva de imposto é a relação entre a quantia de imposto sobre os lucros e o resultado contabilístico que é determinada através da divisão da primeira pelo segundo.

16.3 Situações particulares:

Repartição do imposto sobre os resultados do exercício:
Sempre que o apuramento do imposto sobre os:
Resultados correntes.
Resultados extraordinários.
Resultados dos efeitos da correcção de erros fundamentais e alterações de políticas contabilísticas efectuadas na conta de resultados transitados não possa ser efectuado, de imediato, de forma individualizada, o imposto deverá ser apurado de forma global, devendo posteriormente ser alocado, a cada um dos casos acima referidos, através de uma proporcionalidade ou usando a taxa efectiva de imposto.

17 — Contingências:

17.1 Definição:
Contingência é uma condição ou situação cujo desfecho final, ganho ou perda, só será confirmado na ocorrência, ou na não ocorrência, de um ou mais acontecimentos futuros e incertos.

A contingência reside na incerteza de acontecimentos e não na incerteza de valores pelo que uma estimativa não tem carácter de contingência.

17.2 Reconhecimento ou divulgação:

Determinação de contingências:
A determinação da existência de contingências faz-se a dois níveis:

Comprovação da existência da incerteza, utilizando:

Probabilidades quantificadas dos diversos desfechos.

Escalonamento, desde prováveis a remotos, dos diversos desfechos.

Estimativa do desfecho financeiro da contingência, com base:

No julgamento da gerência.

Na experiência em operações semelhantes e, em alguns casos, relatórios de peritos independentes.

Na revisão dos eventos subsequentes à data de Balanço.

Nas informações disponíveis à data de fecho das contas.

Tratamento a dar a ganhos contingentes:
Os ganhos contingentes não devem ser reconhecidos nas demonstrações financeiras, mas a sua existência deve ser divulgada se do escalonamento do seu desfecho resultar provável a realização do ganho.

Tratamento a dar a perdas contingentes:
As perdas contingentes devem ser reconhecidas nas demonstrações financeiras como uma perda (por contrapartida de um passivo) se:

For provável que os acontecimentos futuros venham a confirmar que um activo esteja diminuído (depois de já se ter tido em consideração qualquer recuperação provável) ou que se tenha incorrido num passivo à data de balanço; e

Puder ser feita uma estimativa razoável da quantia da perda daí resultante.

Se as condições acima não se verificarem, a perda contingente não deve ser reconhecida mas deve ser divulgada.

As perdas contingentes não necessitam de ser divulgadas se do escalonamento do seu desfecho resultar remota a efectivação da perda.

17.3 Situações particulares:

Perdas contingentes com várias estimativas:
Quando a quantia de uma perda contingente tiver várias estimativas:

O reconhecimento deve ser feito:

Pela melhor estimativa.

Pelo menos pela menor das estimativas, quando nenhuma for considerada a melhor.

A divulgação deve indicar qualquer exposição adicional a perdas, se houver a possibilidade de perdas superiores à quantia reconhecida.

Reduções na quantia das perdas contingentes a reconhecer:

Quando uma perda potencial puder ser reduzida pelo facto do passivo associado poder ser compensado, por uma contra-reivindicação ou por uma reivindicação contra um Terceiro, a quantia a reconhecer como perda deve ser deduzida da quantia recuperável que seja provável resultar da reivindicação.

18 — Acontecimentos ocorrendo após a data de Balanço:

18.1 Definição:

Acontecimentos ocorrendo após a data de Balanço são os acontecimentos favoráveis ou desfavoráveis que ocorram entre a data de Balanço e a data em que as Demonstrações financeiras sejam autorizadas para publicação.

Estes acontecimentos podem ter as seguintes naturezas:

Acontecimentos que forneçam provas adicionais de condições que existam à data de Balanço.

Acontecimentos que sejam indicativos de condições que surgiam subsequentemente à data do Balanço.

18.2 Implicações e divulgação:

Os acontecimentos ocorrendo após a data de Balanço podem requerer os seguintes tratamentos:

Necessidade de ajustamento dos activos e/ou dos passivos, se proporcionarem:

Prova adicional para auxiliar na estimativa de quantias relativas a condições existentes na data do Balanço.

Indicações de que a preparação das demonstrações financeiras na base da continuidade das operações, em relação à totalidade ou a uma parte da empresa, não é apropriada.

Necessidade apenas de divulgação, quando:

Não constituírem prova adicional para auxiliar na estimativa de quantias relativas a condições existentes na data do Balanço; e

A sua não divulgação possa afectar a capacidade dos utentes de fazerem avaliações e de tomarem decisões apropriadas.

18.3 Situações particulares:

Exemplo de situações em que os activos e passivos devem ser ajustados:

Perda numa conta a receber que seja confirmada pela falência de um cliente e que ocorra após a data de Balanço.

Exemplo de situações que podem indicar cessão da capacidade operacional, total ou parcial, da empresa:

Deterioração nos resultados operacionais e na posição financeira da empresa após a data de Balanço.

Perda de um cliente ou fornecedor importante que não possa facilmente ser substituído.

Exemplo de situações que não afectam as condições existentes à data de balanço, mas que podem afectar a capacidade de avaliação e de tomada de decisões apropriadas.

Destruição de uma parte importante das instalações por um incêndio após a data de Balanço.

Uma importante aquisição de uma outra empresa após a data de Balanço.

19 — Auxílios do Governo e outras entidades:

19.1 Definição:
Entende-se por auxílios do Governo ou outras entidades as acções concebidas com o objectivo de proporcionar benefícios económicos específicos a uma entidade ou a uma categoria de entidades que a eles se propõem segundo certos critérios.

Estas formas de auxílio podem ter as seguintes naturezas:

Benefícios consubstanciados em atribuição de subsídios.

Benefícios proporcionados directamente à entidade mas para os quais:

Não existe um valor que razoavelmente lhes possa ser atribuído e/ou.

Não podem ser distinguidos das operações comerciais da entidade.

19.2 Reconhecimento e divulgação:
Os auxílios podem requerer os seguintes tratamentos:

Necessidade de reconhecimento e divulgação nas Demonstrações financeiras, se forem consubstanciados em subsídios.

O reconhecimento deve ser efectuado de acordo com os critérios definidos no parágrafo 13.2.

A divulgação deverá ser efectuada de acordo com as diversas indicações constantes das Notas às contas.

Necessidade apenas de divulgação, se forem consubstanciados em benefícios proporcionados directamente à empresa, mas que não sejam quantificáveis e/ou nem distinguíveis das operações normais da empresa.

Neste caso, a divulgação deverá incluir apenas a natureza do auxílio a divulgar na nota 39 das Notas às contas.

19.3 Situações particulares:

Exemplo de auxílios consubstanciados em subsídios:
Transferência, a fundo perdido, de recursos financeiros, mediante condições.
Doação de bens.
Perdões de dívidas, mediante condições.

Exemplo de auxílios consubstanciados em benefícios proporcionados directamente à entidade e que não têm um valor que razoavelmente lhe possa ser atribuído:
Conselhos técnicos e de comercialização gratuitos.
Concessão de garantias.

Exemplo de auxílios consubstanciados em benefícios proporcionados directamente à entidade e que não podem ser distinguidos das operações comerciais da empresa:
Política de aquisições responsável por parte das vendas da entidade.

20 — Transacções com partes em relação de dependência:

20.1 Definições:

Transacções com partes em relação de dependência:
Consideram-se transacções com partes em relação de dependência, independentemente de ter havido ou não um débito de preço, as seguintes:
Transferências de recursos.
Obrigações entre as partes.

Partes em relação de dependência:
Considera-se que as partes estão em relação de dependência se uma parte tiver a capacidade de:
Controlar a outra parte; ou
Exercer influência significativa sobre a outra parte ao tomar decisões:
Financeiras.
Operacionais.

Controlo:
Controlo é a posse, directa ou indirectamente (através de subsidiárias), de:
Mais de metade do poder de voto de uma empresa; ou
Um interesse substancial no poder de voto e o poder de dirigir (por estatuto ou acordo) as políticas financeiras e operacionais da gerência de uma empresa.

Influência significativa:
Influência significativa é a capacidade de participação nas decisões operacionais e financeiras de uma empresa, sem que haja a capacidade de controlo dessas políticas.
Esta influência pode ser exercida, entre outras, das seguintes formas:
Representação na Gerência ou no Conselho de Administração.
Participação no processo de tomada de decisões.
Transacções inter-empresas materialmente relevantes.
Intercâmbio de pessoa de gerência.
Dependência de informação técnica.
Esta influência pode ser obtida através das seguintes formas:
Posse de acções ou quotas.
Estatuto.
Acordo.

Âmbito de partes em relação de dependência:
O âmbito de partes em relação de dependência, que deve ser visto na substância do relacionamento e não meramente na sua forma legal, é o seguinte:
Empresas que, directa ou indirectamente (através de um ou mais intermediários), controlam ou são controladas pela entidade que relata.
Empresas associadas.
Empresas detidas por accionistas maioritários da entidade que relata.
Empresas detidas por administradores da entidade que relata.
Empresas que tenham um membro chave da gerência em comum com a entidade que relata.

Outras empresas em que é possuído um interesse substancial no poder de voto directa ou indirectamente através de qualquer dos indivíduos (e respectivos membros íntimos da família) referidos nos parágrafos seguintes, se estes tiverem a capacidade de nelas exercer influência significativa.

Indivíduos que detêm, directa ou indirectamente, um interesse no poder de voto que lhes dê influência significativa na entidade que relata.

Membros íntimos da família dos indivíduos referidos no parágrafo anterior. Para este efeito, consideram-se membros íntimos aqueles que possam influenciar, ou serem influenciados, por esse indivíduo, nos negócios com a entidade.

Pessoal chave da gerência: indivíduos que têm autoridade e responsabilidade pelo planeamento, direcção e controlo das actividades da entidade que relata. Incluem-se dentro deste âmbito os administradores e o pessoal superior da entidade.

Membros íntimos da família dos indivíduos referidos no parágrafo anterior.

Exclusões do âmbito de partes em relação de dependência:
Excluem-se do âmbito de partes em relação de dependência as seguintes:

Duas empresas simplesmente pelo facto de terem um administrador comum, a menos que este tenha a possibilidade de influenciar as políticas de ambas as empresas nos seus negócios comuns.

Entidades que proporcionam financiamentos.

Sindicatos e centrais sindicais.

Empresas de serviços públicos.

Departamentos de agências governamentais, no decurso dos seus negócios normais com uma empresa.

Um simples cliente, fornecedor, concessor de privilégios, distribuidor ou agente geral com quem a empresa transaccione um volume significativo de negócios, meramente em virtude de dependência económica resultante.

20.2 Divulgações:
As transacções com entidades em relação de dependência devem ser reconhecidas de acordo com os critérios definidos para a natureza das transacções que estejam em causa.

Contudo, porque as relações se consideram privilegiadas, dado que:

Existe um maior grau de flexibilidade no processo de estabelecer o preço, que não está presente nas transacções com entidades não relacionadas.

Algumas vezes não é estabelecido qualquer preço, como por exemplo nos casos de prestação gratuita de serviços de gestão e de concessão de crédito grátis sobre uma dívida.

Algumas transacções não teriam lugar se o relacionamento não existisse.

Devem ser efectuadas divulgações necessárias à compreensão dos efeitos das transacções com partes em relação de dependência nas demonstrações financeiras da entidade que relata.

Desta forma, devem ser feitas as seguintes divulgações:

Relacionamentos em que exista controlo, independentemente de ter havido ou não transacções.

Se tiver havido transacções:

Natureza do relacionamento existente.

Tipos de transacções realizadas.

Políticas de determinação dos preços.

Quantia das transacções realizadas.

20.3 Situações particulares:

Exemplo de situações entre entidades relacionadas, que devem ser divulgadas:

Vendas de bens.

Vendas de imobilizados.

Prestações de serviço.

Compras de bens.

Compras de imobilizados.

Aquisição de serviços.

Acordos de gerência.

Contratos de gestão.

Transferência de pesquisas e desenvolvimento.

Acordos de licenças.

Empréstimos.

Contribuições de capital em dinheiro ou em espécie.

Garantias.

21 — Fluxos de caixa:

21.1 Definições:

Fluxos de caixa:

Fluxos de caixa são entradas (recebimentos, influxos) e saídas (pagamentos, exfluxos) de caixa e seus equivalentes.

Caixa:

Caixa, compreende o dinheiro em caixa e em depósitos à ordem, líquido de descobertos bancários desde que estes sejam usados como forma de financiamento das actividades operacionais.

Equivalentes de caixa:

Equivalentes de caixa são investimentos a curto prazo com as seguintes características:

Alto grau de liquidez.

Sujeitos a um risco insignificante de alterações de valor.

Prontamente convertíveis para quantias conhecidas de dinheiro.

Fluxos das actividades operacionais:

Os fluxos das actividades operacionais são os fluxos líquidos resultantes destas actividades. Estes fluxos são:

Um indicador da capacidade da entidade em gerar meios de pagamento suficientes, sem ter que recorrer a capitais alheios, para:

Manter a capacidade operacional.

Reembolsar empréstimos.

Pagar dividendos.

E fazer investimentos de substituição.

Úteis, juntamente com outras informações, para planear os futuros fluxos de caixa operacionais.

Actividades operacionais:

As actividades operacionais são as principais actividades produtoras de réditos da entidade e outras actividades que não sejam de investimento ou financiamento.

Fluxos das actividades de investimento:

Os fluxos das actividades de investimento são os fluxos líquidos resultantes dessas actividades. Estes fluxos representam a extensão dos dispêndios feitos para obtenção de recursos que tenham em vista gerar, no futuro:
Resultados; e
Fluxos de caixa.

Actividades de investimento:

As actividades de investimento são a aquisição e a alienação de activos a longo prazo e de outros investimentos não incluídos em equivalentes de caixa.

Fluxos das actividades de financiamento:

Os fluxos das actividades de financiamento são os fluxos líquidos resultantes destas actividades. Estes fluxos:
Permitem estimar as necessidades de meios de pagamento e de novas entradas de capital.
Proporcionam informação sobre a capacidade dos financiadores serem reembolsados.

Actividades de financiamento:

As actividades de financiamento são as actividades que têm como consequência alterações na dimensão e composição do capital próprio e nos empréstimos pedidos pela entidade.

21.2 Relatos dos fluxos de caixa das actividades operacionais:

Os fluxos de caixa das actividades operacionais podem ser relatados usando um dos seguintes métodos:
Método directo, segundo o qual os fluxos de caixa são apurados através do relato, pela quantia bruta, das principais classes de recebimentos e das principais classes de pagamentos.
A informação sobre a quantia bruta das principais classes de recebimentos e das principais classes de pagamentos pode ser obtida através de uma das seguintes formas:
Directamente a partir dos registos contabilísticos da entidade se estes estiverem preparados para dar tal informação.
Pelo ajustamento do valor das rubricas da Demonstração de resultados através da variação dos saldos iniciais e finais de balanço que lhes correspondem.
Método indirecto, segundo os fluxos de caixa são relatados partindo do resultado líquido e evidenciando os ajustamentos necessários para excluir deste, os efeitos de:
Operações de natureza que não seja caixa.
Diferimentos ou acréscimos que não tenham um fluxo de caixa associado.
Rubricas de réditos que estejam associados com actividades de investimento ou financiamento.
Rubricas de custos ou perdas que estejam associados com actividades de investimento ou financiamento.
Embora o método a utilizar possa ser escolhido, encoraja-se a adopção do método directo dado que este:
Proporciona informações mais detalhadas e completas.

Facilita a preparação de estimativas sobre fluxos de caixa futuros, que não são possíveis de efectuar pela mera utilização da informação resultante da aplicação do método indirecto.

Exemplos de fluxos de caixa das actividades operacionais:
Recebimentos (de caixa) provenientes da venda de bens e da prestação de serviços.

Recebimentos (de caixa) provenientes de royalties, comissões e outros réditos não relacionados com as actividades de investimento ou financiamento.

Pagamentos (de caixa) a fornecedores de bens e serviços.

Pagamentos (de caixa) a empregados ou por conta destes.

Recebimentos (de caixa) e Pagamentos (de caixa) de uma empresa seguradora relativos a prémios e reclamações, anuidades e outros movimentos derivados de apólices de seguros.

Pagamentos (de caixa) ou restituições de impostos, a menos que possam ser especificamente identificados com as actividades de financiamento e de investimento.

Recebimentos (de caixa) e Pagamentos (de caixa) de contratos detidos para fins negociais ou comerciais.

Fluxos de caixa provenientes da compra e venda de títulos negociáveis.

21.3 Relato dos fluxos de caixa das actividades de investimento:
Os fluxos de caixa das actividades de investimento devem relatar separadamente as principais classes dos recebimentos brutos (de caixa) e as principais classes dos pagamentos brutos (de caixa), excepto se puderem ser relatados numa base líquida.

Exemplos de fluxos de caixa das actividades de investimento:
Pagamentos (de caixa) para aquisição de activos fixos tangíveis (incluindo os auto-construídos), intangíveis (incluindo custos de desenvolvimento capitalizados).

Recebimentos (de caixa) por vendas de activos fixos tangíveis e intangíveis.

Pagamentos (de caixa) para aquisição de investimentos financeiros que não sejam:
(i) detidos para fins de negociação ou comercialização
    ou
(ii) equivalentes de caixa.
Recebimentos (de caixa) de vendas de investimentos financeiros que não sejam:
(i) detidos para fins de negociação ou comercialização
    ou
(ii) equivalentes de caixa.
Adiantamentos de caixa e empréstimos feitos a outras partes.
Recebimentos (de caixa) provenientes de reembolso de adiantamentos e de empréstimos feitos a outras partes.

21.4 Relato dos fluxos de caixa das actividades de financiamento:
Os fluxos de caixa das actividades de financiamento devem relatar separadamente as principais classes dos recebimentos brutos (de caixa) e as principais classes dos pagamentos brutos (de caixa), excepto se puderem ser relatados numa base líquida.

Exemplos de fluxos de caixa das actividades de financiamento:
Entradas de caixa provenientes da emissão de acções ou de outros instrumentos de capital próprio.

Pagamentos (de caixa) a detentores para adquirir ou remir as acções da empresa.

Entradas de caixa vindas da emissão de certificados de dívida, empréstimos pedidos, livranças, obrigações e outros empréstimos pedidos a curto ou longo prazo.

Reembolsos (de caixa) de quantias de empréstimos pedidos.

Pagamentos de caixa por um locatário para a redução de uma dívida por saldar relacionada com uma locação financeira.

21.5 Situações particulares:

Qualificação como equivalente de caixa:

Face às características de equivalentes de caixa, estes são detidos com o objectivo de ir de encontro aos compromissos de caixa a curto prazo e não para investimento ou outros propósitos.

Por esta razão, um investimento só se qualifica normalmente como um equivalente de caixa quando tiver um vencimento de três meses ou menos a partir da data de aquisição.

Relato de fluxos de caixa numa base líquida:

Os fluxos de caixa das actividades operacionais, de investimento e de financiamento, podem ser relatados numa base líquida nos seguintes casos:

Recebimentos e pagamentos (de caixa) por conta de clientes quando o fluxo de caixa reflicta as actividades do cliente e não as da entidade.

Exemplos:

Fundos detidos para clientes, por uma empresa de investimentos.

Rendas cobradas por conta de, e pagas a, possuidores de propriedades.

Recebimentos e pagamentos (de caixa) das rubricas em que:

A rotação seja rápida.

As quantias sejam grandes.

Os vencimentos sejam curtos.

Exemplos:

Compra e venda de aplicações financeiras.

Financiamentos de curto prazo com um período de vencimento de três meses ou menos.

Operações que não sejam por caixa:

As operações de investimento e de financiamento que não requeiram o uso de caixa ou equivalentes de caixa devem ser excluídas da demonstração de fluxos de caixa.

Exemplo de operações que não são por caixa:

Aquisição de activos:

Através da assunção de passivos directamente relacionados.

Por meio de uma locação financeira.

Aquisição de uma empresa por meio de uma emissão de capital.

Conversão de dívidas em capital.

Movimentos entre elementos que constituam caixa e seus equivalentes:

Estes movimentos por norma fazem parte da gestão de caixa da entidade e não parte das suas actividades operacionais, de investimento ou de financiamento pelo que devem ser excluídos do âmbito de fluxos de caixa.

Descobertos bancários:

Normalmente os descobertos bancários são considerados uma actividade de financiamento.

Contudo, os descobertos bancários devem ser incluídos nas actividades operacionais quando os descobertos bancários fazem parte da gestão de caixa da entidade o que acontece normalmente quando estes:

São pagáveis à ordem.

Têm um saldo que flutua muitas vezes de positivo a negativo.

Recebimentos e pagamentos em moeda estrangeira:

Os recebimentos e pagamentos em moeda estrangeira devem ser relatados na moeda de relato aplicando à quantia em moeda estrangeira a taxa de câmbio usada na data em que tais recebimentos e pagamentos foram efectuados.

Diferenças de câmbio não realizadas:

As diferenças de câmbio não realizadas não são fluxos de caixa pelo que devem ser excluídas das actividades operacionais, de investimento ou de financiamento.

Contudo, caso as diferenças de câmbio não realizadas digam respeito a caixa e equivalentes de caixa, estas diferenças devem ser evidenciadas em linha separada de forma a conciliar os saldos iniciais e finais de caixa e seus equivalentes com os fluxos de caixa apurados.

Dividendos e juros:

Os fluxos de caixa associados a tais rubricas devem ser classificados:

Em separado.

De forma consistente de período para período.

Nas actividades operacionais, de investimento (por serem retornos de investimento no caso de dividendos e juros recebidos) e de financiamento (porque são custos de obtenção de recursos financeiros no caso de juros e dividendos pagos), consoante o apropriado.

Os dividendos pagos podem ser classificados nas actividades operacionais de forma a habilitar os utentes a determinar a capacidade da entidade de pagar dividendos a partir destas actividades.

Rubricas extraordinárias:

Os fluxos de caixa associados a tais rubricas devem ser:

Classificados nas actividades operacionais, de investimento e de financiamento, consoante o apropriado.

Evidenciados em linha separada.

Impostos sobre os lucros:

Os fluxos de caixa provenientes de impostos sobre os lucros devem ser:

Evidenciados em linha separada:

Classificados nas actividades operacionais, a menos que possam ser especificamente identificados com as actividades de financiamento ou de investimento.

Na prática, tal identificação torna-se difícil porque enquanto que a estimativa de imposto pode ser prontamente identificável com a actividade associada, os respectivos fluxos de caixa são muitas vezes de identificação impraticável porque os fluxos podem surgir num período diferente daquele em que a estimativa de imposto foi apurada.

O Presidente da República, JOSÉ EDUARDO DOS SANTOS.

CAPÍTULO III

COMO ORGANIZAR A CONTABILIDADE

DE UM COMERCIANTE

OU EMPRESA

PARA CUMPRIMENTO DA LEI

EXEMPLO Nº 2
COMO ORGANIZAR A CONTABILIDADE DE UM COMERCIANTE
OU EMPRESA PARA CUMPRIMENTO DA LEI

Para o efeito começamos por recordar o que referimos sobre o assunto na 1ª edição desta obra:

"Ao longo da nossa carreira profissional temos tido a oportunidade de constatar que as maiores dificuldades que se deparam, na prática, a um contabilista são, precisamente, aquelas que se prendem com a forma de pôr em execução os seus conhecimentos teóricos.

Já nos foi dada também oportunidade de preparar, profissionalmente, alguns colegas, a maioria dos quais sabemos, que hoje não sentem dificuldades na conclusão dos seus trabalhos.

Mas, também, por outro lado, houve alguns que nos solicitaram ajuda ou colaboração para iniciarem ou organizarem escritas de Sociedades quando, afinal, necessitavam era de alguém que lhes fizesse sentir, com demonstrações e explicações breves, que tinham conhecimentos suficientes para tomarem sob sua responsabilidade a escrituração da contabilidade de uma sociedade, tarefa a que não se aventuravam apenas por não terem a certeza ou segurança quanto às suas possibilidades para a concretizarem.

Esses colegas referiam-se, muitas vezes, à falta de guias práticos para o efeito, pelo que nos vinham incutindo no espírito a necessidade de se preparar um manual prático de contabilidade dedicado aos "contabilistas não especializados" ou aqueles que adquirindo teoria escolar, possam sentir dificuldades na materialização dos seus conhecimentos."

Empresário Individual "A"

De acordo com a alínea a) do artigo 1º do Código do Imposto Industrial é considerado sempre de natureza comercial ou industrial para efeitos deste Código:

a) o exercício de actividades por Conta Própria não sujeitas a Imposto sobre os Rendimentos do Trabalho;

Vamos supor que o Empresário Individual "A", com estabelecimento em Luanda, para a venda de artigos de livraria e papelaria, apresentava as seguintes situações de escrituração:

LIVRO DE REGISTO DE COMPRAS DE MERCADORIAS – ANO DE 2012

Docº	Data	Descrição do movimento	Valor	Valor acumulado	Observações
01	02.10	Fornecedor "A" - Livros escolares........	3 000,00	3 000,00	
02	09.10	Fornecedor "B" – Artigos de papelaria..	2 500,00	5 500,00	
03	16.10	Fornecedor "D" – Livros de medicina...	1 450,00	6 950,00	
04	25.10	Fornecedor "A" - Livros escolares........	2 050,00	9 000,00	
05	31.10	Fornecedor "C" –Toner impressoras......	840,00	9 840,00	
06	04.11	Fornecedor "B" – Artigos de papelaria..	2 300,00	12 140,00	
07	08.11	Fornecedor "A" - Códigos Sociedades...	1 100,00	13 240,00	
08	19.11	Fornecedor "A" - Livros escolares........	2 000,00	15 240,00	
09	26.11	Fornecedor "D" – Livros técnicos.........	1 300,00	16 540,00	
10	30.11	Fornecedor "B" – Artigos de papelaria..	1 000,00	17 540,00	
11	04.12	Fornecedor "A" - Livros escolares........	2 460,00	20 000,00	
12	07.12	Fornecedor "B" – Envelopes diversos....	350,00	20 350,00	
13	20.12	Fornecedor "B" – Artigos de papelaria..	1 800,00	22 150,00	
14	25.12	Fornecedor "D" – Livros de medicina....	1 450,00	23 600,00	
15	31.12	Fornecedor "A" - Livros escolares........	2 000,00	25 600,00	

LIVRO DE REGISTO DE VENDAS DE MERCADORIAS – ANO DE 2012

Docº	Data	Descrição do movimento	Valor	Valor acumulado	Observações
01	02.10	Venda a dinheiro nº 1.............................	300,00	300,00	
02	03.10	Venda a dinheiro nº 2.............................	500,00	800,00	
03	03.10	Venda a dinheiro nº 3.............................	450,00	1 250,00	
04	06.10	Factura nº 001/12..................................	1 850,00	3 100,00	
05	06.10	Venda a dinheiro nº 4.............................	840,00	3 940,00	
06	07.10	Venda a dinheiro nº 5.............................	300,00	4 240,00	
07	07.10	Factura nº 002/12..................................	1 600,00	5 840,00	
08	12.10	Factura nº 003/12..................................	1 000,00	6 840,00	
09	13.10	Venda a dinheiro nº 6.............................	4 300,00	11 140,00	
10	16.10	Venda a dinheiro nº 7.............................	2 000,00	13 140,00	
11	28.10	Venda a dinheiro nº 8.............................	460,00	13 600,00	
12	07.11	Venda a dinheiro nº 9.............................	350,00	13 950,00	
13	20.11	Factura nº 004/12..................................	3 800,00	17 750,00	
14	25.11	Factura nº 005/12..................................	2 450,00	20 200,00	
15	15.12	Venda a dinheiro nº 10...........................	200,00	20 400,00	
16	18.12	Venda a dinheiro nº 11...........................	700,00	21 100,00	
17	23.12	Venda a dinheiro nº 12...........................	455,00	21 555,00	
18	31.12	Factura nº 006/12..................................	750,00	22 305,00	
19	31.12	Factura nº 007/12..................................	245,00	22 550,00	

LIVRO DE REGISTO DE DESPESAS GERAIS – ANO DE 2012
Material de escritório

Docº	Data	Descrição do movimento	Valor	Valor acumulado	Observações
216	02.10	Papel para computador.........................	800.00	800,00	
220	09.10	Papel para fotocópia.............................	450,00	1 250,00	
221	16.10	Agrafes, lápis e clips............................	150,00	1 400,00	
228	25.10	Rolos de papel e esferográficas..............	380,00	1 780,00	
230	31.10	Toner para impressoras.........................	840,00	2 620,00	
235	15.11	Fitas para impressora...........................	110,00	2 730,00	
238	30.11	Tinta para carimbos.............................	85,00	2 815,00	
241	16.12	Esferográficas e lápis...........................	60,00	2 875,00	
244	11.12	Agrafes, fita gomada e borrachas..........	38,00	2 913,00	
249	16.12	Livro de registo de letras a receber........	60,00	2 973,00	
251	23.12	Papel contínuo para computador...........	268,00	3 241,00	
254	30.12	Envelopes e blocos de apontamentos.....	356,00	3 597,00	

LIVRO DE REGISTO DE DESPESAS GERAIS – ANO DE 2012
Água e electricidade

Docº	Data	Descrição do movimento	Valor	Valor acumulado	Observações
149	08.07	Consumo de água................................	186,00	186,00	
166	31.07	Consumo de energia..............................	289,00	475,00	
183	18.08	Consumo de água................................	145,00	620,00	
190	20.08	Consumo de energia..............................	310,00	930,00	
195	12.09	Consumo de água................................	165,00	1 095,00	
201	15.09	Consumo de energia..............................	275,00	1 370,00	
208	11.10	Consumo de água................................	128,00	1 498,00	
214	12.10	Consumo de energia..............................	320,00	1 818,00	
225	12.11	Taxa paga à Câmara Municipal – Água.	180,00	1 998,00	
230	27.11	Consumo de água................................	130,00	2 128,00	
235	30.11	Consumo de energia..............................	390,00	2 518,00	
240	31.12	Consumo de água................................	190,00	2 708,00	
242	31.12	Consumo de energia..............................	285,00	2 993,00	

LIVRO DE REGISTO DE DESPESAS GERAIS – ANO DE 2012
Telecomunicações e correio

Doc°	Data	Descrição do movimento	Valor	Valor acumulado	Observações
150	07.07	Selos do correio..................................	58,00	58,00	
156	30.07	Telefones...	125,00	183,00	
163	19.08	Fax...	96,00	279,00	
180	22.08	Telefones...	215,00	494,00	
185	14.09	Selagem de correspondência.................	60,00	554,00	
198	19.09	Expedição - correspondência registada..	48,00	602,00	
207	13.10	Custo de telefonema para o estrangeiro.	220,00	822,00	
217	16.10	Chamadas telefónicas	190,00	1 012,00	
228	14.11	Telegrama para Lisboa.........................	70,00	1 082,00	
233	28.11	Telegrama para Londres.......................	85,00	1 167,00	
238	29.11	Selos do correio...................................	45,00	1 212,00	
241	30.12	Telefones...	170,00	1 382,00	
246	31.12	Despesas dos CTT com vales postais.....	75,00	1 457,00	

LIVRO DE REGISTO DE DESPESAS GERAIS – ANO DE 2012
Gastos das viaturas ao serviço da empresa

Doc°	Data	Descrição do movimento	Valor	Valor acumulado	Observações
160	10.07	Reparação da viatura "A".....................	480,00	480,00	
166	28.07	Gasolina – Viatura "B"........................	80,00	560,00	
173	20.08	Gasóleo – Viatura "A".........................	100,00	660,00	
184	24.08	Reparação da viatura "B".....................	310,00	970,00	
190	14.09	Estacionamento....................................	30,00	1 000,00	
197	18.09	Câmaras de ar para a viatura "B"..........	125,00	1 125,00	
205	13.10	Reparação dos travões da viatura "A"...	150,00	1 275,00	
219	30.11	Gasolina – Viatura "B"........................	80,00	1 355,00	
223	30.12	Gasóleo – Viatura "A".........................	100,00	1 455,00	

Este empresário resolveu constituir uma sociedade com membros da sua família e com o capital social de 200 000,00 Kuanzas, ou seja:

Sócio "A" – O próprio empresário, com 50% = Kz. 100 000,00;

Sócio "B" – Esposa, com 25% = Kz. 50 000,00;

Sócio "C" – Filho, com 25%.= Kz. 50 000,00.

A sociedade foi constituída com a designação de "Sociedade Comercial de Luanda, Limitada", tendo sido elaborado um balancete dos dados analíticos em 5 de Janeiro do ano de 2013:

	SOCIEDADE COMERCIAL DE LUANDA, LIMITADA

BALANCETE ANALÍTICO EM 05 DE JANEIRO DE 2013

(BALANCETE DE ABERTURA)

CONTAS DO P.G.C.A.	MOVIMENTO ACUMULADO		SALDOS	
	DÉBITO	CRÉDITO	DEVEDORES	CREDORES
11 IMOBILIZAÇÕES CORPÓREAS				
11.2 Edifícios e outras construções:				
11.2.1 Edifícios:				
11.2.1.2 Edifício administrativo.................................	70 000,00		70 000,00	
11.3 Equipamento básico..	3 895,00		3 895,00	
11.4 Equipamento de carga e transporte...................	49 800,00		49 800,00	
11.5 Equipamento administrativo..............................	10 300,00		10 300,00	
18 AMORTIZAÇÕES ACUMULADAS				
18.1 Imobilizações corpóreas:				
18.1.2 Edifícios e outras construções.......................		13 969,71		13 969,71
18.1.3 Equipamento básico......................................		3 366,74		3 366,74
18.1.4 Equipamento de carga e transporte................		47 625,23		47 625,23
18.1.5 Equipamento administrativo............................		7 776,39		7 776,39
SUB-TOTAIS...	155 995,00	72 738,07	155 995,00	72 738,07
31 CLIENTES				
31.1 Clientes - correntes				
31.1.2 Não grupo				
31.1.2.1 Nacionais				
31.1.2.1.01 Cliente "A"...	830,00		830,00	
31.1.2.1.03 Cliente "C"..	286,41		1 116,41	
31.1.2.1.04 Cliente "D"..	3 500,00		4 616,41	
SUB-TOTAIS...	4 616,41	0,00	4 616,41	0,00

SOCIEDADE COMERCIAL DE LUANDA, LIMITADA
BALANCETE ANALÍTICO EM 05 DE JANEIRO DE 2013
(BALANCETE DE ABERTURA)

CONTAS DO P.G.C.A.	MOVIMENTO ACUMULADO		SALDOS	
	DÉBITO	CRÉDITO	DEVEDORES	CREDORES
32 FORNECEDORES				
32.1 Fornecedores - correntes				
32.1.2 Não grupo				
32.1.2.1 Nacionais				
32.1.2.1.01 Fornecedor "A"...		400,00		400,00
32.1.2.1.02 Fornecedor "B"...		155,00		555,00
32.1.2.1.04 Fornecedor "D"...		180,00		735,00
32.9 Fornecedores - saldos devedores				
32.9.1 Adiantamentos				
32.9.1.05 Fornecedor "E"..	500,00		500,00	
SUB-TOTAIS..	500,00	735,00	500,00	735,00
33 EMPRÉSTIMOS				
33.1 Empréstimos bancários:				
33.1.1 Moeda nacional:				
33.1.1.1.01 Banco "A"..		650,00		650,00
33.1.1.1.02 Banco "B"..		1 100,00		1 750,00
33.1.1.1.03 Banco "C"..		1 300,00		2 050,00
SUB-TOTAIS..	0,00	3 050,00	0,00	3 050,00
34 ESTADO				
34.3 imposto de rendimento de trabalho:				
34.3.1 Trabalho dependente...		150,00		150,00
34.3.2 Trabalho independente...		67,34		217,34
34.3.5 Contribuições para a Segurança Social..........		250,00		467,34
SUB-TOTAIS..	0,00	467,34	0,00	467,34

SOCIEDADE COMERCIAL DE LUANDA, LIMITADA
BALANCETE ANALÍTICO EM 05 DE JANEIRO DE 2013
(BALANCETE DE ABERTURA)

CONTAS DO P.G.C.A.	MOVIMENTO ACUMULADO		SALDOS	
	DÉBITO	CRÉDITO	DEVEDORES	CREDORES
37 OUTROS VALORES A RECEBER E A PAGAR				
37.1 Compras de imobilizado:				
37.1.1 Corpóreo:				
37.1.1.04 Fornecedor "D"...........................		600,00		600,00
37.5 Encargos a pagar:				
37.5.3 Seguros a liquidar...........................		56,00		56,00
SUB-TOTAIS...........................	0,00	656,00	0,00	656,00
39 PROVISÕES PARA OUTROS RISCOS ENCARGOS				
39.2 Provisões para processos judiciais em curso:				
39.2.1 Processo em curso "A"		450,00		450,00
SUB-TOTAIS...........................	0,00	450,00	0,00	450,00
43 DEPÓSITOS À ORDEM				
43.1 Moeda nacional:				
43.101 Banco "A"...........................	31 440,00		31 440,00	
43.102 Banco "B"...........................	43 215,00		43 215,00	
43.103 Banco "C"...........................	40 830,00		40 830,00	
SUB-TOTAIS...........................	115 485,00	0,00	115 485,00	0,00
45 CAIXA				
45.1 Caixa - Fundo fixo...........................	1 500,00		1 500,00	
SUB-TOTAIS...........................	1 500,00	0,00	1 500,00	0,00

SOCIEDADE COMERCIAL DE LUANDA, LIMITADA
BALANCETE ANALÍTICO EM 05 DE JANEIRO DE 2013
(BALANCETE DE ABERTURA)

CONTAS DO P.G.C.A.	MOVIMENTO ACUMULADO		SALDOS	
	DÉBITO	CRÉDITO	DEVEDORES	CREDORES
51 CAPITAL				
511 Sócio "A"..	0,00	100 000,00		100 000,00
512 Sócio "B"..	0,00	50 000,00		50 000,00
513 Sócio "C"..	0,00	50 000,00		50 000,00
SUB-TOTAIS...	0,00	200 000,00	0,00	200 000,00
TOTAIS ACUMULADOS	278 096,41	278 096,41	278 096,41	278 096,41

101

	SOCIEDADE COMERCIAL DE LUANDA, LIMITADA			
	BALANCETE ANALÍTICO EM 05 DE JANEIRO DE 2013			
	(BALANCETE DE ABERTURA)			

CONTAS DO P.G.C.A.	MOVIMENTO ACUMULADO		SALDOS	
	DÉBITO	CRÉDITO	DEVEDORES	CREDORES
11 IMOBILIZAÇÕES CORPÓREAS..................................	155 995,00	0,00	155 995,00	0,00
18 AMORTIZAÇÕES ACUMULADAS..............................	0,00	72 738,07	0,00	72 738,07
31 CLIENTES..	4 616,41	0,00	4 616,41	0,00
32 FORNECEDORES	500,00	735,00	500,00	735,00
33 EMPRÉSTIMOS..	0,00	3 050,00	0,00	3 050,00
34 ESTADO..	0,00	467,34	0,00	467,34
37 OUTROS VALORES A RECEBER E A PAGAR............	0,00	656,00	0,00	656,00
39 PROVISÕES PARA OUTROS RISCOS E ENCARGOS.	0,00	450,00	0,00	450,00
43 DEPÓSITOS À ORDEM..	115 485,00	0,00	115 485,00	0,00
45 CAIXA...	1 500,00	0,00	1 500,00	0,00
51 CAPITAL..	0,00	200 000,00	0,00	200 000,00
TOTAIS	278 096,41	278 096,41	278 096,41	278 096,41

LANÇAMENTOS NO ANO DE 2013

Com base no balancete antes apresentado, o T.O.C. desta nova sociedade, procedeu à organização da contabilidade pela via informatizada, tendo executado, com regularidade, os lançamentos normais e elaborado toda a documentação obrigatória, nomeadamente, aquela que se destina à administração fiscal.

CAPÍTULO IV

MOVIMENTOS CONTABILÍSTICOS

DE

FIM DE EXERCÍCIO

EXEMPLO Nº 3
MOVIMENTOS CONTABILÍSTICOS DE FIM DE EXERCÍCIO

1 CONSIDERAÇÕES

De harmonia com o artigo 294º da Lei das Sociedades Comerciais, todas as empresas são obrigadas a dar balanço anual ao seu activo e passivo nos três primeiros meses do ano imediato.

O balanço é uma das peças financeiras que deve ser cuidadosamente elaborada, de forma a mostrar a situação real da empresa no final de cada exercício ou período económico.

Com vista não só à elaboração do balanço bem como ao apuramento dos resultados líquidos, ter-se-ão que analisar os saldos de todas as contas que vão constituir o "Activo", o "Passivo" e o "Capital próprio".

No final de cada ano, o mais tardar, há necessidade de se rectificarem alguns saldos contabilísticos, que poderão alterar positiva ou negativamente os resultados e o balanço.

Neste capítulo tentaremos evidenciar como poderão ser tratados os movimentos de regularização e outros lançamentos de fim de ano a efectuar antes da feitura do balanço, para que este possa mostrar uma imagem mais verdadeira dos resultados e do património da empresa.

Os lançamentos ou regularizações de contas mais frequentes no final de cada exercício são, entre outros:

1) Diferenças encontradas na conferência das disponibilidades (caixa e bancos);

2) Acertos das c/c dos clientes, apurando-se a constituição de cada saldo existente;

3) Acerto das c/c dos fornecedores, solicitando-lhes extractos quando for caso disso;

4) Conferência do saldo que apresentar cada uma das subcontas de 34 "Estado" verificando-se se os seus montantes condizem com os valores a pagar ou a declarar no exercício seguinte, nomeadamente:

343 Imposto de rendimento de trabalho

Certificar se o saldo contabilístico corresponde ao valor a entregar ao Estado em Janeiro do ano seguinte e se os valores acumulados, movimentados a crédito durante o ano, correspondem aos montantes das retenções constantes da declaração anual.

369 Contribuições para a Segurança Social

Verificar se o pagamento efectuado em Dezembro regulariza o saldo em 30/11 ou se o pagamento a efectuar em Janeiro corresponde ao saldo de 31/12. Caso contrário, ter-se-á que proceder à identificação da diferença, regularizando-a contabilisticamente, se for esse o caso.

5) Conferência das restantes contas correntes como, por exemplo, dos "Accionistas (Sócios)", "Empréstimos bancários", "Outros valores a receber e a pagar", etc.

6) Emissão de comprovantes internos de proveitos ou despesas a reconhecer no próprio exercício, sem documentação vinculativa, como é o caso de:

a) Proveitos:

   - Juros a receber;
   - Comissões por creditar;
   - Subsídios por receber;
   - Etc.

b) Custos:

   - Seguros por liquidar ou por contabilizar;
   - Remunerações a liquidar (encargos com férias do exercício a processar no ano seguinte);
   - Juros a liquidar;
   - Consumos de água e de electricidade por liquidar ou contabilizar em 31/12;
   - Etc.

7) Emissão de comprovantes internos para apoiar lançamentos de correcção, por não ter sido registado o custo ou o proveito na conta 37.., de valores a reconhecer em exercícios seguintes, como é o caso de:

   - Desconto de emissão de obrigações;
   - Rendas pagas antecipadamente que digam respeito ao exercício posterior;
   - Campanha publicitária cujos custos devem ser repartidos por mais do que um exercício;
   - Prémios de seguro pagos no exercício que pertencem ao ano económico seguinte;

8) Lançamentos do movimento das provisões para clientes de cobrança duvidosa, etc.;

9) Lançamentos de gastos de amortização, praticados sobre os bens de investimento;

10) Lançamentos de apuramento do custo das mercadorias vendidas e das matérias consumidas;

11) Lançamentos de apuramento da variação da produção;

12) Lançamentos de apuramento dos trabalhos em curso;

13) Lançamentos de apuramento dos resultados antes de impostos;

14) Lançamento da estimativa do Imposto Industrial relativo ao exercício;

15) Lançamentos de apuramento dos resultados líquidos.

2 CONTABILIDADE DA SOCIEDADE COMERCIAL "XYZ", LDA

Começamos por nos situarmos na contabilidade da Sociedade Comercial "XYZ" Lda., cujo movimento normal de Dezembro de 2011 já se encontra registado e resumido no balancete de verificação que se apresenta neste capítulo.

2.1 BALANCETE DE ABERTURA EM JANEIRO DE 2011

Apresenta-se, de imediato, o balancete de abertura com os saldos transitados do ano de 2010.

SOCIEDADE COMERCIAL "XYZ", LIMITADA

Balancete Geral - Financeira

Acumulado

Data da CTB: 31.13.2011		Mês: Abertura de 2011			Pág. 1
Conta	Descrição	Mov. Débito	Mov. Crédito	Saldo Débito	Saldo Crédito
11	IMOBILIZAÇÕES CORPÓREAS	120,717.69	9,975.96	110,741.73	
114	Equipamento de carga e transporte	93,774.00	0.00	93,774.00	
1141	Viaturas de turismo	43,894.21	0.00	43,894.21	
1142	Viaturas de mercadorias	49,879.79	0.00	49,879.79	
115	Equipamento administrativo	26,943.69	9,975.96	16,967.73	
1151	Mobiliário	26,943.69	9,975.96	16,967.73	
12	IMOBILIZAÇÕES INCORPÓREAS	11,210.48	11,210.48		
121	Trespasses	9,975.96	9,975.96		
1211	Goodwill	9,975.96	9,975.96		
124	Despesas de constituição	1,234.52	1,234.52		
1241	Despesas de instalação	1,234.52	1,234.52		
13	INVESTIMENTOS FINANCEIROS	114,124.96	0.00	114,124.96	
134	Investimentos em imóveis	114,124.96	0.00	114,124.96	
1341	Terrenos e recursos naturais	22,445.91	0.00	22,445.91	
1342	Edifícios e outras construções	91,679.05	0.00	91,679.05	
18	AMORTIZAÇÕES ACUMULADAS	0.00	74,980.94		74,980.94
181	Imobilizações corpóreas	0.00	51,200.75		51,200.75
1813	Equipamento básico	0.00	3,055.14		3,055.14
1814	Equipamento de carga e transporte	0.00	41,400.23		41,400.23
1815	Equipamento administrativo	0.00	6,745.38		6,745.38
182	Imobilizações incorpóreas	0.00	11,210.48		11,210.48
1821	Trespasses	0.00	9,975.96		9,975.96
1824	Despesas de constituição	0.00	1,234.52		1,234.52
183	Investimentos financeiros imóveis	0.00	12,569.71		12,569.71
1832	Edifícios e outras construções	0.00	12,569.71		12,569.71
	Total da classe 1	246,053.13	96,167.38	224,866.69	74,980.94
26	MERCADORIAS	178,647.46	0.00	178,647.46	
261	Em armazém	178,647.46	0.00	178,647.46	
	Total da classe 2	178,647.46	0.00	178,647.46	0.00
31	CLIENTES	2,879,300.13	2,658,906.37	220,393.76	
311	Clientes - correntes	2,879,300.13	2,658,906.37	220,393.76	
3112	Não grupo	2,879,300.13	2,658,906.37	220,393.76	
31121	Nacionais	2,879,300.13	2,658,906.37	220,393.76	
31121001	Cliente "A"	111,530.60	104,747.56	6,783.04	
31121002	Cliente "B"	627,913.34	623,048.45	4,864.89	
31121003	Cliente "C"	101,948.75	99,759.58	2,189.17	
31121004	Cliente "D"	329,053.98	295,288.36	33,765.62	
31121005	Cliente "E"	1,102,262.01	1,072,415.48	29,846.53	
31121006	Cliente "F"	72,334.96	63,271.51	9,063.45	
31121007	Cliente "G"	14,285.57	9,297.59	4,987.98	
31121008	Cliente "H"	21,937.13	18,314.30	3,622.83	
31121009	Cliente "I"	10,823.91	10,866.81		42.90
A transportar		2,816,790.84	2,393,177.02	498,637.66	75,023.84

SOCIEDADE COMERCIAL "XYZ", LIMITADA

Balancete Geral - Financeira

Acumulado

Conta	Descrição	Mov. Débito	Mov. Crédito	Saldo Débito	Saldo Crédito
Transporte		2,816,790.84	2,393,177.02	498,637.66	75,023.84
31121010	Cliente "J"	42,193.53	29,927.87	12,265.66	
31121011	Cliente "K"	21,951.55	16,963.57	4,987.98	
31121012	Cliente "L"	1,668.22	1,388.65	279.57	
31121013	Cliente "M"	73,899.90	63,898.50	10,001.40	
31121014	Cliente "N"	1,613.11	1,114.31	498.80	
31121015	Cliente "O"	147,443.95	99,759.58	47,684.37	
31121016	Cliente "P"	129,115.45	99,759.58	29,355.87	
31121017	Cliente "Q"	12,050.96	8,479.56	3,571.40	
31121018	Cliente "R"	12,257.03	11,472.35	784.68	
31121019	Cliente "S"	4,715.14	615.52	4,099.62	
31121020	Cliente "T"	5,071.65	2,493.99	2,577.66	
31121021	Cliente "U"	5,985.57	5,237.38	748.19	
31121022	Cliente "V"	2,444.12	947.72	1,496.40	
31121023	Cliente "X"	2,813.22	2,469.05	344.17	
31121024	Cliente "Z"	11,700.30	10,603.40	1,096.90	
31121025	Cliente "AA"	1,735.60	741.21	994.39	
31121026	Cliente "BB"	2,493.99	2,668.57		174.58
31121027	Cliente "CC"	1,170.18	997.60	172.58	
31121028	Cliente "DD"	379.09	379.09		
31121029	Cliente "EE"	6,507.32	1,979.23	4,528.09	
32	FORNECEDORES	733,601.97	979,903.13		246,301.16
321	Fornecedores - correntes	682,724.59	908,999.01		226,274.42
3212	Não grupo	682,724.59	908,999.01		226,274.42
32121	Nacionais	682,724.59	908,999.01		226,274.42
32121001	Fornecedor "A"	45,964.23	48,158.94		2,194.71
32121002	Fornecedor "B"	39,405.03	42,400.26		2,995.23
32121003	Fornecedor "C"	49,536.12	53,394.70		3,858.58
32121004	Fornecedor "D"	26,560.99	39,177.88		12,616.89
32121005	Fornecedor "E"	130,372.13	154,286.21		23,914.08
32121006	Fornecedor "F"	64,561.51	137,824.07		73,262.56
32121007	Fornecedor "G"	73,450.98	79,898.57		6,447.59
32121008	Fornecedor "H"	12,420.07	19,403.24		6,983.17
32121009	Fornecedor "I"	32,623.38	45,480.89		12,857.51
32121010	Fornecedor "J"	66,566.73	125,223.73		58,657.00
32121011	Fornecedor "K"	12,469.95	12,469.95		
32121012	Fornecedor "L"	36,136.16	36,136.16		
32121013	Fornecedor "M"	1,725.47	4,717.20		2,991.73
32121014	Fornecedor "N"	4,098.02	5,237.38		1,139.36
32121015	Fornecedor "O"	1,174.24	2,421.23		1,246.99
32121016	Fornecedor "P"	63,476.02	69,067.50		5,591.48
32121017	Fornecedor "Q"	11,604.06	11,604.06		
32121018	Fornecedor "R"	1,621.09	9,257.69		7,636.60
32121019	Fornecedor "S"	4,210.85	4,664.76		453.91
32121020	Fornecedor "T"	2,822.20	2,593.75	228.45	
32121021	Fornecedor "U"	1,925.36	2,141.14		215.78
32121022	Fornecedor "V"	0.00	3,439.70		3,439.70
322	Fornecedores - títulos a pagar	48,383.39	70,904.12		22,520.73
A transportar		3,986,725.31	3,664,072.76	624,353.84	301,701.29

SOCIEDADE COMERCIAL "XYZ", LIMITADA

Balancete Geral - Financeira

Acumulado

Conta	Descrição	Mov. Débito	Mov. Crédito	Saldo Débito	Saldo Crédito
Transporte		3,986,725.31	3,664,072.76	624,353.84	301,701.29
3222	Não grupo	48,383.39	70,904.12		22,520.73
32221	Nacionais	48,383.39	70,904.12		22,520.73
32221001	Fornecedor "A"	10,973.55	23,019.52		12,045.97
32221002	Fornecedor "D"	7,481.97	10,474.76		2,992.79
32221003	Fornecedor "G"	29,927.87	37,409.84		7,481.97
329	Fornecedores - saldos devedores	2,493.99	0.00	2,493.99	
3291	Adiantamentos	2,493.99	0.00	2,493.99	
3291001	Fornecedor "E"	2,493.99	0.00	2,493.99	
34	ESTADO	7,353.94	8,999.92		1,645.98
343	Imposto de rendimento de trabalho	7,353.94	8,999.92		1,645.98
3431	Trabalho dependente	5,842.48	7,421.12		1,578.64
3432	Profissões liberais	538.70	606.04		67.34
3433	Prediais	972.76	972.76		
35	ENTIDADES PARTICIPANT. PARTICIPADAS	1,939.83	60,548.59		58,608.76
351	Entidades participantes	1,939.83	60,548.59		58,608.76
3514	Outros	1,939.83	60,548.59		58,608.76
35144	Empréstimos	0.00	58,608.76		58,608.76
3514401	Sócio "A"	0.00	19,951.92		19,951.92
3514402	Sócio "B"	0.00	18,704.92		18,704.92
3514403	Sócio "C"	0.00	19,951.92		19,951.92
35145	Outras operações	1,939.83	1,939.83		
3514501	Sócio "A"	748.20	748.20		
3514502	Sócio "B"	780.12	1,191.63		411.51
3514503	Sócio "C"	411.51	0.00	411.51	
36	PESSOAL	90,686.69	90,686.69		
361	Pessoal - remunerações	90,686.69	90,686.69		
3611	Órgãos sociais	23,044.46	23,044.46		
3612	Empregados	67,642.23	67,642.23		
	Total da classe 3	3,712,882.56	3,799,044.70	220,393.76	306,555.90
43	DEPÓSITOS À ORDEM	2,533,626.19	2,489,831.60	43,794.59	
431	Moeda nacional	2,533,626.19	2,489,831.60	43,794.59	
43101	Banco "A"	980,378.06	956,139.79	24,238.27	
43102	Banco "B"	1,080,587.24	1,060,768.55	19,818.69	
43103	Banco "C"	472,660.89	472,923.26		262.37
45	CAIXA	4,302,930.44	4,300,678.38	2,252.06	
451	Fundo fixo	4,302,930.44	4,300,678.38	2,252.06	
4511	Caixa	4,302,930.44	4,300,678.38	2,252.06	
	Total da classe 4	6,836,556.63	6,790,509.98	46,046.65	0.00
51	CAPITAL	0.00	187,049.22		187,049.22
511	Capital Social	0.00	187,049.22		187,049.22
A transportar		10,974,139.78	10,685,722.06	673,568.36	385,150.64

SOCIEDADE COMERCIAL "XYZ", LIMITADA

Balancete Geral - Financeira

Acumulado

Conta	Descrição	Mov. Débito	Mov. Crédito	Saldo Débito	Saldo Crédito
Transporte		10,974,139.68	10,685,722.06	673,568.36	385,150.74
51101	Sócio "A"	0.00	62,349.74		62,349.74
51102	Sócio "B"	0.00	62,349.74		62,349.74
51103	Sócio "C"	0.00	62,349.74		62,349.74
55	RESERVAS	0.00	4,335.65		4,335.65
551	Reservas legais	0.00	4,335.65		4,335.65
58	RESERVAS LIVRES	0.00	97,032.75		97,032.75
581	Reservas livres	0.00	97,032.75		97,032.75
59	RESULTADOS TRANSITADOS	42,974.93	42,974.93		
591	Exercício de 2008	42,974.93	42,974.93		
	Total da classe 5	42,974.93	331,392.55	0.00	288,417.62
Total		11,017,114.61	11,017,114.61	673,568.36	673,568.36

SOCIEDADE COMERCIAL "XYZ", LIMITADA

Balancete Razão - Financeira

Acumulado

Conta	Descrição	Mov. Débito	Mov. Crédito	Saldo Débito	Saldo Crédito
11	IMOBILIZAÇÕES CORPÓREAS	120,717.69	9,975.96	110,741.73	
12	IMOBILIZAÇÕES INCORPÓREAS	11,210.48	11,210.48		
13	INVESTIMENTOS FINANCEIROS	114,124.96	0.00	114,124.96	
18	AMORTIZAÇÕES ACUMULADAS	0.00	74,980.94		74,980.94
26	MERCADORIAS	178,647.46	0.00	178,647.46	
31	CLIENTES	2,879,300.13	2,658,906.37	220,393.76	
32	FORNECEDORES	733,601.97	979,903.13		246,301.16
34	ESTADO	7,353.84	8,999.92		1,646.08
35	ENTIDADES PARTICIPANT. PARTICIPADAS	1,939.83	60,548.59		58,608.76
36	PESSOAL	90,686.69	90,686.69		
43	DEPÓSITOS À ORDEM	2,533,626.19	2,489,831.60	43,794.59	
45	CAIXA	4,302,930.44	4,300,678.38	2,252.06	
51	CAPITAL	0.00	187,049.22		187,049.22
55	RESERVAS	0.00	4,335.65		4,335.65
58	RESERVAS LIVRES	0.00	97,032.75		97,032.75
59	RESULTADOS TRANSITADOS	42,974.93	42,974.93		
Total		11,017,114.61	11,017,114.61	669,954.56	669,954.56

2.1.1 ANÁLISE E CONFERÊNCIA DOS SALDOS EXISTENTES

Porque se torna indispensável adaptar os saldos contabilísticos das contas ou subcontas aos valores reais, começámos por proceder à análise, conta por conta, de cada saldo exibido pelo balancete que antes se mostra e chegou-se à conclusão que, numa primeira fase, há que regularizar e evidenciar o seguinte:

451 CAIXA – FUNDO FIXO

1) Entre o numerário e restantes valores existentes em caixa, em 31/12/11 e o saldo contabilístico, verifica-se uma diferença de 139,66 resultante de:

  - Vale de Kz. 89,78 do Sócio "A" por valor entregue, pela empresa, a um seu familiar;

  - Selos de correio remetidos por um cliente no montante de 49,88 os quais foram utilizados em Janeiro de 2012.

   Para acerto do saldo contabilístico com a existência efectiva em caixa, sugere-se a execução dos seguintes lançamentos:

   a) Débito ao Sócio "A" dos 89,78 Kz., debitando a conta 3524.5 e creditando o caixa;

   b) Selos do correio:

      - Em Dezembro debitar a conta 37.4.3 e creditar 451;

      - Em Janeiro debitar a conta 75.2.20 e creditar 37.4.3.

2) Cheque de 548,68, devolvido pelo Banco "A", por falta de provisão, cujo pagamento foi acordado, com o cliente "DH", em prestações:

   2.1 Lançamentos:

      Debita-se a conta 31121008, por

      Crédito de 451.

3) Cheques pré-datados recebidos do cliente "I", com vencimento em:

      31 de Janeiro de 2012 498,80

      28 de Fevereiro de 2012 498,80

      31 de Março de 2012 498,80

Para que estes cheques não continuem a influenciar o saldo de caixa, sugere-se a sua regularização contabilística como segue:

- Debitando a conta 379101 (Cheques pré-datados - Cliente I) e creditando a conta 451.

Em 2012, e à medida que os cheques vão sendo pagos, debitar-se-á a conta caixa ou bancos por contrapartida da conta 379101.

43 DEPÓSITOS À ORDEM

Há todo o interesse que os extractos bancários sejam conferidos com os registos da empresa, não só para controlo permanente dos valores disponíveis, como para se certificar se existem, ou não, diferenças a corrigir que possam afectar os encargos ou as receitas da empresa.

4301 BANCO "A"

O saldo apresentado por esta subconta, de Kz. 16.570,20, está correcto, conforme se mostra:

1) Saldo do Banco:

1.1 Extracto de 31/12/11...	20.078,19
1.2 Cheques por levantar em 31/12/11..........................	3.507,99
	16.570,20

4302 BANCO "B"

Da conferência do extracto bancário com a respectiva subconta, constataram-se as seguintes divergências:

1) Cheque nº 8699, de Kz. 2.493,99, que foi lançado, por lapso, na subconta 4303 Banco "C";

2) Pelos seguintes valores constantes do extracto do Banco "B", relativos a pagamentos de conta e ordem da empresa, não registados na contabilidade:

   2.1 Pagamento da electricidade de Outubro, cuja factura do fornecedor "U" já havia sido movimentada na sua c/c, por Kz. 215,78;

   2.2 Entrega à Associação Industrial "Y" de Kz. 169,59 para pagamento das quotas do 4º trimestre/11.

3) Juros de depósitos à ordem creditados pelo banco no seu extracto e de cujo valor não nos foi remetido o aviso de crédito:

3.1 Valor ilíquido.. 59,86

3.2 Retenção na fonte 11,97

4) Lançamentos para correcção:

1) Debita-se a conta 4303 e credita-se 4302;

2) Credita-se a conta 4302 e debita-se:

2.1 Fornecedor "U" - conta 3211021;

2.2 Quotizações - conta 75.5;

3) Credita-se a conta 66.1.1.9 por Kz. 59,86 e debita-se:

3.1 Pela retenção a conta 34.9.1 - Kz.: 11,97;

3.2 Pelo valor líquido a conta 4302 - Kz.: 47,89.

5) Cheques emitidos em 2011, no montante de 7.720,70, e não levantados do banco até 31/12/2011.

Antes de efectuados os lançamentos de correcção, o Banco "B" (conta 4302) apresentava um saldo de 13.818,69, enquanto o extracto do Banco exibe um saldo de 18.707,92, em 31/12/11.

Para exemplo, apresenta-se, a seguir o mapa de reconciliação bancária do Banco "B", através do qual se demonstra que os saldos são iguais (Kz. 10.987,22) depois de efectuadas as correcções antes analisadas:

MAPA DE RECONCILIAÇÃO BANCÁRIA	ANO DE	2011

BANCO	BANCO "B"	CONTA Nº	202 39999 018	Folha 1

EXTRACTOS DO BANCO				RECONCILIAÇÃO	D/C
Saldo que apresenta o extracto do Banco nº.			BANCO "B"	18 707,92	
Movimentos lançados na contabilidade e não registados pelo Banco.....					
CHEQUES POR LEVANTAR					
Nº do cheque	Data	Documº. nº	Valor		
Cheque nº 348654	15.12	3486	1 000,00		
Cheque nº 348659	15.12	3491	2 412,00		
Cheque nº 348661	16.12	3498	1 600,00		
Cheque nº 348663	18.12	3501	1 450,00		
Cheque nº 348670	30.12	3512	826,20		
Cheque nº 348682	31.12	3528	432,50		
				7 720,70	C
Designação		Documento nº	A nosso débito		
				0,00	C
Designação		Documento nº	A nosso crédito		
				0,00	D
Saldo conciliado (extracto do Banco)..				10 987,22	

		Folha 2

EXTRACTOS DA CONTABILIDADE			RECONCILIAÇÃO	D/C
Saldo da contabilidade - Subconta do PGCA nº	43.1.1.02		13 818,69	
Valores não registados na contabilidade e constantes dos extractos do Banco				
Referência	Nº. Extracto	A nosso débito		
Cheque 8699, lançado na conta 43.1.2.3	CX 2386	2 493,99		
Pagamento ao fornecedor "U"	Ex.11/02	215,78		
Pagamento à Associação Industrial "Y"	Ex.12/02	169,59		
Juros - Retenção na fonte	Ex.12/02	11,97		
			2 891,33	C
Referência	Nº. Extracto	A nosso crédito		
Juros de depósitos à ordem	Ex.12/02	59,86		
			59,86	D
Saldo contabilístico depois de consideradas as verbas antes descritas			10 987,22	
Saldo conciliado do extracto bancário transportado da "Folha 1"			10 987,22	
Diferença por identificar			0,00	

Anotações	Data	Rubricas
	15/02/2012	

120

4303 Banco "C"

Verifica-se que este banco apresenta um saldo credor de Kz. 262,37, quando na realidade devia apresentar saldo devedor.

Procedeu-se à conferência do extracto bancário com a respectiva subconta, tendo-se encontrado as seguintes anomalias:

1) Cheque nº 3487, de Kz. 2.442,82, que foi considerado no caixa por 2.441,47;

2) Cheque nº 8699, de Kz. 2.493,99, que foi lançado nesta conta por troca com a subconta 4302 Banco "B", conforme já se referiu;

3) Custo de quatro cadernetas de cheques debitadas no extracto do banco e não registadas na contabilidade, 3,99 Kz.;

   - Lançamentos para correcção:

   1) Debita-se 451 e credita-se 4303, por 1,35 Kz.;

   2) Debita-se 4303 e credita-se 4302;

   3) Credita-se 4303 e debita-se 75217.

31 CLIENTES

Por norma, os saldos a exibir pela conta "Clientes - correntes" deveriam ser devedores.

Contudo, os balancetes, por vezes, não espelham isso pelo que, em primeiro lugar, torna-se necessário saber a origem dos saldos credores e tentar regularizá-los, contabilisticamente, se for caso disso.

31.1.2.1 CLIENTES – NÃO GRUPO - NACIONAIS

Procedeu-se à conferência de todos os saldos constantes do balancete subordinado a esta rubrica e, em consequência disso, apuraram-se as seguintes situações sujeitas a regularização contabilística:

31121004 CLIENTE "D"

1) Não foi movimentada nesta conta a Nota de Débito nº 345, de Kz. 303,27, relativa a encargos bancários. Esta falha foi localizada quando da conferência da subconta 7614 "De desconto de títulos" a qual foi indevidamente debitada por troca com a 31121004. Para correcção do movimento será debitada a conta 31121004 por crédito de 7614.

31121009 CLIENTE "I"

1) Kz. 42,90 - Aviso de crédito de pronto pagamento emitido em duplicado. Para regularização desta anomalia anular-se-á o desconto que originou a duplicação, debitando esta conta por crédito de 7631.

31121014 CLIENTE "N"

1) Kz. 498,80 - Este saldo devedor está compensado com a conta 31221007 "Clientes - Títulos a receber" que se encontra credora do mesmo valor, por erro de lançamento. Ter-se-á, por conseguinte, de efectuar a correcção contabilística creditando a conta 31121014 e debitando a conta 31221007.

31121021 Cliente "U"

1) Kz. 748,20 - O saldo devedor deste cliente refere-se a uma letra vencida em 31 de Julho de 2011 e não paga.

   O assunto foi entregue ao advogado da empresa para efeitos de cobrança coerciva.

31121022 Cliente "V"

1) Kz. 1.496,40. Conferiu-se a c/c deste cliente e verifica-se que o saldo é constituído pelas seguintes verbas:

N/factura nº 1746, de 30/11/11	997,60
N/factura nº 1823, de 31/12/11	498,80
	1.496,40

Porque existe um saldo de Kz. 1.246,99 proveniente de um adiantamento registado na conta 3191004, há que transferir o referido saldo para a conta 31121022 uma vez que as mercadorias já foram fornecidas.

3112026 Cliente "BB"

1) Kz. 174,58 - O saldo credor deste cliente é proveniente do recebimento de moeda estrangeira para pagamento de uma exportação e deverá ser regularizado por crédito de "Diferenças de câmbio favoráveis", uma vez que o cliente nada deve ou tem a haver.

Em face disso será debitada a conta 3112026 por crédito 6621.

3112027 Cliente "CC"

1) Kz. 172,58 - O débito deste cliente já transitou de 2010 e não obstante a insistência, por escrito, para pagamento do valor da dívida vencida há 15 meses, a situação mantem-se em 31/12/11.

Este saldo, em mora, deverá ser transferido para a conta "318 Clientes de cobrança duvidosa".

3112029 CLIENTE "EE"

1) Kz. 4.528,09 - Este valor é proveniente de uma exportação para os Estados Unidos no montante de $USD 4.264,31. De harmonia com os critérios de valorimetria, à data do balanço, as dívidas são actualizadas com base no câmbio dessa data.

Supondo-se que um Kz. correspondia a 0,8733 do dólar, em 31/12/11, ter-se-á que efectuar o respectivo lançamento de regularização:

Valor actual – 4.264,31 ÷ 0,8733	4.882,99
Saldo existente	4.528,09
Diferença de câmbio	354,90

Neste caso verifica-se uma diferença de câmbio favorável, pelo que se terá de debitar a conta 3112029 Cliente "EE", por crédito de 6621 "Diferenças de câmbio favoráveis/Realizadas".

31.2 CLIENTES - TÍTULOS A RECEBER

Depois de analisada a origem dos saldos existentes nesta conta, verifica-se que estão correctos, por as letras se encontrarem em carteira, com excepção dos seguintes casos:

3121001 Cliente "A"

1) Kz. 2.493,99 - Letra com vencimento em 31/01/12, não existente em carteira por ter sido endossada ao fornecedor "M" para crédito da n/conta corrente naquela empresa, conforme consta da n/carta de 30/11/11.

   Neste caso há que regularizar a situação emitindo o correspondente aviso de lançamento para apoiar o movimento a débito da conta 32121013, por crédito de 3121001.

3121007 Cliente "N"

1) Kz. 498,80 - Troca de conta conforme se referiu quando da análise da c/c deste cliente (3112014).

31.8 Clientes de cobrança duvidosa

Esta conta, conforme o próprio nome indica, destina-se a registar os clientes cujos saldos tenham uma cobrabilidade duvidosa. Quando cessarem as razões que determinaram a transferência dos saldos para esta conta, o respectivo lançamento deverá ser revertido.

3181 Clientes - Médio e longo prazo:

3181001 Cliente "DA"	1 496,39
3181002 Cliente "DB"	2 913,98
3181003 Cliente "DC"	931,26
3181005 Cliente "DE"	1 197,11
3181007 Cliente "DG"	4 613,88
3181009 Cliente "DI"	823,02
3181010 Cliente "DJ"	458,89
3181011 Cliente "DL"	598,56
3181012 Cliente "DM"	8 728,96
3181013 Cliente "DK"	- 249,40
TOTAL	21 512,65

A conta "785 Dívidas incobráveis" apenas regista, por contrapartida da correspondente conta da classe 3, as dívidas cuja incobrabilidade se verifique no período e que não tivessem sido consideradas anteriormente "38.1.3 Provisões para clientes de cobrança duvidosa".

Exemplos de dívidas incobráveis de "31.1.2.1 Clientes – correntes – Não grupo – Nacionais"

	Débito	**Crédito**
1. Transferência para a "78.5" do débito do cliente "I", por ter sido considerado incobrável através de processo judicial......................	**78.5**	31.8.1
2. Saldo devedor de "F", que se considera incobrável por se desconhecer o paradeiro do devedor.........................	**78.5**	31.8.1
3. Contrato de cessão da dívida do cliente "B", que suspendeu pagamentos há longo tempo:		
3.1 Entregue em cheque (65%) pelo credor "J".............................	45.1.1	31.8.1
3.2 Regularização dos restantes 35% por se considerar incobrável, em virtude da cessão feita...	**78.5**	31.8.1
4. Recuperação, passados dois anos, do crédito sobre o cliente "F", referido em 2) – Depósito efectuado no Banco "A"....................	43.1.1	68.5.1

3122011 Cliente "DL"

Da análise à conta deste cliente verifica-se que existe um saldo devedor de Kz. 598,56 que não será jamais cobrado pelo facto da firma ter falido, segundo sentença judicial, não permitindo qualquer cobertura do débito.

Para a respectiva regularização contabilística, originada pela dívida incobrável declarada judicialmente, será debitada a conta 78.5 "Dívidas incobráveis", por crédito de 3122011.

Porque havia sido constituída uma provisão de Kz. 448,92 para este cliente, ter-se-á que debitar a conta 38.1.3.2 Provisões para clientes de cobrança duvidosa" por crédito de 66.7 "Reposição de provisões".

31221013 Cliente "DK"

1) Esta c/c realça, de imediato, que não está correcto o saldo credor de Kz. 249,40 que apresenta. Analisado o documento que lhe deu origem constata-se que se trata do recebimento de parte de uma dívida deste cliente que havia sido considerada incobrável em 2009.

 Para regularização do movimento deve ser creditada a rubrica 68.5.1 "Recuperação de dívidas", dado que em 2009 a conta deste cliente foi saldada por débito de 78.5 "Dívidas incobráveis", cujo valor não foi considerado, naquele ano, como custo fiscal, por não se encontrar documentado para o efeito.

3191 ADIANTAMENTOS DE CLIENTES

 Este balancete mostra dois saldos credores que convém esclarecer se correspondem à realidade:

3191001 Cliente "A"

1) Está correcto o saldo credor de Kz. 2.493,99 que vai figurar no "Passivo" dado que ainda não foi satisfeita a encomenda do cliente, parcial ou totalmente.

3191004 Cliente "V"

1) Kz. 1.246,99 - Em resultado da análise da conta "Clientes - correntes" conclui-se que esta verba vai ser creditada na c/c do cliente pelo facto de já terem sido fornecidas e facturadas as mercadorias.
Para o efeito, esta conta será debitada por crédito de 31121022.

321 FORNECEDORES – CORRENTES

Para conferência dos saldos dos fornecedores, com movimentos, mais significativos, foram solicitados os respectivos extractos.

Da análise do conteúdo dos saldos exibidos por esta rubrica há a salientar o seguinte:

32121004 Fornecedor "D"

1) Verifica-se que foi movimentado a débito desta conta, em vez da conta "Fornecedores - títulos a pagar", a letra de 2.992,79, vencida em 18/12/11, pelo que há necessidade de se proceder à correcção contabilística, debitando a conta 3221002, por crédito da 3212004.

32121020 Fornecedor "T"

1) Kz. 228,45 - Refere-se a uma devolução de mercadorias pela empresa e ainda não regularizada.

    Para efeitos de balanço o saldo em questão está correcto e irá fazer parte do "Activo".

32121022 Fornecedor "V"

1) O débito a este fornecedor diz respeito a uma importação com o contravalor de 6.076,7 dólares Australianos.

    Supondo-se que um Kz. correspondia a 1,6856 do dólar Australiano, em 31/12/11, ter-se-á que efectuar o respectivo lançamento de regularização:

    Neste caso há que se certificar se existem diferenças cambiais a regularizar:

Saldo que consta do balancete...................................	3.439,70
Valor actualizado: 6.076,7 ÷ 1,6856	3.605,06
Diferença cambial negativa..............................	165,36

1.1 Lançamentos:

Credita-se a conta 32121022 por débito de 7621 "Diferenças de câmbio desfavoráveis/Realizadas".

Nota:

1) Valorimetria

As "dívidas de terceiros" e as "dívidas a terceiros" em moeda estrangeira são expressas no balanço ao câmbio em vigor nessa data. As diferenças apuradas serão movimentadas nas contas de "Diferenças de câmbio" 7621 ou 6621.

322 FORNECEDORES - TÍTULOS A PAGAR

Do resultado da conferência da conta "Fornecedores - Títulos a pagar" apenas há que salientar:

32221002 Fornecedor "D"

1) Kz. 2.992,79 - Troca de conta conforme se referiu quando da análise da c/c deste mesmo fornecedor.

3291 FORNECEDORES – SALDOS DEVEDORES - ADIANTAMENTOS

Análise do conteúdo desta conta:

3291001 Fornecedor "E"

1) Kz. 2.493,99 - Está correcto este valor dado que se trata de uma encomenda não satisfeita em 31/12/11.

34 ESTADO

Conforme já se referiu nas considerações iniciais, o conteúdo das subcontas desta rubrica deve ser analisado em profundidade para que os elementos contabilísticos da empresa coincidam com os dados em poder da Administração Fiscal e restantes entidades.

341 Imposto sobre os lucros

Para o efeito recordamos o desenvolvimento desta conta constante da 2ª edição desta obra, ou seja:

34.1 Imposto sobre os lucros   **Débito   Crédito**

1) Notas explicativas:

Esta conta destina-se a evidenciar a dívida da entidade relativa a imposto sobre os lucros.

A débito deverão ser registados os pagamentos por conta efectuados e as eventuais retenções efectuadas por terceiros aquando da colocação de rendimentos à disposição da entidade.

A crédito deverá ser registada a estimativa de imposto a pagar relativa ao exercício, por contrapartida da conta 87 Imposto sobre lucros e da conta 81 Resultados transitados.

Quando se entender conveniente, esta conta poderá ser subdividida por exercícios.

2) Políticas contabilísticas: 2.8 — Impostos sobre lucros a pagar

Os impostos sobre lucros a pagar são valorizados ao custo corrente, determinado pela diferença entre o custo histórico do imposto que deveria ser pago e o custo histórico dos adiantamentos já efectuados.

O custo histórico dos adiantamentos corresponde à quantia desembolsada para o efeito.

O custo histórico do imposto que deveria ser pago corresponde à responsabilidade da entidade, apurada de acordo com os critérios fiscais definidos para o seu apuramento.

3) Veja: Notas explicativas da conta "81 Resultados transitados".

I. Ao longo do ano:

  1. Pelos pagamentos por conta:

    a) Janeiro.. **34.1** 45.1.1

    b) Fevereiro **34.1** 45.1.1

    c) Março... **34.1** 45.1.1

  2. Pelas retenções na fonte:

    a) Aluguer do imóvel "X", ao inquilino "B":

      2.1 Pelo valor recebido.. 45.1.1

      2.2 Pela retenção... **34.1**

      2.3 Pelo valor da renda recebida..............................….....   66.4.1

    b) Juros de depósitos a prazo:

      2.4 Pelo valor líquido creditado pelo Banco "A".............. 43.1

      2.5 Pelos juros creditados.. 66.1.   1.9.1

      2.6 Pelo imposto retido...............................…................. **34.1**

II. No final do exercício:

  1. Pelo cálculo da estimativa do imposto a pagar, com base no lucro
tributável estimado a partir dos resultados líquidos do exercício,
corrigidos para efeitos fiscais.. 87.1 **34.1**

III. No ano seguinte:

  1. Apresentação da declaração de rendimentos:

    1.1 Se a diferença é a favor do Estado: pagamento.......... **34.1** 45.1.1

    1.2 Se houve diferença de cálculo na estimativa referida em II):

      a) Se foi insuficiente - regularização......................... 78.10.1 **34.1**

      b) Se foi estimada em excesso – regularização.......... **34.1** 68.10.1

    1.3 Se a diferença resultar em imposto a recuperar do Estado – pelo
recebimento 45.1.1 **34.1**

IV. Dividendos recebidos da Sociedade "A", S.A.:

1. Pelo valor ilíquido..		67.1.3
2. Valor creditado na nossa conta no Banco "B".................................	43.1.2	
3. Pela retenção na fonte do imposto sobre os lucros..........................	**34.1**	

V. Liquidação adicional relativa ao ano N-2 e respectivos juros referen-
tes ao ano N **34.1**

3.1Imposto industrial adicional.. 87.1

3.2 Juros compensatórios 76.1.3

3.3 Pagamento às Finanças.. **34.1**   45.1.1

343 Imposto de rendimento de trabalho

3431 Trabalho dependente

1) Kz. 1.578,64 - Está correcto este saldo dado que coincide com o pagamento já efec-
    tuado em Janeiro de 2012.

    Os montantes pagos de Fevereiro a Dezembro de 2011, acrescidos deste saldo,
    coincidem igualmente com os valores da declaração anual , a entregar em 2012.

3432 Profissões liberais

1) Kz. 67,34 - Está correcto o saldo apresentado por esta rubrica. Os valores registados
    ao longo do ano coincidem com aqueles que vão constar da declaração anual.

3433 Prediais

1) Entre o saldo (nulo) em 31/12/11 e o valor a pagar em Janeiro de 2012, constata-se uma diferença de Kz. 74,82 tendo-se concluído que no lançamento da renda de Outubro foi debitada a conta 75221 apenas pelo valor líquido pago ao senhorio, isto é, a renda é de Kz. 498,80 e deduziram-se Kz. 74,82 de retenção na fonte de IRT, tendo sido pago, apenas, o valor líquido (423,98).

Para acerto deverá ser debitada a rubrica 75221 "Rendas e alugueres" por contra-partida de 34.1.

37 OUTROS VALORES A RECEBER E A PAGAR

Esta conta não foi movimentada, contudo, aproveitamos para recordar o desen-volvimento desta rubrica constante da 2ª edição desta obra:

37.4 Encargos a repartir por períodos futuros

Esta conta, de natureza devedora, destina-se a registar os custos que devam ser reconhe-cidos apenas no ou nos exercícios seguintes, por forma a dar cumprimento ao princípio da especialização dos exercícios.

No exercício ou exercícios em que os encargos devam ser reconhecidos como custos, esta conta deverá ser creditada por contrapartida da conta de custos apropriada.

Para um maior controlo dos movimentos a incluir nesta conta, poderão ser abertas duas sub-contas, uma de natureza devedora e outra de natureza credora, destinadas a controlar, respectivamente, o valor inicial diferido e o total do valor já transferido para resultados em exercícios subsequentes. Neste caso, no final de cada ano, o total dos encargos a repartir por exercícios futuros é dado pelo saldo líquido das sub-contas utilizadas. (Notas explicativas).

Esta conta destina-se a compensar os custos incorridos e registados, por natureza, nas respectivas contas de custos relativos a trabalhos que a entidade tenha realizado para si mesma, sob a sua administração directa, aplicando meios próprios ou adquiridos para o efeito.

Estes trabalhos podem destinar-se ao seu imobilizado ou podem referir-se a situações que, pela sua natureza, devam ser repartidos por vários exercícios (caso em que serão registados por débito da 37.4 Encargos a repartir por exercícios futuros). *(Notas explicativas da conta 65. Trabalhos para a própria empresa).*

37.5 Encargos a pagar

Esta conta, de natureza credora, serve de contrapartida aos custos a reconhecer no próprio exercício, para os quais ainda não tenha sido recebida a respectiva documentação vinculativa, por forma a dar cumprimento ao princípio da especialização dos exercícios.

No exercício seguinte esta conta deverá ser saldada por contrapartida da respectiva conta de terceiros após ter sido recebida a respectiva documentação vinculativa. (Notas explicativas).

37.5.1 Encargos a pagar — Remunerações

Esta conta destina-se a reconhecer, entre outros, os custos com férias do pessoal (e respectivos encargos fiscais) devidos por motivos de férias, cujo processamento e pagamento só ocorra no ano seguinte. (Notas explicativas).

37.5.1 Encargos a pagar — Remunerações	Débito	Crédito
1. Encargos a pagar – Remunerações do ano N+1:		
1.1. Custos com férias dos órgãos sociais...	72.1.1	**37.5.1**
1.2. Custos com férias do pessoal...	72.1.1	**37.5.1**
1.3. Encargos sobre remunerações dos órgãos sociais........................	72.5.1	**37.5.1**
1.4. Encargos sobre remunerações do pessoal....................................	72.5.1	**37.5.1**

37.6 Proveitos a repartir por períodos futuros

Esta conta, de natureza credora, destina-se a registar os proveitos que devam ser reconhecidos apenas no ou nos exercícios seguintes, por forma a dar cumprimento ao princípio da especialização dos exercícios.

No exercício ou exercícios em que devam ser reconhecidos como proveitos esta conta deverá ser debitada por contrapartida da conta de proveitos apropriada.

Para um maior controlo dos movimentos a incluir nesta conta, poderão ser abertas duas sub-contas, uma de natureza credora e outra de natureza devedora, destinadas a controlar, respectivamente, o valor inicial diferido e o total do valor já transferido para resultados em exercícios subsequentes. Neste caso, no final de cada ano, o total dos proveitos a repartir por exercícios futuros é dado pelo saldo líquido das sub-contas utilizadas. (Notas explicativas).

37.6.1 Prémios de emissão de obrigações

	Débito	Crédito
1. Empréstimo por emissão de obrigações no ano N, com vista ao reforço das disponibilidades financeiras da empresa, para conclusão dos investimentos em curso:		
1.1 Pela subscrição...	**37.6.1**	35.2.3.1
1.2 Pela regularização feita através do Banco "B".............................	43.1.2	**37.6.1**
1.3 Pelo apuramento dos juros a liquidar...	6812	**37.6.1**
2. Pagamento dos juros creditados a obrigacionistas...............................	**37.6.1**	45.1.1
3. Primeiro reembolso do empréstimo por obrigações:		
3.1 Obrigações sorteadas	33.2.2.1	**37.6.1**
3.2 Pelo pagamento através do Banco "B"..	**37.6.1**	43.1.2
4. Colocação de 4.000 obrigações no Banco "D", para subscrição pública..	37.6.1	33.2.1.1
5. Pela subscrição das 4.000 obrigações referidas em 4)......................	**37.6.1**	43.1.4
5.1 Pela liberação de todas as obrigações subscritas conforme aviso de crédito do Banco "D"...	43.1.4	**37.6.1**

37.6.3 Proveitos a repartir por períodos futuros – Subsídios para investimento

Devem ser registados nesta conta os subsídios a fundo perdido destinados a financiar imobilizações amortizáveis.

A quota-parte dos subsídios a transferir para proveitos *(conta 63.4 - Subsídios a investimento)* em cada exercício deverá ser apurada na mesma base da determinação das amortizações do imobilizado a que os subsídios se referem, por forma a cumprir com o princípio de balanceamento de custos e proveitos. (Notas explicativas).

37.6.3 Subsídios para investimento

	Débito	Crédito
1. Subsídio, a fundo perdido, destinado a financiar imobilizações amortizáveis – Valor recebido do Estado	45.1.1	**37.6.3**
2. Amortizações calculadas no ano N..	37.6.1	63.4.1

37.6.4 Proveitos a repartir por períodos futuros - Diferenças de câmbio favoráveis reversíveis

Esta conta, de natureza credora, destina-se a registar as diferenças de câmbio favoráveis não realizadas, resultantes de elementos monetários não correntes e relativamente às quais exista a perspectiva de reversibilidade do câmbio.

Esta conta poderá ser sub-dividida por moedas ou por empréstimos e outras operações. (Notas explicativas).

37.7 Contas transitórias

37.7.1 Contas transitórias — Transacções entre a sede e as dependências da empresa

Esta conta destina-se a registar, ao longo do ano, as operações entre a sede e as dependências da empresa, sendo a sua movimentação idêntica a qualquer outra conta de Terceiros.

No final do ano, esta conta deverá ficar saldada através da integração, nas contas da Sede, dos activos e passivos das dependências.

Para uma maior facilidade de controlo, esta conta deverá ser sub-dividida em tantas sub-contas quantas as dependências existentes. (Notas explicativas).

37.9 Outros valores a receber e a pagar

As sub-contas a incluir nesta rubrica, dependendo da sua natureza, poderão ter saldo devedor ou credor. Estão abrangidas por esta rubrica as dívidas a receber ou a pagar derivadas de:

Empréstimos concedidos que não sejam de classificar nas contas *35 Entidades participantes* ou na conta *36.3 Pessoal – Adiantamentos*.

Subsídios recebidos que sejam de natureza reembolsável.

Outras operações relativas a dívidas de e a terceiros que não sejam de classificar nas restantes contas da classe 3. (Notas explicativas).

38. PROVISÕES PARA COBRANÇAS DUVIDOSAS

Esta conta, de natureza credora, destina-se a registar as perdas previsíveis associadas a riscos de cobrança das dívidas de Terceiros, por forma a que estas sejam apresentadas pelo seu valor realizável líquido se este for inferior ao seu valor de registo inicial (corrigido, eventualmente, pelo efeito das diferenças de câmbio).

As provisões são criadas por contrapartida das correspondentes contas de custos e são corrigidas ou anuladas quando, respectivamente, se reduzam ou cessem os motivos que as originaram. (Notas explicativas).

38.1 Provisões para clientes

38.1.3 Clientes – cobrança duvidosa

38.1.3.2 Clientes de cobrança duvidosa – Não grupo   Débito   Crédito

1. Constituição de provisões... 78.1.2.3 **38.1.3.2**
2. Pelo reforço da provisão... 78.1.2.3 **38.1.3.2**

38.2 Provisões para saldos devedores de fornecedores

38.2.1 Provisões para saldos devedores de fornecedores   Débito   Crédito

1. Constituição de provisões... 78.1.2.4   **38.2.1**

2. Pelo reforço da provisão... 78.1.2.4   **38.2.1**

39. PROVISÕES PARA OUTROS RISCOS E ENCARGOS

Esta conta, de natureza credora, destina-se a registar, as perdas previsíveis associadas a riscos de natureza específica e provável (contingências).

As provisões são criadas por contrapartida das correspondentes contas de custos e são corrigidas ou anuladas quando, respectivamente, se reduzam ou cessem os riscos previstos. (Notas explicativas).

Nota:

Esta conta serve, pois, para registar as responsabilidades cuja natureza esteja claramente definida e que à data do balanço sejam de ocorrência provável ou certa, mas incertas quanto ao seu valor ou data de ocorrência.

As suas subcontas devem ser utilizadas directamente pelos dispêndios para que foram reconhecidas, sem prejuízo das reversões a que haja lugar.

39.1 Provisões para pensões	Débito	Crédito

Esta provisão pode ter como suporte um fundo afecto, a considerar na conta *13.5 Investimentos Financeiros – Fundos.* (Notas explicativas).

39.1.1 Provisões para pensões

	Débito	Crédito
1. Constituição de provisões...	78.1.3.1	**39.1.1**
2. Pelo reforço da provisão...	78.1.3.1	**39.1.1**
3. Aplicação de valores em fundos para pensões de reforma..................	13.5.1	43.1.1
4. Rendimentos obtidos com a mesma aplicação e seu reinvestimento:		
4.1 Pelos rendimentos obtidos...	43.1.1	66.7.1.4
4.2 Pela aplicação do valor líquido.......................................	13.5.1	43.1.1

39.2.1 Provisões para processos judiciais em curso	Débito	Crédito
1. Provisão constituída no ano N, para fazer face a eventuais despesas ou indemnizações inerentes ao processo que o cliente "B" move contra a empresa	78.1.3.2	**39.2.1**
2. Provisão constituída para cobertura dos custos do processo "A"..	78.1.3.2	**39.2.1**
3. Pela anulação ou redução:		
3.1 Se a provisão foi constituída no exercício.............................	**39.2.1**	78.1.3.2
3.2 Se já transitou do exercício anterior.......................................	**39.2.1**	68.1.3.2

39.3.1 Provisões para acidentes de trabalho	Débito	Crédito

1. Constituição de provisões para fazer face a indemnizações ou
   custos com acidentes de trabalho:

		Débito	Crédito
1.1	Provisão constituída no ano N	78.1.3.2	**39.3.1**
1.2	Reforço da provisão no ano N+1	78.1.3.2	**39.3.1**
1.3	Redução da provisão no ano N+2	**39.3.1**	68.1.3.2

39.4.1 Provisões para garantias dadas a clientes	Débito	Crédito

Consideram-se nesta rubrica as verbas destinadas a suportar os encargo que se espera vir a ter derivados de garantias previstas em contratos de venda.

Excluem-se do âmbito desta rubrica os réditos que devam ser diferidos de acordo com o disposto nas notas relativas a conta de Prestações de Serviço. (Notas explicativas).

		Débito	Crédito
1.	Constituição em N de provisão para fazer face aos encargos com a garantia dada ao n/cliente "F", pelo fornecimento de produtos...	78.1.3.2	**39.4.1**
2.	Provisão constituída em N, para cobertura das garantias dadas ao cliente "X"...	78.1.3.2	**39.4.1**
3.	Pela anulação ou redução no próprio ano da constituição ou aumento...	**39.4.1**	78.1.3.2
4.	Pela redução ou anulação, tratando-se de uma provisão constituída no exercício anterior..	**39.4.1**	68.1.3.2

39.9.1 Provisões para outros riscos e encargos	Débito	Crédito

Depois de efectuadas as regularizações constantes do primeiro balancete esta rubrica passou a apresentar um saldo de 6.601,09, conforme mostra o balancete que se exibe na parte final deste capítulo.

1) Nesta conta registam-se as "provisões para riscos e encargos"

não compreendidas nas rubricas "39.1.1" a "39.4.1", como por exemplo:

1. Pela constituição de provisões para depreciação monetária no ano N:

1.1 Tratando-se de custo ordinário..	76.2.1	**39.9.1**
1.2 Redução da provisão no ano N+2	**39.9.1**	68.1.3.9

21 COMPRAS

1) A conta em título, depois de lançadas todas as rectificações, deve ser saldada por contrapartida da conta 26.1 Mercadorias.

Assim, terá que se proceder à transferência dos respectivos saldos para a conta 26.1, como segue:

	Débito	Crédito
1.1 Mercadorias...	26.1	21.2.1
1.2 Devoluções de compras...		21.7.1
1.3 Descontos e abatimentos em compras..		21.8.1

26.1 MERCADORIAS

Esta conta mostra um saldo de 178.647,46, que corresponde às existências em 31/12/10.

Será creditada pelos valores apurados como "Custo das mercadorias vendidas" (conta 71) tendo em linha de conta o valor das existências em 31/12/11 (204.507,14), que se detalham nos comentários à rubrica 71 "Custo das mercadorias vendidas".

A conta "26.1 Mercadorias", no sistema de inventário permanente, apresenta, como é óbvio, permanentemente, o saldo das mercadorias em existência, uma vez que é debitada pelas "entradas" e creditada pelas "saídas" das mercadorias.

Assim sendo, no final do exercício, se não se verificarem diferenças entre as existências (inventário permanente) e as quantidades físicas, não há necessidade de efectuar qualquer lançamento para apuramento do custo das vendas.

FICHAS DE EXISTÊNCIAS

CUSTO MÉDIO PONDERADO

FIFO

LIFO

CUSTO PADRÃO

Exemplos de aplicação

I - Método: Custo específico (custo real)

Dados

Para o 1º exemplo, imagine-se que a "Sociedade "K", Ldª., efectuou em Janeiro de 2009, as seguintes operações relativas a movimentos de mercadorias:

1 - Existência em 31/12/08:

    Mercadoria "A" ...,,,.................... 600   Unidades   14.963,94

    Mercadoria "B" 200   Unidades   5.985,57

    Mercadoria "C"..................... 100   Unidades   4.987,98

    Mercadoria "D"..................... 400   Unidades   <u>7.980,77</u>   33,918,26

2 - Factura 45 do Fornecedor "B", de 3/1:

    Mercadoria "C"..................... 70   Unidades   3.740,98

3 - Venda a crédito a "B" - Factª.100, de 5/1:

    Mercadoria "A"..................... 100   Unidades   2.992,79

4 - Venda a dinheiro nº 1 de 10/1:

    Mercadoria "D" 200   Unidades   4.788,46

5 - Compra a dinheiro em 15/1:

    Mercadoria "A"..................... 120   Unidades   2.992,79

6 - Venda a crédito a "C" - Factª. 85, de 20/1:

    Mercadoria "B" 100   Unidades   3.990,38

7 - N. Crédito 12 de "B", de 23/1 - Desconto comercial não deduzido na factª. 45: Mercadoria "C"   249,40

8 - Venda a dinheiro nº 2, de 26/1:
Mercadoria "C".......................   70   Unidades   4.189,90   4.189,90

9 - N. C. nº 2 do Fornecedor "B", de 27/1:
Devol. - Mercadoria "C": 10 Unidades..............   498,80

10 - N.de Créd. nº 1 pª o cliente "C", de 31/1:
S/dev. - Mercadoria "B": - 5 Unidades..............   199,52

A seguir apresenta-se a movimentação contabilística destas operações, bem como das respectivas fichas de existências, valorizadas ao custo real, ou específico.

2009 Mês	Nº Docº.	Designação da operação	Contas do P.G.C.A Débito	Crédito	Valores Débito	Crédito
1/01	1	Existências em 31/12/08.....	26.1	Balanço	33.918,26	33.918,26
3/01	2	Compra a "B", Ldª...............		32.1.2.1.02		4.526,49
		- Mercadoria "C"..................	26.1		4.526,49	
5/01	3	Venda a crédito a "B"..........	31.1.2.1.02		4.788,46	
		- Mercadoria "A"..................		61.3.1.1		4.788,46
10/01	4	Venda a dinheiro nº 1..........	45.1.1		5.794,04	
		- Mercadoria "D"..................		61.3.1.1		5.794,04
15/01	5	Compra a dinheiro...............		45.1.1		3.990,38
		- Mercadoria "A"..................	26.1		3.990,38	
20/01	6	Venda a crédito a "C"..........	31.1.2.1.03		4.172,06	
		- Mercadoria "B"..................		61.3.1.1		4.172,06
23/01	7	Desconto comercial............	61.8.1	31.1.2.1.03	249,40	249,40
26/01	8	Venda a dinheiro nº 2.........	45.1.1		4.189,90	
		- Mercadoria "C"..................		61.3.1.1		4.189,90
27/01	9	Fornecedor "B" - N.C. 2......	32.1.2.1.0.2		603,55	
		- Mercadoria "C"..................		21.8.1		603,55
31/01	10	Cliente "C" – N.C. nº 1........		31.1.2.1.03		241,42
		- Mercadoria "B", devol.......	61.7.1		241,42	
		Totais.........................			62.473,96	62.473,96

FICHA DE EXISTÊNCIAS

ARTIGO	MERCADORIA "A"	CÓDIGO 30001

ARMAZÉM	CENTRAL - COIMBRA		ENTRADAS			SAÍDAS			EXISTÊNCIAS		
Datas	Descrição	Nº	Quanti-	Custo	Valores	Quanti-	Preço	Valores	Quanti-	Valores	Custo das
Dia Mês Ano		docº	dades	unitário	(entradas)	dades	unitário	(saídas)	dades	(saldos)	vendas
01 Janº 2009	Existências..................	1	600,00	24,94	14 964,00	0,00	0,00	0,00	600,00	14 964,00	0,00
05 " 2009	Factura nº 100.............	3	0,00	0,00	0,00	100,00	24,94	2 494,00	500,00	12 470,00	2 494,00
15 " 2009	Compra.......................	5	120,00	24,94	2 992,80	0,00	0,00	0,00	620,00	15 462,80	0,00
											0,00
	Total ou a transportar		720,00		17 956,80	100,00		2 494,00	620,00	15 462,80	2 494,00

FICHA DE EXISTÊNCIAS

ARTIGO	MERCADORIA "B"	CÓDIGO 30002

ARMAZÉM	CENTRAL - COIMBRA		ENTRADAS			SAÍDAS			EXISTÊNCIAS		
Datas	Descrição	Nº	Quanti-	Custo	Valores	Quanti-	Preço	Valores	Quanti-	Valores	Custo das
Dia Mês Ano		docº	dades	unitário	(entradas)	dades	unitário	(saídas)	dades	(saldos)	vendas
01 Janº 2009	Existências..................	1	200,00	29,93	5 986,00	0,00	0,00	0,00	200,00	5 986,00	0,00
20 " 2009	Factura nº 85...............	6	0,00	0,00	0,00	100,00	29,93	2 993,00	100,00	2 993,00	2 993,00
31 " 2009	Devolução..................	10	5,00	29,93	149,65	0,00	0,00	0,00	105,00	3 142,65	- 105,00
	Total ou a transportar		205,00		6 135,65	100,00		2 993,00	105,00	3 142,65	2 888,00

FICHA DE EXISTÊNCIAS

ARTIGO	MERCADORIA "C"	CÓDIGO	30003

ARMAZÉM	CENTRAL - COIMBRA		ENTRADAS			SAÍDAS			EXISTÊNCIAS		
Datas	Descrição	Nº	Quanti-	Custo	Total	Quanti-	Preço	Valores	Quanti-	Valores	Custo das
Dia Mês Ano		docº	dades	unitário	(entradas)	dades	unitário	(saídas)	dades	(saldos)	vendas
01 Janº 2009	Existências..................	1	100,00	49,88	4 988,00	0,00	0,00	0,00	100,00	4 988,00	0,00
03 " 2009	Compra.......................	2	70,00	53,44	3 740,80	100,00	24,94	2 494,00	70,00	6 234,80	2 494,00
23 " 2009	Desconto.....................	7	0,00	0,00	- 249,40	0,00	0,00	0,00	0,00	5 985,40	0,00
26 " 2009	V. Dinheiro 2................	8	0,00	0,00	- 249,40	70,00	49,88	3 491,60	- 70,00	2 244,40	3 491,60
27 " 2009	Devolução...................	9	0,00	0,00	- 249,40	10,00	49,88	498,80	- 80,00	1 496,20	498,80
	Total ou a transportar		170,00		7 980,60	180,00		6 484,40	- 10,00	1 496,20	6 484,40

FICHA DE EXISTÊNCIAS

ARTIGO	MERCADORIA "D"	CÓDIGO	30004

ARMAZÉM	CENTRAL - COIMBRA		ENTRADAS			SAÍDAS			EXISTÊNCIAS		
Datas	Descrição	Nº	Quanti-	Custo	Valores	Quanti-	Preço	Valores	Quanti-	Valores	Custo das
Dia Mês Ano		docº	dades	unitário	(entradas)	dades	unitário	(saídas)	dades	(saldos)	vendas
01 Janº 2009	Existências..................	1	400,00	19,95	7 980,00	0,00	0,00	0,00	400,00	7 980,00	0,00
10 " 2009	V. Dinheiro 1................	4	0,00	0,00	0,00	200,00	19,95	3 990,00	200,00	3 990,00	3 990,00
											0,00
	Total ou a transportar		400,00		7 980,00	200,00		3 990,00	200,00	3 990,00	3 990,00

No exemplo anterior mostra-se a valorização das existências pelo "Custo específico/custo real".

Este método, não é de fácil aplicação, nomeadamente nas empresas que comercializam vários artigos de reduzido valor. Contudo, o sistema aplica-se aos artigos de custo mais elevado, como por exemplo, na comercialização de viaturas, máquinas industriais, computadores, ou outros artigos cujo custo unitário não altere com frequência, como é o caso das operações que serviram de base ao exemplo antes apresentado.

Para completar as nossas sugestões, no que se refere à aplicação do sistema de inventário permanente, incluir-se-ão, a seguir, exemplos de aplicação, para os restantes métodos, ou seja:

- Custo médio ponderado;
- FIFO;
- LIFO;
- Custo padrão.

II - Método: Custo médio ponderado

Com a aplicação deste método, o custo de cada artigo é determinado a partir da média ponderada do custo dos artigos existentes, como se passa a exemplificar, supondo que a Empresa "B", vai realizar, com a *mercadoria "B"*, em Janeiro do ano 2009, as seguintes transacções, a pronto pagamento:

Dados (Em euros)

1 - **Existências em 31/12/08:**

2.000 Unidades.. 0,22   440,00

2 - **Entradas - Compras:**

Em 10/1 - 1.200 Unidades.. 0,23   276,00

Em 28/1 - 2.000 Unidades.. 0,24   480,00

3 - Saídas - Devolução de compras:

Em 11/1 - 100 Unidades, adquiridas em 11/1...................... 0,23   23,00

4 - Saídas - Vendas:

Em 11/1 - 2.000 Unidades.. 0,30   600,00

Em 29/1 - 1.600 Unidades.. 0,30   480,00

5 - Entradas - Devolução de vendas:

Em 30/1 - 100 unidades vendidas em 11/1.......................... 0,30   30,00

III - Método: FIFO (First in first out)

Neste exemplo, vamos mostrar a valorização das existências da ficha de armazém da *mercadoria "B"*, com a utilização do método FIFO (ou método do custo cronológico directo), valorizando-se as existências vendidas e consumidas aos preços mais antigos e as existências em armazém aos preços mais recentes.

Para o efeito, servir-nos-emos dos mesmos dados do exemplo n° II.

IV - Método: LIFO (Last in first out)

Neste 4° exemplo, exemplifica-se a valorização das existências da ficha de armazém da *mercadoria "B"*, utilizando-se o método LIFO (ou método do custo cronológico inverso), em que as existências em armazém são avaliadas aos custos mais antigos e as saídas aos preços mais modernos.

Como no caso anterior, servir-nos-emos dos mesmos dados do exemplo n° II.

V - Método: Custo padrão

Além dos métodos já referidos, a adopção do custo padrão, as existências poderão ser valorizadas ao custo padrão se este for apurado de acordo com os princípios técnicos e contabilísticos adequados. De contrário, deverá haver um ajustamento que considere os desvios verificados.

FICHA DE EXISTÊNCIAS

ARTIGO   **ARMAZÉM**   **CÓDIGO**

MERCADORIA "B" - Custo médio ponderado

ARMAZÉM CENTRAL

Dia	Mês	Ano	Descrição	Nº doc°	ENTRADAS Quanti-dades	Custo unitário	Valores (entradas)	SAÍDAS Quanti-dades	Preço unitário	Valores (saídas)	EXISTÊNCIAS Quanti-dades	Custo unitário	Valores (saldos)	Custo das vendas
01	01	2009	Transporte................	2001	2 000,00	0,22	440,00	0,00	0,00	0,00	2 000,00	0,22	440,00	0,00
10	01	2009	Compra......................	2035	1 200,00	0,23	276,00	0,00	0,00	0,00	3 200,00	0,23	716,00	0,00
11	01	2009	Devolução/compra....	3021	0,00	0,00	0,00	100,00	0,23	23,00	3 100,00	0,23	693,00	23,00
11	01	2009	Venda.......................	3022	0,00	0,00	0,00	2 000,00	0,23	460,00	1 100,00	0,23	233,00	460,00
28	01	2009	Compra......................	3024	2 000,00	0,24	480,00	0,00	0,00	0,00	3 100,00	0,23	713,00	0,00
29	01	2009	Venda.......................	3025	0,00	0,00	0,00	1 600,00	0,23	368,00	1 500,00	0,23	345,00	368,00
30	01	2009	Devolução/venda......	3026	100,00	0,24	24,00	0,00	0,00	0,00	1 600,00	0,23	369,00	0,00
			Total ou a transportar	5 300,00		1 220,00			851,00		1 600,00		369,00	851,00

FICHA DE EXISTÊNCIAS

ARTIGO   **ARMAZÉM**   **CÓDIGO**

MERCADORIA "B" - Método FIFO

ARMAZÉM CENTRAL

Dia	Mês	Ano	Descrição	Nº doc°	ENTRADAS Quanti-dades	Custo unitário	Valores (entradas)	SAÍDAS Quanti-dades	Preço unitário	Valores (saídas)	EXISTÊNCIAS Quanti-dades	Custo unitário	Valores (saldos)	Custo das vendas
01	01	2009	Transporte................	2001	2 000,00	0,22	440,00	0,00	0,00	0,00	2 000,00	0,22	440,00	0,00
10	01	2009	Compra......................	2035	1 200,00	0,23	276,00	0,00	0,00	0,00	3 200,00	(a)	716,00	0,00
11	01	2009	Devolução/compra....	3021	0,00	0,00	0,00	100,00	0,23	23,00	3 100,00	(b)	693,00	23,00
11	01	2009	Venda.......................	3022	0,00	0,00	0,00	2 000,00	0,23	460,00	1 100,00	0,23	233,00	460,00
28	01	2009	Compra......................	3024	2 000,00	0,24	480,00	0,00	0,00	0,00	3 100,00	(c)	713,00	0,00
29	01	2009	Venda.......................	3025	0,00	0,00	0,00	1 600,00	0,23	368,00	1 500,00	0,24	345,00	368,00
30	01	2009	Devolução/venda......	3026	100,00	0,24	24,00	0,00	0,00	0,00	1 600,00	0,24	369,00	0,00
			Total ou a transportar	5 300,00		1 220,00			851,00		1 600,00		369,00	851,00

(a) 2000 x 0,22.......................... 440,00
     1200 x 0,23.......................... 276,00
                    = 716,00

(b) 2000 x 0,22.......................... 440,00
     1100 x 0,23.......................... 253,00
                    = 693,00

(c) 1100 x 0,23.......................... 253,00
     2000 x 0,24.......................... 480,00
                    = 733,00

(d) 1100 x 0,23.......................... 253,00
     500 x 0,24.......................... 120,00
                    = 373,00

FICHA DE EXISTÊNCIAS

ARTIGO	MERCADORIA "B" - Método LIFO	CÓDIGO

ARMAZÉM — ARMAZÉM CENTRAL

| Datas | | | Descrição | Nº docº | ENTRADAS | | | SAÍDAS | | | EXISTÊNCIAS | | | Custo das |
Dia	Mês	Ano			Quanti-dades	Custo unitário	Valores (entradas)	Quanti-dades	Preço unitário	Valores (saídas)	Quanti-dades	Custo unitário	Valores (saldos)	vendas
01	01	2009	Transporte.........	2001	2 000,00	0,22	440,00	0,00	0,00	0,00	2 000,00	0,22	440,00	0,00
10	01	2009	Compra.............	2035	1 200,00	0,23	276,00	0,00	0,00	0,00	3 200,00	(a)	716,00	0,00
11	01	2009	Devolução/compra...	3021	0,00	0,00	0,00	100,00	0,23	23,00	3 100,00	(b)	693,00	23,00
11	01	2009	Venda.............	3022	0,00	0,00	0,00	2 000,00	0,23	460,00	1 100,00	0,23	233,00	460,00
28	01	2009	Compra.............	3024	2 000,00	0,24	480,00	0,00	0,00	0,00	3 100,00	(c)	713,00	0,00
29	01	2009	Venda.............	3025	0,00	0,00	0,00	1 600,00	0,23	368,00	1 500,00	0,24	345,00	368,00
30	01	2009	Devolução/venda....	3026	100,00	0,24	24,00	0,00	0,00	0,00	1 600,00	0,24	369,00	0,00
			Total ou a transportar		5 300,00		1 220,00	3 700,00		851,00	1 600,00		369,00	851,00

(a) 2000 × 0,22.......... 440,00
    1200 × 0,23.......... 276,00 = 716,00

(b) 1900 × 0,22.......... 418,00
    1200 × 0,24.......... 288,00 = 706,00

(C) 1100 × 0,22.......... 242,00
    2000 × 0,24.......... 480,00 = 722,00

(d) 1100 × 0,23.......... 242,00
    400 × 0,24.......... 96,00 = 338,00

(e) 1200 × 0,23.......... 264,00
    400 × 0,24.......... 96,00 = 360,00

(f) 1200 × 0,23.......... 276,00
    800 × 0,24.......... 176,00 = 452,00

RESUMO DAS EXISTÊNCIAS

EXISTÊNCIAS NO FIM DE JANEIRO DE 2009

DESIGNAÇÃO DAS MERCADORIAS	ENTRADAS	SAÍDAS	EXISTÊNCIAS	CUSTO/VENDAS
Mercadoria "A"..............................	17.956,73	2.493,99	15.462,74	2.493,99
Mercadoria "B"..............................	6.135,21	2.992,79	3.142,42	2.843,15
Mercadoria "C"..............................	8.479,56	3.990,39	4.489,17	3.491,59
Mercadoria "D"..............................	7.980,76	3.990,38	3.990,38	3.990,38
TOTAIS ACUMULADOS...................	40.552,26	13.467,55	27.084,71	12.819,11

26.1 MERCADORIAS

2009	Doc.	Descrição dos lançamentos	LANÇAMENTOS		SALDOS	
			Débito	Crédito	Devedores	Credores
01.01	1	Existências iniciais.........................	33.918,26		33.918,26	
03.01	2	Compra – Mercadoria "C"..............	3.740,98		37.659,74	
05.01	3	Saída – Mercadoria "A"..................		2.493,99	35.165,25	
10.01	4	Saída – Mercadoria "D"..................		3.990,38	31.174,87	
15.01	5	Compra – Mercadoria "A"..............	2.992,79		34.167,66	
20.01	6	Saída – Mercadoria "B"..................		2.992,79	31.174,87	
23.01	7	Desconto comercial........................		249,40	30.925,47	
26.01	8	Saída – Mercadoria "C"..................		3.491,59	27.433,88	
27.01	9	N/devolução - Mercadoria "C".......		498,80	26.935,08	
31.01	10	Devol. vendas - Mercadoria "B"....	149,64		27.084,72	
		TOTAIS ACUMULADOS...................	40.801,67	13.716,95	27.084,72	0,00

711 CUSTO DAS EXISTÊNCIAS VENDIDAS

2009	Doc.	Descrição dos lançamentos	LANÇAMENTOS		SALDOS	
			Débito	Crédito	Devedores	Credores
05.01	3	Venda – Mercadoria "A".............	2.493,99		2.493,99	
10.01	4	Venda – Mercadoria "D".............	3.990,38		6.484,37	
20.01	6	Venda – Mercadoria "B".............	2.992,79		9.477,16	
28.01	8	Venda – Mercadoria "C".............	3.491,59		12.968,75	
31.01	10	Dev. – Mercadoria "B"................		149,64	12.819,11	
		TOTAIS ACUMULADOS...............	12.968,75	149,64	12.819,11	0,00

38 RECLASSIFICAÇÃO E REGULARIZAÇÃO DE INVENTÁRIOS

Quando do incêndio verificado no armazém, foram danificadas várias mercadorias que haviam sido adquiridas por 3.391,83.

Entretanto a empresa tomou conhecimento de que o seguro vai pagar a correspondente indemnização no montante de 2.693,51.

Dado que se trata de uma situação ocorrida no exercício de 2011, há que regularizar o respectivo movimento contabilístico no corrente ano, pelo que se sugerem os seguintes lançamentos:

Pelo montante das mercadorias danificadas, ao preço de custo:

- Debitar a conta 78.4.1.;
- Creditar a conta 28.2.1.

Pela indemnização a receber da Companhia de Seguros "A":

- Debitar a conta 37.9.1;
- Creditar a conta 78.4.1.

Movimenta-se a conta da classe 7, pelo facto de se ter concluído que a indemnização era inferior ao custo das mercadorias. Se, pelo contrário, a indemnização fosse superior ao valor das mercadorias danificadas, seria movimentada a conta 68.4.1, em vez da conta 78.4.1.

29.9 PROVISÃO PARA DEPRECIAÇÃO DE EXISTÊNCIAS

O inventário das existências de mercadorias em 31 de Dezembro de 2011, que se apresenta na rubrica "71 Custo das mercadorias vendidas e das matérias consumidas", resume-se a seguir, mostrando-se:

* O custo de aquisição;
* O valor de mercado;
* Imparidade admitida.

EXISTÊNCIAS EM 31 DE DEZEMBRO DE 2011

	Custo de aquisição	Valor de mercado	Imparidade admitida
Mercadorias A, B e C..................	39 900,00	38 902,40	997,60
Mercadorias D, E e F..................	33 428,54	33 428,54	
Mercadorias G, H, I e J..............	37 966,60	37 966,60	
Mercadorias K, L e M	23 142,00	23 142,00	
Mercadorias N, O e P..................	34 858,00	32 862,81	1 995,19
Mercadorias Q, R, S e T..............	35 212,00	35 212,00	
Totais................................	204 507,14	201 514,35	2 992,79

O saldo de "Perdas por imparidade acumuladas" transitado de 2010 cifra-se em 3.663,67, pelo que se terá de fazer uma redução de 670,88.

Para o efeito, efectuar-se-á um lançamento de regularização, debitando a conta 29.6 "Provisão para depreciação de existências - Mercadorias, por crédito de 68.1.1.5 "Reposição de provisões - Mercadorias".

INVENTÁRIO DAS EXISTÊNCIAS EM 31 DE DEZEMBRO DE 2011

Apresenta-se, a seguir, o inventário das existências em 31 de Dezembro de 2011, da Sociedade Comercial "XYZ", Limitada., da Gabela.

EMPRESA	SOCIEDADE COMERCIAL "XYZ", LIMITADA				
LOCAL DO ARMAZÉM OU ESTABELECIMENTO			GABELA		
INVENTÁRIO DAS EXISTÊNCIAS EM				31 DE DEZEMBRO DE 2011	
CÓDIGO DO ARTIGO	DESCRIÇÃO DO ARTIGO	UNIDADE	QUANTIDADE	CUSTO UNITÁRIO	CUSTO TOTAL
2080101	Artigo "A"........................	Caixa de 6	300,00	65,00	19 500,00
2080102	Artigo "B"........................	Unidade	250,00	48,00	12 000,00
2080103	Artigo "C"........................	Kgs.	300,00	28,00	8 400,00
2080104	Artigo "D"........................	Caixa de 2	330,00	75,00	24 750,00
2080105	Artigo "E"........................	Kgs.	155,40	12,41	1 928,54
2080106	Artigo "F"........................	Unidade	450,00	15,00	6 750,00
2080107	Artigo "G"........................	Caixa de 6	517,00	14,80	7 651,60
2080108	Artigo "H"........................	Duzia	350,00	10,00	3 500,00
2080109	Artigo "I"........................	Kgs.	642,00	20,00	12 840,00
2080110	Artigo "J"........................	Unidade	325,00	43,00	13 975,00
2080111	Artigo "K"........................	Caixa de 4	460,00	27,50	12 650,00
2080112	Artigo "L"........................	Caixa de 6	180,00	29,40	5 292,00
2080113	Artigo "M"........................	Kgs.	200,00	26,00	5 200,00
2080114	Artigo "N"........................	Unidade	200,00	125,00	25 000,00
2080115	Artigo "O"........................	Duzia	124,00	42,00	5 208,00
2080116	Artigo "P"........................	Kgs.	150,00	31,00	4 650,00
2080117	Artigo "Q"........................	Caixa de 6	300,00	18,60	5 580,00
2080118	Artigo "R"........................	Caixa de 4	286,00	24,50	7 007,00
2080119	Artigo "S"........................	Kgs.	425,00	51,40	21 845,00
2080120	Artigo "T"........................	Caixa de 6	15,00	52,00	780,00
TOTAL..					204 507,14

CAPÍTULO V

IMPOSTO SOBRE OS RENDIMENTOS DO TRABALHO

(IRT)

Vista e aprovada pela Assembleia Nacional, em Luanda, aos 24 de Junho de 1999.

O Presidente da Assembleia Nacional, *Roberto António Víctor Francisco de Almeida.*

Promulgada em 15 de Outubro de 1999.

Publique-se.

O Presidente da República, JOSÉ EDUARDO DOS SANTOS.

CÓDIGO DO IMPOSTO SOBRE OS RENDIMENTOS DO TRABALHO

CAPÍTULO I
(Incidência)

ARTIGO 1.º

1. O Imposto sobre os Rendimentos do Trabalho incide sobre os rendimentos por conta própria ou por conta de outrem, expressos em dinheiro ou em espécie, de natureza contratual ou não contratual, periódicos ou ocasionais, fixos ou variáveis, independentemente da sua proveniência, local, moeda, forma estipulada para o seu cálculo e pagamento.

2. Constituem rendimentos do trabalho todas as remunerações percebidas a título de ordenados, vencimentos, salários, honorários, avenças, gratificações, subsídios, prémios, comissões, participações, senhas de presença, emolumentos, participações em multas, custas e outras remunerações acessórias.

3. Para efeitos do disposto neste artigo, consideram-se também rendimentos do trabalho:

a) sem prejuízo do disposto na alínea *c)* do artigo seguinte, os abonos para falhas, os subsídios diários, de representação de viagens ou deslocações e quaisquer outras importâncias da mesma natureza;

b) as importâncias que os donos de empresas individuais escriturem na contabilidade da empresa a título de remuneração do seu próprio trabalho;

c) as remunerações dos membros dos órgãos estatutários das pessoas colectivas e entidades;

d) os aumentos patrimoniais e despesas efectivamente realizadas sem a devida comprovação da origem do rendimento.

ARTIGO 2.º

1. Não constituem matéria colectável:

a) os subsídios de aleitamento, por morte, por acidentes de trabalho e doenças profissionais, de desemprego e de funeral, atribuídos em conformidade com a lei;

b) as pensões de reformas por velhice, invalidez e sobrevivência e as gratificações de fim de carreira;

c) os abonos para falhas, de subsídios diários, de férias, o 13.º mês, os subsídios de representação, viagens e deslocações até ao limite igual aos quantitativos estabelecidos para os funcionários do Estado;

ASSEMBLEIA NACIONAL

Lei n.º 10/99
de 29 de Outubro

A Lei n.º 12/92, de 19 de Junho, visou de entre outros aspectos actualizar a tributação do Rendimento das Pessoas Singulares, tendo em conta a dinâmica sócio-económica registada nos últimos anos.

Durante a sua vigência, constatou-se, porém, a existência de algumas insuficiências e lacunas que se pretende colmatar, razão pela qual se apresenta este novo código, em respeito ao princípio da unidade, de forma a que num só livro se reúnam todos os aspectos relacionados com esta matéria.

De entre outros assuntos, destacamos a necessidade de defender e proteger a franja populacional mais desfavorecida, como é o caso dos deficientes físicos e mutilados de guerra, os cidadãos com idade superior a 60 anos e ainda os que prestam serviço militar nas Forças Armadas e Polícia Nacional.

Nestes termos, ao abrigo das disposições combinadas na alínea *b)* do artigo 88.º, da Lei Constitucional, a Assembleia Nacional aprova a seguinte:

Lei que aprova o Novo Código do Imposto sobre os Rendimentos do Trabalho

Artigo 1.º — É aprovado o Novo Código do Imposto sobre os Rendimentos do Trabalho, anexo a presente lei.

Art. 2.º — Fica o Ministro das Finanças autorizado a proceder, através de decreto executivo, a actualização da tabela referida no artigo 15.º do Código aprovado pela presente lei, em função das desvalorizações da moeda e dos ajustes salariais.

Art. 3.º — É revogado o Código do Imposto sobre os Rendimentos do Trabalho, aprovado pela Lei n.º 12/92, de 19 de Junho.

Art. 4.º — A presente lei entra em vigor na data da sua publicação.

d) os abonos de família atribuídos de conformidade com a lei;

e) as contribuições para a segurança social;

f) os subsídios de rendas de casa até o limite de 50% do valor do contrato de arrendamento;

g) as indemnizações por despedimento;

h) os salários e outras remunerações devidas aos assalariados eventuais agrícolas e aos serviços domésticos;

i) os subsídios atribuídos por lei aos cidadãos nacionais portadores de deficiências motoras, sensoriais e mentais.

2. *a)* para efeitos do disposto na alínea *f)* do número anterior, devem os interessados fazer a entrega de cópia do contrato de arrendamento na Repartição Fiscal competente, no prazo de 15 dias a partir da data da assinatura do contrato;

b) na falta da entrega do respectivo contrato, aplicar-se-á, para efeitos de cumprimento do estipulado na alínea *f)* do n.º 1, o critério da razoabilidade tendo em conta o valor médio das rendas de casa, praticadas no mercado no momento da liquidação;

c) relativamente ao valor fixado com base no critério descrito na alínea anterior, não são aceites reclamações.

ARTIGO 3.º

1. Para efeitos de aplicação do presente artigo, consideram-se:

a) rendimentos de trabalho por conta de outrem, todas as remunerações atribuídas ou pagas por uma entidade patronal;

b) rendimentos de trabalho por conta própria, os auferidos no exercício, de forma independente, de profissão em que predomine o carácter científico, artístico ou técnico da actividade pessoal do contribuinte ou pela prestação, também de forma independente, de serviços não tributados por outro imposto.

2. Para efeitos do disposto na alínea *a)* do número anterior, considera-se entidade patronal toda a pessoa individual ou colectiva que, por contrato de trabalho ou outro a ele legalmente equiparado, adquire o poder de dispor da força de trabalho de outrem, mediante pagamento de uma remuneração.

3. Para efeitos do disposto na alínea *b)* do n.º 1, só se consideram de carácter científico, artístico ou técnico, as actividades desenvolvidas no âmbito das profissões constantes da lista anexa ao presente Código.

ARTIGO 4.º

Consideram-se compreendidos na alínea *a)* do n.º 1 do rtigo 3.º os rendimentos dos membros dos corpos gerentes, conselhos fiscais, mesas das assembleias gerais ou outros órgãos das sociedades, ainda que nomeados pelo Governo ou designados por lei, assim como as importân-

cias que os sócios das sociedades donos das empresas individuais, escriturem na contabilidade da empresa a título de remuneração do seu próprio trabalho.

ARTIGO 5.º

O imposto é devido pelas pessoas singulares, quer residam, quer não, em território nacional, cujos rendimentos sejam obtidos por serviços prestados ao País.

ARTIGO 6.º

Considera-se sempre obtido no País o rendimento derivado da:

a) actividade dos tripulantes de navios ou aeronaves pertencentes a empresas que neste território tenham residência, sede, direcção efectiva ou estabelecimento estável;

b) actividade dos membros dos corpos gerentes, conselhos fiscais, mesas de assembleias gerais ou de outros órgãos de sociedades que nele tenham a sua sede, direcção efectiva ou estabelecimento estável.

CAPÍTULO II
(Isenções)
ARTIGO 7.º

1. Estão isentos de Imposto Sobre os Rendimentos do Trabalho:

a) os agentes das missões diplomáticas e consulares sempre que haja reciprocidade de tratamento;

b) o pessoal ao serviço de organizações internacionais, nos termos estabelecidos em acordos ratificados pelo órgão competente do Estado;

c) o pessoal ao serviço das organizações não governamentais ou similares nos termos estabelecidos nos acordos com entidades nacionais, com anuência prévia do Ministro das Finanças;

d) os deficientes físicos e mutilados de guerra, cujo grau de invalidez ou incapacidade seja igual ou superior a 50%, comprovada por entidade competente;

e) os cidadãos nacionais com idade superior a 60 anos pelos rendimentos do trabalho percebidos por conta de outrem;

f) os cidadãos nacionais portadores de deficiências motoras congénitas.

2. As isenções previstas neste artigo respeitam exclusivamente aos rendimentos derivados do exercício das actividades enunciadas.

ARTIGO 8.º

1. Ficam isentos de imposto os cidadãos cuja remuneração mensal seja de quantitativo igual ou inferior ao valor mínimo a isentar constante da tabela do Imposto sobre o Rendimento do Trabalho em vigor.

2. Os cidadãos que estejam a cumprir serviço militar nos órgãos de Defesa e Ordem Interna, estão igualmente isentos do pagamento deste imposto.

CAPÍTULO III
(Determinação da Matéria Colectável)

ARTIGO 9.º

1. Os contribuintes que exerçam actividade por conta própria, apresentam, durante o mês de Janeiro de cada ano, uma declaração, conforme o modelo 1, de todas as remunerações ou rendimentos por eles recebidos ou postos à sua disposição no ano antecedente.

2. A declaração é entregue na Repartição de Finanças do domicílio do contribuinte. Não tendo aí domicílio mas apenas escritórios, consultórios ou estabelecimentos, a declaração é entregue na repartição da respectiva área.

3. No caso de falecimento do contribuinte, a declaração incumbe aos sucessores.

ARTIGO 10.º

1. No apuramento do rendimento colectável dos contribuintes constantes da lista anexa no exercício da sua actividade, são deduzidos às receitas os seguintes encargos:

a) renda da instalação;
b) remuneração do pessoal permanente não superior a três;
c) consumo de água e energia eléctrica;
d) telefone;
e) seguros com o exercício da actividade;
f) trabalhos laboratoriais efectuados em estabelecimentos diferenciados dos que estejam afectados ao exercício da actividade profissional do contribuinte.
g) outras despesas indispensáveis à formação do rendimento, incluídas as verbas para reintegração das instalações.

2. É considerado como despesa, para aplicação do número anterior, 30% do rendimento bruto do contribuinte ou montante que prove ter pago, desde que não possua contabilidade organizada e tenha livro de registo de compra e venda e serviços prestados, visado pela Repartição Fiscal competente.

ARTIGO 11.º

A determinação do rendimento colectável das actividades exercidas por conta própria, far-se-á:

a) com base na contabilidade ou registos contabilísticos do sujeito passivo;
b) com base nos elementos disponíveis no livro de registo de compra e venda e serviços prestados, ou com base nos dados de que a administração fiscal disponha.

ARTIGO 12.º

1. A administração fiscal pode rever e corrigir o valor dos rendimentos declarados pelo contribuinte sempre que, em face de elementos oferecidos pela fiscalização, ou de quaisquer outros meios de que se disponha, neles reconheça faltas, insuficiências ou inexactidões.

2. Na falta das declarações, cumpre à Repartição Fiscal determinar o rendimento colectável com base nos elementos disponíveis.

ARTIGO 13.º

1. Devem acrescer aos rendimentos, para efeitos da determinação da matéria colectável, os valores pagos em espécie, alimentação e alojamento e quaisquer outros encargos ou obrigações suportadas pela entidade empregadora a favor do contribuinte, salvo as limitações impostas por lei.

2. As remunerações em espécie são computadas pelo seu custo, determinado prioritariamente pelos elementos constantes dos registos em poder da entidade patronal ou do beneficiário.

ARTIGO 14.º

Da fixação da matéria colectável prevista no n.º 2 do artigo 13.º podem os contribuintes reclamar na forma prevista no Código Geral Tributário.

CAPÍTULO IV
(Taxas)

ARTIGO 15.º

1. Sobre os rendimentos mensais dos contribuintes a que se refere a alínea a) do n.º 1 do artigo 3.º, aplicar-se-ão as taxas constantes na tabela do Imposto sobre os Rendimentos do Trabalho em vigor.

2. Sobre os rendimentos auferidos pelo exercício de actividades por conta própria, aplicar-se-á a taxa única de 15%.

3. No caso previsto no artigo 23.º, aplicar-se-á igualmente a taxa única de 15%.

4. Sobre os rendimentos referidos na alínea b) do n.º 3 do artigo 1.º, aplicar-se-á a taxa de 20%.

CAPÍTULO V
(Liquidação)

ARTIGO 16.º

1. As entidades a quem competir o pagamento ou entrega dos rendimentos ou remunerações referidas no artigo 1.º, devem deduzir-lhes, na altura da sua atribuição ou pagamento aos trabalhadores abrangidos pela alínea a) do n.º 1 do artigo 3.º, a importância que resultar da aplicação das taxas referidas no n.º 1 do artigo 15.º, quando do:

a) a remuneração mensal ajustada, depois de deduzidos os encargos para a segurança social, exceda o limite mínimo a isentar, constante da tabela em vigor;

b) essa remuneração, adicionada de qualquer outro rendimento atribuído ou pago, durante o mês ao trabalhador, ultrapasse aquele limite;

c) não havendo remuneração mensal ajustada ao trabalhador sejam atribuídos ou pagos rendimentos que excedam o referido limite.

2. Tratando-se de contribuintes por conta própria os descontos referidos no número anterior são feitos na altura da atribuição da remuneração, se esta for da responsabilidade de pessoas colectivas de direito público ou privado, calculados sobre 70% da remuneração.

ARTIGO 17.º

1. As entidades que contratarem artistas de teatro, bailado, cinema, variedades, rádio, televisão ou circo, desportistas, músicos ou cantores, bem como conferencistas, cientistas ou técnicos e outros, nacionais ou estrangeiros, domiciliados ou não no País, deduzem às remunerações que lhes atribuírem ou pagarem por espectáculo ou conferência, a importância do imposto correspondente à aplicação da taxa prevista no n.º 2 do artigo 15.º

2. Tratando-se de trabalhadores que actuem integrados em agrupamentos e contratados em conjunto, devem os responsáveis pelos agrupamentos fornecer às pessoas que os contratarem os elementos relativos à decomposição das remunerações auferidas por cada componente, procedendo-se para cada um como estipulado no número anterior.

ARTIGO 18.º

Para efeitos de entrega do Imposto Sobre os Rendimentos do Trabalho devem os salários ser processados por todas as entidades públicas ou privadas e outras, em folhas de remuneração, sempre que se trate de mais de três trabalhadores, nela incluindo os isentos.

ARTIGO 19.º

1. As importâncias do imposto liquidado, nos termos do n.º 1 do artigo 17.º, são entregues nas agências bancárias autorizadas, por meio do Documento de Arrecadação de Receitas, (DAR) até ao último dia de cada mês, relativos aos impostos retidos no mês anterior através da declaração Modelo D (Documento de Liquidação de Impostos).

2. Os proprietários de empresas individuais e os sócios, administradores ou gerentes das sociedades devem entregar, nos mesmos termos, o imposto correspondente às importâncias que contabilizarem a título de remuneração do seu próprio trabalho.

ARTIGO 20.º

1. A entrega do imposto é feita na área fiscal da residência, sede ou estabelecimento estável da entidade a quem competir.

2. Se a entidade a quem compete a entrega do imposto tiver estabelecimento estável em áreas fiscais diferentes das da sua residência, sede ou escritório principal, a entrega é efectuada, relativamente aos contribuintes que em cada uma dessas áreas fiscais exerçam a sua actividade.

ARTIGO 21.º

As pessoas que exerçam por sua conta e com carácter de profissão, qualquer das actividades abrangidas pela lista anexa, serão colectados em função dos rendimentos declarados, sem prejuízo do disposto no n.º 1 do artigo 13.º

ARTIGO 22.º

Apurado o rendimento colectável, nos casos em que tenha aplicação o disposto no artigo 13.º, proceder-se-á ao cálculo do imposto em verbetes individuais ou pela via electrónica, devendo abater-se as importâncias que porventura já tenham sido deduzidas e entregues aos cofres do Estado, promovendo-se a liquidação pela diferença, se a houver.

ARTIGO 23.º

As pessoas que aufiram os rendimentos referidos na alínea *b)* do n.º 1 do artigo 3.º e que cessarem a sua actividade no decorrer do ano, só é exigido o imposto que a esse período corresponder. Para o efeito, as pessoas mencionadas neste artigo deverão juntar a declaração modelo n.º 1, na qual participam à Repartição Fiscal competente a respectiva cessação.

ARTIGO 24.º

1. A Repartição Fiscal competente, deve organizar um processo por cada trabalhador referido na alínea *b)* do n.º 1 do artigo 3.º e bem assim um por cada uma das entidades referidas no artigo 16.º

2. Para efeitos de controlo do imposto são organizados verbetes individuais ou verbetes electrónicos para cada uma das entidades referidas no número anterior, onde são lançados os elementos constantes do documento de arrecadação de receitas.

CAPÍTULO VI
(Cobrança)

ARTIGO 25.º

1. A responsabilidade do pagamento do imposto cabe:

a) às entidades a quem incumbe as deduções previstas no artigo 16.º, até ao limite das importâncias que deviam ter sido deduzidas;

b) aos próprios contribuintes, tratando-se de trabalhadores por conta própria.

2. As pessoas sujeitas a imposto são subsidiariamente responsáveis pelo pagamento da diferença entre o que tenha sido deduzido e o que devesse tê-lo feito.

ARTIGO 26.º

1. O imposto ou o saldo remanescente do imposto referente aos rendimentos mencionados na alínea *b*) do n.º 1 do artigo 3.º, é pago no acto da apresentação da declaração.

2. Tratando-se de imposto calculado por força das disposições do artigo 12.º, deverá ser pago no prazo de 15 dias após a notificação, conjuntamente com os acréscimos legais, se os houver, respeitando o direito do contribuinte, de poder apresentar reclamação do valor fixado, na forma da lei.

ARTIGO 27.º

1. Quando nas liquidações efectuadas nos termos do artigo 16.º tiverem sido praticados erros de que possa resultar a entrega nos Cofres do Estado de imposto em importância superior à devida, o Chefe da Repartição, pode, a requerimento do interessado autorizar a entidade patronal a proceder a respectiva compensação por dedução em futuras entregas, a efectuar dentro do mesmo ano económico. Quando a compensação não possa ser efectuada no mesmo ano económico, extrair-se-á título de anulação para encontro nas entregas do imposto, relativas ao ano seguinte.

2. A correcção prevista neste artigo, não pode ser feita quando já estiverem expirados os prazos estabelecidos para a sua entrega.

ARTIGO 28.º

1. Nos casos em que se verificar falta de liquidação do imposto ou em que este tenha sido liquidado por importância inferior à devida, a entidade responsável pela entrega podem, espontaneamente, proceder às liquidações adicionais que se mostrem necessárias, salvo se antes houver sido iniciado exame à escrita ou qualquer visita de fiscalização ou se já tiver decorrido o prazo para a entrega das relações nominais a que se refere o artigo 31.º

2. As liquidações adicionais efectuadas nos termos deste artigo devem constar, devidamente discriminadas, da folha de remunerações relativa ao mês em que tenham lugar e serão sempre averbadas de forma a tornar conhecida a posição tributária do contribuinte.

ARTIGO 29.º

1. Havendo lugar à liquidação adicional, a responsabilidade pelo pagamento do imposto pertence às entidades a que se refere o n.º 1 do artigo 16.º, sem prejuízo do direito de regresso que possa caber-lhe e subsidiariamente, às pessoas sujeitas a imposto.

2. No caso da liquidação adicional decorrer de acção fiscal, o imposto dever ser entregue no prazo de 15 dias após a notificação.

CAPÍTULO VII
(Fiscalização)

ARTIGO 30.º

1. As entidades mencionadas no n.º 1 do artigo 16.º, devem possuir registos de que constem, quanto a cada um dos sujeitos passivos do imposto abrangidos pelas alíneas *a*) e *b*) do n.º 1 do artigo 3.º, todas as remunerações que lhes pagarem ou puseram à sua disposição, com indicação dos nomes completos e do domicílio dos beneficiários e dos períodos a que tais remunerações respeitam, os quais devem ser mantidos em ordem de ser fiscalizados, pelo prazo de 5 anos.

2. Pelo mesmo prazo previsto no número anterior, devem ser conservados os documentos e registos que sirvam de suporte às declarações dos contribuintes que exerçam actividades por conta própria.

3. Na escrituração dos registos não são permitidos atrasos superiores a 30 dias.

ARTIGO 31.º

1. Os chefes, directores ou administradores dos serviços públicos, civis e militares, das empresas estatais e bem assim de quaisquer outras entidades públicas ou de sociedades e associações privadas, comunicam à Repartição Fiscal da respectiva área, durante o mês de Janeiro, os factos de que tenham conhecimento através de elementos existentes nas suas repartições, estabelecimentos ou organizações e que hajam produzido ou sejam susceptíveis de produzir rendimentos a pessoas que exerçam quaisquer actividades referidas na alínea *b*) do n.º 1 do artigo 3.º

2. Da comunicação devem constar os honorários, preços ou remunerações, quando conhecidos, assim como os nomes e residências dos beneficiários.

ARTIGO 32.º

1. Durante o mês de Fevereiro de cada ano, as entidades referidas no artigo 16.º, apresentam na Repartição Fiscal competente declaração em duplicado, conforme o modelo n.º 2.

2. As declarações são organizadas por áreas fiscais e delas constam o número total dos beneficiários, o montante global das remunerações ou rendimentos pagos ou postos à disposição dos mesmos no ano anterior e as importâncias deduzidas a título de imposto.

3. As empresas devem incluir, na declaração prevista no n.º 1 deste artigo, de forma discriminada e nominalizada, as remunerações ou rendimentos que tiverem sido contabilizados a favor dos seus donos e as importâncias que foram pagas ou postas à disposição das pessoas referidas na alínea *b*) do n.º 1 do artigo 3.º

4. No caso da empresa haver cessado a sua actividade, a obrigação de apresentar as relações, incumbe aos administradores ou gerentes do último exercício, aos liquidatários ou ao administrador da massa falida, conforme as circunstâncias.

ARTIGO 33.º

As pessoas referidas na alínea *b*) do n.º 1 do artigo 3.º devem proceder a sua inscrição no Registo Geral de Contribuintes, antes do início de actividade, na Repartição Fiscal competente para a arrecadação do imposto.

ARTIGO 34.º

Os serviços públicos e os demais organismos em que seja obrigatória a inscrição para o exercício de actividades abrangidas pela tabela anexa, devem enviar à Repartição Fiscal da respectiva área, durante o mês de Janeiro, uma relação nominal das inscrições feitas e canceladas no ano anterior, com indicação dos domicílios, dos locais dos consultórios ou escritórios e das especialidades profissionais.

ARTIGO 35.º

Instaurado procedimento executivo com base em falta de pagamento do imposto, por contribuinte constante da lista anexa, o juiz das execuções fiscais, decorridos 10 dias sobre a citação, sem terem sido deduzidos oposição ou embargos, comunica o facto ao respectivo organismo corporativo ou profissional, quando o haja, para que este imediatamente suspenda do exercício das suas funções, até satisfazer o débito ou estar assegurado o pagamento.

CAPÍTULO VIII
(Reclamações e Recursos)

ARTIGO 36.º

Sempre que a pessoa sujeita a imposto, na condição de contribuinte responsável, discorde da determinação da matéria colectável, da liquidação do imposto ou da aplicação de penalidades efectuadas pela administração fiscal, pode apresentar reclamação administrativa, na forma e nos prazos dos artigos 21.º e 22.º do Código Geral Tributário, ou impugnar judicialmente junto dos órgãos competentes.

CAPÍTULO IX
(Penalidades)

ARTIGO 37.º

1. A falta ou inexactidão das declarações modelo nº 1 a que se refere o artigo 9º, bem como as omissões nelas praticadas, são punidas, com multa de 40 UCFs.

2. A falta de apresentação da declaração modelo n.º 2, é punida com multa de 40 UCFs por cada nome que nela deveria estar relacionado, mas nunca inferior a 80 UCFs.

ARTIGO 38.º

A omissão de contribuintes, ou a indicação por quantitativos inexactos das respectivas remunerações, nas relações a que alude o artigo 32.º e bem como a mesma infracção praticada nos registos a que se refere o nº 1 do artigo 30.º ou a sua falta, são punidas com multa de 40 UCFs por contribuinte omitido e o dobro do imposto em falta, no mínimo de 80 UCFs.

ARTIGO 39.º

1. Os atrasos superiores a 30 dias na escrituração dos registos a que se refere o artigo 30.º são punidos com multa de 40 UCFs, pela primeira vez e 80 UCFs, pelas restantes.

2. Verificado o atraso, e independentemente do procedimento para a aplicação da multa, a Repartição Fiscal manda notificar o transgressor para regularizar a sua escrita dentro do prazo de 30 dias, com a cominação de que não o fazendo, ficará ainda sujeito a multa de 100 a 200 UCFs.

ARTIGO 40.º

Não sendo arquivados, na forma e pelo tempo estabelecidos no artigo 30º, as folhas das remunerações pagas e os registos, aplicar-se-á sempre a multa de 100 a 200 UCFs.

ARTIGO 41.º

Pela retenção e entrega do imposto liquidado nos termos do n.º 1 do artigo 16.º e seguintes responderão, solidariamente entre si e com a entidade patronal, relativamente as omissões, inexactidões e outras infracções praticadas, os directores, administradores, gerentes e demais pessoas referidas no artigo 68.º do Código Geral Tributário.

ARTIGO 42.º

Não sendo feita a retenção prevista no n.º 1 do artigo 16.º, ou tendo esta lugar por valores inferiores ao imposto que se mostrar devido, aplicar-se-á multa igual ao quantitativo do imposto não liquidado, com o mínimo de 40 UCFs.

ARTIGO 43.º

A falta de entrega nos cofres do Estado das receitas do imposto, ou a entrega de quantia inferior à descontada, é punida com multa igual ao dobro do quantitativo do imposto em falta, com o mínimo de 40 UCFs, sem prejuízo de procedimento criminal se houver abuso de confiança.

ARTIGO 44.º

As anulações ou rectificações da liquidação do imposto efectuadas sem observância do disposto no artigo 27.º são equiparadas à falta de entrega do imposto e são punidas nos termos dos artigos antecedentes.

ARTIGO 45.º

As multas constantes dos artigos anteriores são sempre reduzidas a metade quando o cumprimento da obrigação fiscal se efectuar voluntariamente dentro dos 30 dias subsequentes àquele em que devesse sê-lo feito.

CAPÍTULO X
(Disposições Gerais)

ARTIGO 46.º

Cumpre à entidade empregadora a emissão de comprovantes relativos às remunerações pagas e às deduções efectuadas e entregues por conta do imposto, a simples rogo dos interessados.

Vista e aprovada pela Assembleia Nacional, em Luanda, aos 24 de Junho de 1999.

O Presidente da Assembleia Nacional, *Roberto António Víctor Francisco de Almeida.*

Promulgada em 15 de Outubro de 1999.

Publique-se.

O Presidente da República, José Eduardo dos Santos

Lista a que se refere o n.º 3 do artigo 3.º do Código

01 *Arquitectos, Engenheiros e Técnicos Similares:*

1 — Arquitectos.
2 — Construtores civis diplomados.
3 — Engenheiros.
4 — Engenheiros técnicos.
5 — Topógrafos.
6 — Desenhadores.
7 — Geólogos.

02 *Artistas Plásticos e Similares, Actores, Músicos, Jornalistas e Repórteres:*

1 — Pintores.
2 — Escultores.
3 — Decoradores.
4 — Outros artistas plásticos.
5 — Artistas de teatro, bailado, cinema, rádio e televisão.
6 — Artistas de circo.
7 — Músicos.
8 — Jornalistas e repórteres.

03 *Economistas, Contabilistas, Actuários e Técnicos Similares:*

1 — Economistas e consultores fiscais.
2 — Contabilistas, técnicos de contas e guarda-livros.
3 — Actuários.

04 *Enfermeiros, Parteiras e outros Técnicos Paramédicos:*

1 — Enfermeiros.
2 — Nutricionistas.
3 — Parteiras.
4 — Outros Técnicos Paramédicos.

05 *Juristas:*

1 — Jurisconsultos.
2 — Advogados.
3 — Solicitadores.

06 *Médicos e dentistas:*

1 — Médicos analistas.
2 — Médicos de clínica geral.
3 — Médicos cirurgiões.
4 — Médicos estomatologistas.
5 — Médicos fisiatras.
6 — Médicos gastrenterologistas.
7 — Médicos oftalmologistas.
8 — Médicos otorrinolaringologistas.
9 — Médicos radiologistas.
10 — Médicos de bordo em navios.
11 — Médicos dentistas.

12 — Dentistas.
13 — Médicos de outras especialidades.

07 *Psicólogos, Psicanalistas e Sociólogos:*

1 — Psicólogos.
2 — Psicanalistas.
3 — Sociólogos.

08 *Químicos:*

1 — Analistas.

09 *Veterinários, Agrónomos e Especialistas com profissões conexas:*

1 — Médicos veterinários.
2 — Engenheiros agrónomos e silvicultores.
3 — Técnicos médios e auxiliadores.

10 *Outras pessoas exercendo Profissões Liberais, Técnicas e Similares:*

1 — Analistas de sistemas e programadores informáticos.
2 — Editores de obra de sua autoria.
3 — Peritos avaliadores.
4 — Astrólogos e Parapsicólogos.
5 — Desportistas.
6 — Administradores de bens ou procuradores.
7 — Despachantes oficiais.
8 — Pilotos de portos, barras ou rios.
9 — Tradutores ou guias Intérpretes.
10 — Professores, Explicadores e Mestres de qualquer arte ou ofício.

O Presidente da Assembleia Nacional, *Roberto António Víctor Francisco de Almeida.*

O Presidente da República, José Eduardo dos Santos.

Declaração Modelo n.º 1 (artigo 9.º do Código)

REPÚBLICA DE ANGOLA — **Ministério das Finanças** — Direcção Nacional de Impostos	**IMPOSTO SOBRE RENDIMENTOS DO TRABALHO** Declaração de Rendimentos Exercício de	P/USO DA DNI

01   Identificação do Contribuinte

01 N.º do Registo .... 02 Área Fiscal ....

03 Nome ....

04 Endereço: (Rua, Avenida e Praça) .... N.º ....

05 Caixa Postal N.º ....   06 Telefone N.º ....

07 Actividades que exerce .... 08 Código ....

09 Preencher somente se início ou fim de actividade: Início ☐   Fim ☐

02   Rendimentos recebidos ou postos à disposição do declarante

Nome da entidade pagadora	Número do RGC	Rendimentos recebidos	Imposto pago
Totais			

03   Apuramento do Rendimento Colectável

01 Rendimento bruto (a transportar do quadro 02) ....

02 A deduzir 30% do rendimento bruto ou os encargos efectivamente apurados pela contabilidade ....

03 Rendimento colectável: (Valor de 01-Valor de 02) ....

04   Cálculo do Imposto

01 Total do imposto devido: (15% sobre alínea 03 do quadro 03)..

02 Imposto pago na fonte ou por conta ....

03 Imposto a pagar: (alínea 01-alínea 02) ....

05   A presente declaração é a expressão da verdade   Para uso da Repartição

                                                              Carimbo de recepção

Local e data: ...., aos .... de .... de ....   Recebido aos

                                                           ..../......../........

                     Assinatura do declarante   **Assinatura**

....

Declaração Modelo n.º 2 (artigo 32.º do Código)

REPÚBLICA DE ANGOLA **Ministério das Finanças** Direcção Nacional de Impostos	**IMPOSTO SOBRE RENDIMENTOS DO TRABALHO** Declaração da Entidade Patronal Exercício de	**P/USO DA DNI**

01   Identificação da Entidade Empregadora

01 N.º do Registo ....   02 Área Fiscal ....

03 Nome ....

04 Endereço: (Rua, Avenida e Praça) .... N.º ....

05 Caixa Postal N.º ....   06 Telefone N.º ....

07 Actividades que exerce .... 08 Código ....

09 Outras actividades ....

02   Beneficiários não Identificados

01 Ano de retenção	02 Quantidade de beneficiários	03 Rendimentos brutos anuais	04 Imposto retido

03   Beneficiários Identificados (n.º 2 do artigo 32.º do Código)

Nome completo dos beneficiários	Inscrição N.º RGC	Rendimentos pagos	Imposto retido
Totais			

04 Data e assinatura do representante da entidade patronal	Para uso da Repartição **05 Carimbo de recepção**
Local e data: ...., aos .... de .... de .... **Assinatura da entidade patronal**	Recebido aos ..../......../........ **Assinatura**

O Presidente da Assembleia Nacional, *Roberto António Víctor Francisco de Almeida.*

O Presidente da República, JOSÉ EDUARDO DOS SANTOS.

IMPOSTO SOBRE O RENDIMENTO DO TRABALHO
OPERAÇÕES REALIZADAS EM ABRIL DE 2011
CUSTOS COM O PESSOAL

Imposto de rendimento de trabalho (conta 34.3)
PGCA – Notas explicativas

Esta conta, de natureza credora, destina-se a registar o imposto deduzido aos empregados devido pelo rendimento do seu trabalho, apurado aquando do processamento dos salários.

Esta conta será saldada por contrapartida de meios monetários a quando do respectivo pagamento ao Estado.

DOC	Designação	Valor parcial	Valor total	Débito	Crédito
001	**Remunerações – Órgãos sociais**				
	Remunerações de Abril.....................		45.000,00		36.1.1.1
	Directores..	15.000,00		72.1.1.1	
	Administradores...............................	15.000,00		72.1.1.2	
	Conselho Fiscal...............................	15.000,00		72.1.1.4	
	Retenção de imposto de rendimento.	2.700,00	2.700,00	36.1.1.1	34.3.1
002	**Remunerações – Pessoal**				
	Remunerações de Abril.....................		112.250,00		36.1.2.1
	Sector comercial..............................	55.000,00		72.2.1.1	
	Sector administrativo.......................	55.000,00		72.2.1.2	
	Subsídio de férias – Empregado "A".	1.000,00		72.2.1.1	
	Comissões do pracista "B"...............	1.250,00		72.2.1.2	
	Retenção de imposto de rendimento..	2.806,20	2.806,20	36.1.2.1	34.3.1
003	**Encargos sobre remunerações**				
	Remunerações de Abril.....................		4.717,50		34.3.1
	Órgãos sociais.................................	1.350,00		72.5.1	
	Pessoal..	3.367,50		72.5.2	
004	**Seguros de acidentes de trabalho e doenças profissionais**				
	Órgãos sociais:				
	Seguros do 1º trimestre.....................	450,00	450,00	72.6.1	45.1.1
	Pessoal:				
	Seguros do 1º trimestre.....................	1.122,50	1.122,50	72.6.2	45.1.1
005	**Formação**				
	Órgãos sociais.................................	1.000,00	1.000,00	72.7.1	35.1.3.5
	Pessoal..	3.000,00	3.000,00	72.7.2	35.1.3.5
006	**Outras despesas com o pessoal**				
	Órgãos sociais.................................	855,60	855,60	72.8.1	45.1.1
	Pessoal..	1.460,00	1.460,00	72.8.2	45.1.1
	TOTAIS ACUMULADOS...................	**175.361,80**	**175.361,80**		

CAPÍTULO VI

CÓDIGO DO IMPOSTO DO SELO

constrangimentos na sua interpretação e aplicação práticas. Adicionalmente, a tendencial desburocratização da relação do contribuinte com o Estado, a tributação formal de algumas das realidades até aqui contidas na tabela, e que por motivos de facilidade de implementação ou maior conveniência na sua tributação ou oneração foram remetidos para outros impostos, taxas ou emolumentos, relevando igualmente a necessidade de eliminação da dispersão legislativa relativa selagem de documentos, actos e contratos, e respectiva liquidação justificando integralmente esta reformulação do imposto;

Considerando a necessidade de revisão que há muito se impõe ao imposto, visando tornar mais simples e utilizáveis as normas do imposto de selo, quer as relativas à incidência, à liquidação, a garantia dos contribuintes, bem como as normas meramente procedimentais, procede-se à presente reformulação, aproveitando os elementos julgados indispensáveis e dispersos pelo vasto texto do mesmo e deixando para trás toda uma gama de normas, métodos e procedimentos inadequados;

Em harmonia com os propósitos que justificam a criação do Projecto Executivo para a Reforma Tributária, claramente definidos nas Linhas Gerais do Executivo para a Reforma Tributária.

O Presidente da República decreta, no uso da autorização legislativa concedida pela Assembleia Nacional ao abrigo do artigo 1.º da Lei n.º 35/11, de 16 de Dezembro e nos termos do n.º 1 do artigo 102.º, do n.º 1 do artigo 125.º, da alínea o) do artigo 165.º e do n.º 4 do artigo 170.º, todos da Constituição da República de Angola, o seguinte:

ARTIGO 1.º
(Aprovação)

É aprovado o Código do Imposto de Selo, anexo ao presente diploma e que dele é parte integrante.

ARTIGO 2.º
(Alterações posteriores ao Código do Imposto de Selo)

Todas as alterações que de futuro que venham a regular matéria contida no Código do Imposto de Selo devem fazer parte integrante, sendo inseridas no local próprio.

ARTIGO 3.º
(Regulamentação)

A regulamentação que seja necessária para garantir uma efectiva aplicação do Código do Imposto de Selo deve ser publicada logo após a sua entrada em vigor.

ARTIGO 4.º
(Revogação)

1. Com a entrada em vigor do Código do Imposto de Selo ficam revogados designadamente o Diploma Legislativo

Decreto Legislativo Presidencial n.º 6/11
de 30 de Dezembro

O sistema de tributação indirecta contido no actual Regulamento do Imposto do Selo aprovado pelo Diploma Legislativo n.º 3841/68, de 6 de Agosto, com as alterações e actualizações que lhe foram introduzidas respectivamente pelo Decreto n.º 7/89, de 15 de Agosto, e pelo Decreto Executivo n.º 85/99, de 11 de Junho, bem como a respectiva tabela anexa aprovada pelo Decreto n.º 71/04, de 9 de Julho, integra procedimentos de liquidação efectivamente descontextualizadas, representando para os contribuintes enormes n.º 3841/68, de 6 de Agosto, que aprovou o Regulamento de Imposto de Selo, com as alterações que lhe foram introduzidas pelo Decreto n.º 7/89, de 15 de Agosto, bem como a actualização que lhe foi conferida pelo Decreto Executivo n.º 85/99, de 11 de Junho, igualmente o Decreto n.º 18/92, de 15 de Maio, sobre a liquidação de Imposto de Selo por Guia, o Decreto Executivo Conjunto dos Ministérios das Finanças e Justiça, sobre a liquidação do Imposto de Selo por Verba, e o Decreto Executivo n.º 71/04, de 9 de Julho, que aprovou a Tabela Geral de Imposto de Selo, bem como demais legislação contrária ao disposto no presente diploma.

ARTIGO 5.º
(Dúvidas e omissões)

As dúvidas e omissões resultantes da interpretação e aplicação do presente diploma são resolvidas pelo Presidente da República.

ARTIGO 6.º
(Entrada em vigor)

O presente Decreto Legislativo Presidencial entra em vigor no dia 1 de Janeiro de 2012.

Apreciado em Conselho de Ministros, em Luanda, aos 28 de Setembro de 2011.

Publique-se.

Luanda, aos 30 de Dezembro de 2011.

O Presidente da República, José Eduardo dos Santos.

CÓDIGO DO IMPOSTO DO SELO

CAPÍTULO I
Incidência

ARTIGO 1.º
(Incidência objectiva)

Estão sujeitos a imposto do selo todos os actos, contratos, documentos, títulos, livros, papéis, operações e outros factos previstos na Tabela anexa a este Código, ou em leis especiais, salvas as isenções aí previstas.

ARTIGO 2.º
(Incidência subjectiva)

São sujeitos passivos do imposto:

a) Notários, Conservadores dos Registos Civil, Comercial, Predial e de outros bens sujeitos a registo, bem como outras entidades públicas, incluindo os estabelecimentos e organismos do Estado, relativamente aos actos, contratos e outros factos em que sejam intervenientes, com excepção dos celebrados perante notários relativos a crédito e garantias concedidos por instituições de crédito, sociedades financeiras ou outras entidades a elas legalmente equiparadas e por quaisquer outras instituições financeiras, e quando, nos termos da alínea r) do artigo 5.º, os contratos ou documentos lhes sejam apresentados para qualquer efeito legal, hipóteses em que o sujeito passivo do imposto é o titular do rendimento decorrente do acto;

b) Entidades concedentes de crédito e de garantias ou credoras de juros, prémios, comissões e outras contraprestações derivadas de contratos de natureza financeira;

c) Instituições de crédito, sociedades financeiras ou outras entidades a elas legalmente equiparadas residentes em território nacional, sem prejuízo da legislação específica sobre sociedades e cooperativas de micro-crédito, que tenham intermediado operações de crédito, de prestação de garantias ou juros, comissões e outras contraprestações devidas por residentes no mesmo território a instituições de crédito ou sociedades financeiras não residentes;

d) Entidades mutuárias, beneficiárias de garantias ou devedoras dos juros, comissões e outras contraprestações no caso das operações referidas na alínea anterior que não tenham sido intermediadas por instituições de crédito, sociedades financeiras ou outras entidades a elas legalmente equiparadas, e cujo credor não exerça a actividade no território nacional;

e) Locadores, no âmbito de contratos de locação financeira ou operacional, relativamente às contraprestações cobradas;

f) Arrendatário e subarrendatário, nos arrendamentos e subarrendamentos;

g) Nos contratos de trabalho, o empregador;

h) Empresas seguradoras, relativamente à soma do prémio de seguro, custo da apólice e quaisquer outras importâncias cobradas em conjunto ou em documento separado, bem como às comissões pagas a mediadores;

i) Entidades emitentes de letras e outros títulos de crédito, entidades emissoras de cheques e livranças ou, no caso de títulos emitidos no estrangeiro, a primeira entidade que intervenha na negociação ou pagamento;

j) Segurados, relativamente à soma do prémio do seguro, custo da apólice e quaisquer outras importâncias cobradas em conjunto ou em documento separado, no âmbito de contratos de seguro celebrados com seguradoras estrangeiras, nos termos da legislação em vigor, ou autorizados pelo Ministro das Finanças, cujo risco se localize em território nacional;

k) No trespasse de estabelecimento comercial, industrial ou agrícola, o trespassante;

l) Nas subconcessões e trespasses de concessões feitas pelo Estado e Províncias para exploração de empresas ou de serviços de qualquer natureza, o subconcedente ou o trespassante;

m) Outras entidades que intervenham em actos e contratos ou emitam ou utilizem os documentos, livros, títulos ou papéis;

n) Representantes que, para o efeito, sejam nomeados em Angola pelas instituições de crédito ou sociedades financeiras que, prestando serviços financeiros no estrangeiro a clientes residentes ou estabelecidos em território nacional não sejam intermediados por instituições de crédito ou sociedades financeiras domiciliadas em Angola ou, na falta daqueles, o cliente enquanto titular do interesse económico da operação.

ARTIGO 3.º
(Encargo do Imposto)

1. O imposto constitui encargo dos titulares do interesse económico, considerando-se como tal:

a) Na aquisição de bens a título gratuito ou oneroso, do direito de propriedade ou de figuras parcelares desse direito sobre imóveis, o adquirente;

b) Na concessão do crédito, o utilizador do mesmo;

c) Nos contratos de locação financeira ou operacional, o locatário;

d) No arrendamento e subarrendamento, o locador e o sublocador;

e) Nas apostas de jogo, o apostador;

f) Nas garantias, as entidades obrigadas à sua apresentação;

g) Nos juros, comissões e restantes operações financeiras realizadas por ou com intermediação de instituições de crédito, sociedades ou outras instituições financeiras, o cliente destas;

h) Nos seguros, o segurado;

i) Na actividade de mediação, o mediador, individual ou colectivo;

j) Nas outras operações financeiras, o cliente da entidade que presta o serviço;

k) Nas operações de angariação de crédito ou de garantias, o angariador;

l) No comodato, o comodatário;

m) Na publicidade, o publicitante;

n) Nos cheques, o titular da conta;

o) Nas letras e livranças, o sacado e o devedor;

p) Nos títulos de crédito não referidos anteriormente, o credor;

q) Nas procurações e substabelecimentos, o procurador e o substabelecido;

r) No reporte, o primeiro alienante;

s) Na constituição de uma sociedade de capitais, a sociedade a constituir;

t) No aumento de capital de uma sociedade de capitais, a sociedade cujo capital é aumentado;

u) Na transferência de sede estatutária ou de direcção efectiva de uma sociedade de capitais, para fora do território nacional, a sociedade cuja sede ou direcção efectiva é transferida;

v) Nos contratos de trabalho, o empregador;

w) Na matrícula de veículos sujeitos a registo, o requerente;

x) No trespasse de estabelecimento comercial, industrial ou agrícola e nas subconcessões e trespasses de concessões feitas pelo Estado e Províncias para exploração de empresas ou de serviços de qualquer natureza, o adquirente;

y) Em quaisquer outros actos, contratos e operações o requerente, o requisitante, o primeiro signatário, o beneficiário, o destinatário dos mesmos, bem como o prestador ou fornecedor de bens e serviços.

2. Em caso de interesse económico comum a vários titulares, o encargo do imposto é suportado de forma solidária por qualquer um dos interessados.

ARTIGO 4.º
(Territorialidade)

1. O imposto do selo incide sobre todos os factores e operações previstas na tabela anexo ao presente Código, ocorridos em território nacional.

2. São ainda tributados em território nacional:

a) Os documentos, actos ou contratos emitidos ou celebrados fora do território nacional, nos mesmos termos em que o seriam se neste território fossem emitidos ou celebrados, caso aqui sejam apresentados para quaisquer efeitos legais;

b) As operações de crédito realizadas e as garantias prestadas no estrangeiro por instituições de crédito, por sociedades financeiras ou por quaisquer outras entidades, independentemente da sua natureza, sedeadas no estrangeiro, por filiais ou sucursais no estrangeiro de instituições de crédito, de sociedades financeiras, ou quaisquer outras entidades, sedeadas em território nacional, a quaisquer entidades, independentemente da sua natureza, domiciliadas neste território, considerando-se domicílio a sede, filial, sucursal ou estabelecimento estável;

c) Os juros, as comissões e outras contraprestações cobradas por instituições de crédito ou sociedades financeiras sedeadas no estrangeiro ou por filiais ou sucursais no estrangeiro de instituições de crédito ou sociedades financeiras sedeadas no território nacional a quaisquer entidades domiciliadas neste território, considerando-se domicílio a sede, filial, sucursal ou estabelecimento estável das entidades que intervenham na realização das operações;

d) Os seguros efectuados no estrangeiro cujo risco tenha lugar no território nacional.

ARTIGO 5.º
(Constituição da obrigação tributária)

1. A obrigação tributária considera-se constituída:

a) Nas aquisições onerosas de bens, do direito de propriedade ou de figuras parcelares desse direito sobre imóveis, na data em que for celebrada a escritura notarial;

b) Nos outros actos e contratos, no momento da assinatura pelos outorgantes;

c) Nos documentos expedidos ou passados fora do território nacional, no momento em que forem apresentados em Angola junto de quaisquer entidades;

d) Nas operações de crédito, no momento em que forem realizadas ou, se o crédito for utilizado sob a forma de conta corrente, descoberto bancário ou qualquer outro meio em que o prazo não seja determinado nem determinável, no último dia de cada mês;

e) Nas operações de locação financeira e no arrendamento, no momento da cobrança da renda;

f) Nas garantias, no momento da respectiva constituição ou exibição perante qualquer entidade, pública ou privada;

g) Nas operações de angariação de crédito ou de garantias, no momento da cobrança da comissão ou da contraprestação;

h) Nas restantes operações realizadas por ou com intermediação de instituições de crédito, sociedades financeiras ou outras entidades a elas legalmente equiparadas, no momento da cobrança dos juros, prémios, comissões e outras contraprestações, considerando-se efectivamente cobrados os juros e comissões debitados em contas correntes à ordem de quem a eles tiver direito;

i) Nos cheques editados por instituições de crédito domiciliadas em território nacional, no momento da recepção de cada impressão;

j) Nas letras emitidas no estrangeiro, no momento em que forem aceites, endossadas ou apresentadas em território a pagamento em território nacional;

k) Nas letras e livranças em branco, no momento em que possam ser preenchidos nos termos da respectiva convenção de preenchimento;

l) No saque na emissão de guias ou na venda de ouro, fundo públicos ou títulos negociáveis, na data em que as mesmas forem efectuadas;

m) Nas apólices de seguros, no momento da cobrança dos prémios;

n) Nos testamentos públicos, no momento em que forem efectuados, e nos testamentos cerrados ou internacionais no momento da aprovação e abertura;

o) Nos livros, antes da sua utilização, salvo se forem utilizadas folhas avulsas escrituradas por sistema informático ou semelhante para utilização ulterior sob a forma de livro, caso em que o imposto se considera devido nos 60 dias seguintes ao termo do ano económico ou da cessação da actividade;

p) Sem prejuízo do disposto na alínea seguinte, nos restantes casos na data da emissão dos documentos, títulos e papéis ou da ocorrência dos factos;

q) Nos empréstimos efectuados pelos sócios às sociedades em que seja estipulado prazo não inferior a um ano e sejam reembolsados antes desse prazo, no momento do reembolso;

r) Em caso de actos, contratos, documentos, títulos, livros, papéis e outros factos previstos na Tabela anexa ao presente Código em que não intervenham a qualquer título pessoas colectivas ou pessoas singulares no exercício da actividade de comércio, indústria ou prestação de serviços, quando forem apresentados perante qualquer entidade pública;

s) Nos actos relativos a entradas de capital, conforme descritos na Tabela anexa ao presente Código, no momento da celebração da escritura pública;

t) Nas matrículas de veículos sujeitos a registo, no momento da requisição;

u) Nas acções de usucapião, na data em que transitar em julgado a acção de justificação judicial ou for celebrada a escritura de justificação notarial;

v) Nas acções de usucapião, na data em que transitar em julgado a acção de justificação notarial.

CAPÍTULO II
Isenções

ARTIGO 6.º
(Isenções)

1. São isentos de imposto do selo, quando este constitua seu encargo, o Estado e quaisquer dos seus serviços, estabelecimentos e organismos, ainda que personalizados, excluídas as empresas públicas.

2. São também isentos de imposto, excepto quando actuem no âmbito do desenvolvimento de actividades económicas de natureza empresarial:

a) As instituições públicas de previdência e segurança social;

b) As associações de utilidade pública reconhecida nos termos da lei, bem como as instituições religiosas legalmente constituídas.

3. Estão ainda isentos de imposto:

a) Os créditos, concedidos até ao prazo máximo de 5 dias, o micro crédito, bem como os créditos concedidos no âmbito de "contas jovem" e "contas terceira idade", e outras com diferente designação mas igual propósito, cujo montante não ultrapasse, em cada mês, 17.600 Kwanzas, podendo este valor ser ajustado, mediante Decreto Executivo do Ministro das Finanças;

b) Os créditos derivados da utilização de cartões de crédito quando o reembolso à entidade emitente do cartão for efectuado sem que haja lugar ao pagamento de juros nos termos contratualmente definidos;

c) Os créditos relacionados com exportações, quando devidamente documentados com os respectivos despachos aduaneiros;

d) As contraprestações devidas no âmbito dos contratos de financiamento destinados à aquisição de casa de morada de família;

e) O depósito-caução constituído a favor do Serviço Nacional das Alfândegas, para efeitos de desalfandegamento de bens;

f) As garantias inerentes às operações realizadas, assim como, os escritos de quaisquer contratos que devam ser celebrados no âmbito das operações realizadas, ambos registados, liquidados ou compensados através de entidade gestora de mercados regulamentados ou através de entidade por esta indicada ou sancionada no exercício de poder legal ou regulamentar, que tenham por objecto, directa ou indirectamente, valores mobiliários, de natureza real ou teórica, direitos a eles equiparados, contratos de futuros, taxas de juro, divisas ou índices sobre valores mobiliários, taxas de juro ou divisas;

g) Os juros e comissões cobrados no âmbito das operações de financiamento provenientes das operações referidas nas alíneas a) e c);

h) Os juros provenientes de Bilhetes de Tesouro e de Títulos do Banco Central; pensões;

i) As comissões cobradas em virtude da subscrição, depósito ou resgate de unidades de participação em fundos de investimento, bem como as que constituem encargos de fundos de pensões;

j) As comissões cobradas na abertura e utilização de quaisquer contas de poupança;

k) As operações, incluindo os respectivos juros, por prazo não superior a um ano, desde que exclusivamente destinadas à cobertura de carências de tesouraria, quando realizadas por detentores de capital social a entidades nas quais detenham directamente uma participação no capital não inferior a 10% e desde que esta tenha permanecido na sua titularidade durante um ano consecutivo ou desde a constituição da entidade participada, contanto que, neste último caso, a participação seja mantida durante aquele período;

l) Os empréstimos com características de suprimentos, incluindo os respectivos juros efectuados por sócios à sociedade em que seja estipulado um prazo inicial não inferior a um ano e não sejam reembolsados antes de decorrido esse prazo;

m) O reporte de valores mobiliários ou direitos equiparados realizado em bolsa de valores;

n) Os prémios recebidos por resseguros tomados a empresas operando legalmente em Angola;

o) Os prémios e comissões relativos a seguros do ramo "Vida", seguros de acidentes de trabalho, seguros de saúde e seguros agrícolas ou pecuários;

p) As operações de gestão de tesouraria entre sociedades em relação de grupo;

q) Os documentos de representação forense nomeadamente procurações forenses ou substabelecimento de idêntica natureza.

ARTIGO 7.º
(Averbamento da isenção)

Sempre que haja lugar a qualquer isenção, deve averbar-se no documento ou título a disposição legal que a prevê.

CAPÍTULO III
Valor Tributável

ARTIGO 8.º
(Valor Tributável)

1. O valor tributável do imposto do selo é o que resulta da Tabela anexa, sem prejuízo do disposto nos números seguintes.

2. Nos contratos de valor indeterminado, a sua determinação é efectuada pelas partes de acordo com os critérios neles estipulados ou, na sua falta, segundo juízos de equidade.

3. O valor tributável dos negócios jurídicos sobre bens imóveis previstos na Tabela, é determinado através das tabelas avaliação de imóveis do Imposto Predial Urbano.

ARTIGO 9.º
(Valor representado em moeda sem curso legal em Angola)

1. Sempre que os elementos necessários à determinação do valor tributável sejam expressos em moeda sem curso legal em Angola, aplica-se a taxa de câmbio diária do Banco Nacional de Angola.

2. Nos contratos de valor indeterminado, a sua determinação é efectuada pelas partes, de acordo com os critérios neles estipulados ou, na sua falta, segundo juízos de equidade.

ARTIGO 10.º
(Valor representado em espécie)

A equivalência em unidade monetária nacional dos valores em espécie faz-se de acordo com as regras seguintes e pela ordem indicada:

a) Pela cotação oficial de compra, nos termos da Bolsa de Valores;

b) Pelos preços dos bens ou serviços homólogos publicados pelo Instituto Nacional de Estatística;

c) Pelo valor de mercado;

d) Por declaração das partes.

ARTIGO 11.º
(Contrato de valor indeterminado)

Sem prejuízo do disposto no artigo 9.º, a Repartição Fiscal da área do domicílio ou sede do sujeito passivo pode alterar o valor tributável declarado sempre que, nos contratos de valor indeterminado ou na determinação da equivalência em unidades monetárias nacionais de valores representados em espécie, não tiverem sido seguidas as regras previstas nos artigos 8.º a 10.º, consoante o caso aplicável.

CAPÍTULO IV
Taxas

ARTIGO 12.º
(Taxas)

1. As taxas do imposto são as constantes da Tabela anexa em vigor no momento em que o imposto é devido.

2. Não deve haver acumulação de taxas do imposto relativamente ao mesmo acto ou documento.

3. Para efeitos do número anterior, quando mais de uma taxa estiver prevista, aplica-se a maior.

CAPÍTULO V
Liquidação

ARTIGO 13.º
(Liquidação)

1. A liquidação do imposto de selo efectua-se por meio de verba e paga-se por meio da respectiva guia.

2. A liquidação do imposto compete aos sujeitos passivos referidos no artigo 2.º

3. Tratando-se de imposto devido por operações de crédito ou garantias prestadas por um conjunto de instituições de crédito ou de sociedades financeiras, a liquidação do imposto pode ser efectuada globalmente por qualquer daquelas entidades, sem prejuízo da responsabilidade, nos termos gerais, de cada uma delas em caso de incumprimento.

4. O imposto devido pelas operações aduaneiras é liquidado pelo Serviço Nacional das Alfândegas, e depositado na Conta Única do Tesouro, até ao dia 15 do mês seguinte ao da arrecadação, através de Documento de Arrecadação de Receita.

5. Nos documentos, títulos e livros sujeitos a imposto, são mencionados o valor do imposto e a data da liquidação.

ARTIGO 14.º
(Caducidade do direito à liquidação)

Só pode ser liquidado imposto nos prazos e termos previstos no Código Geral Tributário.

CAPÍTULO VI
Pagamento

ARTIGO 15.º
(Pagamento)

1. O pagamento do imposto é efectuado pelas pessoas ou entidades referidas nos artigos 2.º e 13.º

2. O imposto do selo é pago mediante apresentação do Documento de Liquidação de Impostos (DLI), discriminando, em anexo, o imposto cobrado nos termos de cada um dos artigos da Tabela, devendo as entidades escriturar, em conformidade, a sua contabilidade e os respectivos livros de registo, a fim de serem conferidos pelos Serviços de Fiscalização Tributária.

3. O imposto é pago até final do mês seguinte àquele em que a obrigação tributária se tenha constituído.

4. Para efeitos dos prazos constantes dos números 3 e 4, aplicam-se as regras do artigo 279.º do Código Civil.

ARTIGO 16.º
(Responsabilidade tributária)

1. Sem prejuízo do disposto no artigo 13.º, são solidariamente responsáveis com o sujeito passivo pelo pagamento do imposto as pessoas que, por qualquer forma intervenham nos actos, contratos e operações ou recebam ou utilizem os livros, papéis e outros documentos desde que tenham colaborado dolosamente na omissão de liquidação e pagamento do imposto, na data daquela intervenção, recepção ou utilização, não tenham dolosamente exigido a menção a que alude o n.º 5 do artigo 13.º

2. Tratando-se das operações referidas nas alíneas i) e j) do artigo 2.º, a entidade a quem os serviços são prestados é sempre responsável solidariamente com as instituições de crédito, sociedades financeiras e demais entidades nela referidas.

3. O disposto no n.º 1 aplica-se aos funcionários do Estado que tenham sido condenados disciplinarmente pela não liquidação ou falta de entrega dolosa da prestação tributária ou pelo não cumprimento da exigência prevista na parte final do mesmo número.

CAPÍTULO VII
Garantias

ARTIGO 17.º
(Compensações e anulações do imposto)

1. Se, depois de efectuada a liquidação do imposto, for anulada a operação, reduzido o seu valor tributável em consequência de quaisquer factos de que tenha resultado imposto liquidado e pago superior ao devido, as entidades referidas no artigo 13.º podem efectuar a compensação do mesmo até à concorrência das liquidações e entregas seguintes relativas ao mesmo artigo da tabela anexa.

2. A compensação do imposto referida no número anterior deve ser efectuada no prazo de um ano contado a partir da data em que o imposto se torna devido e desde que devidamente evidenciada na contabilidade.

3. No caso de anulações, só são consideradas para a liquidação do imposto as que constem do respectivo registo, devendo, para o efeito, os sujeitos passivos manterem em dia o mesmo, do qual deve constar a identificação dos contra-

tos, os montantes sujeitos a imposto e o respectivo imposto liquidado, devendo ainda serem arquivados os documentos de suporte com a indicação de "Anulado" e referência ao facto que levou à anulação.

4. Para efeitos das compensações ou anulações previstas nos n.º 2 e 3 deve ser previamente dado conhecimento ao Chefe da Repartição Fiscal competente.

ARTIGO 18.º
(Compensação do imposto)

Quando nas liquidações efectuadas nos termos do artigo 8.º tenham sido praticados erros de que tenha resultado a entrega nos Cofres do Estado de imposto superior ao devido, não passíveis de compensação ou anulação nos termos do artigo anterior, o Director Nacional de Impostos pode confirmar a compensação do imposto pago nos últimos cinco anos, a requerimento dos interessados dirigido ao Chefe da Repartição Fiscal.

CAPÍTULO VIII
Fiscalização

SECÇÃO I
Obrigações dos Sujeitos Passivos

ARTIGO 19.º
(Declaração anual)

1. Os sujeitos passivos do imposto ou os seus representantes legais são obrigados a apresentar anualmente declaração discriminativa do imposto do selo liquidado.

2. A declaração a que se refere o número anterior é de modelo oficial e deve ser apresentada até ao último dia útil do mês de Março do ano seguinte ao da realização dos actos, contratos e operações previstos na Tabela anexa.

3. Sempre que aos serviços da administração fiscal se suscitem dúvidas sobre quaisquer elementos constantes das declarações, notificam os sujeitos passivos para prestarem por escrito, no prazo que lhes for fixado, nunca inferior a 10 dias, os esclarecimentos necessários.

ARTIGO 20.º
(Obrigações contabilísticas)

1. Os contribuintes que sejam obrigados a dispor de contabilidade nos termos do Plano Geral de Contabilidade, devem organizá-la de modo a possibilitar o conhecimento claro e inequívoco dos elementos necessários à verificação do imposto do selo liquidado, bem como a permitir o seu controlo.

2. Para cumprimento do disposto no n° 1, são objecto de registo as operações e os actos realizados sujeitos a imposto de selo.

3. O registo das operações e actos a que se refere o número anterior é efectuado da seguinte forma:

   a) O valor das operações e dos actos realizados sujeitos a imposto, segundo a verba aplicável na tabela;

   b) O valor das operações e dos actos realizados isentos de imposto segundo o artigo aplicável da Tabela;

   c) O valor do imposto liquidado segundo o artigo aplicável da Tabela;

   d) O valor do imposto compensado.

4. Os documentos de suporte aos registos referidos neste artigo e os documentos comprovativos do pagamento do imposto são conservados em boa ordem durante o prazo de 5 anos.

SECÇÃO II
Obrigações de Entidades Públicas e Privadas

ARTIGO 21.º
(Declaração anual das entidades públicas)

Os serviços, estabelecimentos e organismos do Estado, bem como outras pessoas colectivas de direito público, as pessoas colectivas de utilidade pública, as instituições particulares de solidariedade social e as empresas públicas remetem aos serviços da Repartição Fiscal da respectiva área a declaração a que se refere o artigo 19.º

ARTIGO 22.º
(Obrigações das entidades públicas)

Nenhum documento ou título que, encontrando-se sujeito a imposto, o não o tiver pago em conformidade com o disposto neste Código e correspondente Tabela, é admitido em juízo, perante qualquer autoridade ou repartições públicas, sem que se encontre revalidado com o pagamento do correspondente imposto, multas e juros aplicáveis.

ARTIGO 23.º
(Títulos de crédito passados no estrangeiro)

Os títulos de crédito passados no estrangeiro não podem ser sacados, aceites, endossados, pagos ou por qualquer modo negociados em território nacional sem que se mostre pago o respectivo imposto.

CAPÍTULO IX
Actos Societários

ARTIGO 24.º
(Actos societários)

Não se consideram actos de constituição de sociedade, para efeitos do presente Código, quaisquer alterações do acto constitutivo ou dos estatutos de uma sociedade de capitais, designadamente:

   a) A transformação societária;

   b) A alteração do objecto social de uma sociedade;

   c) A prorrogação do prazo de duração de uma sociedade.

ARTIGO 25.º
(Envio das declarações)

Sem prejuízo do disposto nos números anteriores, as declarações podem ser submetidas através de meios electrónicos nos termos que venham a ser regulamentados.

Tabela em anexo a que refere o artigo 1.º do Código do Imposto do Selo
TABELA DO IMPOSTO DO SELO

N.O	Actos/Documentos/ Papéis/ Livros/ Contratos/Operações/Títulos	Taxa
1	Aquisição onerosa ou gratuita do direito de propriedade ou de figuras parcelares desse direito, sobre imóveis, bem como a resolução, invalidade ou extinção, por mútuo consenso, dos respectivos contratos - sobre o valor	% 0,003
2	Arrendamento e subarrendamento: 2.1 Sobre o valor do contrato, incluindo as alterações que envolvam aumento da renda operado pela revisão de cláusulas e a promessa quando seguida da disponibilização de bem locado ao locatário - sobre a renda ou o seu aumento convencional correspondentes a um mês, sem possibilidade de renovação ou prorrogação, sobre o valor da renda ou do aumento estipulado para o período da sua duração...........................	% 0,004
3	Autos e termos efectuados perante tribunais e serviços, estabelecimentos e organismos do Estado, organismos das províncias, ainda que personalizados, incluindo os institutos públicos que compreenderem arrendamento ou licitação de bens imóveis cessão, conferência de interessados em que se concorde na adjudicação de bens comuns, confissão de dívida, fiança, hipoteca, penhor, responsabilidade por perdas e danos transacções - por cada um	AKZ 1.000
4	Cheques de qualquer natureza, passados em território nacional - por cada dez.................	AKZ 100
5	Depósito civil, qualquer que seja a sua forma - sobre o respectivo valor	% 0,01
6	Depósito, em qualquer serviços públicos, dos estatutos de associações e outras instituições cuja constituição dele dependa - por cada	AKZ 4.400
7	Entrada de capital: 7.1 Constituição de uma sociedade - sobre o valor real dos bens de qualquer natureza entregues ou a entregar pelos sócios após dedução das obrigações assumidas e dos encargos suportados pela sociedade em consequência de cada entrada....................	% 0,1
	7.2 Transformação em sociedade, associação ou pessoa colectiva que não seja sociedade de capitais - sobre o valor real dos bens de qualquer natureza pertencentes à sociedade à data da transformação após dedução das obrigações e encargos que a onerem nesse momento	% 0,1
	7.3 Aumento do capital social de uma sociedade mediante a entrada de bens de qualquer espécie - sobre o valor real dos bens de qualquer natureza entregues ou a entregar pelos sócios após dedução da obrigação assumidas e dos encargos suportados pela sociedade em consequência de cada entrada	0,1
	7.4 Aumento do activo de uma sociedade mediante a entrada de bens de qualquer espécie remunerada não por partes representativas do capital social ou do activo mas por direito da mesma natureza que os dos sócios, tais como direito de voto e participação nos lucros ou no saldo de liquidação - sobre o valor real dos bens de qualquer natureza entregues ou a entregar pelos sócios após dedução das obrigações assumidas e dos encargos suportados pela sociedade em consequência de cada entrada	0,1
8	Escritos de qualquer contratos não especialmente previstos nesta tabela, incluindo os efectuados perante entidades públicas - por cada um	AKZ 300
9	Exploração, pesquisa e prospecção de recursos geológicos integrados no domínio público do estado - por cada contrato administrativo	AKZ 3.000
10	Garantias das obrigações, qualquer que seja a sua natureza ou forma, designadamente o aval, a caução, a garantia bancária autónoma, a fiança, a hipoteca, o penhor e o seguro-caução, salvo quando materialmente acessórias de contratos especialmente tributados na presente tabela, considerando-se como tal as que sejam constituídas no mesmo dia do contrato constitutivo da obrigação garantida ainda que em instrumentos ou título diferente, ou no caso de penhor de bens futuros desde que o mesmo seja inscrito no contrato principal - sobre o respectivo valor, em função do prazo, considerando-se sempre como nova operação a prorrogação do prazo do contrato 10.1 Garantias de prazo inferior a um ano .... 10.2 Garantias de prazo igual ou superior a um ano .... 10.3 Garantias sem prazo ou de prazo igual ou superior a cinco anos	% 0,3 0,2 0,1

11	Apostas de jogos, designadamente as representadas por bilhetes, boletins, cartões, matrizes, rifas ou tômbolas	AKZ 100
	11.1 Ingressos em salas de jogo de fortuna ou azar, ou documentos equivalentes, ainda que não seja devido o respectivo preço pelo cliente e mesmo que o pagamento do acesso seja dispensado pelas empresas concessionárias	AKZ 100
12	Licenças:	AKZ
	12.1 Para a instalação ou exploração de máquinas eletrônicas de diversão	1.300
	12.2 Para quaisquer outros jogos legais - por cada uma	1.300
	12.3 Para funcionamento de estabelecimentos de restauração e bebidas:	
	12.3.1 Clubes nocturnos e outros estabelecimentos com espaço reservado para dança, designadamente bares e discotecas:	
	12.3.1.1 Em Luanda	53.000
	12.3.1.2 Restantes capitais de província e Lobito	27.000
	12.3.1.3 Outras localidades	14.000
	12.3.2 Restaurantes:	
	12.3.2.1 Em Luanda	6.000
	12.3.2.2 Restantes capitais de província e Lobito	3.000
	12.3.2.3 Outras localidades	1.500
	12.3.3 Outros estabelecimentos:	
	12.3.3.1 Em Luanda	1.500
	12.3.3.2 Restantes capitais de provincia e no Lobito	1000
	12.3.3.3 Outras localidades	500
	12.4 Para hotelaria e similares:	
	12.4.1 Iª Categoria ou luxo (pelo menos 4 ou mais estrelas)	100.000
	12.4.2.IIª Categoria (3 estrelas)	60.000
	12.4.3. Restantes:	
	12.4.3.1 Luanda	53.000
	12.4.3.2 Restantes capitais de província e no Lobito	3.000
	12.4.3.3 Outras localidades	15.000
	12.5 Para as instalações de máquinas automáticas de venda de bens ou serviços em locais de acesso público - por cada máquina	3.000
	12.6 Outras licenças não designadas especialmente nesta tabela, concedidas pelo Estado, pelas Províncias, ou qualquer dos seus serviços, estabelecimentos, organismos ou institutos - por cada uma	2.000
13	Marcas e patentes - sobre o registo unitário	AKZ 3.000
14	Notariado e actos notariais:	AKZ
	14.1 Escrituras, excluindo as que tenham por objecto os actos referidos no artigo 8.º da tabela	2.000
	14.2 Habilitação de herdeiros e de legatários - por cada herança	1000
	14.3 Testamento público ou cerrado	1000
	14.4 Procurações e outros instrumentos relativos à atribuição de poderes de representação voluntária, incluindo os mandatos e substabelecimentos	
	14.4.1 Procurações e outros instrumentos relativos a atribuição de poderes de representação voluntária - por cada um	AKZ
	14.4.1.1 Com poderes para gerência comercial	1000
	14.4.1.2 Com quaisquer outros poderes	500
	14.4.1.3 Substabelecimento por cada um	500
	14.5 Registo de documentos apresentados aos notários para ficarem arquivados - por cada registo	100
	14.6 Outros instrumentos notariais avulsos, não especialmente previsto nesta Tabela - por cada um	100
15	Operações aduaneiras:	%
	Sobre o valor aduaneiro da importação	1
16	Operações de financiamento:	%
	16.1 Pela utilização de créditos, sob a forma de fundos, mercadorias e outros valores em virtude da concessão de crédito a qualquer título, incluindo a cessão de créditos, o factoring e as operações de tesouraria quando envolvam qualquer tipo de financiamento, considerando-se em caso de prorrogação do prazo do contrato, que o imposto é recalculado em função da duração total do contrato e deduzido do montante anteriormente liquidado - sobre o respectivo valor, em função do prazo:	

	16.1.1 Crédito de prazo igual ou inferior a um ano por cada mês ou fracção	0,5
	16.1.2 Crédito de prazo igual ou superior a um ano	0,4
	16.1.3 Crédito de prazo igual ou superior a cinco anos	0,3
	16.1.4 Crédito utilizado sob a forma de conta corrente, descoberto bancário ou qualquer outra forma em que o prazo de utilização não seja determinado ou determinável, sobre a média mensal obtida através da soma dos saldos em dívida apurados diariamente, durante o mês dividido por 30	0,001
	16.1.5 Créditos habitação, sobre o valor	0,001
	16.2 Operações realizadas por ou com intermediação de instituições de crédito, sociedade financeiras ou outras entidades a elas legalmente equiparadas e quaisquer outras instituições financeiras - sobre o valor cobrado:	
	16.2.1 Juros por, designadamente, desconto de letras e por empréstimos, por contas de créditos e por créditos sem liquidação	0,002
	16.2.2 Prémios e juros por letras tomadas, de letras a receber por conta alheia, de saque emitidos sobre ou de qualquer transferências	0,5
	16.2.3 Comissões por garantias prestadas	0,5
	16.2.4 Outras comissões e contraprestações por serviços financeiros, incluindo as comissões pela angariação de créditos e garantias intermediadas por entidades não financeiras	0,7
	16.3 Outras operações:	
	16.3.1 Saque sobre o estrangeiro, guias emitidas, ouro e fundos públicos ou títulos negociáveis vendidos, sobre o respectivo valor	1
	16.3.2 Título de dívida pública, emitidos por governos estrangeiros, quando sejam postos a venda no País - sobre o valor nominal	0,5
	16.3.3 Câmbio de notas em moedas estrangeiras, conversão de moeda nacional em moeda estrangeira a favor de pessoas singulares	0,001
17	Operações de locação financeira de bens imóveis:	%
	Sobre o montante da contraprestação	0.3
18	Operações de locação financeira e operacional de bens móveis corpóreos, integrando a manutenção e assistência técnica:	%
	Sobre o montante da contraprestação	0,4
19	Precatórios ou mandados para levantamento e entrega de dinheiro ou valores existentes:	%
	Sobre a importância a levantar ou a entregar	0,01
20	Publicidade:	AKZ
	20.1 Cartazes ou anúncios afixados ou expostos em suportes fixos ou móveis na via pública ou destinados a serem vistos na via pública que façam propaganda de produtos, serviços ou de qualquer indústria, comerciais ou divertimentos com exclusão dos identificativos do próprio estabelecimento comercial onde se encontrem afixados - por cada metro quadrado ou fracção e em cada ano civil	25.00
	20.2 Publicidade feita em catálogos, programas, reclamos, etiquetas e outros impressos que se destinem à distribuição pública - por cada edição de 1000 exemplares ou fracção	25.000
21	Registos e averbamentos em conservatórias de bens móveis Sobre a respectiva potência:	AKZ
	21.1. Aviões privados	
	21.1.1 A hélice, a turbo hélice e reacção	45.000
	21.2 Barcos de recreio	18.000
	21.3 Motas de água (de acordo com a potência)	23.000
	21.4 Motociclos, veículos ligeiros e mistos de passageiros e veículos pesados, excepto ambulâncias e carros funerários	3.000
	21.4.1 Novos e até 3 anos	7.000
	21.4.2 Usados com mais de 3 anos	5.000
22	Reporte - sobre o valor contrato	% 0,5

23	Seguros: 23.1 De companhias nacionais: Apólice de seguros, sobre a soma dos prêmios do seguro, do custo da apólice e de quaisquer outras importâncias que constituam receita das empresas seguradoras, cobradas juntamente; com esse prémio ou em documento separado: 23.1.1 Seguro do ramo Caução .... 23.1.2 Seguro do ramo Marítimo e fluviais que inclui transporte, embarcacões e responsabilidade civil ..... 23.1.3 Seguro do ramo Aéreo que inclui aeronave, responsabilidade civil mercadorias e pessoa transportadas .... 23.1.4 Seguro do ramo Mercadorias transportadas, não previstas nos ramos Marítimos e fluviais e Aéreos ... 23.1.5 Seguros de quaisquer outros ramos .... 23.2 Comissões cobradas pela actividade de mediação, sobre o respectivo valor	% 0,3 0,3 0,2 0,1 0,3 0,4
24	Títulos de crédito 24.1 Letras - sobre o respectivo valor, com o mínimo de Kz 100 .... 24.2 Livranças - sobre o respectivo valor, com mínimo de Kz 100 .... 24.3 Ordens e escritos de qualquer natureza, com exclusão dos cheques, nos quais se determine pagamento ou entrega de dinheiro com cláusulas à ordem ou a disposição, ainda que sob a forma de correspondência - sobre o respectivo valor, com o mínimo de Kz: 100 .... 24.4 Recibos de quitação emitidos pelo efectivo recebimento de créditos dos comerciantes, em dinheiro ou em espécie	% 0,1 0,1 0,1 1%
25	Títulos da dívida pública emitidos por governos estrangeiros, quando existentes ou postos à venda no território nacional - sobre o valor nominal	% 0,5
26	Transferências onerosas de actividades ou de exploração de serviços: 26.1 Trespasse de estabelecimento, industrial ou agrícola - sobre o seu valor .... 26.2 Subconcessões e trespasses de concessões feitos pelo estado e pelas províncias para exploração de empresas ou de serviços de qualquer natureza tenha ou não principiado a exploração - sobre seu valor	% 0,2 0,2

75311 Imposto de selo	Débito	Crédito
1. Selagem de duas letras	**75311**	4511
2. Selagem de uma livrança	**75311**	4511
3. Selagem de um contrato..	**75311**	4511
4. Cálculo do imposto do selo a pagar por meio de guia.............	**75311**	
4.1 Letras (verba 24.1)...		34.5.01
4.2 Livranças (verba 24.2)...		34.5.02
4.3 Cheques de qualquer natureza (verba 4)............................		34.5.03
4.4 Recibos de quitação (verba 24.4)......................................		34.5.04
5. Pagamento do imposto..		4511
5.1 Letras (verba 24.1)...	34.5.01	
5.2 Livranças (verba 24.2)...	34.5. 02	
5.3 Cheques de qualquer natureza (verba 4)............................	34.5.03	
5.4 Recibos de quitação (verba 24.4)....................................	34.5.04	

Artigo 20°

(Obrigações contabilísticas)

1. Os contribuintes que sejam obrigados a dispor de contabilidade nos termos do Plano Geral de Contabilidade, devem organizá-la de modo a possibilitar o conhecimento claro e inequívoco dos elementos necessários à verificação do imposto do selo liquidado, bem como a permitir o seu controlo.

2. Para cumprimento do disposto no n° 1, são objecto de registo as operações e os actos realizados sujeitos a imposto de selo.

3. O registo das operações e actos a que se refere o número anterior é efectuado da seguinte forma:

a) O valor das operações e dos actos realizados sujeitos a imposto, segundo a verba aplicável na tabela;

b) O valor das operações e dos actos realizados isentos de imposto segundo o artigo aplicável da Tabela;

c) O valor do imposto liquidado segundo o artigo aplicável da Tabela;

d) O valor do imposto compensado.

4. Os documentos de suporte aos registos referidos neste artigo e os documentos comprovativos do pagamento do imposto são conservados em boa ordem durante o prazo de 5 anos.

34.5 IMPOSTO DO SELO

    34.5.01 Letras (verba 24.1)

    34.5.02 Livranças (verba 24.2)

    34.5.03 Cheques de qualquer natureza (verba 4)

    34.5.04 Recibos de quitação (verba 24.4)

CAPÍTULO VII

CÓDIGO DO IMPOSTO

SOBRE A APLICAÇÃO DE CAPITAIS

Sexta-feira, 30 de Dezembro de 2011

I Série – N.º 252

DIÁRIO DA REPÚBLICA

ÓRGÃO OFICIAL DA REPÚBLICA DE ANGOLA

Preço deste número - Kz: 430,00

Toda a correspondência, quer oficial, quer relativa a anúncio e assinaturas do «Diário da República», deve ser dirigida à Imprensa Nacional - E.P., em Luanda, Rua Henriques de Carvalho n.º 2, Cidade Alta, Caixa Postal 1306, www.imprensanacional.gov.ao - End. teleg.: «Imprensa».	ASSINATURA		O preço de cada linha publicada nos Diários da República 1.ª e 2.ª série é de Kz: 75.00 e para a 3.ª série Kz: 95.00, acrescido do respectivo imposto do selo, dependendo a publicação da 3.ª série de depósito prévio a efectuar na tesouraria da Imprensa Nacional - E. P.
		Ano	
	As três séries	... ... Kz: 440 375.00	
	A 1.ª série	... ... Kz: 260 250.00	
	A 2.ª série	... ... Kz: 135 850.00	
	A 3.ª série	... ... Kz: 105 700.00	

SUPLEMENTO

SUMÁRIO

PRESIDENTE DA REPÚBLICA

Decreto Legislativo Presidencial n.º 5/11
de 30 de Dezembro

Considerando que o actual Código do Imposto sobre a Aplicação de Capitais inclui um largo elenco de isenções, criando dúvidas e ineficiências relativamente à tributação efectiva de juros decorrentes dos depósitos a ordem e os depósitos a prazo, bem como os decorrentes dos bilhetes do tesouro, obrigações de tesouro e títulos do Banco Central;

Tendo em conta, por outro lado, o crescimento inevitável e cada vez maior do circuito financeiro em Angola, com a iminência da entrada em funcionamento do mercado de capitais e a consequente fluidez nas respectivas operações, havendo a necessidade de potenciar as receitas a arrecadar, bem como a implementação de um sistema de tributação justa, em sede deste imposto;

Sendo necessário adaptar os procedimentos tendentes ao apuramento da matéria colectável, liquidação e pagamento de imposto actualmente vigentes e sem aplicação prática nas repartições fiscais;

Face à presente realidade económica e social em Angola, preconizando a efectivação dos propósitos impregnados no programa de reforma tributária em curso.

O Presidente da República decreta, no uso da autorização legislativa concedida pela Assembleia Nacional ao abrigo do artigo 1.º da Lei n.º 35/11, de 16 de Dezembro e nos termos do n.º 1 do artigo 102.º, do n.º 1 do artigo 125.º, da alínea o) do artigo 165.º e do n.º 4 do artigo 170.º, todos da Constituição da República de Angola, o seguinte:

ARTIGO 1.º
(Aprovação)

É aprovada a revisão ao Código do Imposto sobre a Aplicação de Capitais, anexo ao presente diploma e que dele é parte integrante.

ARTIGO 2.º
(Aplicação da lei no tempo)

1. O presente Decreto Legislativo Presidencial aplica-se aos pagamentos de rendimentos sujeitos a imposto que sejam efectuados em data posterior à sua entrada em vigor.

2. No que respeita a juros dos bilhetes do tesouro e das obrigações do tesouro e juros dos títulos do Banco Central, a presente lei apenas se aplica aos títulos adquiridos após a sua entrada em vigor.

ARTIGO 3.º
(Dúvidas e omissões)

As dúvidas e omissões resultantes da interpretação e aplicação do presente diploma são resolvidas pelo Presidente da República.

ARTIGO 4.º
(Entrada em vigor)

O presente Decreto Legislativo Presidencial entra em vigor no dia 1 de Janeiro de 2012.

Apreciado em Conselho de Ministros, em Luanda, aos 28 de Setembro de 2011.

Publique-se.

Luanda, aos 30 de Dezembro de 2011.

O Presidente da República, José EDUARDO DOS SANTOS.

REVISÃO AO CÓDIGO DO IMPOSTO SOBRE A APLICAÇÃO DE CAPITAIS

CAPÍTULO I
Incidência

ARTIGO 1.º
(Âmbito)

O imposto sobre a aplicação de capitais incide sobre os rendimentos provenientes da simples aplicação de capitais e divide-se em duas secções: A e B.

ARTIGO 2.º
(Sujeitos passivos)

O imposto é devido pelos titulares dos respectivos rendimentos sem prejuízo da sua exigência a outras entidades nos casos previstos neste diploma.

SECÇÃO A

ARTIGO 3.º
(Juros)

1. São compreendidos na secção A:
   a) Os juros dos capitais mutuados, em dinheiro ou géneros qualquer que seja a forma por que o mútuo se apresente;
   b) Os rendimentos provenientes dos contratos de abertura de crédito;
   c) Os rendimentos originados pelo diferimento no tempo de uma prestação ou pela mora no pagamento, ainda que auferidos a título de indemnização ou de cláusula penal, estipuladas nos contratos.

2. Até prova em contrário, presumem-se mutuados os capitais entregues em depósito e cuja restituição seja garantida por qualquer forma.

3. As letras e livranças cujo sacador ou sacado seja comerciante no acto do saque são havidas, para efeitos deste imposto, como meros títulos de pagamento, quando delas conste que provêm de transacções comerciais, podendo a Direcção Nacional dos Impostos, no entanto, exigir sempre a prova desta circunstância.

4. Nos casos não previstos no número anterior, as letras e livranças são havidas como títulos de colocação de capitais, cabendo aos interessados ilidir esta presunção.

5. As letras e livranças havidas como meros títulos de pagamento, se não forem pagas no prazo em que o devam ser, ficam sujeitas a imposto desde a data do vencimento, salvo se lhes aproveitar a isenção estabelecida na alínea b) do artigo 12.º

ARTIGO 4.º
(Constituição da obrigação do imposto)

1. A obrigação de imposto tanto pode resultar da atribuição efectiva dos rendimentos como da presunção da sua existência nos termos do presente diploma, ou ainda da simples possibilidade legal de os exigir.

2. Na hipótese, porém, de exigibilidade dos rendimentos com base em situações legalmente constituídas, não há lugar a tributação se o credor provar que, tendo usado todos os meios facultados pela lei para os receber, não lhe foi possível cobrá-los.

ARTIGO 5.º
(Presunção do valor da taxa de juro)

1. Presume-se que os mútuos e as aberturas de crédito vencem juros à taxa anual de 6%, se outra mais elevada não constar do título constitutivo ou não houver sido declarada, entendendo-se que o juro começa a vencer-se, nos mútuos, desde a data do contrato e, nas aberturas de crédito, desde a data da sua utilização.

2. A taxa referida no número anterior pode ser revista anualmente por Decreto Executivo do Ministro das Finanças.

3. As presunções a que se refere o n.º 1 só podem ser ilididas através de contrato assinado e selado em data anterior ao pagamento dos juros ou por decisão judicial proferida em acção intentada, nos tribunais comuns, pelo contribuinte contra o Estado, em que se declare ter ficado provado que não foram recebidos juros antecipadamente, nem eram ou são devidos, ou, sendo-o, têm taxa inferior a 6%.

4. No caso de ser intentada acção judicial nos termos do número anterior, o Ministério Público deve sempre requisitar à repartição fiscal competente os elementos que esta possua, ou possa obter, para esclarecimento da verdade dos

factos e eventual condenação em multa dos litigantes de má fé.

ARTIGO 6.º
(Taxa de juros nos créditos litigiosos)

1. As presunções estabelecidas no artigo anterior não se aplicam aos empréstimos efectuados por organismos corporativos nem aos créditos litigiosos em que tenha havido julgamento final da causa.

2. Tratando-se de créditos litigiosos, a matéria colectável determina-se de harmonia com a decisão proferida.

ARTIGO 7.º
(Sujeição ao imposto)

1. Para que os rendimentos referidos nos artigos anteriores fiquem sujeitos a imposto é necessário que sejam produzidos em Angola ou atribuídos a pessoas singulares ou colectivas, nacionais ou estrangeiras, que aqui tenham residência, sede, direcção efectiva ou estabelecimento estável ao qual os rendimentos sejam imputáveis.

2. Consideram-se produzidos em Angola os rendimentos que derivem de capitais aí aplicados, entendendo-se sempre como tais os rendimentos pagos por entidades que aí possuam residência, sede, direcção efectiva ou estabelecimento estável ao qual o pagamento deva imputar-se.

3. Até prova em contrário, presumem-se totalmente aplicados em Angola os capitais colocados através de actos celebrados no seu território ou cuja restituição tenha sido caucionada com bens aí existentes.

ARTIGO 8.º
(Exigibilidade do imposto)

1. Os rendimentos ficam sujeitos a imposto desde o momento em que começam a vencer-se ou se presume o seu vencimento.

2. As aberturas de crédito consideram-se utilizadas na totalidade sempre que, segundo as cláusulas do contrato, os levantamentos possam fazer-se independentemente de escritura ou instrumento notarial.

3. Tratando-se de créditos em que inicialmente se não verifique qualquer das circunstâncias previstas no artigo anterior, a sujeição a imposto começa a partir da data em que o credor, ou devedor, fixe residência em Angola.

SECÇÃO B

ARTIGO 9.º
(Juros, dividendos e outros rendimentos)

1. São compreendidos na secção B:
   a) Os lucros, seja qual for a sua natureza, espécie ou designação, atribuídos aos sócios das sociedades comerciais ou civis sob a forma comercial;
   b) As importâncias ou quaisquer outros valores atribuídos aos sócios das sociedades cooperativas, desde que constituam remunerações do capital;
   c) Os juros das obrigações emitidas por qualquer sociedade;
   d) Os juros de suprimentos ou de outros abonos feitos pelos sócios às sociedades, bem como os rendimentos dos lucros que, tendo sido atribuídos aos sócios das sociedades não anónimas nem em comandita por acções, por eles não sejam levantados até ao fim do ano da respectiva atribuição;
   e) O saldo dos juros apurados em conta corrente, nos termos previstos no artigo 344.º e seguintes do Código Comercial, e bem assim os juros escriturados em conta corrente, nos demais casos;
   f) As importâncias atribuídas a empresas singulares ou colectivas a título de indemnização pela suspensão da sua actividade;
   g) Os lucros que as pessoas singulares ou colectivas aufiram pelo facto de um comerciante as interessar nos seus negócios, em regime de conta em participação, nos termos da respectiva legislação;
   h) A emissão de acções em que tenha havido reserva de preferência na subscrição;
   i) Royalties;
   j) Os juros dos depósitos à ordem e dos depósitos a prazo constituídos junto das instituições financeiras regularmente constituidas;
   k) Os juros dos bilhetes do tesouro e das obrigações do tesouro;
   l) Os juros dos títulos do banco central;
   m) Quaisquer ganhos decorrentes da alienação de participações sociais ou outros instrumentos que gerem rendimentos sujeitos a imposto sobre a aplicação de capitais, desde que não obtidos no âmbito da actividade comercial do sujeito passivo e como tal sujeitos a Imposto Industrial ou Imposto sobre os Rendimentos do Trabalho;
   n) Prémios de jogo de fortuna ou azar, rifas, lotarias ou apostas, qualquer que seja a sua natureza ou proveniência;
   o) Quaisquer outros rendimentos derivados da simples aplicação de capitais, não compreendidos na secção A.

2. No caso da alínea h), constitui matéria colectável a diferença que se verificar entre o preço da emissão e o valor das acções emitidas por virtude do aumento de capital.

3. Considera-se feita com reserva de preferência a emissão de acções em que estas sejam oferecidas aos accionistas por valor mais baixo do que o estabelecido para o público.

4. O termo royalties usado na alínea i) significa as retribuições de qualquer natureza atribuídas ou pela concessão de uso de um direito de autor sobre uma obra literária, artística ou científica, incluindo os filmes cinematográficos, bem como os filmes ou gravações para transmissão pela rádio ou pela televisão, de uma patente, de uma marca de fabrico ou de comércio, de um desenho ou de um modelo, de um plano, de uma fórmula ou de um processo secreto, bem como pelo uso ou pela concessão do uso de um equipamento industrial, comercial ou científico ou por informações respeitantes a uma experiência adquirida no sector industrial, comercial ou científico.

5. No caso da alínea m) constitui matéria colectável a diferença positiva que se verifique entre o preço de alienação e o preço de aquisição.

ARTIGO 10.º
(Constituição da obrigação do imposto)

1. A obrigação do imposto tanto pode resultar da atribuição efectiva dos rendimentos como da presunção da sua existência nos termos deste diploma.

2. Entende-se que os suprimentos, abonos e lucros referidos na alínea d) do n.º 1 do artigo anterior produzem sempre rendimento, cujo quantitativo não pode ser inferior ao resultante da aplicação da taxa máxima anual dos juros activos estabelecidos pelo Banco Central, para as operações de crédito realizadas pelos bancos comerciais com as empresas.

ARTIGO 11.º
(Sujeição ao imposto)

Para que os rendimentos referidos no artigo 9.º fiquem sujeitos a imposto é necessário que:

a) Os rendimentos sejam pagos por uma pessoa singular ou colectiva com domicílio, sede ou direcção efectiva em território angolano;

b) Os rendimentos sejam postos à disposição através de um estabelecimento estável em território angolano;

c) Os rendimentos sejam recebidos por pessoas singulares ou colectivas com domicílio, sede ou direcção efectiva em território angolano;

d) Os rendimentos sejam atribuídos a um estabelecimento estável em território angolano.

CAPÍTULO II
Isenções

ARTIGO 12.º
(Isenções secção A)

Estão isentos de imposto, secção A:

a) Os rendimentos das instituições financeiras e das cooperativas, quando sujeitos a imposto industrial, ainda que dele isentos;

b) Os juros das vendas a crédito dos comerciantes relativos a produtos ou serviços do seu comércio ou indústria, bem como o juro ou qualquer compensação da mora no pagamento do respectivo preço;

c) Os juros dos empréstimos sobre apólices de seguros de vida, feitos por sociedades de seguros.

ARTIGO 13.º
(Isenções secção B)

1. Estão isentos de imposto, secção B:

a) Os lucros distribuídos por uma entidade com sede ou direcção efectiva em território angolano no caso em que a entidade beneficiária seja uma pessoa colectiva ou equiparada com sede ou direcção efectiva em território angolano sujeita a Imposto Industrial, ainda que dele isenta, que detenha no capital social da entidade que distribui os lucros uma participação não inferior a 25% por um período superior a um ano anterior à distribuição dos lucros;

b) Os juros de instrumentos que se destinem a fomentar a poupança que sejam devida e previamente aprovados pelo Ministro das Finanças sob parecer da Direcção Nacional dos Impostos, ouvido o Banco Nacional de Angola e a Associação Angolana de Bancos (ABANC).

2. Em todo o caso, a isenção prevista na alínea b) do número anterior não se aplica a juros auferidos de qualquer produto relativamente ao capital em excesso de 500.000 AKZ por pessoa.

3. Estão ainda isentos de impostos os juros das conta-poupança habitação criadas pelas instituições financeiras com o objectivo de fomentar a poupança com vista à aquisição de habitação própria e permanente.

ARTIGO 14.º
(Averbamento de isenções nos títulos de acções)

A verificação das isenções consignadas no artigo anterior, relativamente a rendimentos de acções, efectua-se em face do respectivo assento, averbamento, pertence ou endosso, a favor das entidades isentas.

CAPÍTULO III
Determinação da Matéria Colectável

SECÇÃO A

ARTIGO 15.º
(Obrigações declarativas)

1. As pessoas obrigadas à liquidação do imposto nos termos do presente Código apresentam uma declaração de todos os rendimentos recebidos, pagos ou postos à disposi-

ção dos seus titulares, até ao final do mês de Janeiro do ano seguinte àquele em que o recebimento, pagamento ou colocação à disposição ocorram.

2. Ficando os créditos sujeitos a imposto por força do n.º 3 do artigo 8.º, o prazo para apresentação da declaração conta-se a partir da data em que o credor, ou o devedor, fixe residência em Angola.

3. Exceptuam-se do disposto neste artigo os empréstimos efectuados pelos organismos corporativos.

ARTIGO 16.º
(Dever de informação)

Os titulares dos créditos, ou seus representantes, são obrigados a declarar, dentro do prazo de trinta dias, as alterações ocorridas em relação aos elementos constantes da declaração que possam originar agravamento do imposto, devendo igualmente declarar os recebimentos parciais e quaisquer outras modificações que importem diminuição de colecta.

ARTIGO 17.º
(Créditos litigiosos)

1. Os credores de dívidas litigiosas podem requerer a suspensão da determinação da matéria colectável e da liquidação do imposto até à extinção da instância.

2. O pedido é acompanhado de certidão comprovativa da existência da instância.

3. Enquanto durar a instância, os credores têm de apresentar, no 1.º trimestre de cada ano, nova certidão do estado da causa em 31 de Dezembro do ano anterior.

4. Extinta a instância por qualquer das formas previstas no Código de Processo Civil, o credor fica obrigado a declarar essa extinção no prazo de 30 dias, com vista à liquidação do imposto, conforme houver sido julgado e sem limitação do número de anos.

5. Decorrido o prazo fixado no número anterior, o chefe da Repartição Fiscal, sempre que tenha notícia da extinção da instância procede oficiosamente à liquidação.

6. Consideram-se litigiosas as dívidas cuja declaração ou pagamento seja pedido em juízo.

ARTIGO 18.º
(Livro de registos)

Os organismos corporativos ficam obrigados a organizar, um livro de registo dos empréstimos concedidos, que deve ser patenteado aos funcionários a quem incumbe a fiscalização do imposto.

SECÇÃO B

ARTIGO 19.º
(Obrigações declarativas)

As pessoas obrigadas à liquidação do imposto nos termos do presente Código apresentam uma declaração de todos os rendimentos recebidos, pagos ou postos à disposição dos seus titulares, até ao final do mês de Janeiro do ano seguinte àquele em que o recebimento, pagamento ou colocação à disposição ocorram.

ARTIGO 20.º
(Determinação do valor das acções)

1. Para efeitos do disposto na alínea h) do artigo 9.º, tem-se como valor das acções emitidas o que resultar da cotação média na Bolsa nos 180 dias anteriores à data do encerramento da subscrição, ou não havendo cotação, o produto de 20 vezes o dividendo que caberia àquelas acções, o qual é determinado pela média dos dividendos distribuídos nos últimos três exercícios, ou, no caso de transformação de sociedades por quotas em sociedades anónimas, pela média dos lucros dos três últimos exercícios correspondentes a idêntico capital nominal.

2. No caso de emissão de acções com reserva de preferência, deduz-se previamente a parte a atribuir ao conjunto dos sócios ou dos subscritores que devam beneficiar de isenção.

ARTIGO 21.º
(Aumento do capital social com reservas de preferência)

1. As sociedades anónimas, em comandita por acções, ou por quotas, que tenham procedido a aumentos de capital, mediante emissão de acções com reserva de preferência, devem declará-lo na repartição fiscal da área do seu domicílio, no prazo de 30 dias a contar da data da correspondente escritura, pagando-se o imposto que se mostre devido.

2. São igualmente obrigadas ao disposto neste artigo as sociedades por acções resultantes da transformação de sociedades por quotas, quando se tenha reservado aos quotistas o direito de subscrição das acções.

ARTIGO 22.º
(Escritura pública de aumento do capital social)

1. A declaração a que se refere o artigo anterior deve ser acompanhada de uma certidão da escritura de aumento de capital e de uma relação dos accionistas isentos em que se indique o número de títulos que coube a cada um.

2. No caso de emissão de acções com reserva de preferência, a declaração é também acompanhada, se possível, de uma certidão do síndico da Bolsa, da qual consta a cotação média das acções nos 180 dias anteriores à data do encerramento da subscrição para o aumento de capital.

ARTIGO 23.º
(Declaração de rendimentos)

1. A declaração referida no artigo 15.º e artigo 19.º é entregue na repartição fiscal da área do domicílio do obrigado à apresentação da declaração.

2. A declaração referida no n.º 1, deve ser apresentada em duplicado, conforme modelo n.º 1.

3. A declaração substituída no caso de alterações quanto à identidade do devedor ou credor dos rendimentos ou de modificações que importem alteração no quantitativo do imposto.

ARTIGO 24.º
(Correcção da declaração)

1. A administração fiscal pode rever e corrigir o valor dos rendimentos declarados pelo contribuinte sempre que, em face de elementos oferecidos pela fiscalização, ou de quaisquer outros meios de que disponha, verifique quaisquer faltas, insuficiências ou inexactidões.

2. Na falta das declarações, compete à repartição fiscal determinar o rendimento colectável com base nos elementos disponíveis.

ARTIGO 25.º
(Contagem dos rendimentos)

A contagem dos rendimentos sujeitos a imposto é feita dia a dia, salvo tratando-se dos referidos na parte final da alínea d) do n.º 1 do artigo 9.º, em que tem início em 1 de Janeiro seguinte.

ARTIGO 26.º
(Redução dos rendimentos)

Nas hipóteses não previstas no Código Geral Tributário, a redução dos rendimentos a dinheiro faz-se com observância do disposto Código de Processo Civil.

CAPÍTULO IV
Taxas

ARTIGO 27.º
(Taxas do imposto)

1. A taxa de imposto para os rendimentos previstos no n.º 1 do artigo 3.º é de 15%.

2. A taxa de imposto para os rendimentos previstos no n.º 1 do artigo 9.º é de 10%, salvo quando se trate dos rendimentos a que se referem as alíneas e), f), n) e o), casos em que a taxa é de 15%.

3. A taxa de imposto é de 5% nos casos dos rendimentos referidos nas alíneas k) e l) do n.º 1 do artigo 9.º, no caso de juros pagos relativamente a títulos que apresentem uma maturidade igual ou superior a três anos.

ARTIGO 28.º
(Adicionais)

Sobre este imposto não recai qualquer outro adicional.

CAPÍTULO V

Liquidação

SECÇÃO A

ARTIGO 29.º
(Autoliquidação)

1. O imposto é liquidado pelos titulares dos respectivos rendimentos.

2. Se, todavia, os titulares dos rendimentos não possuírem em Angola, residência, sede, direcção efectiva ou estabelecimento estável, é o imposto liquidado pelos devedores.

SECÇÃO B

ARTIGO 30.º
(Retenção na fonte)

1. Nos casos referidos nas alíneas a) a g), i) a l) e n) do n.º 1 do artigo 9.º, a liquidação é efectuada pelas entidades a quem incumbe o pagamento dos rendimentos, que ficam responsáveis pela totalidade do imposto e acréscimos no caso de não pagamento, sem prejuízo do direito de regresso contra o devedor do imposto, mas apenas quanto à dívida principal.

2. As entidades referidas no número anterior ficam obrigadas a efectuar sempre o desconto do imposto devido nos rendimentos que paguem ou coloquem à disposição.

3. Nos demais casos, o imposto é liquidado pelos titulares do rendimento sujeito a imposto.

ARTIGO 31.º
(Base de liquidação da emissão de acções com reserva de preferência)

O imposto devido pelos rendimentos a que se refere a alínea h) do n.º 1 do artigo 9.º é liquidado tomando por base as indicações fornecidas pelas sociedades, cuja exactidão é verificada pelas repartições fiscais, que as devem corrigir oficiosamente quando nelas reconheçam quaisquer inexactidões.

ARTIGO 32.º
(Caducidade da liquidação)

O prazo de caducidade da liquidação previsto no Código Geral Tributário não é aplicável ao caso do n.º 4 do artigo 17.º.

CAPÍTULO VI
Pagamento

SECÇÃO A

ARTIGO 33.º
(Pagamento do imposto secção A)

O pagamento do imposto devido faz-se até ao último dia do mês seguinte àquele a que respeite o imposto.

ARTIGO 34.º
(Pagamento do imposto secção B)

1. O pagamento do imposto não sujeito a retenção na fonte nos termos do n.º 1 do artigo 30.º faz-se até ao último dia do mês seguinte àquele a que respeite o imposto.

2. A entrega do imposto retido faz-se na repartição fiscal da área do domicílio ou, na falta desta, na do principal estabelecimento da entidade que a ela deva proceder ou da situação do estabelecimento estável, até ao fim do mês seguinte àquele em que se verifique:

    a) A aprovação das contas de gerência, ou a colocação dos rendimentos à disposição dos seus titulares antes de encerradas as contas ou independentemente da sua aprovação formal, nos casos abrangidos pelas alíneas a), b) e d) do n.º 1 do artigo 9.º;

    b) O vencimento dos juros nos casos das alíneas c), e), j), k) e l) do n.º 1 do artigo 9.º;

    c) A liquidação ou colocação à disposição dos rendimentos, nos restantes casos.

ARTIGO 35.º
(Modo de pagamento)

1. O pagamento do imposto realiza-se através do preenchimento e entrega na dependência bancária ou entidade legalmente indicada para o efeito do Documento de Arrecadação de Receita (DAR) e dos meios de pagamento adequados, nos termos do Código Geral Tributário.

2. Se o pagamento não for efectuado dentro do prazo legal, é extraída certidão de dívida tributária sendo o processo encaminhado para cobrança coerciva.

CAPÍTULO VII
Fiscalização

SECÇÃO A

ARTIGO 36.º
(Notários)

1. Os notários são obrigados a enviar às repartições fiscais competentes para a liquidação, até ao dia 10 de cada mês, uma relação em duplicado, da qual constem todos os actos e contratos em que tenham intervindo no mês anterior e mediante os quais se tenham constituído, modificado ou extinguido dívidas sujeitas a imposto.

2. Nesta relação são também mencionadas as letras e livranças que não se encontrem na posse de instituições de crédito e em que os notários tenham feito reconhecimento de assinaturas ou por qualquer outra forma hajam intervindo.

ARTIGO 37.º
(Escrivães de direito)

Os escrivães de direito devem enviar às repartições fiscais competentes para a liquidação até ao dia 10 de cada mês, uma relação em duplicado, dos inventários e demais processos a seu cargo, cujas decisões tenham transitado em julgado no mês anterior e dos quais se mostre haver fundamento para a exigência do imposto.

ARTIGO 38.º
(Titulares de letras e livranças)

1. Os aceitantes de letras e livranças que titulem situações sujeitas a imposto são obrigados a participar à repartição fiscal da área do domicílio do credor, a existência dos mesmos títulos, dentro dos prazos de 30 dias a contar da data do aceite.

2. Quando o credor não tenha residência ou sede em Angola, é a participação feita à repartição fiscal da área do domicílio do aceitante.

3. Da participação, a apresentar em duplicado, devem constar os nomes e moradas do credor e devedor, data do saque, origem e importância da dívida e taxa de juro.

ARTIGO 39.º
(Conservadores)

Os conservadores do registo predial e do registo de propriedade automóvel não podem proceder a qualquer registo definitivo de actos e contratos em relação aos quais seja devido imposto, sem que este se mostre pago.

ARTIGO 40.º
(Deveres dos entes públicos)

Os documentos que titulem actos ou situações que dêem lugar a tributação em imposto sobre a aplicação de capitais não podem ser recebidos em juízo ou em qualquer repartição pública sem que se prove ter sido pago o imposto, quando devido.

ARTIGO 41.º
(Fiscalização tributária em juízo)

Não pode ter seguimento em juízo qualquer acção em que se peçam juros, quer desde a mora ou desde a citação do réu, quer anteriores, sem que do respectivo processo conste que se encontra pago o imposto devido.

ARTIGO 42.º
(Ordem de pagamento por entidade pública)

1. Nenhum tribunal ou repartição pública autoriza pagamentos ou adjudicações de bens, nem nenhuma entidade dá cumprimento a precatório, mandado ou ordem de entrega de qualquer quantia existente em depósito público ou em poder de quem quer que seja, sem que se mostre satisfeito o imposto que for devido na parte correspondente à quantia levantada.

2. Nos precatórios declara-se sempre se o imposto está pago ou não é devido.

ARTIGO 43.º

(Envio do balanço e relatório de contas)

As sociedades comerciais e as civis sob forma comercial que tenham em Angola a sua sede, direcção efectiva ou o principal estabelecimento ou núcleo de estabelecimentos enviarão à repartição fiscal da sua residência, até ao fim do mês seguinte ao da aprovação das contas de cada exercício um exemplar do respectivo balanço, acompanhado do desenvolvimento da conta de lucros e perdas, com menção da data da aprovação das contas, e ainda, se os houver, o relatório da administração e o parecer do Conselho Fiscal.

ARTIGO 44.º

(Arquivo)

Nas repartições fiscais organiza-se, relativamente a cada entidade a que incumba a entrega do imposto, um processo no qual são incorporados todos os elementos que lhe respeitem, nomeadamente os relatórios e contas referidos no artigo anterior.

ARTIGO 45.º

(Transferência de dividendos)

Não pode ser autorizada a transferência dos rendimentos a que se refere a alínea a) do n.º 1 do artigo 9.º sem que se mostre pago ou não ser devido o imposto sobre a aplicação de capitais.

ARTIGO 46.º

(Registo comercial e predial)

Sem que se mostre estar pago ou não ser devido o respectivo imposto, os conservadores do registo comercial ou predial não podem proceder ao registo de alterações do pacto social de sociedades anónimas, em comandita por acções, ou por quotas, que envolvam aumentos de capital, operados mediante incorporação de reservas ou emissão de acções com reserva de preferência na subscrição.

ARTIGO 47.º

(Notários)

Durante o mês de Janeiro de cada ano, os notários enviam às repartições fiscais competentes para liquidar o imposto devido pelos rendimentos referidos na alínea h) do n.º 1 do artigo 9.º, relações de que constem todas as escrituras, celebradas no ano anterior, de aumentos de capital de sociedades anónimas, em comandita por acções, ou por quotas, quando realizados mediante incorporação de reservas ou emissão de acções com reserva de preferência na subscrição.

ARTIGO 48.º

(Envio de relação de aumentos de capital social)

Durante o mês de Janeiro de cada ano, as repartições fiscais enviam à Direcção Nacional de Impostos uma relação mencionando todos os aumentos de capital das sociedades com sede na respectiva província realizados no ano anterior, e que tenham chegado ao seu conhecimento por qualquer forma.

CAPÍTULO VIII
Garantias dos Contribuintes

ARTIGO 49.º

(Reclamações e recursos)

1. Contra a liquidação do imposto podem os contribuintes e as entidades responsáveis pela sua entrega nos cofres do Estado reclamar e recorrer com os fundamentos e nos termos estabelecidos no Código Geral Tributário e Código do Processo Tributário.

2. Sem prejuízo do disposto no Código Geral Tributário e no Código do Processo Tributário, os prazos para as reclamações ordinárias e extraordinárias referentes à liquidação do imposto sobre a aplicação de capitais, secção B, contam-se:

a) Quando apresentadas pelos titulares dos rendimentos, desde a data em que se verificou o pagamento que originou o desconto do imposto;

b) Quando apresentadas pelas entidades responsáveis pela entrega, desde a data em que esta tenha ocorrido ou, tratando-se de liquidação adicional, desde a data da sua notificação.

CAPÍTULO IX
Penalidades

ARTIGO 50.º

(Falta de liquidação)

1. A falta de liquidação do imposto no prazo legal é punida com multa igual ao dobro do imposto devido por todo o tempo decorrido até à data da liquidação.

2. Tratando-se, porém, de dívidas de que as repartições fiscais tenham ou devam ter conhecimento através das relações a que se referem os artigos 47.º e 48.º, a multa é igual ao valor do imposto devido nos termos do número precedente.

3. As multas a que se refere este artigo em caso algum podem ser inferiores a 10 UCF.

ARTIGO 51.º

(Falta de informação)

1. A infracção ao disposto no artigo 38.º é punida com a multa de 50 UCF a 200 UCF.

2. Além da multa estabelecida no número anterior, o infractor fica ainda solidariamente responsável pelo pagamento do imposto devido até à data da liquidação.

ARTIGO 52.º
(Omissões declarativas)

1. Qualquer indicação inexacta ou omissão nas declarações exigidas no presente diploma, de que resulte falta de liquidação do imposto ou liquidação inferior à devida, é punida com multa de 100 UCF a 20.000 UCF, havendo simples negligência, e com multa igual a cinco vezes o imposto que deixou de ser liquidado, com o mínimo de 200 UCF, havendo dolo.

2. Consideram-se sempre dolosas as falsas declarações sobre:
   a) Não estipulação de juro;
   b) Taxa convencionada;
   c) Recebimento total ou parcial do capital manifestado.

ARTIGO 53.º
(Certidão do estado da causa)

O credor da dívida litigiosa que não cumprir o preceituado no n.º 3 do artigo 17.º incorre em multa de 100 UCF a 1.000 UCF.

ARTIGO 54.º
(Certidão de extinção da instância)

1. A falta de declaração da extinção da instância nos termos do n.º 4 do artigo 17.º é punida com multa igual ao triplo do imposto devido, no mínimo de 10 UCF.

2. Não sendo devido imposto, a infracção é punida com multa de 100 UCF a 1.000 UCF.

ARTIGO 55.º
(Não liquidação do imposto por insolvência)

O credor a requerimento do qual se houver julgado a insolvência incorre na multa de 100 UCF a 1.000 UCF se não proceder à liquidação do imposto logo que tenha conhecimento de que o devedor ou os outros responsáveis adquiriram bens com que possam solver a dívida.

ARTIGO 56.º
(Livro de registos)

A falta do livro a que se refere o artigo 18.º é punida com multa de 100 UCF e a omissão de registos no mesmo livro é punida com a multa de 20 UCF por cada registo em falta.

ARTIGO 57.º
(Não pagamento do imposto)

A falta de pagamento de imposto no prazo fixado nos artigos 33.º e 34.º é punida com multa igual ao dobro do imposto devido no mínimo de 10 UCF.

ARTIGO 58.º
(Entrega extemporânea do imposto)

1. A entrega do imposto fora do prazo fixado no n.º 2 do artigo 34.º é punida com multa igual ao dobro do imposto devido no mínimo de 100 UCF.

2. Não é aplicável a esta infracção o benefício correspondente ao pagamento espontâneo das multas.

ARTIGO 59.º
(Não entrega do imposto)

1. A falta, total ou parcial, da entrega do imposto é punida com a multa igual ao dobro do quantitativo em dívida, no mínimo de 20 UCF, sem prejuízo das sanções previstas no Código Geral Tributário e Código Penal se houver abuso de confiança.

2. Quando a infracção prevista no número anterior seja acompanhada de falta de desconto prescrito no n.º 2 do artigo 30.º, à multa nele cominada acrescenta, pela primeira vez, a de 250 UCF a 5.000 UCF e, no caso de reincidência, a de 2.500 UCF a 50.000 UCF.

ARTIGO 60.º
(Não realização da retenção na fonte)

A infracção do disposto no n.º 2 do artigo 30.º, quando, não obstante, se proceda à entrega do imposto, é punida, pela primeira vez, com a multa de 100 UCF a 10.000 UCF, e, no caso de reincidência, com a de 5.000 UCF a 100.000 UCF.

ARTIGO 61.º
(Não envio do balanço e relatório de contas)

1. O não cumprimento do disposto no artigo 43.º é punido com multa de 100 UCF a 2.000 UCF.

2. O Director Nacional dos Impostos pode no entanto relevar a falta de cumprimento do disposto no artigo 43.º quando se trate de pequenas actividades, com reduzido movimento comercial ou industrial.

ARTIGO 62.º
(Envio extemporâneo do balanço e relatório de contas)

Pelo envio fora do prazo dos exemplares dos balanços e demais elementos a que se refere o artigo 43.º é aplicada a multa de 50 UCF a 1.000 UCF.

ARTIGO 63.º
(Não participação do aumento do capital social)

1. A falta de apresentação da participação exigida pelo artigo 21.º ou de qualquer dos documentos que a devam acompanhar é punida com multa de 100 UCF a 2.000 UCF.

2. Não sendo devido imposto aplica-se sempre o mínimo da multa.

ARTIGO 64.º

(Dolo)

Havendo dolo, as multas estabelecidas nos artigos anteriores, quando fixas, são elevadas ao dobro.

ARTIGO 65.º

(Simulação)

1. Realizando-se acto ou contrato simulado, com prejuízo do imposto sobre a aplicação de capitais que, de outro modo, seria pago, ficam os simuladores solidariamente sujeitos a multa igual ao dobro do imposto que se deixou de pagar, no mínimo de 500 UCF.

2. O auto para a aplicação da multa prevista só pode ser levantado depois de declarada a nulidade dos actos ou contratos simulados, em acção proposta pelo Ministério Público perante o competente tribunal comum, dentro do prazo de cinco anos a contar da realização do acto.

3. O chefe da repartição fiscal, tendo fundadas suspeitas de que se simulou qualquer acto ou contrato em prejuízo da administração fiscal, comunicará o facto ao agente do Ministério Público junto do tribunal competente, para que proponha a respectiva acção de anulação.

4. Transitada em julgado a sentença que declarar a nulidade, o tribunal deve remeter cópia, nos oito dias seguintes, à repartição fiscal competente para proceder ao levantamento do auto.

CAPÍTULO X
Disposições Diversas

ARTIGO 66.º

(Envio da relação de manifesto)

Os chefes das repartições fiscais devem enviar aos conservadores do registo predial, até ao último dia útil de cada mês, uma relação dos manifestos cujos efeitos cessaram por extinção dos créditos que hajam sido assegurados com garantia real sobre prédios, devendo referir na relação o número da sua descrição na conservatória.

O Presidente da República, José Eduardo dos Santos.

198

CÓDIGO DO IMPOSTO SOBRE A
APLICAÇÃO DE CAPITAIS

Artigo 9º
(Juros, dividendos e outros rendimentos)

1. São compreendidos na secção B:

    a) Os lucros, seja qual for a sua natureza, espécie ou designação, atribuídos aos sócios das sociedades comerciais ou civis sob a forma comercial;

    b) ....

63. OUTROS PROVEITOS OPERACIONAIS

63.2 Royalties

O rédito proveniente de royalties deve ser reconhecido quando estiverem satisfeitas as condições gerais para o reconhecimento de réditos.

O reconhecimento deve ser feito na base da especialização dos exercícios de acordo com a substância do contrato existente. *(Políticas contabilísticas).*

Esta conta, destina-se a registar os proveitos derivados do uso, por terceiros de imobilizados da entidade como por exemplo, patentes, marcas, copyrights e software de computadores. *(Notas explicativas).).*

1. Recebido da empresa "XYZ", royalties, pela exploração da patente do nosso produto "X":

1.1 Valor líquido...	45.1.1	**63.2**
1.2 Retenção do imposto na fonte................................	45.1.1	34.1.1

2. Recebido da empresa "A", pela cedência temporária do desenho "H":

2.1 Valor líquido...	45.1.1	**63.2**
2.2 Retenção do imposto na fonte................................	45.1.1	34.1.1

66.5 RENDIMENTO DE PARTICIPAÇÕES DE CAPITAL

Esta conta destina-se a registar os dividendos e lucros recebidos de empresas nas quais exista uma participação de capital e que não sejam subsidiárias nem associadas. *(Notas explicativas)*.

66.5.1 Acções, quotas em outras empresas

1. Dividendos recebidos da associada "ABC":

1.1 Valor ilíquido dos dividendos..	45.1.1	**66.5.1**
1.2 Imposto retido na fonte..	34.1.1	

2. Dividendos recebidos da sociedade "A", S.A.:

2.1 Pelo valor ilíquido		**66.5.1**
2.2 Valor creditado na nossa conta no Banco "B"........................	43.1.2	
2.3 Imposto retido na fonte..	34.1.1	

SOCIEDADE COMERCIAL DE BENGUELA, LDA.
Lei das Sociedades Comerciais

CAPÍTULO VII
Apreciação Anual da Situação da Sociedade

ARTIGO 294º
(Relatório de gestão e contas do exercício)

1. A sociedade deve submeter à apreciação dos sócios, nos três meses seguintes ao final de cada exercício, os documentos de prestação de contas.

2. Para efeitos do disposto no número anterior, o relatório de gestão e os documentos de prestação de contas devem ser disponibilizados para consulta dos sócios, nas condições previstas no nº 6 do artigo 236º, na sede da sociedade e durante as horas de expediente, a partir do dia em que seja expedida a convocatória para a Assembleia Geral destinada a apreciá-los, devendo os sócios ser deste facto avisados na própria convocatória.

3. Caso a sociedade tenha órgão de fiscalização, os documentos de prestação de contas devem ser acompanhados por um parecer desse órgão.

4. É desnecessária outra forma de apreciação ou deliberação quando todos os sócios sejam gerentes e todos eles assinem, sem reservas, o relatório de gestão, as contas, a proposta sobre aplicação de lucros e medidas a adoptar relativamente às perdas.

5. Verificando-se empate na votação sobre a aprovação de contas ou sobre a atribuição de lucros, pode qualquer sócio requerer judicialmente a convocação da Assembleia Geral para nova votação, devendo o juiz designar, para presidir a essa assembleia, uma pessoa idónea, estranha à sociedade, de preferência um perito contabilista, a quem deve atribuir o poder de desempatar, se voltar a verificar-se o empate caso em que o juiz fixa os encargos ocasionados pela designação, que são de conta da sociedade.

6. A pessoa designada nos termos do número anterior pode exigir da gerência ou do órgão de fiscalização que lhe sejam facultados os documentos sociais cuja consulta considere necessária e que lhe sejam prestadas as informações de que careça.

Apreciação Anual da Situação da Sociedade

RELATÓRIO DE GESTÃO E CONTAS DO EXERCÍCIO

Artigo 294° do Código das Sociedades Comerciais

Para cumprimento das disposições da lei e dos estatutos, vimos submeter à Assembleia Geral a realizar no dia 15 de Março de 2012, o Relatório de Gestão e as contas respeitantes à actividade desenvolvida no exercício de 2011.

A sociedade continuou a desenvolver em 2011 a sua actividade principal na comercialização de livros e artigos dc papclaria, tcndo atingido um volumc dc vendas de 30.313,440,00 Kz contra um volume de 22.485.119,40 Kz no ano transacto.

As vendas foram realizadas pelos seguintes estabelecimentos:

* Scdc 16.482.780,00

* Estabelecimento "A" 5.735.910,00

* Estabelecimento "B" 8.094.750,00

O aumento do referido volume, superior a 26%, foi devido, nomeadamente, às vendas originadas pela nova representação, para a região do sul, dos livros editados pela Sociedade Editora "B", Limitada e pela campanha publicitária realizada no segundo semestre de 2011. Os investimentos directos em 2011 não tiveram significado, uma vez que não foram além dos 32.700,00 Kz.

Actividades suplementares: A empresa iniciou no último semestre de 2011 a venda de tintas e de outros materiais para pintura. Para a sua divulgação constitui-se uma secção dedicada à execução de material de publicidade, pintado à mão, tendo-se já obtido no exercício em apreço, uma receita de Kz 29.149,80, como prestação de serviços.

Foram iniciados, no primeiro trimestre de 2012 os estudos do mercado com vista à abertura do estabelecimento "C", para a comercialização de equipamento informático e software. Para o efeito, a empresa está em negociações com a Imobiliária "Y", para a aquisição de uma fracção, no edifício "D".

As perspectivas futuras da empresa são animadoras, tendo presente o seu crescimento progressivo nos últimos anos. No exercício a que o presente relatório é dedicado admitiram-se três trabalhadores e, em 2012, está prevista a criação de mais dois postos de trabalho para o novo estabelecimento "C".

Com vista ao desejável crescimento do volume de negócios foram já iniciadas as obras de remodelação do estabelecimento "A", que vão avolumar os investimentos previstos para 2012, em mais de 1.125.000,00 Kz.

Proposta de aplicação dos resultados

O lucro líquido apurado no exercício de 2011, foi de Kz 2.706.538,05, depois de deduzida a estimativa do Imposto Industrial, a pagar em 2012. Tendo em vista a necessidade do reforço das disponibilidades financeiras para concretização dos investimentos já citados no presente relatório, somos de opinião que, mais uma vez, seja transferido para reservas, a maioria do lucro obtido, motivo porque propomos à Assembleia Geral Ordinária, a realizar no próximo dia 24 de Março de 2012, a seguinte aplicação do resultado obtido:

* Para distribuição pelos sócios.. 900.000,00
* Para reservas legais... 126.000,00
* Para reservas livres.. 1.680.538,05
                                                                                                                        2.706.538,05

Além da sede, a sociedade possui os estabelecimentos "A" e "B", estando previsto, como já se salientou, a abertura do estabelecimento "C", durante o ano que decorre.

O lucro apurado no exercício de 2.706.538,05, encontra-se influenciado, positivamente, pela verba de 29.149,80, que vai ser restituída pela Administração Fiscal, por ter sido deferida a reclamação da matéria colectável do Imposto Industrial do exercício de 2009, que havia sido fixada em excesso.

Aproveita-se o ensejo para, desta forma, manifestar aos nossos colaboradores, o nosso agradecimento pela forma como viveram o dia a dia, connosco, para o crescimento positivo da empresa.

Do "Relatório de Gestão" fazem parte as seguintes peças contabilísticas, de apresentação de contas:

* Balanço;

* Demonstração de Resultados;

* Balancetes do Razão Sintético e Razão Analítico.

Identificação da empresa

SOCIEDADE COMERCIAL DE BENGUELA, LIMITADA
N.I.F. 541099299

BENGUELA

Local e assinaturas

Benguela, 10 de Maio de 2012

A Gerência

IMPOSTO SOBRE A APLICAÇÃO DE CAPITAIS

De harmonia com a alínea a) do nº 1 do artigo 9º, são compreendidos na secção B:

a) Os lucros, seja qual for a sua natureza, espécie ou designação, atribuídos aos sócios das sociedades comerciais ou civis sob a forma comercial;

Por sua vez o nº 2, do artigo 27º, refere que a taxa do imposto é de 10%:

Cálculo

900.000,00 x 10% = ... 90.000,00 Kz.

Pagamento do imposto - Artigo 33º

O pagamento do imposto devido faz-se até ao último dia do mês seguinte àquele a que respeite o imposto.

Modo de pagamento - Artigo 35º

1. O pagamento do imposto realiza-se através do preenchimento e entrega na dependência bancária ou entidade legalmente indicada para o efeito do Documento de Arrecadação de Receita (DAR) e dos meios de pagamento adequados, nos termos do Código Geral Tributário.

2. Se o pagamento não for efectuado dentro do prazo legal, é extraída certidão de dívida tributária sendo o processo encaminhado para cobrança coerciva.

CAPÍTULO VIII

ASSOCIAÇÃO DE SOLIDARIEDADE SOCIAL

"XYZ", DE LUANDA

LEI DAS ASSOCIAÇÕES
ARTIGO 8º
(Fins das Associações)

1. Nos termos da presente lei podem constituir-se associações para prosseguirem entre outros, os seguintes fins:

   a) profissionais;

   b) científicos e técnicos;

   c) culturais e recreativos;

   d) educativos;

   e) solidariedade social;

   f) convívio e promoção social;

   g) protecção do meio ambiente;

   h) promoção e desenvolvimento comunitário;

   i) políticos;

   j) solidariedade internacional.

2. As associações que visem a prossecução de fins políticos é vedada:

   a) participar na actividade dos órgãos do Estado;

   b) contribuir para a determinação da política nacional, designadamente através da participação em eleições ou de outros meios democráticos;

   c) contribuir para o exercício dos direitos políticos dos cidadãos;

   d) definir programas de governo e de administração;

   e) influenciar a política nacional no Parlamento ou no Governo.

ARTIGO 12º

(Associados)

1. Para a constituição de uma associação é necessário um número mínimo de 15 ou 7 membros, conforme se trate de uma associação de âmbito nacional ou regional e local respectivamente.

2. Podem filiar-se em associações angolanas os cidadãos estrangeiros residentes.

ARTIGO 13º

(Aquisição de personalidade jurídica)

1. As associações adquirem personalidade jurídica pelo depósito contra recibo de um exemplar da escritura pública de constituição, no Ministério da Justiça ou no Comissariado Provincial da respectiva sede, conforme se tratar de associação de âmbito nacional ou regional e de âmbito local respectivamente.

2. O depósito referido no número anterior deve ser feito após prévia publicação da escritura pública na 3ª série do Diário da República ou num dos jornais mais lidos na respectiva sede, conforme se tratar de associação de âmbito nacional ou regional e de âmbito local respectivamente.

3. No prazo de 15 dias a contar da data do depósito, o depositário remeterá cópia do exemplar do Diário da República que publicar a escritura de constituição, ao Procurador-Geral da República ou Procurador Provincial conforme o âmbito da associação, para que este no caso de os estatutos ou o fim da associação não estar conforme à lei, à ordem pública ou à moral social, promova a declaração judicial de extinção.

4. A escritura pública, bem como as respectivas alterações, só produzirão efeito em relação a terceiros a partir da sua publicação no Diário da República.

5. Sempre que assim o entenda, poderão as associações criar comissões instaladoras para a dinamização dos procedimentos previstos no número anterior.

ARTIGO 14º
(Estatutos)

1. Para a sua constituição e funcionamento as associações devem adoptar um estatuto.

2. Dos estatutos constarão necessariamente os seguintes elementos:

   a) a denominação social;

   b) a duração;

   c) o fim social;

   d) a sede;

   e) o âmbito territorial;

   f) o modo de representação perante terceiros;

   g) os direitos e deveres dos associados, bem como as condições da sua admissão e exclusão;

   h) os órgãos sociais da associação, suas atribuições e competências;

   i) termos de extinção e consequente destino do património.

3. A publicação no Diário da República só é obrigatória para os elementos constantes das alíneas a), b), c), d) e e).

ASSOCIAÇÃO DE SOLIDARIEDADE SOCIAL "XYZ" DE LUANDA

De acordo com a alínea e) do artigo 8° da Lei n° 14/91, de 11 de Maio, antes transcrito, foi constituída, em Luanda, a Associação sem Fins Lucrativos em epígrafe.

A contabilidade foi devidamente organizada de acordo com a lei em vigor, pelo que se passa a apresentar os dados para efeito registados na Associação:

Vamos supor que esta associação, optou por aplicar a normalização contabilística para o exercício iniciado em 1 de Janeiro de 2011, apresentando-se, por isso, os seguintes dados:

1) Balancete analítico em 31 de Dezembro de 2010 (Balancete de verificação);

2) Fundo Social – Demonstração dos resultados em 31/12/2010;

3) Balancete de abertura em 1 de Janeiro de 2011;

4) Operações realizadas em Janeiro de 2011;

5) Balancete geral analítico e do Razão, em Janeiro de 2011;

6) Classe 9 – Contabilidade analítica ou de Custos;

7) Balancete da contabilidade analítica de Janeiro de 2011.

ASSOCIAÇÃO DE SOLIDARIEDADE SOCIAL "XYZ", DE LUANDA
BALANCETE ANALÍTICO EM 31 DE DEZEMBRO DE 2010
(BALANCETE DE VERIFICAÇÃO)

CONTAS DO P.G.C.A.	MOVIMENTO ACUMULADO		SALDOS	
	DÉBITO	CRÉDITO	DEVEDORES	CREDORES
11 IMOBILIZAÇÕES CORPÓREAS				
111 Terrenos e recursos naturais:				
11142 Terrenos com edifícios...............................	22 000,00		22 000,00	
112 Edifícios e outras construções:				
1121 Edifícios:				
11212 Edifício - Serviços administrativos................	70 000,00		70 000,00	
113 Equipamento básico.............................	3 895,00		3 895,00	
114 Equipamento de carga e transporte..................	49 800,00		49 800,00	
115 Equipamento administrativo...........................	10 300,00		10 300,00	
SUB-TOTAIS...............	155 995,00	0,00	155 995,00	0,00
18 AMORTIZAÇÕES ACUMULADAS				
181 Imobilizações corpóreas:				
1812 Edifícios e outras construções......................		13 969,71		13 969,71
1813 Equipamento básico.............................		3 366,74		3 366,74
1814 Equipamento de transporte...........................		47 625,23		47 625,23
1815 Equipamento administrativo..........................		7 776,39		7 776,39
SUB-TOTAIS...............	0,00	72 738,07	0,00	72 738,07
31 CLIENTES				
311 Clientes - correntes:				
31321 Não grupo - Nacionais:				
3132101 Cliente "A"...........................	11 530,00	11 000,00	530,00	
3132102 Cliente "B"...........................	7 913,00	7 913,00	0,00	
3132103 Cliente "C"	948,75	620,00	328,75	
SUB-TOTAIS...............	20 391,75	19 533,00	858,75	0,00

ASSOCIAÇÃO DE SOLIDARIEDADE SOCIAL "XYZ", DE LUANDA
BALANCETE ANALÍTICO EM 31 DE DEZEMBRO DE 2010
(BALANCETE DE VERIFICAÇÃO)

CONTAS DO P.G.C.A.	MOVIMENTO ACUMULADO		SALDOS	
	DÉBITO	CRÉDITO	DEVEDORES	CREDORES
32 FORNECEDORES				
321 Fornecedores - correntes:				
32121 Não grupo - Nacionais:				
3212101 Fornecedor "A"..	5 300,00	5 600,00		300,00
3212102 Fornecedor "B"..	2 495,00	2 750,00		255,00
3212103 Fornecedor "C"..	536,12	536,12		0,00
3212104 Fornecedor "D"..	561,00	740,00		179,00
3212105 Fornecedor "E"..	4 561,00	4 561,00		0,00
329 Fornecedores - saldos devedores:				
3291 Adiantamentos:				
32911 Fornecedor "E"	500,00		500,00	
SUB-TOTAIS...	13 953,12	14 187,12	500,00	734,00
33 EMPRÉSTIMOS				
331 Empréstimos bancários				
3311 Moeda nacional				
331101 Banco "A"...	2 350,00	3 000,00		650,00
331102 Banco "B"...	9 600,00	10 000,00		400,00
331103 Banco "C"...	4 714,00	6 000,00		1 286,00
SUB-TOTAIS...	16 664,00	19 000,00	0,00	2 336,00
34 ESTADO				
343 Imposto de rendimento de trabalho:				
3431 Trabalho dependente.......................................	3 800,00	3 950,00		150,00
3432 Trabalho independente.....................................	538,70	606,04		67,34
3491 Contribuições para a Segurança Social..........	6 400,00	6 600,00		200,00
SUB-TOTAIS...	10 738,70	11 156,04	0,00	417,34

ASSOCIAÇÃO DE SOLIDARIEDADE SOCIAL "XYZ", DE LUANDA
BALANCETE ANALÍTICO EM 31 DE DEZEMBRO DE 2010
(BALANCETE DE VERIFICAÇÃO)

CONTAS DO P.G.C.A.	MOVIMENTO ACUMULADO		SALDOS	
	DÉBITO	CRÉDITO	DEVEDORES	CREDORES
37 OUTROS VALORES A RECEBER E A PAGAR				
371 Compras de imobilizado:				
3711 Imobilizado corpóreo:				
371103 Fornecedor "C"...	1 500,00	1 500,00		0,00
371104 Fornecedor "D"...	2 000,00	2 800,00		800,00
SUB-TOTAIS...............................	3 500,00	4 300,00	0,00	800,00
375 Encargos a pagar:				
3751 Seguros a liquidar...		56,00		56,00
SUB-TOTAIS...............................	0,00	56,00	0,00	56,00
39 PROVISÕES PARA OUT. RISCOS E ENCARGOS				
3921 Provisões pª. processos judiciais em curso ..		850,00		850,00
SUB-TOTAIS...............................	0,00	850,00	0,00	850,00
43 DEPÓSITOS À ORDEM				
431 Moeda nacional:				
4311 Banco "A"..	92 700,00	61 200,00	31 500,00	
4312 Banco "B"..	116 815,00	59 400,00	57 415,00	
4313 Banco "C"..	111 660,00	45 830,00	65 830,00	
SUB-TOTAIS...............................	321 175,00	166 430,00	154 745,00	0,00
45 CAIXA				
4511 Fundo fixo - Caixa	303 930,44	301 276,90	2 653,54	
SUB-TOTAIS...............................	303 930,44	301 276,90	2 653,54	0,00
51 FUNDO SOCIAL				
511 Exercícios:				
5111 Exercício N-3..		25 300,00		25 300,00
5112 Exercício N-2..		32 600,00		32 600,00
5113 Exercício N-1..		35 750,00		35 750,00
SUB-TOTAIS...............................	0,00	93 650,00	0,00	93 650,00

ASSOCIAÇÃO DE SOLIDARIEDADE SOCIAL "XYZ", DE LUANDA
BALANCETE ANALÍTICO EM 31 DE DEZEMBRO DE 2010
(BALANCETE DE VERIFICAÇÃO)

CONTAS DO P.G.C.A.	MOVIMENTO ACUMULADO		SALDOS	
	DÉBITO	CRÉDITO	DEVEDORES	CREDORES
57 RESERVAS COM FINS ESPECÍFICOS				
571 Doações:				
5711 Acções..		90 000,00		90 000,00
5712 Obrigaçoes e títulos de participação..............		4 335,65		4 335,65
SUB-TOTAIS..	0,00	94 335,65	0,00	94 335,65
66 PROVEITOS E GANHOS FINANCEIROS GERAIS				
661 Juros:				
6611 De investimentos finaneiros:				
66114 Empréstimos...................................		2 000,00		2 000,00
6615 Aplicações de tesouraria.......................		5 800,00		5 800,00
669 Transferência para resultados operacionais.....	7 800,00		7 800,00	
SUB-TOTAIS..	7 800,00	7 800,00	7 800,00	7 800,00
68 OUTROS PROVºS. GANHOS NÃO OPERACIONAIS				
6811 Donativos - Angariação de fundos..................		114 700,00		114 700,00
6819 Transferência para resultados operacionais...	114 700,00		114 700,00	
SUB-TOTAIS..	114 700,00	114 700,00	114 700,00	114 700,00
72 CUSTOS COM O PESSOAL				
7221 Remunerações do pessoal.............................	30 526,43		30 526,43	
725 Encargos sobre remunerações:				
7251 Órgãos sociais..	1 010,00		1 010,00	
7252 Pessoal...	5 400,00		5 400,00	
726 Seguros acident. trabalho doen. profissionais	552,26		552,26	
7271 Formação - Pessoal.................................	434,00		434,00	
729 Transferência para resultados operacionais.....		37 922,69		37 922,69
SUB-TOTAIS..	37 922,69	37 922,69	37 922,69	37 922,69

ASSOCIAÇÃO DE SOLIDARIEDADE SOCIAL "XYZ", DE LUANDA
BALANCETE ANALÍTICO EM 31 DE DEZEMBRO DE 2010
(BALANCETE DE VERIFICAÇÃO)

CONTAS DO P.G.C.A.	MOVIMENTO ACUMULADO		SALDOS	
	DÉBITO	CRÉDITO	DEVEDORES	CREDORES
73 AMORTIZAÇÕES DO EXERCÍCIO				
731 Imobilizações corpóreas:				
7312 Edifícios e outras construções.........................	1 400,00		1 400,00	
7313 Equipamento básico.....................................	311,60		311,60	
7314 Equipamento de carga e transporte................	6 225,00		6 225,00	
7315 Equipamento administrativo............................	1 030,00		1 030,00	
739 Transferência para resultados operacionais.....		8 966,60		8 966,60
SUB-TOTAIS................................	8 966,60	8 966,60	8 966,60	8 966,60
75 OUTROS CUSTOS E PERDAS OPERACIONAIS				
752 Fornecimentos e serviços externos:				
75212 Electricidade...	3 259,00		3 259,00	
75213 Combustíveis e outros fluídos				
752131 Gasolina..	2 395,00		2 395,00	
752132 Gasóleo...	2 900,00		2 900,00	
75211 Água..	902,57		902,57	
75216 Ferramentas e utensílios desgaste rápido.....	108,00		108,00	
75218 Livros e documentação técnica....................	250,00		250,00	
75217 Material de escritório..................................	395,00		395,00	
75221 Rendas e alugueres....................................	6 000,00		6 000,00	
75221 Seguros...	1 205,60		1 205,60	
75234 Honorários..	1 800,00		1 800,00	
75230 Contencioso e notariado.............................	102,05		102,05	
75226 Conservação e reparação............................	1 012,00		1 012,00	
75229 Publicidade e propaganda...........................	250,00		250,00	
75228 Limpeza, higiene e conforto........................	135,00		135,00	
75233 Trabalhos executados no exterior................	500,00		500,00	
75239 Outros serviços...	735,69		735,69	
759 Transferência para resultados operacionais.....		21 949,91		21 949,91
SUB-TOTAIS................................	21 949,91	21 949,91	21 949,91	21 949,91

CONTAS DO P.G.C.A.	MOVIMENTO ACUMULADO		SALDOS	
	DÉBITO	CRÉDITO	DEVEDORES	CREDORES
753 Impostos:				
7531 Impostos indirectos:				
75311 Imposto do selo...	18,00		18,00	
75312 Impostos sobre transportes rodoviários.......	179,57		179,57	
759 Transferência para resultados operacionais.....		197,57		197,57
SUB-TOTAIS..	197,57	197,57	197,57	197,57
76 CUSTOS E PERDAS FINANCEIROS GERAIS				
761 Juros:				
7611 De empréstimos:				
76111 Bancários..	4 628,00		4 628,00	
769 Transferência para resultados operacionais.....		4 628,00		4 628,00
SUB-TOTAIS..	4 628,00	4 628,00	4 628,00	4 628,00
82 RESULTADOS OPERACIONAIS				
811 Resultados operacionais.....................................	73 664,77	122 500,00		
8111 Resultado líquido...	48 835,23	0,00		
	122 500,00	122 500,00	0,00	0,00
88 RESULTADO LÍQUIDO DO EXERCÍCIO				
881 Resultado líquido..	0,00	48 835,23	0,00	48 835,23
SUB-TOTAIS..	0,00	48 835,23	0,00	48 835,23
TOTAIS ACUMULADOS	1 165 012,78	1 165 012,78	510 917,05	510 917,05

ASSOCIAÇÃO DE SOLIDARIEDADE SOCIAL "XYZ", DE LUANDA

BALANCETE ANALÍTICO EM 31 DE DEZEMBRO DE 2010

(BALANCETE DE VERIFICAÇÃO)

ASSOCIAÇÃO DE SOLIDARIEDADE SOCIAL "XYZ", DE LUANDA
BALANCETE DO RAZÃO EM 31 DE DEZEMBRO DE 2010
(BALANCETE DE VERIFICAÇÃO)

CONTAS DO P.G.C.A.	MOVIMENTO ACUMULADO		SALDOS	
	DÉBITO	CRÉDITO	DEVEDORES	CREDORES
11 IMOBILIZAÇÕES CORPÓREAS	155 995,00	0,00	155 995,00	0,00
18 AMORTIZAÇÕES ACUMULADAS	0,00	72 738,07	0,00	72 738,07
31 CLIENTES	20 391,75	19 533,00	858,75	0,00
32 FORNECEDORES	13 953,12	14 187,12	500,00	734,00
33 EMPRÉSTIMOS OBTIDOS	16 664,00	19 000,00	0,00	2 336,00
34 ESTADO...	10 738,70	11 156,04	0,00	417,34
37 OUTROS VALORES A RECEBER E A PAGAR..........	3 500,00	4 356,00	0,00	856,00
39 PROVISÕES PARA OUTROS RISCOS ENCARGOS..	0,00	850,00	0,00	850,00
43 DEPÓSITOS À ORDEM	321 175,00	166 430,00	154 745,00	0,00
45 CAIXA	303 930,44	301 276,90	2 653,54	0,00
51 FUNDO SOCIAL	0,00	93 650,00	0,00	93 650,00
57 RESERVAS COM FINS ESPECIAIS........................	0,00	94 335,65	0,00	94 335,65
66 PROVEITOS E GANHOS FINANCEIROS GERAIS.....	7 800,00	7 800,00	7800,00	7 800,00
68 OUTROS PROV. E GANHOS NÃO OPERACIONAIS.	114 700,00	114 700,00	114 700,00	114 700,00
75 OUTROS CUSTOS E PERDAS OPERACIONAIS.......	21 949,91	21 949,91	21 949,91	21 949,91
63 IMPOSTOS	197,57	197,57	197,57	197,57
72 CUSTOS COM O PESSOAL	37 922,69	37 922,69	37 922,69	37 922,69
73 AMORTIZAÇÕES DO EXERCÍCIO..........................	8 966,60	8 966,60	8 966,60	8 966,60
76 CUSTOS E PERDAS FINANCEIROS GERAIS	4 628,00	4 628,00	4 628,00	4 628,00
82 RESULTADOS OPERACIONAIS............................	122 500,00	122 500,00	0,00	0,00
88 RESULTADO LÍQUIDO DO EXERCÍCIO	0,00	48 835,23	0,00	48 835,23
TOTAIS	1 165 012,78	1 165 012,78	510 917,05	510 917,05

FUNDO SOCIAL

ASSOCIAÇÃO DE SOLIDARIEDADE SOCIAL "XYZ" DE LUANDA

DEMONSTRAÇÃO DOS RESULTADOS EM 31/12/2010

CONTABILIDADE DE CUSTOS

DESIGNAÇÃO	MOVIMENTO		SALDOS	
PROVEITOS		Crédito		Credores
Angariação de fundos:				
- Luanda.................................		35.600,00		
- Lobito..................................		30.000,00		
- Benguela..............................		6.800,00		
- Restantes localidades.............		6.500,00		
- Quotizações..........................		10.000,00		
- Donativos.............................		20.000,00		
- Festas e outras actividades...........		5.100,00		114.000,00
Receitas financeiras:				
- Juros de depósitos.....................		2.000,00		
- Juros de aplicações...................		3.500,00		
- Outras receitas........................		2.300,00		7.800,00
TOTAL DOS PROVEITOS...........		122.500,00		122.500,00
ENCARGOS	Débito		Devedores	
Educação para a saúde....................	3.500,00			
Assistência a doentes:				
- Voluntariado.............................	2.395,00			
- Serviço social...........................	2.434,00			
- Cuidados continuados..................	1.912,00			
- Apoio individual a doentes............	1.800,00		12.041,00	
Donativos.................................	6.000,00		6.000,00	
Custos administrativos:				
Custos com o pessoal:				
- Remunerações..........................	30.526,43			
- Encargos sobre remunerações.....	6.410,00			
- Seguros acidentes no trabalho......	552,36		37.488,79	
Fornecimentos e serviços externos:				
- Electricidade............................	3.259,00			
- Seguros.................................	1.205,00			
- Outros fornecimentos..................	76,38		4.540,38	
Custos e perdas financeiras:				
- Juros/empréstimos bancários.......	4.628,00		4.628,00	
Amortizações do exercício:				
- De imobilizações corpóreas.........	8.966,60		8.966,60	
TOTAL DOS ENCARGOS................	73.664,77		73.664,77	
RESULTADO LÍQUIDO.......................		48.835,23		

ASSOCIAÇÃO DE SOLIDARIEDADE SOCIAL "XYZ" DE LUANDA

Balancete Geral - Financeira

Mensal

Conta	Descrição	Mov. Débito	Mov. Crédito	Saldo Débito	Saldo Crédito
11	IMOBILIZAÇÕES CORPÓREAS	106,195.00	0.00	106,195.00	
111	Terrenos e recuros naturais	22,000.00	0.00	22,000.00	
1114	Terrenos com edificios	22,000.00	0.00	22,000.00	
11142	Retativos a ediifi.administrativos	22,000.00	0.00	22,000.00	
112	EDIFÍCIOS E OUTRAS CONSTRUÇÕES	70,000.00	0.00	70,000.00	
1121	Edificios	70,000.00	0.00	70,000.00	
11212	Integrados em conj.administratrivos	70,000.00	0.00	70,000.00	
113	EQUIPAMENTO BÁSICO	3,895.00	0.00	3,895.00	
1134	Aparelhos de radiologia	3,895.00	0.00	3,895.00	
115	EQUIPAMENTO ADMINISTRATIVO	10,300.00	0.00	10,300.00	
1151	Mobiliário diverso	10,300.00	0.00	10,300.00	
14	IMOBILIZAÇÕES EM CURSO	49,800.00	0.00	49,800.00	
141	Edificio administrativo	49,800.00	0.00	49,800.00	
18	AMORTIZAÇÕES ACUMULADAS	0.00	72,738.07		72,738.07
181	Imobilizações corpóreas	0.00	72,738.07		72,738.07
1812	Edificios e outras construções	0.00	13,969.71		13,969.71
1813	Equipamento básico	0.00	3,366.74		3,366.74
1814	Equipamento de carga e transporte	0.00	47,625.23		47,625.23
1815	Equipamento administrativo	0.00	7,776.39		7,776.39
	Total da classe 1	155,995.00	72,738.07	155,995.00	72,738.07
31	CLIENTES	858.75	0.00	858.75	
3132	Não grupo:	858.75	0.00	858.75	
31321	Nacionais:	858.75	0.00	858.75	
31321001	Cliente "A"	530.00	0.00	530.00	
31321002	Cliente "B"	328.75	0.00	328.75	
32	FORNECEDORES	500.00	734.00		234.00
321	Fornecedores - correntes	0.00	734.00		734.00
3212	Não grupo	0.00	734.00		734.00
32121	Nacionais	0.00	734.00		734.00
32121001	Fornecedor "A"	0.00	300.00		300.00
32121002	Fornecedor "B"	0.00	255.00		255.00
32121003	Fornecedor "C"	0.00	179.00		179.00
329	Fornecedores - saldos devedores:	500.00	0.00	500.00	
3201	Adiantamentos.	500.00	0.00	500.00	
3291001	Fornecedor "E"	500.00	0.00	500.00	
33	EMPRÉSTIMOS	0.00	2,336.00		2,336.00
331	Empréstimos Bancários	0.00	2,336.00		2,336.00
3311	Moeda nacional	0.00	2,336.00		2,336.00
33111	Banco "A"	0.00	650.00		650.00
33112	Banco "B"	0.00	400.00		400.00
33113	Banco "C"	0.00	1,286.00		1,286.00
34	ESTADO	0.00	217.34		217.34
343	Imposto de rendimento do trabalho	0.00	217.34		217.34
A transportar		157,353.75	75,808.07	157,353.75	75,808.07

ASSOCIAÇÃO DE SOLIDARIEDADE SOCIAL "XYZ" DE LUANDA

Balancete Geral - Financeira

Mensal

Conta	Descrição	Mov. Débito	Mov. Crédito	Saldo Débito	Saldo Crédito
Transporte		157,353.75	75,808.07	157,353.75	75,808.07
3431	Trabalho dependente	0.00	150.00		150.00
3432	Trabalho independente	0.00	67.34		67.34
37	OUTROS VALORES RECEBER E A PAGAR	0.00	1,056.00		1,056.00
371	Compras de imobilizado	0.00	800.00		800.00
3711	Corpóreo	0.00	800.00		800.00
371104	Fornecedor "D"	0.00	800.00		800.00
375	Encargos a pagar	0.00	256.00		256.00
3753	Segurança Social	0.00	200.00		200.00
3754	Seguros a liquidar	0.00	56.00		56.00
39	PROVISÕES OUTROS RISCOS E ENCARGO:	0.00	850.00		850.00
392	Para processos judiciais em curso	0.00	850.00		850.00
	Total da classe 3	1,358.75	5,193.34	858.75	4,693.34
43	DEPÓSITOS À ORDEM	154,745.00	0.00	154,745.00	
431	Moeda nacional	154,745.00	0.00	154,745.00	
4311	Banco "A"	31,500.00	0.00	31,500.00	
4312	Banco "B"	57,415.00	0.00	57,415.00	
4313	Banco "C"	65,830.00	0.00	65,830.00	
45	CAIXA	2,653.54	0.00	2,653.54	
451	Fundo fixo	2,653.54	0.00	2,653.54	
4511	Caixa	2,653.54	0.00	2,653.54	
	Total da classe 4	157,398.54	0.00	157,398.54	0.00
51	FUNDOS	0.00	93,650.00		93,650.00
511	Exercícios:	0.00	93,650.00		93,650.00
5111	Exercício N-3	0.00	25,300.00		25,300.00
5112	Exercício N-2	0.00	32,600.00		32,600.00
5113	Exercício N-1	0.00	35,750.00		35,750.00
59	OUTRAS VARIAÇÕES FUNDOS PATRIMONIAI	0.00	94,335.65		94,335.65
591	Doações:	0.00	94,335.65		94,335.65
5911	Doações - Bens de investimento	0.00	90,000.00		90,000.00
5912	Doações - Activos financeiros	0.00	4,335.65		4,335.65
	Total da classe 5	0.00	187,985.65	0.00	187,985.65
81	RESULTADOS TRANSITADOS	0.00	48,835.23		48,835.23
811	Ano de 2010	0.00	48,835.23		48,835.23
8111	Resultado do ano	0.00	48,835.23		48,835.23
	Total da classe 8	0.00	48,835.23	0.00	48,835.23
Total		314,752.29	314,752.29	314,752.29	314,752.29

ASSOCIAÇÃO DE SOLIDARIEDADE SOCIAL "XYZ" DE LUANDA

Balancete Razão - Financeira

Acumulado

Conta	Descrição	Mov. Débito	Mov. Crédito	Saldo Débito	Saldo Crédito
11	IMOBILIZAÇÕES CORPÓREAS	106,195.00	0.00	106,195.00	
14	IMOBILIZAÇÕES EM CURSO	49,800.00	0.00	49,800.00	
18	AMORTIZAÇÕES ACUMULADAS	0.00	72,738.07		72,738.07
31	CLIENTES	858.75	0.00	858.75	
32	FORNECEDORES	500.00	734.00		234.00
33	EMPRÉSTIMOS	0.00	2,336.00		2,336.00
34	ESTADO	0.00	217.34		217.34
37	OUTROS VALORES RECEBER E A PAGAR	0.00	1,056.00		1,056.00
39	PROVISÕES OUTROS RISCOS E ENCARGOS	0.00	850.00		850.00
43	DEPÓSITOS À ORDEM	154,745.00	0.00	154,745.00	
45	CAIXA	2,653.54	0.00	2,653.54	
51	FUNDOS	0.00	93,650.00		93,650.00
59	OUTRAS VARIAÇÕES FUNDOS PATRIMONIAI	0.00	94,335.65		94,335.65
81	RESULTADOS TRANSITADOS	0.00	48,835.23		48,835.23
Total		314,752.29	314,752.29	314,252.29	314,252.29

ASSOCIAÇÃO DE SOLIDARIEDADE SOCIAL "XYZ" DE LUANDA
OPERAÇÕES REALIZADAS EM JANEIRO DE 2011
CAIXA – FUNDO FIXO — SEDE

P. G. C. ANGOLA

Dia	Designação	Valor parcial	Valor total	Débito	Crédito
03	Recebido oferta de:				
	Donativos – pedido por circular........	675,00			
	Idem	225,00			
	Peditório de rua.............................	1.620,00	2.520,00	45.1.1	68.11.1
04	Pagamentos.....................................				45.1.1
	Expedição de circulares pelos CTT..	98,70		75.2.20	
	Aquisição de envelopes...................	166,80		75.2.17	
	Seguro de voluntariado...................	33,00	298,50	75.2.22	
07	Pagamentos.....................................				45.1.1
	Gasolina	75,00		75.2.13	
	Peditório por carta - CTT.................	315,00		75.2.20	
	Artigos de limpeza..........................	22,50	412,50	75.2.28	
10	Compra a dinheiro – V. D. 455/11......				45.1.1
	Secretárias metálicas.......................	630,00			
	Estante de madeira..........................	195,00	825,00	11.5.1	
11	Compra a dinheiro............................				45.1.1
	- Agrafes e borrachas......................	30,00			
	- Resmas de papel...........................	135,00			
	- Esferográficas e lápis...................	37,95			
	- Toner para as impressoras..............	28,05	231,00	75.2.17	
13	Pelos seguintes pagamentos através do caixa da sede...............................		373,85		45.1.1
	- Serviço de vigilância.....................	120,00		75.2.27	
	- Águas de Luanda...........................	49,16		75.2.11	
	- Telefone e Internet........................	106,29		75.2.20	
	- Electricidade.................................	98,40		75.2.12	

14	Aquisição a dinheiro............................		234,84		45.1.1
	- Resmas de papel.............................	11,94		75.2.17	
	- Pen Drive......................................	15,86		75.2.17	
	- Rato para computador....................	12,20		75.2.17	
	- Toner HP Laserject	194,85		75.2.17	
18	Selos dos correios............................	127,50		75.2.20	
	Carregamento dos telemóveis.............	67,50		75.2.20	
	Lâmpadas...	27,90		75.2.26	
	Seguro da viatura "X"........................	322,50		75.2.22	
	Panos de limpeza e vassoura..............	12,60		75.2.28	
	Tambor de plástico para o lixo...........	6,00		75.2.28	
	Pagamentos pelo caixa da sede..........		564,00		45.1.1
19	Pelos seguintes pagamentos...............		523,95		45.1.1
	- Aluguer de máquina de fotocopiar...	149,64		75.2.21	
	- Reparação equipamento/escritório...	89,79		75.2.26	
	- Desinfecção do arquivo geral...........	194,52		75.2.28	
	- Imposto retido/2010.........................	90,00		34.1.1	
20	Toner para a impressora HP...............	241,38	241,38	75.2.17	45.1.1
	TOTAIS ACUMULADOS...................	**6.225,02**	**6.225,02**		

ASSOCIAÇÃO DE SOLIDARIEDADE SOCIAL "XYZ" DE LUANDA
OPERAÇÕES REALIZADAS EM JANEIRO DE 2011
MOVIMENTO DO DIÁRIO DE OPERAÇÕES GERAIS

P. G. C. ANGOLA

Dia	Designação	Valor parcial	Valor total	Débito	Crédito
05	Fact. nº 23, da Tipografia "A":				
	Recibos...	97,50			
	Circulares...	270,00	367,50	75.2.17	32.1.2.1.001
06	Fact. nº 3, do Fornecedor "B":				
	Material de escritório - consumíveis.......	166,80	166,80	75.2.17	32.1.2.1.002
	Impressora...	330,60	330,60	11.5.1	37.1.1.02
08	Ofício Estatal "X", anunciando a conces-são de subsídio, para compra de equipa-mento:				
	1. Pelo recebimento do subsídio, através do Banco "A"..................................	75.000,00	75.000,00	43.1.1	37.6.3
	2. Pela aquisição do equipamento:				
	2.1 Fornecedor "B" – Factura 35/N....		75.000,00		37.1.1.02
	2.2 Aparelhos de radiologia................	75.000,00		11.3.4	
	3. Amortizações calculadas no ano N: (1)				
	3.1 Valor contabilizado......................	24.999,00	24.999,00	73.1.3	18.1.3
	3.2 Transferência para subsídios para investimento.................................	24.999,00	24.999,00	37.6.3	63.4.1
	(1) Veja: Notas explicativas da conta 37.6.3				
08	Feira do voluntariado:				
	Oferta de publicidade.........................	450,00		75.2.29	68.11.2
	Oferta de alojamento...........................	279,00	729,00	75.2.23	68.11.2
12	Donativos concedidos em cheques do Banco "A":				
	- Cruz Vermelha................................	375,00			
	- Bombeiros Voluntários......................	225,00	600,00	78.11.1	43.1.1
12	Campanha de angariação de fundos por depósitos no Banco "B":				
	- Luanda e arredores...........................	22.230,00			
	- Lobito e arredores............................	5.745,00			
	- Cabinda e arredores.........................	11.467,50			
	- Lubango e arredores.........................	15.975,00	55.417,50	43.1.2	68.11.1

Dia	Designação	Valor parcial	Valor total	Débito	Crédito
15	Aquisição a crédito de equipamento básico, com apoio Estatal: - Factura do fornecedor "B".................. - Valor do equipamento, de saúde......... - Pagamento a "B", pelo Banco "A".....	120.000,00 120.000,00	 120.000,00 120.000,00	 11.3.4 37.1.1.02	37.1.1.02 43.1.1

20	Contrato com a empresa "A", para aquisição, em regime de locação financeira, do aparelho "X", para o sector da saúde:
	1) Na outorga do contrato:
	   Custo do bem.....................
	2) Pagamento da renda pelo banco:
	  - Amortização do capital...................
	  - Juros suportados.............................
		
		37.500,00
		
		1.496,40
		532,73
			
			37.500,00
			
			1.496,40
			532,73
				
				11.3.4
				
				37.1.1.01
				76.1.1.1
					
					37.1.1.01
					
					43.1.1
					43.1.1

21	Processamentos dos ordenados de Janeiro de 2011:
	- Remunerações ilíquidas......................
	- Descontos efectuados:
	  1) Taxa social única............................
	  2) Retenção imposto.....................
	- Remunerações líquidas a pagar...........
	- Processamento dos encargos patronais
	- Pagamento através do Banco "A"........
		3.150,00
		
		748,13
		2.709,00
			
			346,50
			94,50
			2.709,00
			748,13
			2.709,00
				72.2.1
				
				72.5.2
				36.1.2.1
					
					34.3.1
					34.3.1
					36.1.2.1
					34.3.1
					43.1.1

23	Pela obtenção, a título gratuito, dos seguintes bens de investimento: - Aparelho de raio "X"......................... - Aparelho microscópio....................... - Computador portátil........................... - Fotocopiadora...................................	30.000,00 1.500,00 1 470,00 330,00	 33.300,00	11.3.4 11.3.4 11.5.1 11.5.1	 57.1
24	Doação pela empresa "ABCD", de activos financeiros: 7.800 acções a 0,97............................	11.349,00	11.349,00	13.3.1	57.1
25	Subsídio concedido pela Fundação "X", através do Banco "A".............................	127.875,00	127.875,00	43.1.1	69.5.1

Dia	Designação	Valor parcial	Valor total	Débito	Crédito
26	Emissão de cheques para efectivação de pagamentos em Janeiro: * Do Banco "A": - Nº 901, para fornecedor "B"...............	630,87	630,87	32.1.2.1.002	43.1.1
	- Nº 902, para tipografia "A"..................	452,03	452,03	32.1.2.1.001	43.1.1
	- Nº 903, para fornecedor "C"..............	128.957,90	128.957,90	37.1.1.03	43.1.1
27	Renda do imóvel "Y", alugado à Empresa "D": - Valor, conforme contrato.....................	900,00	900,00	75.2.21	32.1.2.1.04
	- Retenção imposto s/o rendimento.........	148,50	148,50	32.1.2.1.04	34.1.1
	- Pagamento através do Banco "A".........	751,50	751,50	32.1.2.1.04	43.1.1
28	Pela aquisição de um programa para o computador dos serviços administrativos, a crédito: - Factura 23 de "ABC", Ldª..................		4.500,00	11.5.1	37.1.1.03
	- Pagamento de 50% - Banco "B".........		2.250,00	37.1.1.03	43.1.2
	TOTAIS ACUMULADOS.............................	**854.860,46**	**854.860,46**		

ASSOCIAÇÃO DE SOLIDARIEDADE SOCIAL "XYZ" DE LUANDA

Balancete Razão - Financeira

Acumulado

Conta	Descrição	Mov. Débito	Mov. Crédito	Saldo Débito	Saldo Crédito
11	IMOBILIZAÇÕES CORPÓREAS	377,650.60	0.00	377,650.60	
13	INVESTIMENTOS FINANCEIROS	11,349.00	0.00	11,349.00	
14	IMOBILIZAÇÕES EM CURSO	49,800.00	0.00	49,800.00	
18	AMORTIZAÇÕES ACUMULADAS	0.00	97,737.07		97,737.07
31	CLIENTES	858.75	0.00	858.75	
32	FORNECEDORES	2,018.83	2,168.30		149.47
33	EMPRÉSTIMOS	0.00	2,336.00		2,336.00
34	ESTADO	90.00	1,554.97		1,464.97
36	PESSOAL	2,709.00	2,709.00		
37	OUTROS VALORES RECEBER E A PAGAR	239,076.00	313,386.60		74,310.60
39	PROVISÕES OUTROS RISCOS E ENCARGOS	0.00	850.00		850.00
43	DEPÓSITOS À ORDEM	452,128.87	258,380.43	193,748.44	
45	CAIXA	5,173.54	3,705.02	1,468.52	
51	FUNDOS	0.00	93,650.00		93,650.00
57	RESERVAS COM FINS ESPECÍFICOS	0.00	44,649.00		44,649.00
59	OUTRAS VARIAÇÕES FUNDOS PATRIMONIAI	0.00	94,335.65		94,335.65
63	OUTROS PROVEITOS OPERACIONAIS	0.00	24,999.00		24,999.00
68	OUTROS PROVEITOS E GANHOS	0.00	58,666.50		58,666.50
69	PROVEITOS E GANHOS EXTRAORDIÁRIOS	0.00	127,875.00		127,875.00
72	CUSTOS COM O PESSOAL	3,898.13	0.00	3,898.13	
73	AMORTIZAÇÕES DO EXERCÍCIO	24,999.00	0.00	24,999.00	
75	OUTROS CUSTOS PERDAS OPERACIONAIS	4,953.32	0.00	4,953.32	
76	CUSTOS E PERDAS FINANCEIROS GERAIS	532.73	0.00	532.73	
78	OUTROS CUSTOS PERD.N/OPERACIONAIS	600.00	0.00	600.00	
81	RESULTADOS TRANSITADOS	0.00	48,835.23		48,835.23
Total		1,175,837.77	1,175,837.77	669,858.49	669,858.49

ASSOCIAÇÃO DE SOLIDARIEDADE SOCIAL "XYZ" DE LUANDA

Balancete Geral - Financeira

Acumulado

Conta	Descrição	Mov. Débito	Mov. Crédito	Saldo Débito	Saldo Crédito
11	IMOBILIZAÇÕES CORPÓREAS	377,650.60	0.00	377,650.60	
111	Terrenos e recuros naturais	22,000.00	0.00	22,000.00	
1114	Terrenos com edificios	22,000.00	0.00	22,000.00	
11142	Retativos a ediifi.administrativos	22,000.00	0.00	22,000.00	
112	EDIFÍCIOS E OUTRAS CONSTRUÇÕES	70,000.00	0.00	70,000.00	
1121	Edificios	70,000.00	0.00	70,000.00	
11212	Integrados em conj.administratrivos	70,000.00	0.00	70,000.00	
113	EQUIPAMENTO BÁSICO	267,895.00	0.00	267,895.00	
1131	Material industrial	120,000.00	0.00	120,000.00	
1134	Aparelhos de radiologia	147,895.00	0.00	147,895.00	
115	EQUIPAMENTO ADMINISTRATIVO	17,755.60	0.00	17,755.60	
1151	Mobiliário diverso	17,755.60	0.00	17,755.60	
13	INVESTIMENTOS FINANCEIROS	11,349.00	0.00	11,349.00	
133	Outras empresas	11,349.00	0.00	11,349.00	
1331	Partes de capital	11,349.00	0.00	11,349.00	
14	IMOBILIZAÇÕES EM CURSO	49,800.00	0.00	49,800.00	
141	Edifício administrativo	49,800.00	0.00	49,800.00	
18	AMORTIZAÇÕES ACUMULADAS	0.00	97,737.07		97,737.07
181	Imobilizações corpóreas	0.00	97,737.07		97,737.07
1812	Edificios e outras construções	0.00	13,969.71		13,969.71
1813	Equipamento básico	0.00	28,365.74		28,365.74
1814	Equipamento de carga e transporte	0.00	47,625.23		47,625.23
1815	Equipamento administrativo	0.00	7,776.39		7,776.39
	Total da classe 1	438,799.60	97,737.07	438,799.60	97,737.07
31	CLIENTES	858.75	0.00	858.75	
3132	Não grupo:	858.75	0.00	858.75	
31321	Nacionais:	858.75	0.00	858.75	
31321001	Cliente "A"	530.00	0.00	530.00	
31321002	Cliente "B"	328.75	0.00	328.75	
32	FORNECEDORES	2,018.83	2,168.30		149.47
321	Fornecedores - correntes	1,518.83	2,168.30		649.47
3212	Não grupo	1,518.83	2,168.30		649.47
32121	Nacionais	1,518.83	2,168.30		649.47
32121001	Fornecedor "A"	452.03	667.50		215.47
32121002	Fornecedor "B"	166.80	421.80		255.00
32121003	Fornecedor "C"	0.00	179.00		179.00
32121004	Fornecedor "D"	900.00	900.00		
329	Fornecedores - saldos devedores:	500.00	0.00	500.00	
3291	Adiantamentos.	500.00	0.00	500.00	
3291001	Fornecedor "E"	500.00	0.00	500.00	
33	EMPRÉSTIMOS	0.00	2,336.00		2,336.00
331	Empréstimos Bancários	0.00	2,336.00		2,336.00
3311	Moeda nacional	0.00	2,336.00		2,336.00
A transportar		441,677.18	99,905.37	440,158.35	98,386.54

ASSOCIAÇÃO DE SOLIDARIEDADE SOCIAL "XYZ" DE LUANDA

Balancete Geral - Financeira

Acumulado

Conta	Descrição	Mov. Débito	Mov. Crédito	Saldo Débito	Saldo Crédito
Transporte		441,677.18	99,905.37	440,158.35	98,386.54
33111	Banco "A"	0.00	650.00		650.00
33112	Banco "B"	0.00	400.00		400.00
33113	Banco "C"	0.00	1,286.00		1,286.00
34	ESTADO	90.00	1,554.97		1,464.97
341	Imposto sobre os lucros	90.00	148.50		58.50
3411	Imposto retido	90.00	148.50		58.50
343	Imposto de rendimento do trabalho	0.00	1,406.47		1,406.47
3431	Trabalho dependente	0.00	1,339.13		1,339.13
3432	Trabalho independente	0.00	67.34		67.34
36	PESSOAL	2,709.00	2,709.00		
361	Pessoal - remunerações	2,709.00	2,709.00		
36121	Empregados	2,709.00	2,709.00		
37	OUTROS VALORES RECEBER E A PAGAR	239,076.00	313,386.60		74,310.60
371	Compras de imobilizado	214,077.00	238,130.60		24,053.60
3711	Corpóreo	214,077.00	238,130.60		24,053.60
371101	Empresa "A"	31,496.40	37,500.00		6,003.60
371102	Fornecedor "B"	180,330.60	195,330.60		15,000.00
371103	Fornecedor "C"	2,250.00	4,500.00		2,250.00
371104	Fornecedor "D"	0.00	800.00		800.00
375	Encargos a pagar	0.00	256.00		256.00
3753	Segurança Social	0.00	200.00		200.00
3754	Seguros a liquidar	0.00	56.00		56.00
376	Proveitos repartir períodos futuros	24,999.00	75,000.00		50,001.00
3763	Subsídios para investimento	24,999.00	75,000.00		50,001.00
39	PROVISÕES OUTROS RISCOS E ENCARGOS	0.00	850.00		850.00
392	Para processos judiciais em curso	0.00	850.00		850.00
	Total da classe 3	244,752.58	323,004.87	858.75	79,111.04
43	DEPÓSITOS À ORDEM	452,128.87	258,380.43	193,748.44	
431	Moeda nacional	452,128.87	258,380.43	193,748.44	
4311	Banco "A"	271,216.46	227,996.96	43,219.50	
4312	Banco "B"	112,832.50	30,383.47	82,449.03	
4313	Banco "C"	68,079.91	0.00	68,079.91	
45	CAIXA	5,173.54	3,705.02	1,468.52	
451	Fundo fixo	5,173.54	3,705.02	1,468.52	
4511	Caixa	5,173.54	3,705.02	1,468.52	
	Total da classe 4	457,302.41	262,085.45	195,216.96	0.00
51	FUNDOS	0.00	93,650.00		93,650.00
511	Exercícios:	0.00	93,650.00		93,650.00
5111	Exercício N-3	0.00	25,300.00		25,300.00
5112	Exercício N-2	0.00	32,600.00		32,600.00
A transportar		1,140,854.59	740,727.39	635,375.31	235,248.11

ASSOCIAÇÃO DE SOLIDARIEDADE SOCIAL "XYZ" DE LUANDA

Balancete Geral - Financeira

Acumulado

Conta	Descrição	Mov. Débito	Mov. Crédito	Saldo Débito	Saldo Crédito
Transporte		1,140,854.59	740,727.39	635,375.31	235,248.11
5113	Exercício N-1	0.00	35,750.00		35,750.00
57	RESERVAS COM FINS ESPECÍFICOS	0.00	44,649.00		44,649.00
571	Doações	0.00	44,649.00		44,649.00
59	OUTRAS VARIAÇÕES FUNDOS PATRIMONIAl	0.00	94,335.65		94,335.65
591	Doações:	0.00	94,335.65		94,335.65
5911	Doações - Bens de investimento	0.00	90,000.00		90,000.00
5912	Doações - Activos financeiros	0.00	4,335.65		4,335.65
	Total da classe 5	0.00	232,634.65	0.00	232,634.65
63	OUTROS PROVEITOS OPERACIONAIS	0.00	24,999.00		24,999.00
634	Subsídios a investimento	0.00	24,999.00		24,999.00
6341	Subsídios do Estado	0.00	24,999.00		24,999.00
68	OUTROS PROVEITOS E GANHOS	0.00	58,666.50		58,666.50
6811	Outr.ganhos e perdas n/operacionais	0.00	58,666.50		58,666.50
68111	Donativos	0.00	57,937.50		57,937.50
68112	Ofertas de alojamento	0.00	729.00		729.00
69	PROVEITOS E GANHOS EXTRAORDIÁRIOS	0.00	127,875.00		127,875.00
695	Subsídios	0.00	127,875.00		127,875.00
6951	Subsídios de Fundações	0.00	127,875.00		127,875.00
	Total da classe 6	0.00	211,540.50	0.00	211,540.50
72	CUSTOS COM O PESSOAL	3,898.13	0.00	3,898.13	
722	Remunerações - Pessoal	3,150.00	0.00	3,150.00	
7221	Remunerações do pessoal	3,150.00	0.00	3,150.00	
725	Encargos sobre remunerações	748.13	0.00	748.13	
7252	Pessoal	748.13	0.00	748.13	
73	AMORTIZAÇÕES DO EXERCÍCIO	24,999.00	0.00	24,999.00	
731	Imobilizações corpóreas	24,999.00	0.00	24,999.00	
7313	Equipamento básico	24,999.00	0.00	24,999.00	
75	OUTROS CUSTOS PERDAS OPERACIONAIS	4,953.32	0.00	4,953.32	
752	Fornecimentos serviços de terceiros	4,953.32	0.00	4,953.32	
75211	Água	49.16	0.00	49.16	
75212	Electricidade	98.40	0.00	98.40	
75213	Combustíveis e outros fluídos	75.00	0.00	75.00	
75217	Material de escritório	1,408.32	0.00	1,408.32	
75220	Comunicação	714.99	0.00	714.99	
75221	Rendas e alugueres	1,049.64	0.00	1,049.64	
75222	Seguros	355.50	0.00	355.50	
75223	Deslocações e estadas	279.00	0.00	279.00	
75226	Conservação e reparação	117.69	0.00	117.69	
75227	Vigilância e segurança	120.00	0.00	120.00	
A transportar		1,174,019.42	1,127,002.54	668,540.14	621,523.26

ASSOCIAÇÃO DE SOLIDARIEDADE SOCIAL "XYZ" DE LUANDA

Balancete Geral - Financeira

Acumulado

Conta	Descrição	Mov. Débito	Mov. Crédito	Saldo Débito	Saldo Crédito
Transporte		1,174,019.42	1,127,002.54	668,540.14	621,523.26
75228	Limpeza, higiéne e conforto	235.62	0.00	235.62	
75229	Publicidade e propaganda	450.00	0.00	450.00	
76	CUSTOS E PERDAS FINANCEIROS GERAIS	532.73	0.00	532.73	
761	Juros	532.73	0.00	532.73	
7611	De empréstimos	532.73	0.00	532.73	
76111	Bancários	532.73	0.00	532.73	
78	OUTROS CUSTOS PERD.N/OPERACIONAIS	600.00	0.00	600.00	
78111	Donativos	600.00	0.00	600.00	
	Total da classe 7	34,983.18	0.00	34,983.18	0.00
81	RESULTADOS TRANSITADOS	0.00	48,835.23		48,835.23
811	Ano de 2010	0.00	48,835.23		48,835.23
8111	Resultado do ano	0.00	48,835.23		48,835.23
	Total da classe 8	0.00	48,835.23	0.00	48,835.23
Total		1,175,837.77	1,175,837.77	670,358.49	670,358.49

2.3 Classe 9

Contabilidade analítica

Esta classe é de uso facultativo o qual dependerá da necessidade sentida pela empresa e da ponderação do binómio custo/benefício.

Contudo, recomenda-se o seu uso para empresas industriais onde o apuramento dos custos de produção se torne moroso e difícil de executar por outra via.

9 CONTABILIDADE DE CUSTOS

90 GASTOS

900 APLICAÇÃO DE RECURSOS

    9001 Educação para a saúde

    9002 Assistência a doentes:

        90021 Voluntariado

        90022 Serviço social

        90023 Cuidados continuados

        90024 Apoio individual a doentes

    9003 Donativos:

        90031 Entregues na região de Luanda

        90032 Entregues na região do Huambo

    9004 Custos administrativos:

        90041 Custos com o pessoal:

            900411 Remunerações

            900412 Encargos sobre remunerações

            900413 Seguros de acidentes no trabalho

            900414 Gastos de acção social

        90042 Fornecimentos e serviços de terceiros:

            900421 Vigilância e segurança

            900422 Honorários

            900423 Conservação e reparação

900424 Material de escritório

900425 Electricidade e água

900426 Combustíveis

900427 Deslocações e estadas

900428 Rendas e alugueres

900429 Outros serviços

9005 Custos e perdas financeiras:

90051 Juros de financiamentos obtidos

9006 Amortizações do exercício:

90063 Imobilizações corpóreas:

900631 Equipamento básico

9006311 Equipamento não subsidiado

9006312 Equipamento subsidiado

90063121 Depreciação efectuada

90063122 Transferência/Subsídios para investimentos

91 RENDIMENTOS

911 ANGARIAÇÃO DE FUNDOS

9110 Região de:

91101 Luanda

91102 Huambo

91103 Lobito

91104 Benguela

91105 Lubango

91106 Malange

91107 Namibe

91108 Cabinda

91109 Uíge

912 OUTROS RENDIMENTOS E GANHOS

    9121 Receitas extraordinárias

        91211 Juros obtidos:

            912111 De depósitos bancários

            912112 De aplicações de tesouraria

        91212 Outras receitas suplementares

            912121 Subsídios do Estado

            912122 Subsídios de outras entidades

98 CONTAS REFLECTIDAS

9861 Vendas

9862 Prestações de serviços

9863 Outros proveitos operacionais

9864 Variações nos inventários da produção

9865 Trabalhos para a própria empresa

9866 Proveitos e ganhos financeiros gerais

9867 Proveitos e ganhos financeiros em filiais e associadas

9868 Outros proveitos não operacionais

9869 Proveitos e ganhos extraordinários

9871 Custo das mercadorias vendidas e das matérias consumidas

9872 Custos com o pessoal

9873 Amortizações do exercício

9875 Outros custos e perdas operacionais

9876 Custos e perdas financeiros gerais

9877 Custos e perdas financeiros em filiais e associadas

9878 Outros custos e perdas não operacionais

9879 Custos e perdas extraordinárias

ASSOCIAÇÃO DE SOLIDARIEDADE SOCIAL "XYZ" DE LUANDA

Balancete Geral - Analítica

Acumulado

Conta	Descrição	Mov. Débito	Mov. Crédito	Saldo Débito	Saldo Crédito
90	GASTOS	9,985.67	0.00	9,985.67	
900	APLICAÇÃO DE RECURSOS	9,985.67	0.00	9,985.67	
9003	DONATIVOS	1,000.00	0.00	1,000.00	
90031	Entregues na região de Luanda	1,000.00	0.00	1,000.00	
9004	CUSTOS ADMINISTRATIVOS	8,097.79	0.00	8,097.79	
90041	Custos com o pessoal	3,346.88	0.00	3,346.88	
900411	Remunerações	2,848.13	0.00	2,848.13	
900412	Encargos sobre remunerações	498.75	0.00	498.75	
90042	Fornecimentos e serviços terceiros	4,750.91	0.00	4,750.91	
900421	Vigilância e segurança	80.00	0.00	80.00	
900423	Conservação e reparação	59.86	0.00	59.86	
900424	Material de escritório	1,487.58	0.00	1,487.58	
900425	Electricidade e água	98.37	0.00	98.37	
900426	Combustíveis	50.00	0.00	50.00	
900427	Deslocações e estadas	186.00	0.00	186.00	
900428	Rendas e alugueres	1,599.76	0.00	1,599.76	
900429	Outros serviços	1,189.34	0.00	1,189.34	
9005	CUSTOS E PERDAS FINANCEIRAS	887.88	0.00	887.88	
90051	Juros de financiamentos obtidos	887.88	0.00	887.88	
91	RENDIMENTOS	0.00	307,167.50		307,167.50
911	ANGARIAÇÃO DE FUNDOS	0.00	94,042.50		94,042.50
9110	Região de:	0.00	94,042.50		94,042.50
91101	Luanda	0.00	71,917.50		71,917.50
91102	Huambo	0.00	7,645.00		7,645.00
91106	Malange	0.00	3,830.00		3,830.00
91108	Cabinda	0.00	10,650.00		10,650.00
912	OUTROS RENDIMENTOS E GANHOS	0.00	213,125.00		213,125.00
9121	Receitas extraordinárias	0.00	213,125.00		213,125.00
91212	Outras receitas suplementares	0.00	213,125.00		213,125.00
912122	Subsídios de outras entidades	0.00	213,125.00		213,125.00
98	CONTAS REFLECTIDAS	307,167.50	9,985.67	297,181.83	
9866	Proveitos ganhos financeiros gerais	0.00	600.00		600.00
9868	Outros proveitos não operacionais	94,042.50	486.00	93,556.50	
9869	Proveitos e ganhos extraordinários	213,125.00	0.00	213,125.00	
9872	Custos com o pessoal	0.00	3,346.88		3,346.88
9875	Outros custos perdas operacionais	0.00	3,664.91		3,664.91
9876	Custos e perdas financeiros gerais	0.00	887.88		887.88
9878	Outros custos perdas n/operacionais	0.00	1,000.00		1,000.00
	Total da classe 9	317,153.17	317,153.17	307,167.50	307,167.50
Total		317,153.17	317,153.17	316,667.17	316,667.17

CAPÍTULO IX

SOCIEDADE COMERCIAL DE BENGUELA, LIMITADA

SOCIEDADE COMERCIAL DE BENGUELA, LIMITADA

Balancete Geral - Financeira

Acumulado

Conta	Descrição	Mov. Débito	Mov. Crédito	Saldo Débito	Saldo Crédito
11	IMOBILIZAÇÕES CORPÓREAS	120,717.69	9,975.96	110,741.73	
114	EQUIPAMENTO DE CARGA E TRANSPORTE	93,774.00	0.00	93,774.00	
1141	Viatura de turismo	43,894.21	0.00	43,894.21	
1142	Viaturas de mercadorias	49,879.79	0.00	49,879.79	
115	EQUIPAMENTO ADMINISTRATIVO	26,943.69	9,975.96	16,967.73	
1151	Mobiliário diverso	26,943.69	9,975.96	16,967.73	
12	IMOBILIZAÇÕES INCORPÓREAS	9,975.96	9,975.96		
121	Trespasses:	9,975.96	9,975.96		
1211	Trespasses	9,975.96	9,975.96		
12111	Goodwill	9,975.96	9,975.96		
13	INVESTIMENTOS FINANCEIROS	114,124.96	0.00	114,124.96	
134	Investimentos em imóveis	114,124.96	0.00	114,124.96	
1341	Terrenos e recursos naturais	114,124.96	0.00	114,124.96	
13411	Terrenos e recursos naturais	22,445.91	0.00	22,445.91	
13412	Edifícios e outras construções	91,679.05	0.00	91,679.05	
18	AMORTIZAÇÕES ACUMULADAS	21,186.44	107,442.52		86,256.08
181	Imobilizações corpóreas	9,975.96	82,830.84		72,854.88
1812	Edifícios e outras construções	0.00	1,833.58		1,833.58
1813	Equipamento básico	0.00	3,055.14		3,055.14
1814	Equipamento de carga e transporte	0.00	57,611.16		57,611.16
1815	Equipamento administrativo	9,975.96	19,919.45		9,943.49
1819	Outras imobilizações corpóreas	0.00	411.51		411.51
182	Imobilizações incorpóreas	11,210.48	12,041.97		831.49
1821	Trespasses	9,975.96	9,975.96		
1824	Despesas de constituição	1,234.52	1,234.52		
1829	Programas de computador	0.00	831.49		831.49
183	Investimentos financ.em imóveis	0.00	12,569.71		12,569.71
1832	Edifícios e outras construções	0.00	12,569.71		12,569.71
	Total da classe 1	266,005.05	127,394.44	224,866.69	86,256.08
26	MERCADORIAS	4,333,806.52	3,106,703.68	1,227,102.84	
261	Mercadorias em armazém	4,333,806.52	3,106,703.68	1,227,102.84	
29	PROVISÃO PARA DEPREC.DE EXISTÊNCIAS	0.00	3,663.67		3,663.67
296	Mercadorias	0.00	3,663.67		3,663.67
2961	Mercadorias em armazém	0.00	3,663.67		3,663.67
	Total da classe 2	4,333,806.52	3,110,367.35	1,227,102.84	3,663.67
31	CLIENTES	3,556,798.77	3,223,420.94	333,377.83	
312	Clientes - títulos a receber	555,253.86	531,469.16	23,784.70	
3122	Não grupo	555,253.86	531,469.16	23,784.70	
31221	Nacionais	555,253.86	531,469.16	23,784.70	
31221001	Cliente "A"	7,481.97	4,987.98	2,493.99	
31221002	Cliente "B"	455,901.28	440,937.34	14,963.94	
31221004	Cliente "D"	77,064.28	73,323.29	3,740.99	
A transportar		5,140,259.10	3,757,010.40	1,473,168.45	89,919.75

SOCIEDADE COMERCIAL DE BENGUELA, LIMITADA

Balancete Geral - Financeira

Acumulado

Conta	Descrição	Mov. Débito	Mov. Crédito	Saldo Débito	Saldo Crédito
Transporte		5,140,259.10	3,757,010.40	1,473,168.45	89,919.75
31221005	Cliente "L"	590.58	0.00	590.58	
31221006	Cliente "M"	12,469.95	9,975.96	2,493.99	
31221007	Cliente "N"	997.60	1,496.39		498.79
31221008	Cliente "O"	748.20	748.20		
3132	NÃO GRUPO	2,950,727.88	2,658,906.42	291,821.46	
31321	NACIONAIS	2,950,727.88	2,658,906.42	291,821.46	
31321001	Cliente "A"	111,530.50	104,747.56	6,782.94	
31321002	Cliente "B"	627,913.34	623,048.45	4,864.89	
31321003	Cliente "C"	101,948.75	99,759.58	2,189.17	
31321004	Cliente "D"	329,053.98	295,288.36	33,765.62	
31321005	Cliente "E"	1,102,262.01	1,072,415.48	29,846.53	
31321006	Cliente "F"	72,334.96	63,271.51	9,063.45	
31321007	Cliente "G"	85,713.42	9,297.59	76,415.83	
31321008	Cliente "H"	21,937.13	18,314.30	3,622.83	
31321009	Cliente "I"	10,823.91	10,866.81		42.90
31321010	Cliente "J"	42,193.53	29,927.87	12,265.66	
31321011	Cliente "K"	21,951.55	16,963.57	4,987.98	
31321012	Cliente "L"	1,668.22	1,388.65	279.57	
31321013	Cliente "M"	73,899.90	63,898.50	10,001.40	
31321014	Cliente "O"	1,613.11	1,114.31	498.80	
31321015	Cliente "O"	147,443.95	99,759.58	47,684.37	
31321016	Cliente "P"	129,115.45	99,759.58	29,355.87	
31321017	Cliente "Q"	12,050.96	8,479.56	3,571.40	
31321018	Cliente "R"	12,257.03	11,472.35	784.68	
31321019	Cliente "S"	4,715.14	615.52	4,099.62	
31321020	Cliente "T"	5,071.65	2,493.99	2,577.66	
31321021	Cliente "U"	5,985.57	5,237.38	748.19	
31321022	Cliente "V"	2,444.12	947.72	1,496.40	
31321023	Cliente "X"	2,813.22	2,469.05	344.17	
31321024	Cliente "Z"	11,700.30	10,603.45	1,096.85	
31321025	Cliente "AA"	1,735.60	741.21	994.39	
31321026	Cliente "BB"	2,493.99	2,668.57		174.58
31321027	Cliente "CC"	1,170.18	997.60	172.58	
31321028	Cliente "DD"	379.09	379.09		
31321029	Cliente "EE"	6,507.32	1,979.23	4,528.09	
318	Clientes de cobrança duvidosa	21,762.05	249.40	21,512.65	
3181	Clientes - correntes	21,762.05	249.40	21,512.65	
3181001	Cliente "DA"	1,496.39	0.00	1,496.39	
3181002	Cliente "DB"	2,913.98	0.00	2,913.98	
3181003	Cliente "DC"	931.26	0.00	931.26	
3181005	Cliente "DE"	1,197.11	0.00	1,197.11	
3181007	Cliente "DG"	4,613.88	0.00	4,613.88	
3181009	Cliente "DI"	823.02	0.00	823.02	
3181010	Cliente "DJ"	458.89	0.00	458.89	
3181011	Cliente "DL"	598.56	0.00	598.56	
3181012	Cliente "DM"	8,728.96	0.00	8,728.96	
3181013	Cliente "DK"	0.00	249.40		249.40
319	Clientes - saldos credores	29,054.98	32,795.96		3,740.98
A transportar		8,127,555.36	6,428,386.77	1,790,054.01	90,885.42

SOCIEDADE COMERCIAL DE BENGUELA, LIMITADA

Balancete Geral - Financeira

Acumulado

Conta	Descrição	Mov. Débito	Mov. Crédito	Saldo Débito	Saldo Crédito
Transporte		8,127,555.36	6,428,386.77	1,790,054.01	90,885.42
3191	Adiantamentos	29,054.98	32,795.96		3,740.98
3191001	Cliente "A"	4,987.98	7,481.97		2,493.99
3191002	Cliente "B"	9,103.06	9,103.06		
3191003	Cliente "F"	14,963.94	14,963.94		
3191004	Cliente "V"	0.00	1,246.99		1,246.99
32	FORNECEDORES	733,601.97	1,188,592.88		454,990.91
321	Fornecedores - correntes	682,724.59	1,117,688.76		434,964.17
3212	Não grupo	682,724.59	1,117,688.76		434,964.17
32121	Nacionais	682,724.59	1,117,688.76		434,964.17
32121001	Fornecedor "A"	45,964.23	48,158.94		2,194.71
32121002	Fornecedor "B"	39,405.03	239,425.41		200,020.38
32121003	Fornecedor "C"	49,536.12	53,394.70		3,858.58
32121004	Fornecedor "D"	26,560.99	39,177.88		12,616.89
32121005	Fornecedor "E"	130,372.13	154,286.21		23,914.08
32121006	Fornecedor "F"	64,561.51	137,824.07		73,262.56
32121007	Fornecedor "G"	73,450.98	79,898.57		6,447.59
32121008	Fornecedor "H"	12,420.07	19,403.24		6,983.17
32121009	Fornecedor "I"	32,623.38	45,480.89		12,857.51
32121010	Fornecedor "J"	66,566.73	125,223.73		58,657.00
32121011	Fornecedor "K"	12,469.95	12,469.95		
32121012	Fornecedor "L"	36,136.16	36,136.16		
32121013	Fornecedor "M"	1,725.47	4,717.20		2,991.73
32121014	Fornecedor "N"	4,098.02	5,237.38		1,139.36
32121015	Fornecedor "O"	1,174.24	2,421.23		1,246.99
32121016	Fornecedor "P"	63,476.02	69,067.50		5,591.48
32121017	Fornecedor "Q"	11,604.06	11,604.06		
32121018	Fornecedor "R"	1,621.09	9,257.69		7,636.60
32121019	Fornecedor "S"	4,210.85	4,664.76		453.91
32121020	Fornecedor "T"	2,822.20	2,593.75	228.45	
32121021	Fornecedor "U"	1,925.36	2,141.14		215.78
32121022	Fornecedor "V"	0.00	3,439.70		3,439.70
32121023	Fornecedor "X"	0.00	11,664.60		11,664.60
322	Fornecedores - títulos a pagar	48,383.39	70,904.12		22,520.73
3222	Não grupo	48,383.39	70,904.12		22,520.73
32221	Nacionais	48,383.39	70,904.12		22,520.73
32221001	Fornecedor "A"	10,973.55	23,019.52		12,045.97
32221002	Fornecedor "D"	7,481.97	10,474.76		2,992.79
32221003	Fornecedor "G"	29,927.87	37,409.84		7,481.97
329	Fornecedores - saldos devedores	2,493.99	0.00	2,493.99	
3291	Adiantamentos	2,493.99	0.00	2,493.99	
3291001	Fornecedor "E"	2,493.99	0.00	2,493.99	
33	EMPRÉSTIMOS	226,704.64	778,799.33		552,094.69
331	Empréstimos bancários	226,704.64	778,799.33		552,094.69
3311	Moeda nacional	226,704.64	778,799.33		552,094.69
3311101	Banco "A"	62,350.73	383,189.33		320,838.60
3311102	Banco "B"	149,639.37	203,558.26		53,918.89
A transportar		9,102,202.41	8,236,523.20	1,792,776.45	927,097.24

SOCIEDADE COMERCIAL DE BENGUELA, LIMITADA

Balancete Geral - Financeira

Acumulado

Conta	Descrição	Mov. Débito	Mov. Crédito	Saldo Débito	Saldo Crédito
Transporte		9,102,202.41	8,236,523.20	1,792,776.45	927,097.24
3311103	Banco "C"	14,714.54	192,051.74		177,337.20
34	ESTADO	88,580.02	257,159.78		168,579.76
341	IMPOSTO SOBRE OS LUCROS	37,486.32	76,772.24		39,285.92
3411	Pagamentos por conta	37,486.32	18,247.03	19,239.29	
34111	Imposto Industrial	37,486.32	18,247.03	19,239.29	
341111	Pagamento provisório	34,394.47	16,959.13	17,435.34	
341114	Retenções na fonte - ISL	61.55	74.82		13.27
341115	Imposto a pagar	3,030.30	1,213.08	1,817.22	
3412	Imposto estimado	0.00	58,525.21		58,525.21
343	IMPOSTO DE RENDIMENTO DE TRABALHO	28,737.44	33,014.55		4,277.11
3431	Trabalho dependente	28,198.74	32,408.51		4,209.77
3432	Trabalho independente	538.70	606.04		67.34
345	IMPOSTO DO SELO	0.00	122,385.60		122,385.60
34501	Letras (verba 24.1)	0.00	1,500.00		1,500.00
34502	Livranças (verba 24.2)	0.00	120,000.00		120,000.00
34503	Recibos de quitação (verba 24.4)	0.00	385.60		385.60
34505	Publicidade (verba 20,2)	0.00	250.00		250.00
34506	Ordens e escritos (24.3)	0.00	250.00		250.00
349	Outros impostos	22,356.26	24,987.39		2,631.13
3491	Seurança Social	22,356.26	24,987.39		2,631.13
35	ENTIDADES PARTICIPANT. PARTICIPADAS	1,939.83	60,548.59		58,608.76
351	Entidades participantes	1,939.83	60,548.59		58,608.76
3514	Outros	1,939.83	60,548.59		58,608.76
35144	Empréstimos	0.00	58,608.76		58,608.76
351441	Sócio "A"	0.00	19,951.92		19,951.92
351442	Sócio "B"	0.00	18,704.92		18,704.92
351443	Sócio "C"	0.00	19,951.92		19,951.92
35145	Outras operações	1,939.83	1,939.83		
351451	Sócio "A"	748.20	748.20		
351452	Sócio "B"	780.12	780.12		
351453	Sócio "C"	411.51	411.51		
36	PESSOAL	0.00	18,485.44		18,485.44
361	Pessoal - remunerações	0.00	18,485.44		18,485.44
3611	Órgãos sociais	0.00	4,479.20		4,479.20
3612	Empregados	0.00	14,006.24		14,006.24
37	OUTROS VALORES RECEBER E PAGAR	29,706.88	23,669.73	6,037.15	
371	Compras de imobilizado	10,973.55	15,056.69		4,083.14
3711	Corpóreo	10,973.55	15,056.69		4,083.14
371103	Fornecedor "C"	5,985.57	6,070.37		84.80
371104	Fornecedor "D"	4,987.98	8,986.32		3,998.34
374	Encargos repartir períodos futuros	6,344.70	0.00	6,344.70	
3743	Material de escritório	458.89	0.00	458.89	
3744	Publicidade e propaganda	5,885.81	0.00	5,885.81	
375	Encargos a pagar	11,391.03	7,615.44	3,775.59	
3753	Água	10,699.55	7,123.12	3,576.43	
A transportar		9,235,454.60	8,786,948.56	1,821,950.14	1,373,444.10

SOCIEDADE COMERCIAL DE BENGUELA, LIMITADA

Balancete Geral - Financeira

Acumulado

Conta	Descrição	Mov. Débito	Mov. Crédito	Saldo Débito	Saldo Crédito
Transporte		9,235,454.60	8,786,948.56	1,821,950.14	1,373,444.10
3754	Electricidade	0.00	242.42		242.42
3755	Telefone e fax	0.00	249.90		249.90
3756	Seguros	691.48	0.00	691.48	
379	Outros valores a receber e a pagar	997.60	997.60		
3791	Despachante "A"	997.60	997.60		
39	PROVISÕES OUTROS RISCOS ENCARGOS	0.00	8,324.94		8,324.94
392	Provi.pª processos judiciais curso	0.00	1,723.85		1,723.85
3921	Processo "A"	0.00	1,723.85		1,723.85
399	Provis.outros riscos e encargos	0.00	6,601.09		6,601.09
3991	Outras provisões	0.00	6,601.09		6,601.09
	Total da classe 3	4,637,332.11	5,559,001.63	339,414.98	1,261,084.50
43	DEPÓSITOS À ORDEM	2,589,051.57	2,489,831.60	99,219.97	
431	Moeda nacional	2,589,051.57	2,489,831.60	99,219.97	
4311	Banco "A"	972,709.99	956,139.79	16,570.20	
4312	Banco "B"	1,143,680.69	1,060,768.55	82,912.14	
4313	Banco "C"	472,660.89	472,923.26		262.37
44	OUTROS DEPÓSITOS	500,000.00	0.00	500,000.00	
441	Moeda nacional	500,000.00	0.00	500,000.00	
4411	Depósitos a prazo	500,000.00	0.00	500,000.00	
441101	Banco "A"	500,000.00	0.00	500,000.00	
45	CAIXA	6,970,919.42	4,342,078.61	2,628,840.81	
451	Fundo fixo	6,970,919.42	4,342,078.61	2,628,840.81	
4511	Caixa	6,970,919.42	4,342,078.61	2,628,840.81	
	Total da classe 4	10,059,970.99	6,831,910.21	3,228,060.78	0.00
51	CAPITAL	0.00	1,122,295.32		1,122,295.32
511	CAPITAL SOCIAL	0.00	1,122,295.32		1,122,295.32
51101	Sócio "A"	0.00	374,098.44		374,098.44
51102	Sócio "B"	0.00	374,098.44		374,098.44
51103	Sócio "C"	0.00	374,098.44		374,098.44
55	RESERVAS LEGAIS	0.00	101,368.40		101,368.40
551	Reservas legais	0.00	4,335.65		4,335.65
552	Outras reservas:	0.00	97,032.75		97,032.75
5521	Reservas livres	0.00	97,032.75		97,032.75
	Total da classe 5	0.00	1,223,663.72	0.00	1,223,663.72
61	VENDAS	3,745.71	12,129,123.93		12,125,378.22
613	Mercadorias	3,745.71	12,129,123.93		12,125,378.22
6131	Mercado nacional	3,745.71	12,129,123.93		12,125,378.22
A transportar		19,300,860.38	28,981,461.28	5,050,964.77	14,731,565.67

SOCIEDADE COMERCIAL DE BENGUELA, LIMITADA

Balancete Geral - Financeira

Acumulado

Conta	Descrição	Mov. Débito	Mov. Crédito	Saldo Débito	Saldo Crédito
Transporte		19,300,860.38	28,981,461.28	5,050,964.77	14,731,565.67
	Total da classe 6	3,745.71	12,129,123.93	0.00	12,125,378.22
71	CUSTO DAS EXISTÊNCIAS VENDIDAS	11,288,472.70	2,066,291.68	9,222,181.02	
716	Mercadorias	11,288,472.70	2,066,291.68	9,222,181.02	
7161	Custo das mercadorias vendidas	11,288,472.70	2,066,291.68	9,222,181.02	
72	CUSTOS COM O PESSOAL	178,534.31	169.59	178,364.72	
721	Remunerações - Órgãos sociais	34,516.81	0.00	34,516.81	
7211	Órgãos sociais	34,516.81	0.00	34,516.81	
722	Remunerações - Pessoal	109,041.09	0.00	109,041.09	
7221	Pessoal	109,041.09	0.00	109,041.09	
725	Encargos sobre remunerações	31,912.80	0.00	31,912.80	
7251	Órgãos sociais	9,478.07	0.00	9,478.07	
7252	Pessoal	22,434.73	0.00	22,434.73	
726	Seguros de acidentes de trabalho	3,063.61	169.59	2,894.02	
7261	Órgãos sociais	2,894.02	0.00	2,894.02	
7262	Pessoal	169.59	169.59		
73	AMORTIZAÇÕES DO EXERCÍCIO	22,484.62	0.00	22,484.62	
731	Imobilizações corpóreas	21,653.13	0.00	21,653.13	
7312	Edifícios e outras construções	1,833.58	0.00	1,833.58	
7314	Equipamento de carga e transporte	16,210.93	0.00	16,210.93	
7315	Equipamento administrativo	3,197.11	0.00	3,197.11	
7319	Outras imobilizações corpóreas	411.51	0.00	411.51	
732	Imobilizações incorpóreas	831.49	0.00	831.49	
7329	Programas de computador	831.49	0.00	831.49	
75	OUTROS CUSTOS E PERDAS OPERACIONAIS	166,994.93	7,036.18	159,958.75	
752	Fornecimentos serviços de teceiros	44,609.33	7,036.18	37,573.15	
75211	Água	1,101.09	0.00	1,101.09	
75212	Electricidade	11,494.85	0.00	11,494.85	
75217	Material de escritório	3,799.47	458.89	3,340.58	
75220	Comunicação	3,698.58	691.48	3,007.10	
75221	Rendas e alugueres	6,559.18	0.00	6,559.18	
75229	Publicidade e propaganda	10,873.29	5,885.81	4,987.48	
75234	Honorários e avenças	7,082.87	0.00	7,082.87	
753	Impostos	122,385.60	0.00	122,385.60	
7531	Indirectos	122,385.60	0.00	122,385.60	
75311	IMPOSTO DO SELO	122,385.60	0.00	122,385.60	
75311202	Publicidade	250.00	0.00	250.00	
75311241	Letras	1,500.00	0.00	1,500.00	
75311242	Livranças	120,000.00	0.00	120,000.00	
75311243	Ordens e escritos	250.00	0.00	250.00	
75311244	Recibos de quitação	385.60	0.00	385.60	
76	CUSTOS E PERDAS FINANCEIROS GERAIS	39,389.85	303.27	39,086.58	
761	Juros	39,224.50	303.27	38,921.23	
7611	De empréstimos	39,224.50	303.27	38,921.23	
A transportar		30,957,346.94	31,054,958.73	14,633,953.88	14,731,565.67

SOCIEDADE COMERCIAL DE BENGUELA, LIMITADA

Balancete Geral - Financeira

Acumulado

Conta	Descrição	Mov. Débito	Mov. Crédito	Saldo Débito	Saldo Crédito
Transporte		30,957,346.94	31,054,958.73	14,633,953.88	14,731,565.67
76111	Bancários	39,124.74	0.00	39,124.74	
76114	Outros juros	99.76	303.27		203.51
762	Diferenças de câmbio desfavoráveis	165.35	0.00	165.35	
7621	Realizadas	165.35	0.00	165.35	
	Total da classe 7	11,695,876.41	2,073,800.72	9,622,075.69	0.00
81	RESULTADOS TRANSITADOS	42,974.93	42,974.93		
811	Ano de 2010	42,974.93	42,974.93		
8111	Resultado do ano	42,974.93	42,974.93		
87	IMPOSTO SOBRE OS LUCROS	58,525.21	0.00	58,525.21	
871	Imposto sobre resultados correntes	58,525.21	0.00	58,525.21	
	Total da classe 8	101,500.14	42,974.93	58,525.21	0.00
Total		31,098,236.93	31,098,236.93	14,731,769.18	14,731,769.18

SOCIEDADE COMERCIAL DE BENGUELA, LIMITADA

Balancete Razão - Financeira

Acumulado

Conta	Descrição	Mov. Débito	Mov. Crédito	Saldo Débito	Saldo Crédito
11	IMOBILIZAÇÕES CORPÓREAS	120,717.69	9,975.96	110,741.73	
12	IMOBILIZAÇÕES INCORPÓREAS	9,975.96	9,975.96		
13	INVESTIMENTOS FINANCEIROS	114,124.96	0.00	114,124.96	
18	AMORTIZAÇÕES ACUMULADAS	21,186.44	107,442.52		86,256.08
26	MERCADORIAS	4,333,806.52	3,106,703.68	1,227,102.84	
29	PROVISÃO PARA DEPREC.DE EXISTÊNCIAS	0.00	3,663.67		3,663.67
31	CLIENTES	3,556,798.77	3,223,420.94	333,377.83	
32	FORNECEDORES	733,601.97	1,188,592.88		454,990.91
33	EMPRÉSTIMOS	226,704.64	778,799.33		552,094.69
34	ESTADO	88,580.02	257,159.78		168,579.76
35	ENTIDADES PARTICIPANT. PARTICIPADAS	1,939.83	60,548.59		58,608.76
36	PESSOAL	0.00	18,485.44		18,485.44
37	OUTROS VALORES RECEBER E PAGAR	29,706.88	23,669.73	6,037.15	
39	PROVISÕES OUTROS RISCOS ENCARGOS	0.00	8,324.94		8,324.94
43	DEPÓSITOS À ORDEM	2,589,051.57	2,489,831.60	99,219.97	
44	OUTROS DEPÓSITOS	500,000.00	0.00	500,000.00	
45	CAIXA	6,970,919.42	4,342,078.61	2,628,840.81	
51	CAPITAL	0.00	1,122,295.32		1,122,295.32
55	RESERVAS LEGAIS	0.00	101,368.40		101,368.40
61	VENDAS	3,745.71	12,129,123.93		12,125,378.22
71	CUSTO DAS EXISTÊNCIAS VENDIDAS	11,288,472.70	2,066,291.68	9,222,181.02	
72	CUSTOS COM O PESSOAL	178,534.31	169.59	178,364.72	
73	AMORTIZAÇÕES DO EXERCÍCIO	22,484.62	0.00	22,484.62	
75	OUTROS CUSTOS E PERDAS OPERACIONAIS	166,994.93	7,036.18	159,958.75	
76	CUSTOS E PERDAS FINANCEIROS GERAIS	39,389.85	303.27	39,086.58	
81	RESULTADOS TRANSITADOS	42,974.93	42,974.93		
87	IMPOSTO SOBRE OS LUCROS	58,525.21	0.00	58,525.21	
Total		31,098,236.93	31,098,236.93	14,700,046.19	14,700,046.19

SOCIEDADE COMERCIAL DE BENGUELA, LIMITADA

Balancete Geral - Financeira

Acumulado

Conta	Descrição	Mov. Débito	Mov. Crédito	Saldo Débito	Saldo Crédito
81	RESULTADOS TRANSITADOS	9,665,050.62	12,168,353.15		2,503,302.53
811	Ano de 2011	9,665,050.62	12,168,353.15		2,503,302.53
8111	Resultado do ano	42,974.93	42,974.93		
87	IMPOSTO SOBRE OS LUCROS	58,525.21	0.00	58,525.21	
871	Imposto sobre resultados correntes	58,525.21	0.00	58,525.21	
	Total da classe 8	101,500.14	42,974.93	58,525.21	2,503,302.53
Total		101,500.14	42,974.93	58,525.21	0.00

ACTA NÚMERO VINTE

Aos dez dias do mês de Março de dois mil e doze, pelas vinte horas, reuniu na sua sede social, em Benguela, a Assembleia Geral Ordinária da Sociedade Comercial de Benguela, Limitada, encontrando-se presentes os sócios "A", "B" e "C", que representavam a totalidade do capital social, para deliberarem sobre a seguinte ordem de trabalhos:

Discutir, aprovar ou modificar o balanço e contas respeitantes ao exercício de dois mil e onze.

Aberta a sessão, passou-se imediatamente à análise e discussão de todos os elementos de escrita, tendo-se deliberado, por unanimidade, aprovar o balanço e dar a seguinte aplicação aos resultados líquidos do exercício no valor de 2.503.302,53 Kz. (dois milhões, quinhentos e três mil trezentos e dois Kuanzas e cinquenta e três cêntimos):

1) 503.302,53 para "Reservas legais";

2) 2.000.000,00 para "Reservas livres".

Nada mais havendo a deliberar, a sessão foi dada por encerrada pelas vinte e três horas, tendo sido lavrada a presente acta, que depois de lida e aprovada, vai ser assinada pelos sócios presentes.

CAPÍTULO X

DISSOLUÇÃO E LIQUIDAÇÃO DE SOCIEDADES

DISSOLUÇÃO E LIQUIDAÇÃO DE SOCIEDADES

Sobre o registo das operações relacionadas com a liquidação das sociedades temos o prazer de mencionar as nossas sugestões, apresentando um modesto trabalho sobre o tema, pedindo desde já aos nossos estimados leitores que nos seja relevada qualquer falha que, porventura, possa vir a surgir.

As tarefas inerentes ao processo de liquidação das sociedades poder-se--ão resumir pela seguinte ordem:

- Aspectos jurídicos;

- Aspectos fiscais, e

- Aspectos contabilísticos.

1 LEGISLAÇÃO

Para início do nosso trabalho e relativamente à dissolução e liquidação de sociedades, começamos por apresentar a legislação sobre o assunto, adiante transcrita e extraída do:

- Lei das Sociedades Comerciais;

- Código do Imposto Industrial;

- Código Civil.

1.1 Lei das Sociedades Comerciais

TÍTULO I - PARTE GERAL

Artigo 17º
(Duração)

1. A sociedade dura por tempo indeterminado se outra duração não for estipulada no contrato de sociedade.

2. A duração da sociedade fixada no contrato só pode ser aumentada por deliberação dos sócios tomada antes do termo do prazo fixado, depois desse prazo, a prorrogação da sociedade dissolvida só pode ser deliberada nos termos do artigo 161º.

SUB-SECÇÃO II
Obrigação de Entrada
Artigo 27º
(Valor da entrada e valor da participação)

1. O valor nominal da parte, da quota ou das acções atribuídas a um sócio no contrato de sociedade, não pode exceder o valor da sua entrada como tal, se considerando a respectiva importância em dinheiro ou o valor atribuído aos bens no relatório do contabilista ou perito contabilista exigido pelo artigo 30º ou ainda à soma de ambos, se for esse o caso.

2. Verificada a existência de erro na avaliação feita pelo contabilista ou perito contabilista, o sócio é responsável pela diferença que porventura exista até ao valor nominal da sua participação.

3. Se, por acto legítimo de terceiro, a sociedade for privada do bem prestado pelo sócio ou se tornar impossível a prestação, bem como se for ineficaz a estipulação relativa a uma entrada em espécie, nos termos previstos no nº 3 do artigo 10º, deve o sócio realizar em dinheiro a sua participação, sem prejuízo da eventual dissolução da sociedade, por deliberação dos sócios ou por se verificar a hipótese prevista na alínea b) do nº 1 do artigo 142º.

Artigo 37.º

(Perda de metade do capital)

1. Os membros da gerência ou administração que, pelas contas de exercício, verifiquem estar perdida metade do capital social, devem propor aos sócios que a sociedade seja dissolvida ou o capital aí seja reduzido, a não ser que os sócios se comprometam a efectuar, e efectuem, nos 60 dias seguintes à deliberação que da proposta resultar entradas que mantenham em, pelo menos, 2/3 a cobertura do capital.

2. A proposta a que se refere o número anterior deve ser apresentada na própria assembleia que apreciar as contas ou em assembleia convocada para os 60 dias seguintes àquela ou à aprovação judicial, nos casos previstos pelo artigo 73°.

3. Não tendo os membros da gerência ou da administração cumprido o disposto nos números anteriores ou não tendo sido aprovadas as deliberações ali previstas, pode qualquer sócio ou credor requerer ao tribunal, enquanto aquela situação se mantiver, a dissolução da sociedade, sem prejuízo de os sócios poderem efectuar as entradas referidas no n° 1 até ao trânsito em julgado da sentença.

Artigo 55°

(Efeitos da invalidade)

1. A declaração de nulidade e a anulação do contrato de sociedade determinam a entrada da sociedade em liquidação, nos termos do artigo 165°, devendo este efeito ser mencionado na sentença.

2. A eficácia dos negócios jurídicos, anteriormente concluídos em nome da sociedade, não é afectada pela declaração de nulidade nem pela anulação do contrato social.

3. Procedendo a nulidade de simulação, de ilicitude do objecto ou de violação da ordem pública ou ofensa aos bons costumes, o disposto no número anterior só aproveita a terceiros de boa fé.

4. A invalidade do contrato não desonera os sócios do dever de realizar ou completar as suas entradas nem da responsabilidade pessoal e solidária perante terceiros que, segundo a lei, eventualmente lhes incumba.

5. O disposto no número anterior não é aplicável ao sócio cuja incapacidade foi a causa de anulação do contrato ou que a venha opor, por via de excepção, à sociedade, aos outros sócios ou a terceiros.

CAPÍTULO IX

Fusão de Sociedades

Artigo 102º
(Noção e modalidades)

1. A fusão de sociedades é a reunião numa só de duas ou mais sociedades, ainda que de tipo diverso.

2. As sociedades dissolvidas podem fundir-se com outras sociedades, dissolvidas ou não, ainda que a liquidação seja feita judicialmente, se preencherem os requisitos de que depende o regresso ao exercício da actividade social.

3. Não é permitido a uma sociedade fundir-se a partir da apresentação para declaração de falência e do requerimento para convocação de credores, previstos no nº 1 do artigo 1140º do Código de Processo Civil, nem a partir do requerimento ou participação para a declaração de falência, previstos no artigo 1177º do mesmo Código.

4. A fusão pode ter lugar:

   a) por incorporação, mediante a transferência global do património de uma ou mais sociedades para outra sociedade e a atribuição aos sócios daquelas de partes, acções ou quotas destas;

   b) por fusão simples, mediante a constituição de uma nova sociedade para a qual se transferem globalmente os patrimónios das sociedades fundidas, sendo aos sócios destas atribuídas partes, acções ou quotas da nova sociedade.

SECÇÃO III

Cisão – Dissolução

Artigo 126º
(Extensão)

1. A cisão-dissolução prevista na alínea b) do nº 1 do artigo 118º, deve abranger todo o património da sociedade a cindir.

2. Se a deliberação que aprove a cisão não tiver estabelecido o critério de transmissão de bens ou de dívidas que não constem do projecto definitivo de cisão, são essas dívidas e bens repartidos pelas novas sociedades na proporção que resultar do projecto de cisão, sem prejuízo do disposto no artigo 124º.

Artigo 127º
(Participação na nova sociedade)

Na falta de acordo entre os interessados, os sócios da sociedade dissolvida por cisão-dissolução participam em cada uma das novas sociedades na proporção que lhes caiba na primeira.

CAPÍTULO XI
Transformação de Sociedades
Artigo 130º
(Noção e modalidades)

1. As sociedades comerciais que tenham adoptado um dos tipos enumerados no nº 1 do artigo 2º podem, por transformação, adoptar posteriormente outro desses tipos, salvo proibição da lei ou do contrato social.

2. As sociedades civis constituídas nos termos do artigo 980º e seguintes do Código Civil podem, posteriormente, transformar-se, adoptando um dos tipos enumerados no artigo 2º desta lei.

3. A transformação de uma sociedade nos termos dos números anteriores não importa a sua dissolução, salvo se assim for deliberado pelos sócios.

4. No caso de ter sido deliberada a dissolução, aplicam-se os preceitos legais ou contratuais que a regulam, se forem mais exigentes do que os preceitos relativos à transformação.

5. Em qualquer dos casos previstos neste artigo, a nova sociedade constituída por transformação sucede automática e globalmente à sociedade anterior.

CAPÍTULO XII

Dissolução da Sociedade

Artigo 140.º
(Dissolução por determinação da lei ou do contrato social)

1. A sociedade dissolve-se nos casos previstos no contrato de sociedade e ainda:

a) pelo decurso do prazo fixado no contrato social;

b) pela realização completa do objecto contratual;

c) pela ilicitude superveniente do objecto contratual;

d) pela declaração de falência da sociedade.

2. Nos casos de dissolução previstos no número anterior, podem os sócios deliberar, por maioria dos votos emitidos na Assembleia Geral, o reconhecimento da dissolução, podendo qualquer sócio, sucessor de sócio ou qualquer credor da sociedade ou de sócio de responsabilidade ilimitada promover a justificação notarial da dissolução.

Artigo 141.º
(Dissolução por deliberação dos sócios)

A sociedade dissolve-se por deliberação dos sócios, a qual deve obedecer às regras para a dissolução aplicáveis a cada tipo de sociedade.

Artigo 142.º
(Dissolução em virtude da ocorrência de determinados factos)

1. Pode ser dissolvida ou requerida a dissolução judicial da sociedade com fundamento em facto previsto na lei ou no contrato social e ainda:

a) quando, por período superior a um ano, o número de sócios for inferior ao numero mínimo exigido por lei, excepto se um dos sócios restantes for o Estado ou entidade a ele equiparada por lei para esse efeito;

b) quando se torne de facto impossível a actividade que constitui o objecto;

c) quando a sociedade não tenha exercido qualquer actividade durante 5 anos consecutivos;

d) quando a sociedade exerça de facto uma actividade não compreendida no objecto contratual.

2. Se a lei nada disser sobre o efeito de um caso previsto como fundamento de dissolução ou for duvidoso o sentido do contrato social, entende-se que a dissolução não é imediata.

3. Nos casos previstos no nº 1, podem os sócios, por maioria absoluta dos votos emitidos em Assembleia Geral, dissolver a sociedade com fundamento no facto ocorrido.

4. A deliberação prevista no número anterior pode ser aprovada nos seis meses seguintes à ocorrência da causa de dissolução e, a partir da deliberação ou da escritura pública exigida pelo nº 1 do artigo 145º, considera-se a sociedade dissolvida, mas se a deliberação for judicialmente impugnada, considera-se a sociedade dissolvida na data do trânsito em julgado da sentença que decrete a dissolução.

Artigo 143.º
(Número de sócios inferior ao mínimo legal)

1. No caso previsto na alínea a) do nº 1 do artigo anterior, o sócio ou qualquer dos sócios restantes pode requerer ao tribunal que lhe seja concedido um prazo razoável a fim de regularizar a situação, suspendendo-se entretanto a dissolução da sociedade.

2. O juiz, ouvidos os credores da sociedade e ponderadas as razões alegadas pelo sócio, decide, podendo ordenar as providências adequadas à conservação do património social durante aquele prazo.

CAPÍTULO XIII

Liquidação da sociedade

Artigo 146.º

(Regras gerais)

1. Salvo disposição legal em contrário e sem prejuízo das disposições processuais aplicáveis aos casos de falência e de liquidação judicial, a sociedade dissolvida entra imediatamente em liquidação nos termos dos números e artigos seguintes.

2. A sociedade em liquidação mantém a personalidade jurídica e, salvo quando outra coisa resulte das disposições subsequentes ou da modalidade da liquidação, continuam a ser-lhe aplicáveis, com as necessárias adaptações, as disposições que regem as sociedades não dissolvidas.

3. A partir da dissolução, à firma da sociedade deve ser aditada a menção «sociedade em liquidação» ou «em liquidação».

4. A liquidação deve ser feita judicialmente se essa for a modalidade de liquidação prevista na lei, estipulada no contrato de sociedade ou deliberada pelos sócios com a maioria exigida para a alteração do contrato de sociedade.

5. O contrato de sociedade e as deliberações dos sócios podem regulamentar a liquidação, sem prejuízo do disposto nos artigos seguintes.

Artigo 147.º

(Partilha imediata)

1. Sem prejuízo do disposto no artigo seguinte, se, à data da dissolução, a sociedade não tiver dívidas, podem os sócios proceder imediatamente à partilha dos bens sociais pela forma prescrita no artigo 156º.

2. As dívidas de natureza fiscal ainda não exigíveis à data da dissolução não obstam à partilha nos termos do número anterior, mas, por essas dívidas, respondem solidária e ilimitadamente todos os sócios.

Artigo 148.º

(Liquidação por transmissão global)

1. No contrato de sociedade ou por deliberação dos sócios, pode ser estipulado que todo o património da sociedade dissolvida, seu activo e passivo, sejam transmitidos para

algum ou alguns sócios, recebendo os restantes sócios a quantia que lhes caiba em dinheiro.

2. A transmissão a que se refere o número anterior, deve ser precedida de acordo escrito de todos os credores da sociedade.

3. À liquidação por transmissão global é aplicável o disposto no n° 2 do artigo anterior.

Artigo 150°
(Duração da liquidação)

1. A liquidação deve ser concluída e a partilha aprovada no prazo de 3 anos a contar da data em que a sociedade se considere dissolvida, podendo ser fixado um prazo inferior no contrato social ou por deliberação dos sócios.

2. O prazo fixado no número anterior só pode ser prorrogado por deliberação dos sócios e por período não superior a 2 anos.

3. Se a liquidação não estiver concluída e a partilha aprovada nos prazos mencionados nos números anteriores, devem aquelas ser feitas judicialmente.

Artigo 151°
(Liquidatários)

1. Salvo cláusula do contrato de sociedade ou deliberação dos sócios em contrário, os gerentes ou administradores da sociedade passam a ser liquidatários desta a partir do momento em que ela se considere dissolvida.

2. Em qualquer momento e independentemente de justa causa, podem os sócios deliberar a destituição de liquidatários, bem como nomear novos liquidatários, em acréscimo ou em substituição dos existentes.

3. O órgão de fiscalização, qualquer sócio ou credor da sociedade podem requerer judicialmente a destituição de liquidatário, com fundamento em justa causa.

4. O órgão de fiscalização, qualquer sócio ou credor da sociedade podem requerer judicialmente a nomeação de liquidatário, quando não haja nenhum.

5. As pessoas colectivas não podem ser nomeadas liquidatárias, salvo no caso de sociedades de contabilistas e ou de peritos contabilistas.

6. Salvo cláusula do contrato de sociedade ou deliberação dos sócios em contrário, havendo vários liquidatários, cada um tem poderes iguais e independentes para os actos

de liquidação, mas para os actos de alienação ou oneração de bens sociais é exigida a intervenção de, pelo menos, dois liquidatários.

7. As deliberações que aprovem a nomeação ou destituição de liquidatários e deliberações pelas quais se conceda algum dos poderes referidos no n° 2 do artigo seguinte devem ser inscritas no registo comercial.

8. Sem prejuízo do disposto nos artigos 162° a 164°, as funções dos liquidatários cessam com a extinção da sociedade.

9. A remuneração dos liquidatários é fixada por deliberação dos sócios ou por decisão judicial e constitui um encargo da liquidação.

Artigo 152°
(Deveres, poderes e responsabilidade dos liquidatários)

1. Com ressalva das disposições legais que lhes sejam especialmente aplicáveis e das limitações resultantes da natureza das suas funções, os liquidatários têm, em geral, os deveres, os poderes e a responsabilidade dos gerentes ou administradores da sociedade.

2. Por deliberação dos sócios pode o liquidatário ser autorizado a:

    a) continuar temporariamente a actividade anterior da sociedade;

    b) contrair empréstimos necessários à conclusão da liquidação;

    c) proceder à alienação total do património da sociedade;

    d) trespassar o estabelecimento da sociedade.

3. O liquidatário deve:

    a) concluir os negócios pendentes;

    b) cumprir as obrigações da sociedade;

    c) cobrar os créditos da sociedade;

    d) vender o património residual, salvo o disposto no n° 1 do artigo 156°;

    e) propor a partilha dos bens sociais.

Artigo 153°
(Exigibilidade de débitos e créditos da sociedade)

1. Ainda que os prazos tenham sido estabelecidos em benefício do credor, a dissolução da sociedade não torna exigíveis as dívidas desta, salvo no caso de falência ou de acordo diverso entre a sociedade e qualquer credor, sem prejuízo de os liquidatários poderem sempre antecipar o seu pagamento.

2. Ainda que os prazos tenham sido estabelecidos em benefício da sociedade, os créditos desta sobre terceiros e sobre sócios relativamente a dívidas não incluídas no número seguinte devem ser reclamados pelos liquidatários.

3. As cláusulas de diferimento da realização de entrada caducam na data da dissolução da sociedade, mas dessas dívidas dos sócios os liquidatários só podem exigir as importâncias necessárias à satisfação do passivo da sociedade e das despesas de liquidação, depois de esgotado o activo social, no qual se incluem os créditos litigiosos ou considerados incobráveis.

Artigo 154º
(Liquidação do passivo social)

1. Liquidados os bens sociais sobre que recaia qualquer garantia real, é imediatamente feito o pagamento aos credores com garantia real, os quais, não ficando integralmente pagos, são logo incluídos pelo saldo entre os credores comuns, os quais são pagos por rateio.

2. No caso de se verificarem as circunstâncias previstas no artigo 841.º do Código Civil, devem os liquidatários proceder à consignação em depósito da coisa devida, não podendo a sociedade revogar a consignação, salvo provando que a dívida se extinguiu por outra causa.

3. Relativamente às dívidas litigiosas, os liquidatários devem garantir os eventuais direitos do credor por meio de caução, prestada nos termos do Código de Processo Civil.

Artigo 155º
(Contas anuais da liquidação)

1. Nos três primeiros meses de cada ano civil, os liquidatários devem prestar contas da liquidação, as quais devem ser acompanhadas por um relatório pormenorizado do estado da mesma.

2. O relatório e as contas anuais da liquidação devem ser organizados, apreciados e aprovados nos termos prescritos para os documentos de prestação de contas dos gerentes e administradores, com as necessárias adaptações.

Artigo 156°

(Partilha do activo restante)

1. Depois de satisfeitos ou garantidos os direitos dos credores da sociedade, nos termos do artigo 154°, o activo restante pode ser partilhado em espécie, se essa partilha estiver prevista no contrato social ou for aprovada por deliberação unânime dos sócios.

2. O activo restante é destinado, em primeiro lugar, ao reembolso do valor nominal das entradas efectivamente realizadas, sem prejuízo do disposto no contrato de sociedade para o caso de os bens com que o sócio realizou a entrada terem valor superior ao valor nominal desta.

3. Se não puder ser feito o reembolso integral, o activo restante é partilhado entre os sócios proporcionalmente ao valor nominal das entradas efectivamente realizadas, salvo se outro tiver sido o critério estabelecido no contrato social.

4. O saldo existente após o reembolso integral, é partilhado entre os sócios na proporção aplicável à distribuição de lucros.

5. Os liquidatários podem retirar do activo restante as importâncias estimadas para suportar os encargos da liquidação até à extinção da sociedade.

Artigo 157°

(Relatório, contas finais e deliberação dos sócios)

1. As contas finais da liquidação devem ser acompanhadas por um relatório completo da liquidação e por um projecto de partilha do activo restante.

2. O relatório deve mencionar expressamente que estão satisfeitos ou garantidos os direitos dos credores cujos recibos e documentos probatórios podem ser examinados pelos sócios.

3. As contas finais da liquidação devem discriminar os resultados dos actos da liquidação praticados pelos liquidatários e o mapa da partilha.

4. Os sócios devem deliberar sobre o relatório e sobre as contas finais da liquidação e devem, ainda, designar o depositário dos livros, documentos e demais elementos da escrituração da sociedade, os quais têm que ser conservados durante o prazo de 5 anos.

Artigo 158º

(Responsabilidade dos liquidatários perante os credores sociais)

1. Os liquidatários respondem pessoalmente perante os credores sociais cujos direitos não tenham sido satisfeitos ou garantidos pela partilha, quando falsamente indicarem, nos documentos apresentados à assembleia para os efeitos do artigo anterior, que os direitos de todos os credores sociais estão satisfeitos ou garantidos.

2. Os liquidatários responsáveis nos termos do número anterior que não tenham agido com dolo, gozam de direito de regresso contra os antigos sócios.

Artigo 159º

(Entrega dos bens partilhados)

1. Deliberada a partilha, os liquidatários devem entregar os bens adjudicados a cada sócio e, se para a transmissão de algum desses bens for exigida escritura pública ou outra formalidade, devem ainda outorgar essa escritura ou cumprir essa formalidade.

2. É admitida a consignação em depósito nos termos gerais.

Artigo 160°

(Registo)

1. Os liquidatários devem requerer o registo da conclusão da liquidação.

2. Sem prejuízo do disposto nos artigos 162° a 164°, a sociedade considera-se extinta a partir do registo da conclusão da liquidação.

Artigo 161º

(Regresso à actividade)

1. Com observância do disposto neste artigo, os sócios podem deliberar que cesse a liquidação da sociedade e esta retome a sua actividade.

2. A deliberação deve ser tomada pelo número de votos que a lei ou o contrato de sociedade exijam para a deliberação de dissolução, a não ser que se tenha estipulado, para este efeito, maioria superior ou outros requisitos.

3. A deliberação não pode ser aprovada:

 a) antes de o passivo ter sido liquidado, nos termos do artigo 154º, exceptuados os créditos cujo reembolso, na liquidação, for expressamente dispensado pelos respectivos titulares;

 b) enquanto se mantiver alguma causa de dissolução;

c) se o saldo da liquidação não cobrir o capital social, a não ser que haja redução deste.

4. Para os efeitos do disposto na alínea b) do número anterior:

a) a mesma deliberação pode aprovar as providências necessárias para fazer cessar alguma causa de dissolução;

b) nos casos previstos na alínea a) do nº 1 do artigo 142º e no nº 3 do artigo 462º, a deliberação só se torna eficaz quando o número de sócios igualar o exigido por lei;

c) no caso de dissolução por morte do sócio, é exigido o voto concordante dos sucessores para a aprovação da deliberação referida no nº 1.

5. Se a deliberação for aprovada depois de iniciada a partilha, o sócio cuja participação fique reduzida em mais de metade em relação à que anteriormente detinha, pode exonerar-se da sociedade, recebendo a parte que pela partilha lhe caberia.

Artigo 162º

(Acções pendentes)

1. A extinção da sociedade não obsta ao prosseguimento das acções em que aquela seja parte, mas é a sociedade substituída pela generalidade dos sócios, representados pelos liquidatários, nos termos dos nºs 2, 4 e 5 do artigo 163º e nºs 2 e 5, do artigo 164º.

2. A instância não se suspende nem é necessária a habilitação.

Artigo 163º

(Passivo superveniente)

1. Concluída a liquidação e extinta a sociedade, os antigos sócios respondem pelo passivo social não satisfeito ou garantido até ao montante que receberam na partilha, sem prejuízo do disposto quanto aos sócios de responsabilidade ilimitada.

2. As acções que se destinem à realização dos fins referidos no número anterior podem ser propostas contra a generalidade dos sócios, os quais são representados pelos liquidatários, embora qualquer dos sócios possa intervir como assistente.

3. Sem prejuízo das excepções previstas no artigo 341º do Código de Processo Civil, a sentença proferida relativamente à generalidade dos sócios constitui caso julgado em relação a cada um deles.

4. Se alguma dívida incluída no passivo social nos termos do nº 1 for paga por um antigo sócio, tem este direito de regresso contra os outros, de modo a que seja respeitada a proporção de cada um nos lucros e nas perdas.

5. No prazo de cinco dias a contar da citação para a acção, devem os liquidatários dar conhecimento, pela forma exigida por lei para a convocação da Assembleia Geral, da propositura da acção, a todos os antigos sócios, para os efeitos do disposto no artigo 335º e seguintes do Código de Processo Civil, podendo aqueles exigir destes adequada provisão para encargos judiciais.

6. Os liquidatários não podem escusar-se das funções referidas neste artigo, devendo essas funções, se eles tiverem falecido, ser exercidas pelos últimos gerentes ou administradores ou, no caso de falecimento destes, pelos sócios, por ordem decrescente da sua participação no capital da sociedade.

Artigo 164º
(Activo superveniente)

1. Verificando-se, depois de concluída a liquidação e extinta a sociedade, a existência de bens não partilhados, compete aos liquidatários propor partilha adicional aos antigos sócios e, se os antigos sócios não acordarem unanimemente na partilha em espécie, devem os liquidatários praticar os actos necessários à partilha em dinheiro.

2. As acções para cobrança de dívidas à sociedade podem ser propostas pelos liquidatários, que, para o efeito, são considerados representantes legais da generalidade dos sócios, podendo, contudo, qualquer sócio propor acção limitada ao seu interesse.

3. A sentença proferida relativamente à generalidade dos sócios constitui caso julgado em relação a cada um deles e pode ser individualmente executada, na medida dos respectivos interesses.

4. É aplicável com as necessárias adaptações o disposto no nº 5 do artigo 163º.

5. Em caso de falecimento do liquidatário, é aplicável, com as necessárias adaptações, o disposto no nº 6 do artigo l63º.

Artigo 165º
(Liquidação no caso de invalidade do contrato social)

1. Declarado nulo ou anulado o contrato de sociedade, devem os sócios proceder à liquidação, nos termos dos artigos anteriores, observando-se o seguinte:

a) devem ser nomeados liquidatários, excepto se a sociedade não tiver iniciado a sua actividade;

b) o prazo de liquidação extrajudicial é de dois anos, a contar da declaração de nulidade ou da anulação do contrato social e só pode ser prorrogado pelo tribunal;

c) as deliberações dos sócios devem ser aprovadas pela forma prescrita para as sociedades em nome colectivo;

d) a partilha deve ser feita de acordo com as regras estipuladas no contrato social, salvo se essas regras forem, em si mesmas, inválidas;

e) só há lugar a registo de qualquer acto se estiver registada a constituição da sociedade.

2. Nos casos previstos no número anterior, qualquer sócio, credor da sociedade ou credor de sócio de responsabilidade ilimitada pode requerer a liquidação judicial, antes de ter sido iniciada a liquidação pelos sócios ou a continuação da liquidação judicial iniciada se esta não tiver terminado no prazo legal.

CAPÍTULO XIV
Publicidade de Actos Sociais
Artigo 166º
(Actos sujeitos a registo e publicação)

Os actos relativos à sociedade estão sujeitos a registo e publicação nos termos da lei respectiva.

CAPÍTULO XV
Fiscalização pelo Ministério Público
Artigo 173º
(Requerimento de liquidação judicial)

Se o contrato de sociedade não tiver sido celebrado na forma legal ou se o seu objecto for ou se tornar ilícito ou contrário à ordem pública, deve o Ministério Público requerer a liquidação judicial da sociedade, se a liquidação não tiver sido iniciada pelos sócios ou não tiver sido concluída no prazo legal.

Artigo 174º
(Regularização da sociedade)

1. Antes de tomar as providências determinadas no artigo anterior, deve o Ministério Público notificar, por ofício, a sociedade ou os sócios para, em prazo razoável, nunca inferior a seis meses a contar da data em que a notificação tiver sido feita, regularizarem a situação.

2. A situação da sociedade pode ainda ser regularizada até ao trânsito em julgado da sentença proferida na acção proposta pelo Ministério Público.

3. O disposto nos números anteriores não se aplica quando a nulidade do contrato de sociedade resulte do facto de o seu objecto ser ilícito ou contrário à ordem pública.

CAPÍTULO IV
Dissolução e liquidação da sociedade

Artigo 199º
(Dissolução e liquidação da sociedade)

1. Além dos casos previstos na lei, a sociedade pode ser dissolvida judicialmente:

   a) a requerimento do sucessor do sócio falecido, se a liquidação da parte social não puder ser feita por força do disposto no nº 1 do artigo 190º;

   b) a requerimento do sócio que pretenda exonerar-se com fundamento no disposto nas alíneas a) e b) do nº 2 do artigo 187º, se a parte social não puder ser liquidada por força do disposto no nº 1 do artigo 190º.

2. Nos termos e para os fins do nº 3 do artigo 153º, os liquidatários devem reclamar dos sócios, além das dívidas de entradas, as quantias necessárias para o pagamento das dívidas sociais, na proporção da parte de cada um nas perdas, se, porém, algum sócio se encontrar insolvente, é a sua parte dividida pelos demais, na mesma proporção.

Artigo 200º
(Regresso à actividade e oposição de credores)

1. O credor de um sócio pode opor-se ao regresso da sociedade em liquidação à actividade, contanto que o faça através de notificação judicial avulsa nos 30 dias seguintes à publicação da deliberação que tenha aprovado esse regresso.

2. Recebida a notificação, a sociedade pode, nos 60 dias seguintes, excluir o sócio ou deliberar a continuação da liquidação.

3. Se a sociedade não aprovar nenhuma das deliberações previstas na parte final do número anterior, pode o credor exigir judicialmente a liquidação da parte do seu devedor.

CÓDIGO CIVIL

SECÇÃO V

Dissolução da sociedade

Artigo 1007.º

(Causas de dissolução)

A sociedade dissolve-se:

a) por acordo dos sócios;

b) pelo decurso do prazo fixado no contrato, não havendo prorrogação;

c) pela realização do objecto social, ou por este se tornar impossível;

d) por se extinguir a pluralidade dos sócios, se no prazo de seis meses não for reconstituída;

e) por decisão judicial que declare a sua insolvência;

f) por qualquer outra causa prevista no contrato.

Artigo 1008.º

(Dissolução por acordo. Prorrogação do prazo)

1. A dissolução por acordo depende do voto unânime dos sócios, a não ser que o contrato permita a modificação das suas cláusulas ou a dissolução da sociedade por simples voto maioritário.

2. A prorrogação do prazo fixado no contrato pode ser validamente convencionada até à partilha; considera-se tacitamente prorrogada a sociedade, por tempo indeterminado, se os sócios continuaram a exercer a actividade social, salvo se das circunstâncias resultar que não houve essa intenção.

Artigo 1009.º

(Poderes dos administradores depois da dissolução)

1. Dissolvida a sociedade, os poderes dos administradores ficam limitados à prática dos actos meramente conservatórios e, no caso de não terem sido nomeados liquidatários, dos actos necessários à liquidação do património social.

2. Pelas obrigações que os administradores assumam contra o disposto no número anterior, a sociedade e os outros sócios só respondem perante terceiros se estes estavam de boa fé ou, no caso de ser obrigatório o registo da dissolução, se este não tiver sido efectuado; nos restantes casos, respondem solidariamente os administradores que tenham assumido aquelas obrigações.

SECÇÃO VI
Liquidação da sociedade e de quotas

Artigo 1010.º
(Liquidação da sociedade)

Dissolvida a sociedade, procede-se à liquidação do seu património.

Artigo 1011.º
(Forma da liquidação)

1. Se não estiver fixada no contrato, a forma da liquidação é regulada pelos sócios; na falta de acordo de todos, observar-se-ão as disposições dos artigos subsequentes e as das leis de processo.

2. Se o prazo para a liquidação não estiver determinado, qualquer sócio ou credor pode requerer a sua determinação pelo tribunal.

Artigo 1012.º
(Liquidatários)

1. A liquidação compete aos administradores.

2. Se o contrato confiar aos sócios a nomeação dos liquidatários e o acordo se revelar impossível, será a falta deste suprida pelo tribunal, por iniciativa de qualquer sócio ou credor.

Artigo 1013.º
(Posição dos liquidatários)

1. A posição dos liquidatários é idêntica à dos administradores, com as modificações constantes dos artigos seguintes.

2. Salvo acordo dos sócios em contrário, as decisões dos liquidatários são tomadas

por maioria.

Artigo 1014.º

(Termos iniciais da liquidação)

1. Se os liquidatários não forem os administradores, devem exigir destes a entrega dos bens e dos livros e documentos da sociedade, bem como as contas relativas ao último período de gestão; na falta de entrega, esta deve ser requerida ao tribunal.

2. É obrigatória a organização de um inventário que dê a conhecer a situação do património social; o inventário é elaborado conjuntamente por administradores e liquidatários.

Artigo 1015.º

(Poderes dos liquidatários)

Cabe aos liquidatários praticar todos os actos necessários à liquidação do património social, ultimando os negócios pendentes, cobrando os créditos, alienando os bens e pagando aos credores.

Artigo 1016.º

(Pagamento do passivo)

1. É defeso aos liquidatários proceder à partilha dos bens sociais enquanto não tiverem sido pagos os credores da sociedade ou consignadas as quantias necessárias.

2. Quando os bens da sociedade não forem suficientes para liquidação do passivo, os liquidatários podem exigir dos sócios, além das entradas em dívida, as quantias necessárias, em proporção da parte de cada um nas perdas e dentro dos limites da respectiva responsabilidade; se, porém, algum sócio se encontrar insolvente, será a sua parte dividida pelos demais, nos termos referidos.

Artigo 1017.º

(Restituição dos bens atribuídos em uso e fruição)

1. O sócio que tiver entrado para a sociedade com o uso e fruição de certos bens tem o direito de os levantar no estado em que se encontrarem.

2. Se os bens se houverem perdido ou deteriorado por causa imputável aos administradores, são estes e a sociedade solidariamente responsáveis pelos danos.

Artigo 1018.º

(Partilha)

1. Extintas as dívidas sociais, o activo restante é destinado em primeiro lugar ao reembolso das entradas efectivamente realizadas, exceptuadas as contribuições de serviços e as de uso e fruição de certos bens.

2. Se não puder ser feito o reembolso integral, o activo existente é distribuído pelos sócios, por forma que a diferença para menos recaia em cada um deles na proporção da parte que lhe competir nas perdas da sociedade; se houver saldo depois de feito o reembolso, será repartido por eles na proporção da parte que lhes caiba nos lucros.

3. As entradas que não sejam de dinheiro são estimadas no valor que tinham à data da constituição da sociedade, se não lhes tiver sido atribuído outro no contrato.

4. Ainda que o contrato o não preveja, podem os sócios acordar em que a partilha dos bens se faça em espécie.

Artigo 1019.º

(Regresso à actividade social)

1. Enquanto não se ultimarem as partilhas, podem os sócios retomar o exercício da actividade social, desde que o resolvam por unanimidade.

2. Se, porém, a dissolução tiver resultado de causa imperativa, é necessário que tenham cessado as circunstâncias que a determinaram.

Artigo 1020.º

(Responsabilidade dos sócios após a liquidação)

Encerrada a liquidação e extinta a sociedade, os antigos sócios continuam responsáveis perante terceiros pelo pagamento dos débitos que não tenham sido saldados, como se não tivesse havido liquidação.

Artigo 1021.º

(Liquidação de quotas)

1. Nos casos de morte, exoneração ou exclusão de um sócio, o valor da sua quota é fixado com base no estado da sociedade à data em que ocorreu ou produziu efeitos o fac-

to determinante da liquidação; se houver negócios em curso, o sócio ou os herdeiros participarão nos lucros e perdas deles resultantes.

2. Na avaliação da quota observar-se-ão, com as adaptações necessárias, as regras do nº 1 ao nº 3 do artigo 1018º, na parte em que forem aplicáveis.

3. O pagamento do valor da liquidação deve ser feito, salvo acordo em contrário, dentro do prazo de seis meses, a contar do dia em que tiver ocorrido ou produzido efeitos o facto determinante da liquidação.

LEI DAS SOCIEDADES COMERCIAIS

CAPÍTULO II

Direitos e Obrigações dos sócios

SECÇÃO II

Obrigação de Prestações Acessórias

Artigo 230º

(Obrigação de prestações acessórias)

1. O contrato de sociedade pode impor, a todos ou a alguns sócios, a obrigação de realizarem prestações acessórias, para além das entradas, desde que fixe os elementos essenciais dessa obrigação e especifique se a obrigação deve ser cumprida a título oneroso ou gratuito.

2. Caso o conteúdo da obrigação contenha os elementos essenciais de um contrato típico, ser-lhe aplicável o regime próprio desse tipo de contrato.

3. Se as prestações estipuladas não forem pecuniárias, o direito da sociedade em exigir o cumprimento é intransmissível.

4. No caso de se convencionar a onerosidade, a contraprestação pode ser paga independentemente da existência de lucros de exercício.

5. Salvo disposição contratual em contrário, o não cumprimento das obrigações acessórias não afecta a situação do sócio, podendo, no entanto, este incorrer no dever de indemnizar a sociedade pelos prejuízos que a sua omissão lhe cause.

6. A obrigação de realizar prestações acessórias extingue-se com a dissolução da sociedade.

SECÇÃO III

Prestações Suplementares

Artigo 232°

(Exigibilidade da obrigação)

1. A exigibilidade de prestações suplementares depende sempre de deliberação dos sócios, que fixa o montante exigível e o prazo da prestação, que não pode ser inferior a 30 dias, contados da data da notificação ao sócio.

2. A deliberação referida no número anterior não pode ser aprovada antes da integral liberação de todas as quotas.

3. Depois de a sociedade ter sido dissolvida por qualquer causa não podem ser exigidas prestações suplementares.

2 DISSOLUÇÃO

Analisada a legislação transcrita, concluir-se-á que, para ser iniciada a "liquidação" é necessário que esteja concretizada a dissolução.

De harmonia com o n° 1 do artigo 140° da Lei das Sociedades Comerciais, a sociedade dissolve-se nos casos previstos no contrato de sociedade e ainda:

a) pelo decurso do prazo fixado no contrato social;

b) pela realização completa do objecto contratual;

c) pela ilicitude superveniente do objecto contratual;

d) pela declaração de falência da sociedade.

Nos termos do n° 1 do artigo 142° da mesma Lei, pode ser dissolvida ou requerida a dissolução judicial da sociedade com fundamento em facto previsto na lei ou no contrato social e ainda:

a) quando, período superior a um ano, o número de sócios for inferior ao número mínimo exigido por lei, excepto se um dos sócios restantes for o Estado ou entidade a ele equiparada por lei para esse efeito;

b) quando se torne de facto impossível a actividade que constitui o objecto;

c) quando a sociedade não tenha exercido qualquer actividade durante cinco anos consecutivos;

d) quando a sociedade exerça de facto uma actividade não compreendida no objecto contratual.

Para efeitos do Imposto Industrial, a cessação total do exercício da actividade obriga à apresentação da declaração da cessação conforme regula o n° 1 do artigo 52° do código, ou seja:

1. *No prazo de 30 dias a contar da cessação da sua actividade, os contribuintes deverão igualmente apresentar, em triplicado, a declaração modelo n° 1, entendendo-se que a cessação se verifica na data de encerramento das contas, ou, tratando-se de sociedade regularmente constituída com sede ou direcção efectiva na província, na da aprovação das contas do liquidatário ou administrador.*

Para a cessação da actividade da sociedade será, em primeiro lugar, necessária a realização de uma Assembleia Geral onde os sócios decidam a sua dissolução, por maioria absoluta dos votos expressos, lavrando-se a correspondente acta da deliberação.

3 LIQUIDAÇÃO

Em geral, a sociedade dissolvida entra imediatamente em liquidação, pelo que a partir daqui, à firma deve ser aditada a menção "Sociedade em liquidação" ou "Em liquidação".

Como refere o n° 2 do artigo 146° da LSC, a sociedade em liquidação mantém a personalidade jurídica e, salvo quando outra coisa resulte das disposições subsequentes ou da modalidade da liquidação, continuam a ser-lhes aplicáveis, com as necessárias adaptações, as disposições que regem as sociedades não dissolvidas.

Por liquidação deve entender-se o conjunto de operações necessárias para realizar o activo e pagar o passivo da sociedade dissolvida, ou seja:

1) Realização do activo

1.1 Recebimento de todas as dívidas de clientes e de outros devedores;

1.2 Venda das existências;

1.3 Venda do imobilizado;

1.4 Etc.

2) Regularização do passivo

2.1 Pagamento a fornecedores;

2.2 Pagamento de empréstimos bancários;

2.3 Pagamento ao Estado;

2.4 Etc.

3) Custos originados pela liquidação

3.1 Honorários dos liquidatários;

3.2 Indemnizações ao pessoal;

3.3 Comunicações;

3.4 Etc.

4) Partilha imediata

Conforme referem os artigos nºs 147° e 156° da L.S.C., antes transcritos, o saldo existente após o reembolso integral, é partilhado entre os sócios na proporção aplicável à distribuição de lucros.

4.1 Sócio "A"... 21 471,84

4.2 Sócio "B"... 21 471,84

4.3 Sócio "C"... 18 404,44

O prazo para o encerramento da liquidação e aprovação da partilha estabelecida no artigo 147° da Lei das Sociedades Comerciais é o seguinte:

1. Sem prejuízo do disposto no artigo seguinte, se, à data da dissolução, a sociedade não tiver dívidas, podem os sócios proceder imediatamente à partilha dos bens sociais pela forma prescrita no artigo 156°.

2. As dívidas de natureza fiscal ainda não exigíveis à data da dissolução não obstam à partilha nos termos do número anterior, mas, por essas dívidas, respondem solidária e ilimitadamente todos os sócios.

O nº1 do artigo 156º (Partilha do activo restante), refere o seguinte:

Depois de satisfeitos ou garantidos os direitos dos credores da sociedade, nos termos do artigo 154º, o activo restante pode ser partilhado em espécie, se essa partilha esti-ver prevista no contrato social ou for aprovada por deliberação unânime dos sócios.

Vamos supor que a Sociedade Comercial de Luanda "K" (Em liquidação) se vai dissolver e encerrar a sua actividade em 30 de Junho de 2011 e que o encerramento da liquidação se vai verificar em 12 de Março de 2012.

Imagine-se ainda que a empresa possuía os seguintes dados contabilísticos na data da dissolução, com os montantes expressos em euros (€):

4. CONTABILIZAÇÃO DA LIQUIDAÇÃO

Conforme estabelece o artigo 149º da LSC, antes de ser iniciada a liquidação, devem ser organizados e aprovados os documentos de prestação de contas da sociedade, reportados à data da dissolução.

Para o efeito, ter-se-á, em primeiro lugar, de se proceder à contabilização e fecho das contas relativas às operações normais realizadas até à data da dissolução.

A contabilização das operações relativas à "Liquidação" terá que se distinguir das anteriores.

As contas de proveitos e custos serão posteriormente saldadas por contra-partida de uma subconta da rubrica da classe "8 – Resultados", para apuramento do "Resultado líquido do exercício".

Importante

Porque a moeda de Angola (Kwanza) nos obrigaria a elaborar mapas da dissolução e liquidação de maior dimensão que nos dificultaria a tarefa de apresentação, optámos por conceber os referidos mapas em € (Euros).

4.1 SOCIEDADE COMERCIAL DE LUANDA "K", (EM LIQUIDAÇÃO)

BALANCETE DE "REABERTURA" EM 31/12/2010

Nestas circunstâncias, vamos supor que já foram encerradas as contas em 30/6/10 e feita a correspondente "Reabertura" dos saldos em 31/12/10, tendo-se extraído o seguinte balancete:

Conhecidos os valores globais que compõem o "Activo", "Passivo" e "Capital próprio" da Sociedade Comercial de Luanda "K", (Em liquidação), será necessário conhecer o detalhe dos referidos valores.

SOCIEDADE COMERCIAL DE LUANDA "k" (EM LIQUIDAÇÃO)

Balancete Geral - Financeira

Acumulado

Conta	Descrição	Mov. Débito	Mov. Crédito	Saldo Débito	Saldo Crédito
11	IMOBILIZAÇÕES CORPÓREAS	121,291.19	0.00	121,291.19	
111	TERRENOS E RECURSOS NATURAIS	13,966.34	0.00	13,966.34	
1114	Terrenos com edifícios	13,966.34	0.00	13,966.34	
11141	Relativos a edifícios industriais	13,966.34	0.00	13,966.34	
112	ÉDIFÍCIOS E OUTRAS CONSTRUÇÕES	61,850.94	0.00	61,850.94	
1121	Edifícios	61,850.94	0.00	61,850.94	
11211	Integrados em edifícios industriais	61,850.94	0.00	61,850.94	
113	EQUIPAMENTO BÁSICO	7,481.97	0.00	7,481.97	
1134	Balcões frigoríficos	7,481.97	0.00	7,481.97	
114	EQUIPAMENTO DE CARGA E TRANSPORTE	26,935.09	0.00	26,935.09	
1142	Viaturas de mercadoreias	26,935.09	0.00	26,935.09	
115	EQUIPMENTO ADMINISTRATIVO	11,056.85	0.00	11,056.85	
1151	Equipamento administrativo	11,056.85	0.00	11,056.85	
18	AMORTIZAÇÕES ACUMULADAS	0.00	35,655.82		35,655.82
181	Imobilizações corpóreas	0.00	35,655.82		35,655.82
1812	Edifícios e outras construções	0.00	6,185.09		6,185.09
1813	Equipamento básico	0.00	3,740.98		3,740.98
1814	Material de carga e transporte	0.00	20,201.32		20,201.32
1815	Equipamento administrativo	0.00	5,528.43		5,528.43
	Total da classe 1	121,291.19	35,655.82	121,291.19	35,655.82
26	Conta 26	17,087.82	0.00	17,087.82	
261	Mercadorias	17,087.82	0.00	17,087.82	
	Total da classe 2	17,087.82	0.00	17,087.82	0.00
31	CLIENTES	25,972.65	0.00	25,972.65	
311	Clientes - correntes	21,931.64	0.00	21,931.64	
3112	Não grupo	21,931.64	0.00	21,931.64	
31121	Nacionais	21,931.64	0.00	21,931.64	
3112101	Cliente "A"	623.50	0.00	623.50	
3112102	Cliente "B"	1,840.56	0.00	1,840.56	
3112103	Cliente "C"	4,122.06	0.00	4,122.06	
3112104	Cliente "D"	4,369.87	0.00	4,369.87	
3112105	Cliente "E"	477.35	0.00	477.35	
3112106	Cliente "F"	6,712.62	0.00	6,712.62	
3112107	Cliente "G"	436.45	0.00	436.45	
3112108	Cliente "H"	626.69	0.00	626.69	
3112109	Cliente "I"	2,722.54	0.00	2,722.54	
318	CLIENTES DE COBRANÇA DUVIDOSA	4,041.01	0.00	4,041.01	
318101	Cliente "DA"	1,169.68	0.00	1,169.68	
318102	Cliente "DB"	425.97	0.00	425.97	
318103	Clionto "DC"	1,518.84	0.00	1,518.84	
318104	Cliente "DD"	926.52	0.00	926.52	
32	FORNECEDORES	0.00	23,005.55		23,005.55
321	Fornecedores - correntes	0.00	23,005.55		23,005.55
A transportar		164,351.66	35,655.82	164,351.66	35,655.82

SOCIEDADE COMERCIAL DE LUANDA "k" (EM LIQUIDAÇÃO)

Balancete Geral - Financeira

Acumulado

Conta	Descrição	Mov. Débito	Mov. Crédito	Saldo Débito	Saldo Crédito
Transporte		164,351.66	35,655.82	164,351.66	35,655.82
3212	Não grupo	0.00	23,005.55		23,005.55
32121	Nacionais	0.00	23,005.55		23,005.55
3212101	Fornecedor "A"	0.00	673.38		673.38
3212102	Fornecedor "B"	0.00	1,745.79		1,745.79
3212103	Fornecedor "C"	0.00	6,210.03		6,210.03
3212104	Fornecedor "D"	0.00	4,987.98		4,987.98
3212105	FORNECEDOR "E"	0.00	3,890.62		3,890.62
3212106	Fornecedor "F"	0.00	3,262.14		3,262.14
3212107	Fornecedor "G"	0.00	27.93		27.93
3212108	Fornecedor "H"	0.00	498.80		498.80
3212109	Fornecedor "I"	0.00	1,708.88		1,708.88
33	EMPRÉSTIMOS SUBSID. E DE CONSUMO	0.00	37,656.74		37,656.74
331	Empréstimos bancários	0.00	37,656.74		37,656.74
3311	Moeda nacional	0.00	37,656.74		37,656.74
331101	Banco "A"	0.00	19,964.16		19,964.16
331102	Banco "B"	0.00	14,963.44		14,963.44
331103	Banco "C"	0.00	2,729.14		2,729.14
34	ESTADO	0.00	1,176.67		1,176.67
343	Imposto de rendimento do trabalho	0.00	1,176.67		1,176.67
3431	Pessoal	0.00	448.92		448.92
3433	Segurança Social	0.00	727.75		727.75
35	ENTIDADES PARTIC. E PARTICIPADAS	1,646.14	35,913.45		34,267.31
352	Entidades participadas	1,646.14	35,913.45		34,267.31
3524	Outros	1,646.14	35,913.45		34,267.31
35243	Conta lucros	0.00	35,913.45		35,913.45
3524301	Sócio "A"	0.00	14,963.94		14,963.94
3524302	Sócio "B"	0.00	14,963.94		14,963.94
3524303	Sócio "C"	0.00	5,985.57		5,985.57
35245	Outras operações	1,646.14	0.00	1,646.14	
352451	A curto prazo	1,646.14	0.00	1,646.14	
35245101	Sócio "A"	723.36	0.00	723.36	
35245102	Sócio "B"	922.78	0.00	922.78	
36	PESSOAL	0.00	5,985.57		5,985.57
361	Pessoal - remunerações	0.00	5,985.57		5,985.57
3612	Empregados	0.00	5,985.57		5,985.57
36121	Empregados	0.00	5,985.57		5,985.57
37	OUTROS VALORES A RECEBER E A PAGAR	0.00	1,995.19		1,995.19
371	Compras de imobilizado	0.00	1,995.19		1,995.19
3711	Corpório	0.00	1,995.19		1,995.19
371101	Fornecedor "A"	0.00	1,995.19		1,995.19
38	PROVISÕES PARA COBRANÇAS DUVIDOSAS	0.00	2,020.13		2,020.13
381	Provisões para clientes	0.00	2,020.13		2,020.13
3811	Clientes correntes	0.00	2,020.13		2,020.13
A transportar		165,997.80	141,388.99	165,997.80	141,388.99

SOCIEDADE COMERCIAL DE LUANDA "k" (EM LIQUIDAÇÃO)

Balancete Geral - Financeira

Acumulado

Data da CTB: 31.12.2010   Mês: Abertura de 2010   Pág. 3

Conta	Descrição	Mov. Débito	Mov. Crédito	Saldo Débito	Saldo Crédito
Transporte		165,997.80	141,388.99	165,997.80	141,388.99
38112	Não grupo	0.00	2,020.13		2,020.13
381121	Garantias a clientes	0.00	2,020.13		2,020.13
39	PROVISÕES PARA OUT.RISCOS ENCARGOS	0.00	2,020.13		2,020.13
394	Provisões pª garantias a clientes	0.00	2,020.13		2,020.13
	Total da classe 3	27,618.79	109,773.43	25,972.65	108,127.29
43	DEPÓSITOS Á ORDEM	4,003.25	0.00	4,003.25	
431	MOEDA NACIONAL	4,003.25	0.00	4,003.25	
43101	Banco "A"	3,457.66	0.00	3,457.66	
43102	Banco "B"	545.59	0.00	545.59	
45	CAIXA	448.90	0.00	448.90	
451	FUNDO FIXO	448.90	0.00	448.90	
4511	Caixa	448.90	0.00	448.90	
	Total da classe 4	4,452.15	0.00	4,452.15	0.00
51	CAPITAL	0.00	79,807.66		79,807.66
511	Capital social	0.00	79,807.66		79,807.66
55	RESERVAS LEGAIS	0.00	16,253.83		16,253.83
551	Reservas legais	0.00	2,287.49		2,287.49
552	Outras Reservas	0.00	13,966.34		13,966.34
5524	Reservas livres	0.00	13,966.34		13,966.34
56	RESULTADOS TRANSITADOS	56,322.46	0.00	56,322.46	
563	Exercício de 2004	32,202.39	0.00	32,202.39	
564	Exercício de 2005	24,120.07	0.00	24,120.07	
	Total da classe 5	56,322.46	96,061.49	56,322.46	96,061.49
81	RESULTADO LÍQUIDO DO EXERCÍCIO	14,718.33	0.00	14,718.33	
818	Resultado Líquido	14,718.33	0.00	14,718.33	
	Total da classe 8	14,718.33	0.00	14,718.33	0.00
Total		241,490.74	241,490.74	241,490.74	241,490.74

SOCIEDADE COMERCIAL DE LUANDA "k" (EM LIQUIDAÇÃO)

Balancete Razão - Financeira

Acumulado

Conta	Descrição	Mov. Débito	Mov. Crédito	Saldo Débito	Saldo Crédito
11	IMOBILIZAÇÕES CORPÓREAS	121,291.19	0.00	121,291.19	
18	AMORTIZAÇÕES ACUMULADAS	0.00	35,655.82		35,655.82
26	Conta 26	17,087.82	0.00	17,087.82	
31	CLIENTES	25,972.65	0.00	25,972.65	
32	FORNECEDORES	0.00	23,005.55		23,005.55
33	EMPRÉSTIMOS SUBSID. E DE CONSUMO	0.00	37,656.74		37,656.74
34	ESTADO	0.00	1,176.67		1,176.67
35	ENTIDADES PARTIC. E PARTICIPADAS	1,646.14	35,913.45		34,267.31
36	PESSOAL	0.00	5,985.57		5,985.57
37	OUTROS VALORES A RECEBER E A PAGAR	0.00	1,995.19		1,995.19
38	PROVISÕIES PARA COBRANÇAS DUVIDOSAS	0.00	2,020.13		2,020.13
39	PROVISÕES PARA OUT.RISCOS ENCARGOS	0.00	2,020.13		2,020.13
43	DEPÓSITOS Á ORDEM	4,003.25	0.00	4,003.25	
45	CAIXA	448.90	0.00	448.90	
51	CAPITAL	0.00	79,807.66		79,807.66
55	RESERVAS LEGAIS	0.00	16,253.83		16,253.83
56	RESULTADOS TRANSITADOS	56,322.46	0.00	56,322.46	
81	RESULTADO LÍQUIDO DO EXERCÍCIO	14,718.33	0.00	14,718.33	
Total		241,490.74	241,490.74	239,844.60	239,844.60

4.2 OPERAÇÕES POSTERIORES À DISSOLUÇÃO

Como determina a Lei das Sociedades Comerciais, a partir da dissolução, à firma da sociedade deve ser aditada a menção *"sociedade em liquidação"* ou *"em liquidação"*.

4.2.1 SOCIEDADE COMERCIAL DE LUANDA "K", (EM LIQUIDAÇÃO)

MEMORIAL DAS OPERAÇÕES DE LIQUIDAÇÃO EM 2011

Neste espaço detalhar-se-ão as operações de liquidação realizadas no período compreendido entre 1 de Julho de 2011 e 31 de Dezembro.

Além de se evidenciarem as operações efectuadas, indicam-se, igualmente, quais as contas a movimentar de acordo com o   PGCA – Plano Geral de Contabilidade de Angola.

SOCIEDADE COMERCIAL DE LUANDA "K", (EM LIQUIDAÇÃO)

MEMORIAL DAS OPERAÇÕES DE LIQUIDAÇÃO EM 2011

Nº	2011		DESIGNAÇÃO DAS OPERAÇÕES REALIZADAS	VALORES		P. G. C. ANGOLA	
Docº	Dia	Mês	de 1 de Julho a 31 de Dezembro de 2011	PARCIAIS	TOTAIS	DÉBITO	CRÉDITO
01	02	Julº	Transferência para "Resultados transita-				
			dos" do saldo da conta 881		14 718,33	591	881
02	02	Julº	Venda das mercadorias "A", "B" e "C":				
			Mercadoria..	8 753,90	8 753,90	4511	61311
03	04	Julº	Recebido parte do débito do Cliente "DA",				
			por acordo de credores (70%)		818,78	4511	318101
			Valor não recuperável		350,90	785	318101
			Provisão constituída		584,84	78121	68121
04	05	Julº	Depósito no Banco "A"		7 980,77	43101	4511
05	05	Julº	Pagamento ao Estado:				
			Retenção IRS - Trabalho dependente	172,58	172,58	3431	
			Retenção IRS - Trabalho independente	37,41	37,41	3432	
			Imposto do selo	11,97	11,97	3491	
			Segurança social	727,75	727,75	3492	4511
06	06	Julº	Depósito no Banco "A"		5 985,57	43101	4511
07	06	Julº	Ordem ao Banco "A" para pagamento de:				
			Remunerações do pessoal	5 985,57	5 985,57	36121	43101
			Indemnizações ao pessoal	8 978,36	8 978,36	7222	43101
08	15	Julº	Alienação de todo o equipamento básico:				
			Balanças	1 995,19	1 995,19	4511	6831
			Balcões frigoríficos..	3 840,74	3 840,74	4511	6831
			Valor de "aquisição" dos bens		7 481,97	6831	1134
			Valor da amortização contabilizada		3 740,98	1813	6831
09	28	Julº	Alienação da viatura "A", de mercadorias:				
			Valor de realização	10 504,68	10 504,68	4511	6831
			Valor de "aquisição" da viatura		16 959,13	6831	1142
			Valor da amortização contabilizada		12 719,35	1814	6831
10	31	Julº	Depósito no Banco "A"		14 963,94	43101	4511
	31	Julº	Ordem ao Banco "A" para pagamento a:				
11			Fornecedor "A"	673,38	673,38	3212101	
12			Fornecedor "F"	3 262,14	3 262,14	3212106	
13			Fornecedor "C"	2 493,99	2 483,99	3212103	
14			Fornecedor "G"	27,93	27,93	3212107	43101
15	10	Agtº	Venda das mercadorias "D" e "E":				
			Mercadoria..	2 626,17	2 626,17	4511	61311
	25	Agtº	Valores recebidos de:				
17			Cliente "A"	623,50	623,50		3112101
18			Cliente "C"	4 122,06	4 122,06		3112103
19			Cliente "G"	436,45	436,45	4511	3112107
			A transportar		141 568,33		

SOCIEDADE COMERCIAL DE LUANDA "K", (EM LIQUIDAÇÃO)

MEMORIAL DAS OPERAÇÕES DE LIQUIDAÇÃO EM 2011

Nº	2011		DESIGNAÇÃO DAS OPERAÇÕES REALIZADAS	VALORES		P. G. C. ANGOLA	
Docº	Dia	Mês	de 1 de Julho a 31 de Dezembro de 2011	PARCIAIS	TOTAIS	DÉBITO	CRÉDITO
			Transporte		141 568,33		
20	31	Agtº	Pagamento ao Fornecedor "C" - Banco "A"		3 716,04	3212103	43101
21	31	Agtº	Pagamento de honorários ao liquidatário:				
			Valor atribuído por deliberação dos sócios......	1 050,47	1 050,47	75234	4511
			IRS retido		134,68	4511	3431
22	15	Setº.	Pagamento ao Fornecedor "B", p/Banco "B"......		1 745,79	3212102	43102
	16	Setº.	Pelos seguintes pagamentos:				
23			Correspondência expedida pelos CTT.............	12,22	12,22	75220	
24			Compra de material de expediente..................	11,67	11,67	75217	
25			Gasolina consumida - viatura ligeira	49,88	49,88	75213	
26			Reconhecimento de assinaturas	3,99	3,99	75230	
27			Anúncio venda de bens do imobilizado...........	58,36	58,36	75229	
			IRS retido - Trabalho independente	134,68	134,68	3432	
28			Frete entrega de mercadorias........................	116,72	116,72	75223	
29			Almoço oferecido - reunião c/comprador	29,93	29,93	75224	4511
30	29	Setº.	Pagamento de comissão a intermediário "A"	583,60	583,60	75231	4511
			IRS retido		74,82	4511	3431
	30	Setº.	Recebido dos seguintes clientes:				
31			Cliente "B"	1 840,56	1 840,56	4511	3112102
32			Cliente "I"	2 722,34	2 722,34	4511	3112109
33			Cliente "E"	477,35	477,35	4511	3112105
35	02	Outº	Clientes de cobrança duvidosa:				
			Cliente "DD", ausentou-se do país sem pa-				
			gar aos seus credores	926,52	926,52	785	318104
			Provisão constituída até 30/6/09	694,70	694,70	381321	68121
36	02	Outº	Cliente "DB", considerado incobrável	425,97	425,97	785	318102
			Provisão constituída até 30/6/10	425,97	425,97	318104	68121
37	15	Outº	Venda da mercadoria "F"..............................	4 668,75	4 668,75	4511	61311
38	16	Outº	Depósito no Banco "A"		9 975,96	43101	4511
39	17	Outº	Pagamento do IRS retido em Setembro		74,82	3431	4511
	31	Outº	Pagamentos através do Banco "A":				
40			Fornecedor "H"	498,80	498,80	3212108	43101
41			Fornecedor "D"	4 987,98	4 987,98	3212104	43101
42			Fornecedor "E"	3 890,62	3 890,62	3212105	43101
			A transportar		180 901,52		

SOCIEDADE COMERCIAL DE LUANDA "K", (EM LIQUIDAÇÃO)

MEMORIAL DAS OPERAÇÕES DE LIQUIDAÇÃO EM 2011

N°	2011		DESIGNAÇÃO DAS OPERAÇÕES REALIZADAS	VALORES		P. G. C. ANGOLA	
Doc°	Dia	Mês	de 1 de Julho a 31 de Dezembro de 2011	PARCIAIS	TOTAIS	DÉBITO	CRÉDITO
			Transporte...		180 901,52		
43	5	Nov°	Venda da mercadoria "G"..............................	6 069,37	6 069,37	4511	61311
44	10	Nov°	Depósito do Cliente "F" - Banco "B"		6 712,62	43101	3112106
45	11	Nov°	Idem, Cliente "D"..		4 369,87	43102	3112104
46	12	Nov°	Débito de livrança pelo Banco "B"		9 975,96	331102	43102
47	12	Nov°	Remessa ao Fornecedor "C"............................		3 763,23	3212103	43101
48	30	Nov°	Pagamento ao Fornecedor "A" do imobilizado				
			do através do Banco "A"	1 895,43	1 895,43	371101	43101
			Desconto financeiro concedido - 5%	99,76	99,76	371101	6631
49	30	Nov°	Venda de todo equipamento administrativo:				
			Mobiliário	1 995,19	1 995,19	4511	6831
			Fotocopiadoras	748,20	748,20	4511	6831
			Computadores e impressoras	3 967,94	3 967,94	4511	6831
			Custo de"aquisição" dos bens		11 056,85	6831	1151
			Valor das "amortizações" praticadas		5 528,43	1815	6831
50	10	Dez°	Venda da viatura ligeira "B".............................	6 484,37	6 484,37	4511	6831
			Custo de aquisição..	9 975,96	9 975,96	1151	43421
			Amortizações praticadas	7 481,97	7 481,97	1815	6831
51	17	Dez°	Cliente "H" - Acordo para pagamento do seu				
			débito com o desconto financeiro de 15%:				
			Valor recebido	532,86	532,86	4511	3112108
			Desconto financeiro	94,03	94,03	6631	3112108
52	31	Dez°	Cliente "DC" - Saldo devedor considerado inco-				
			brável		1 518,84	785	318103
			Anulação do saldo de "Provisões"		314,62	3813203	68123
53	31	Dez°	Honorários do liquidatário:				
			Valor acordado...	3 501,58	3 501,58	75234	4511
			IRS retido...		448,92	4511	3432
55	31	Dez°	Depósito no Banco "A"		7 481,97	43101	4511
56	31	Dez°	Débito de livrança - Banco "A"		14 963,94	331101	43101
57	31	Dez°	Custo das mercadorias vendidas de 1/07 a				
			31/12/11		17 087,82	7161	261
			Sub-totais		306 971,24		
			Saldos transitados (Reabertura)		241 490,74		
			Valores acumulados		548 461,98		

4.2.2 SOCIEDADE COMERCIAL DE LUANDA "K", (EM LIQUIDAÇÃO)

BALANCETES DO RAZÃO ANALÍTICO E SINTÉTICO EM 31 DE DEZEMBRO DE 2011

(ANTES DO APURAMENTO DE RESULTADOS)

As operações descritas no memorial antes exibido foram devidamente contabilizadas, como já se salientou, de acordo com o P.G.C.A. – Plano Geral de Contabilidade de Angola, mas tendo sempre em atenção as disposições do conteúdo da lei no que se refere à dissolução e no que respeita à organização da contabilidade, para apuramento dos respectivos impostos.

Depois de lançada toda a documentação que antes se evidenciou, extra-íram-se os balancetes que se passam a detalhar (antes do apuramento de resultados).

SOCIEDADE COMERCIAL DE LUANDA "k" (EM LIQUIDAÇÃO)

Balancete Geral - Financeira

Acumulado

Conta	Descrição	Mov. Débito	Mov. Crédito	Saldo Débito	Saldo Crédito
11	IMOBILIZAÇÕES CORPÓREAS	180,947.41	4,285.90	176,661.51	
111	Terrenos e recursos naturais	63,646.60	4,285.90	59,360.70	
1114	Terrenos com edifícios:	63,646.60	4,285.90	59,360.70	
11141	Relativos a edifícios industriais	63,646.60	4,285.90	59,360.70	
112	EDIFÍCIOS E OUTRAS CONSTRUÇÕES	61,850.94	0.00	61,850.94	
1121	Edifícios	61,850.94	0.00	61,850.94	
11211	Integrados em edifícios industriais	61,850.94	0.00	61,850.94	
113	EQUIPAMENTO BÁSICO	7,481.97	0.00	7,481.97	
1131	Material industrial	7,481.97	0.00	7,481.97	
114	EQUIPAMENTO DE CARGA E TRANSPORTE	36,911.05	0.00	36,911.05	
1141	Viaturas de turismo	9,975.96	0.00	9,975.96	
1142	Viaturas de mercadorias	26,935.09	0.00	26,935.09	
115	EQUIPAMENTO ADMINISTRATIVO	11,056.85	0.00	11,056.85	
1151	Mobiliário	11,056.85	0.00	11,056.85	
18	AMORTIZAÇÕES ACUMULADAS	0.00	35,655.82		35,655.82
181	Imobilizações corpóreas	0.00	35,655.82		35,655.82
1812	Edifícios e outras construções	0.00	6,185.09		6,185.09
1813	Equipamento básico	0.00	3,740.98		3,740.98
1814	Equipamento de carga e transporte	0.00	20,201.32		20,201.32
1815	Equipamento administrativo	0.00	5,528.43		5,528.43
	Total da classe 1	180,947.41	39,941.72	176,661.51	35,655.82
26	MERCADORIAS	17,087.00	17,087.00		
261	Mercadorias	17,087.00	17,087.00		
	Total da classe 2	17,087.00	17,087.00	0.00	0.00
31	CLIENTES	25,972.66	25,972.66		
311	Clientes - correntes	21,931.64	21,931.64		
3112	Não grupo	21,931.64	21,931.64		
31121	Nacionais	21,931.64	21,931.64		
3112101	Cliente "A"	623.50	623.50		
3112102	Cliente "B"	1,840.56	1,840.56		
3112103	Cliente "C"	8,491.93	8,491.93		
3112104	Cliente "D"	477.35	477.35		
3112105	Cliente "E"	6,712.62	6,712.62		
3112106	Cliente "F"	436.45	436.45		
3112107	Cliente "G"	626.89	626.89		
3112108	Cliente "H"	2,722.34	2,722.34		
318	CLIENTES DE COBRANÇA DUVIDOSA	4,041.02	4,041.02		
318101	Cliente "DA"	1,169.68	1,169.68		
318102	Cliente "DB"	425.97	425.97		
318103	Cliente "DC"	1,518.84	1,518.84		
318104	Cliente "DD"	926.53	926.53		
32	FORNECEDORES	21,296.67	21,296.67		
321	Fornecedores - correntes	21,296.67	21,296.67		
A transportar		224,007.07	83,001.38	176,661.51	35,655.82

SOCIEDADE COMERCIAL DE LUANDA "k" (EM LIQUIDAÇÃO)

Balancete Geral - Financeira

Acumulado

Conta	Descrição	Mov. Débito	Mov. Crédito	Saldo Débito	Saldo Crédito
Transporte		224,007.07	83,001.38	176,661.51	35,655.82
3212	Não grupo	21,296.67	21,296.67		
32121	Nacionais	21,296.67	21,296.67		
3212101	Fornecedor "A"	673.38	673.38		
3212102	Fornecedor "B"	1,745.79	1,745.79		
3212103	Fornecedor "C"	6,210.03	6,210.03		
3212104	Fornecedor "D"	4,987.98	4,987.98		
3212105	Fornecedor "E"	3,890.62	3,890.62		
3212106	Fornecedor "F"	3,262.14	3,262.14		
3212107	Fornecedor "G"	27.93	27.93		
3212108	Fornecedor "H"	498.80	498.80		
33	EMPRÉSTIMOS	24,939.90	39,903.83		14,963.93
331	Empréstimos bancários	24,939.90	39,903.83		14,963.93
3311	Moeda nacional	24,939.90	39,903.83		14,963.93
331101	Banco "A"	14,963.94	24,939.89		9,975.95
331102	Banco "B"	9,975.96	14,963.94		4,987.98
34	ESTADO	419.49	868.41		448.92
343	Imposto de rendimento de trabalho	419.49	868.41		448.92
3431	Pessoal	419.49	868.41		448.92
35	ENTIDADES PARTICIPANT. PARTICIPADAS	1,646.04	35,913.45		34,267.41
352	Entidades participadas	1,646.04	35,913.45		34,267.41
3524	Outros	1,646.04	35,913.45		34,267.41
35243	Conta lucros	0.00	35,913.45		35,913.45
3524301	Sócio "A"	0.00	14,963.94		14,963.94
3524302	Sócio "B"	0.00	14,963.94		14,963.94
3524303	Sócio "C"	0.00	5,985.57		5,985.57
35245	Outras operações	1,646.04	0.00	1,646.04	
352451	A curto prazo	1,646.04	0.00	1,646.04	
35245101	Sócio "A"	723.26	0.00	723.26	
35245102	Sócio "B"	922.78	0.00	922.78	
36	PESSOAL	5,985.57	5,985.57		
361	Pessoal - remunerações	5,985.57	5,985.57		
37	OUTROS VALORES A RECEBER E A PAGAR	7,980.76	7,980.76		
371	Compras de imobilizado	1,995.19	1,995.19		
3711	Corpóreo	1,995.19	1,995.19		
371101	Fornecedor "A"	1,995.19	1,995.19		
375	Encargos a pagar	5,985.57	5,985.57		
3751	Remunerações	5,985.57	5,985.57		
38	PROVISÕES PARA COBRANÇAS DUVIDOSAS	2,020.13	2,020.13		
381	Provisões para clientes	2,020.13	2,020.13		
3811	Clientes - correntes	2,020.13	2,020.13		
38112	Não grupo	2,020.13	2,020.13		
381121	Garantias a clientes	2,020.13	2,020.13		
A transportar		288,295.63	196,970.20	178,307.55	86,982.12

SOCIEDADE COMERCIAL DE LUANDA "k" (EM LIQUIDAÇÃO)

Balancete Geral - Financeira

Acumulado

Conta	Descrição	Mov. Débito	Mov. Crédito	Saldo Débito	Saldo Crédito
Transporte		288,295.63	196,970.20	178,307.55	86,982.12
	Total da classe 3	90,261.22	139,941.48	0.00	49,680.26
43	DEPÓSITOS À ORDEM	96,582.40	76,299.38	20,283.02	
431	MOEDA NACIONAL	96,582.40	76,299.38	20,283.02	
43101	Banco "A"	65,226.27	64,577.63	648.64	
43102	Banco "B"	31,356.13	11,721.75	19,634.38	
45	CAIXA	146,173.52	137,149.94	9,023.58	
451	FUNDO FIXO	146,173.52	137,149.94	9,023.58	
4511	Caixa	146,173.52	137,149.94	9,023.58	
	Total da classe 4	242,755.92	213,449.32	29,306.60	0.00
51	CAPITAL	0.00	79,807.66		79,807.66
511	Capital social	0.00	79,807.66		79,807.66
55	RESERVAS LEGAIS	0.00	2,287.49		2,287.49
551	Reservas legais	0.00	2,287.49		2,287.49
58	RESERVAS LIVRES	0.00	109,577.67		109,577.67
581	Reservas livres	0.00	109,577.67		109,577.67
59	RESULTADOS TRANSITADOS	71,040.79	0.00	71,040.79	
591	Exercício de 2009	46,920.72	0.00	46,920.72	
592	Exercício de 2010	24,120.07	0.00	24,120.07	
	Total da classe 5	71,040.79	191,672.82	71,040.79	191,672.82
81	RESULTADO LÍQUIDO DO PERÍODO	0.00	0.00		
811	Resultado antes de impostos	0.00	0.00		
	Total da classe 8	0.00	0.00	0.00	0.00
Total		602,092.34	602,092.34	278,654.94	278,654.94

SOCIEDADE COMERCIAL DE LUANDA "k" (EM LIQUIDAÇÃO)

Balancete Razão - Financeira

Acumulado

Conta	Descrição	Mov. Débito	Mov. Crédito	Saldo Débito	Saldo Crédito
11	IMOBILIZAÇÕES CORPÓREAS	180,947.41	4,285.90	176,661.51	
18	AMORTIZAÇÕES ACUMULADAS	0.00	35,655.82		35,655.82
26	MERCADORIAS	17,087.00	17,087.00		
31	CLIENTES	25,972.66	25,972.66		
32	FORNECEDORES	21,296.67	21,296.67		
33	EMPRÉSTIMOS	24,939.90	39,903.83		14,963.93
34	ESTADO	419.49	868.41		448.92
35	ENTIDADES PARTICIPANT. PARTICIPADAS	1,646.04	35,913.45		34,267.41
36	PESSOAL	5,985.57	5,985.57		
37	OUTROS VALORES A RECEBER E A PAGAR	7,980.76	7,980.76		
38	PROVISÕES PARA COBRANÇAS DUVIDOSAS	2,020.13	2,020.13		
43	DEPÓSITOS À ORDEM	96,582.40	76,299.38	20,283.02	
45	CAIXA	146,173.52	137,149.94	9,023.58	
51	CAPITAL	0.00	79,807.66		79,807.66
55	RESERVAS LEGAIS	0.00	2,287.49		2,287.49
58	RESERVAS LIVRES	0.00	109,577.67		109,577.67
59	RESULTADOS TRANSITADOS	71,040.79	0.00	71,040.79	
Total		602,092.34	602,092.34	277,008.90	277,008.90

4.2.3 SOCIEDADE COMERCIAL DE LUANDA "K" (EM LIQUIDAÇÃO)

BALANCETE DO RAZÃO SINTÉTICO EM 31/12/11

(ANTES DO APURAMENTO DE RESULTADOS)

Antes de apurados os resultados e encerradas as contas de liquidação, relativos ao período de 01/07/11 a 31/12/11, extraiu-se o seguinte balancete do razão (balancete de inventário):

SOCIEDADE COMERCIAL DE LUANDA "k" (EM LIQUIDAÇÃO)

Balancete Razão - Financeira

Acumulado

Conta	Descrição	Mov. Débito	Mov. Crédito	Saldo Débito	Saldo Crédito
11	IMOBILIZAÇÕES CORPÓREAS	302,238.60	21,245.03	280,993.57	
18	AMORTIZAÇÕES ACUMULADAS	16,460.33	71,311.64		54,851.31
26	MERCADORIAS	34,174.82	17,087.00	17,087.82	
31	CLIENTES	65,650.98	24,453.81	41,197.17	
32	FORNECEDORES	21,795.47	56,181.89		34,386.42
33	EMPRÉSTIMOS	24,939.90	77,560.57		52,620.67
34	ESTADO	1,578.70	2,254.58		675.88
35	ENTIDADES PARTICIPANT. PARTICIPADAS	3,292.18	71,826.90		68,534.72
36	PESSOAL	11,971.14	11,971.14		
37	OUTROS VALORES A RECEBER E A PAGAR	7,980.76	9,975.95		1,995.19
38	PROVISÕES PARA COBRANÇAS DUVIDOSAS	2,714.83	4,040.26		1,325.43
39	PROVISÕES PARA OUT.RIS. E ENCARGOS	0.00	2,020.13		2,020.13
43	DEPÓSITOS À ORDEM	144,953.72	107,098.15	37,855.57	
45	CAIXA	199,974.83	195,695.47	4,279.36	
51	CAPITAL	0.00	159,615.32		159,615.32
55	RESERVAS LEGAIS	0.00	18,541.32		18,541.32
56	RESULTADOS TRANSITADOS	56,322.46	0.00	56,322.46	
58	RESERVAS LIVRES	0.00	109,577.67		109,577.67
59	RESULTADOS TRANSITADOS	85,759.12	0.00	85,759.12	
61	VENDAS	0.00	22,118.19		22,118.19
68	OUTROS PROVEITOS GANHOS N/OPERACION	24,441.10	34,506.45		10,065.35
72	CUSTOS COM O PESSOAL	8,978.36	0.00	8,978.36	
75	OUTROS CUSTOS E PERDAS OPERACIONAIS	1,916.84	0.00	1,916.84	
78	OUTROS CUSTOS E PERDAS N/OPERACION.	1,937.33	0.00	1,937.33	
81	RESULTADO LÍQUIDO DO PERÍODO	14,718.33	14,718.33		
Total		1,031,799.80	1,031,799.80	536,327.60	536,327.60

4.2.4 SOCIEDADE COMERCIAL DE LUANDA "K" (EM LIQUIDAÇÃO)

RESULTADO DA LIQUIDAÇÃO EM 2011

Os balancetes antes exibidos, que absorvem já a contabilização de todas as operações de liquidação realizadas entre 1 de Julho a 31 de Dezembro de 2011, permitem-nos apurar um resultado líquido positivo, naquele período de "Liquidação", no montante de 19 351,01, conforme se passa a demonstrar:

DEMONSTRAÇÃO DOS RESULTADOS DA LIQUIDAÇÃO EM 2011		
1 - CUSTOS		
75 Outros custos e perdas operacionais...........................	1 916,84	
72 Custos com o pessoal...	8 978,36	
78 Outros custos e perdas não operacionais.................	1 937,33	12 832,53
81 Resultado líquido do período...........................…..		**19 351,01**
		32 183,54
2 - PROVEITOS		
61 Vendas	22 118,19	
68 Outros proveitos e ganhos......................................	10 065,35	32 183,54
		32 183,54

4.2.5 SOCIEDADE COMERCIAL DE LUANDA "K" (EM LIQUIDAÇÃO)

MEMORIAL DAS OPERAÇÕES DE LIQUIDAÇÃO EM 2012

O balancete habitualmente designado de "Inventário", que se inclui em 4.2.3), mostra-nos os saldos que transitaram de 2011 para 2012, depois do apuramento de resultados.

Assim, como aconteceu para as operações de liquidação verificadas em 2011, detalham-se, neste espaço, as operações de liquidação realizadas no ano de 2012:

SOCIEDADE COMERCIAL DE LUANDA "K", (EM LIQUIDAÇÃO)

MEMORIAL DAS OPERAÇÕES DE LIQUIDAÇÃO EM 2012

Nº	2012		DESIGNAÇÃO DAS OPERAÇÕES REALIZADAS	VALORES		P. G. C. ANGOLA	
Docº	Dia	Mês	de 1 de Janeiro a 12 de Março de 2012	PARCIAIS	TOTAIS	DÉBITO	CRÉDITO
01	10	Janº	Entrega ao Estado do IRS retido - Banco "A":				
			Trabalho independente		448,92	3432	43102
03	17	Fevº	Alienação do edifício comercial:				
			Valor depositado no Banco "A", no acto da				
			escritura.................................		109 735,54	11141	6831
			Custo de aquisição:				
			Terreno		13 966,34	6831	11141
			Valor da construção.............................		61 850,94	6831	11211
			Amortização contabilizada		6 185,09	1812	6831
04	08	Marº	Pagamento de empréstimos bancários, por				
			instruções dadas ao Banco "A":				
			Banco "A"....................		9 975,96	33111001	43101
			Banco "B"...................		4 987,98	33111002	43101
05	08	Marº	Juros de empréstimos bancários:				
			Banco "A"		615,52	7611	43101
			Banco "B"		430,71	7611	43102
06	08	Marº	Pagamento de empréstimos aos sócios atra-				
			vés do Banco "A":				43101
			Sócio "A"		14 963,94	3514401	43101
			Sócio "B"		14 963,94	3514402	43101
			Sócio "C"		5 985,57	3514403	43101
07	08	Marº	Entrega dos sócios para pagamento dos saldos				
			em c/c:				
			Sócio "A"		723,26	4511	35145001
			Sócio "B"....................		498,80	4511	35145002
			Sócio "C"....................		423,98	4511	35145003
08	08	Marº	Cedência, pela melhor oferta, de todo o mate-				
			rial de consumo existente (papel para fotó-				
			cópia e computador, pastas de arquivo,				
			clips, material de embalagem, etc.):				
			Valor do material.........................	630,28	630,28	4511	781628
09	08		Pagamento de honorários ao liquidatário:				
			Valor acordado	525,23	525,23	75234	4511
			IRS retido na fonte		89,78	4511	3432
10	08	Marº	Depósito no Banco "A"		2 087,60	43101	4511
11	08	Marº	Transferência do saldo do Banco "B" para o				
			Banco "A"		2 949,84	43101	43102
14	12	Marº	Cheque do Banco "A", para pagamento do				
			IRS retido - Trabalho independente		89,78	3432	43101
			TOTAL..		252 129,00		

4.2.6 SOCIEDADE COMERCIAL DE LUANDA "K" (EM LIQUIDAÇÃO)

BALANCETE ANALÍTICO EM 12/03/12

(DEPOIS DO APURAMENTO DE RESULTADOS)

As operações descritas na alínea anterior foram devidamente contabilizadas, como já se salientou, de acordo com o PGCA – Plano Geral de Contabilidade de Angola.

Depois de lançada toda a documentação que antes se evidenciou, extraiu-se o balancete que se passa a detalhar (depois do apuramento de resultados).

SOCIEDADE COMERCIAL DE LUANDA "k" (EM LIQUIDAÇÃO)

Balancete Geral - Financeira

Acumulado

Conta	Descrição	Mov. Débito	Mov. Crédito	Saldo Débito	Saldo Crédito
11	IMOBILIZAÇÕES CORPÓREAS	286,397.05	286,397.05		
111	Terrenos e recursos naturais	169,096.24	169,096.24		
1114	Terrenos com edifícios:	169,096.24	169,096.24		
11141	Relativos a edifícios industriais	169,096.24	169,096.24		
112	EDIFÍCIOS E OUTRAS CONSTRUÇÕES	61,850.94	61,850.94		
1121	Edifícios	61,850.94	61,850.94		
11211	Integrados em edifícios industriais	61,850.94	61,850.94		
113	EQUIPAMENTO BÁSICO	7,481.97	7,481.97		
1131	Material industrial	7,481.97	7,481.97		
114	EQUIPAMENTO DE CARGA E TRANSPORTE	36,911.05	36,911.05		
1141	Viaturas de turismo	9,975.96	9,975.96		
1142	Viaturas de mercadorias	26,935.09	26,935.09		
115	EQUIPAMENTO ADMINISTRATIVO	11,056.85	11,056.85		
1151	Mobiliário	11,056.85	11,056.85		
18	AMORTIZAÇÕES ACUMULADAS	35,655.82	35,655.82		
181	Imobilizações corpóreas	35,655.82	35,655.82		
1812	Edifícios e outras construções	6,185.09	6,185.09		
1813	Equipamento básico	3,740.98	3,740.98		
1814	Equipamento de carga e transporte	20,201.32	20,201.32		
1815	Equipamento administrativo	5,528.43	5,528.43		
	Total da classe 1	322,052.87	322,052.87	0.00	0.00
33	EMPRÉSTIMOS	140,661.10	140,661.10		
331	Empréstimos bancários	140,661.10	140,661.10		
3311	Moeda nacional	140,661.10	140,661.10		
331101	Banco "A"	83,491.13	83,491.13		
331102	Banco "B"	57,169.97	57,169.97		
34	ESTADO	538.70	538.70		
343	Imposto de rendimento de trabalho	538.70	538.70		
3432	Trabalho independente	538.70	538.70		
35	ENTIDADES PARTICIPANT. PARTICIPADAS	37,559.49	160,118.98		122,559.49
351	Entidades participantes	35,913.45	122,559.49		86,646.04
3514	OUTROS	35,913.45	122,559.49		86,646.04
35144	Empréstimos	35,913.45	120,913.45		85,000.00
3514401	Sócio "A"	14,963.94	44,963.94		30,000.00
3514402	Sócio "B"	14,963.94	44,963.94		30,000.00
3514403	Sócio "C"	5,985.57	30,985.57		25,000.00
35145	Contas correntes	0.00	1,646.04		1,646.04
35145001	Sócio "A"	0.00	723.26		723.26
35145002	Sócio "B"	0.00	498.80		498.80
35145003	Sócio "C"	0.00	423.98		423.98
352	Entidades participadas	1,646.04	37,559.49		35,913.45
3524	Outros	1,646.04	37,559.49		35,913.45
35243	Conta lucros	0.00	35,913.45		35,913.45
3524301	Sócio "A"	0.00	14,963.94		14,963.94
3524302	Sócio "B"	0.00	14,963.94		14,963.94
A transportar		499,166.12	615,740.04	0.00	116,573.92

SOCIEDADE COMERCIAL DE LUANDA "k" (EM LIQUIDAÇÃO)

Balancete Geral - Financeira

Acumulado

Conta	Descrição	Mov. Débito	Mov. Crédito	Saldo Débito	Saldo Crédito
Transporte		499,166.12	615,740.04	0.00	116,573.92
3524303	Sócio "C"	0.00	5,985.57		5,985.57
35245	Outras operações	1,646.04	1,646.04		
352451	A curto prazo	1,646.04	1,646.04		
35245101	Sócio "A"	723.26	723.26		
35245102	Sócio "B"	922.78	922.78		
	Total da classe 3	178,759.29	301,318.78	0.00	122,559.49
43	DEPÓSITOS À ORDEM	136,538.52	131,058.48	5,480.04	
431	Moeda nacional	136,538.52	131,058.48	5,480.04	
43101	Banco "A"	99,511.93	94,427.57	5,084.36	
43102	Banco "B"	37,026.59	36,630.91	395.68	
45	CAIXA	2,766.10	2,612.83	153.27	
451	FUNDO FIXO	2,766.10	2,612.83	153.27	
4511	Caixa	2,766.10	2,612.83	153.27	
	Total da classe 4	139,304.62	133,671.31	5,633.31	0.00
51	CAPITAL	0.00	79,807.66		79,807.66
511	Capital social	0.00	79,807.66		79,807.66
55	RESERVAS LEGAIS	0.00	2,287.49		2,287.49
551	Reservas legais	0.00	2,287.49		2,287.49
552	Outras Reservas	0.00	0.00		
5524	Reservas livres	0.00	0.00		
56	RESULTADOS TRANSITADOS	0.00	0.00		
58	RESERVAS LIVRES	0.00	13,966.34		13,966.34
581	Reservas livres	0.00	13,966.34		13,966.34
59	RESULTADOS TRANSITADOS	89,471.63	0.00	89,471.63	
591	Exercício de 2009	65,351.56	0.00	65,351.56	
592	Exercício de 2010	24,120.07	0.00	24,120.07	
	Total da classe 5	89,471.63	96,061.49	89,471.63	96,061.49
68	OUTROS PROVEITOS GANHOS N/OPERACIO	216,764.86	216,764.86		
683	Ganhos em imobilizações	216,764.86	216,764.86		
6831	Venda de imobilizações corpóreas	216,764.86	216,764.86		
	Total da classe 6	216,764.86	216,764.86	0.00	0.00
75	OUTROS CUSTOS E PERDAS OPERACIONAI	525.23	525.23		
752	Fornecimentos serviços de terceiros	525.23	525.23		
75234	Honorários e avenças	525.23	525.23		
A transportar		946,878.50	1,070,394.54	95,104.94	218,620.98

SOCIEDADE COMERCIAL DE LUANDA "k" (EM LIQUIDAÇÃO)

Balancete Geral - Financeira

Acumulado

Conta	Descrição	Mov. Débito	Mov. Crédito	Saldo Débito	Saldo Crédito
Transporte		946,878.50	1,070,394.54	95,104.94	218,620.98
76	CUSTOS E PERDAS FINANCEIROS GERAIS	1,046.23	1,046.23		
761	Juros	1,046.23	1,046.23		
7611	De empréstimos	1,046.23	1,046.23		
	Total da classe 7	1,571.46	1,571.46	0.00	0.00
88	RESULTADO LÍQUIDO DO EXERCÍCIO	182,050.22	58,534.19	123,516.03	
881	Resultado líquido do exercício	182,050.22	58,534.19	123,516.03	
	Total da classe 8	182,050.22	58,534.19	123,516.03	0.00
Total		1,129,974.95	1,129,974.96	218,620.97	218,620.98

SOCIEDADE COMERCIAL DE LUANDA "k" (EM LIQUIDAÇÃO)

Balancete Razão - Financeira

Acumulado

Conta	Descrição	Mov. Débito	Mov. Crédito	Saldo Débito	Saldo Crédito
11	IMOBILIZAÇÕES CORPÓREAS	286,397.05	286,397.05		
18	AMORTIZAÇÕES ACUMULADAS	35,655.82	35,655.82		
33	EMPRÉSTIMOS	140,661.10	140,661.10		
34	ESTADO	538.70	538.70		
35	ENTIDADES PARTICIPANT. PARTICIPADAS	37,559.49	160,118.98		122,559.49
43	DEPÓSITOS À ORDEM	136,538.52	131,058.48	5,480.04	
45	CAIXA	2,766.10	2,612.83	153.27	
51	CAPITAL	0.00	79,807.66		79,807.66
55	RESERVAS LEGAIS	0.00	2,287.49		2,287.49
56	RESULTADOS TRANSITADOS	0.00	0.00		
58	RESERVAS LIVRES	0.00	13,966.34		13,966.34
59	RESULTADOS TRANSITADOS	89,471.63	0.00	89,471.63	
68	OUTROS PROVEITOS GANHOS N/OPERACION	216,764.86	216,764.86		
75	OUTROS CUSTOS E PERDAS OPERACIONAIS	525.23	525.23		
76	CUSTOS E PERDAS FINANCEIROS GERAIS	1,046.23	1,046.23		
88	RESULTADO LÍQUIDO DO EXERCÍCIO	182,050.22	58,534.19	123,516.03	
Total		1,129,974.95	1,129,974.96	218,620.97	218,620.98

4.2.7 RESULTADO DA LIQUIDAÇÃO EM 2012

Com base no balancete antes apresentado, apurar-se-ia, como resultado da liquidação verificado entre 1 de Janeiro e 12 de Março de 2012, um saldo positivo de 57 593,01, como se demonstra:

SOCIEDADE COMERCIAL DE LUANDA "K" (EM LIQUIDAÇÃO) DEMONSTRAÇÃO DOS RESULTADOS DA LIQUIDAÇÃO EM 2012		
1 - CUSTOS		
752 Fornecimentos e serviços de terceiros..............	525,23	
761 Juros de empréstimos..	415,95	941,18
881 Resultado da liquidação em 2012....................		57 593,01
		58 534,19
2 - PROVEITOS		
683 Venda de imobilizações corpóreas (saldo).......		58 534,19
		58 534,19

4.2.8 RESULTADO TOTAL DA "LIQUIDAÇÃO"

O resultado líquido total da "Liquidação", apurado de 1/7/10 a 12/03/12, foi de 54 773,54 ou seja:

1) Resultado da liquidação em 2011.......…….................. - 2 819,47

2) Resultado da liquidação em 2012...……....…...……... 57 593,01

3) Resultado final positivo..............……………............ 54 773,54

4.2.9 BALANÇO DE PARTILHA EM 12 DE MARÇO DE 2012

Em presença dos dados anteriormente evidenciados, o balanço final apresenta os seguintes valores a partilhar pelos sócios:

SOCIEDADE COMERCIAL DE LUANDA "K" (EM LIQUIDAÇÃO)

ACTIVO	12/03/2012
Depósitos à ordem	6 530,11
Caixa..	153,27
Total do activo	**6 683,38**

CAPITAL PRÓPRIO	12/03/2012
Capital..	79 807,66
Reservas legais..	2 287,49
Reservas livres	13 966,34
Resultados transitados:	
Excrcício de 2009..	- 65 351,56
Exercício de 2010..	-24 120,07
Resultado da liquidação..	-89 471,63
Total do capital próprio...	**6 589,86**

4.2.10 RELATÓRIO DA LIQUIDAÇÃO (CONTAS ANUAIS DA LIQUIDAÇÃO)

Conforme estabelece o artigo 155º da L.S.C., os liquidatários devem prestar contas da liquidação, acompanhadas de um relatório pormenorizado do estado da mesma.

O referido relatório e as contas anuais do liquidatário devem ser organizadas, apreciadas e aprovadas nos termos da lei.

Por seu turno o artigo 157º da mesma Lei também estipula que as contas finais dos liquidatários devem ser acompanhadas por um relatório completo da liquidação e por um projecto de partilha do activo restante.

Para exemplo, vamos imaginar que o liquidatário da Sociedade Comercial de Luanda "K" (Em liquidação), elaborava o relatório final nos termos que se passam a sugerir:

SOCIEDADE COMERCIAL DE LUANDA "K" "EM LIQUIDAÇÃO"

RELATÓRIO E CONTAS DO LIQUIDATÁRIO

RESUMO

RELATÓRIO E CONTAS DO LIQUIDATÁRIO

SOCIEDADE COMERCIAL DE LUANDA "K"

EM 12 DE MARÇO DE 2012

Em cumprimento das disposições do artigo 157º da LSC, e nos termos do mandato que me foi conferido pela Assembleia Geral de 30 de Junho de 2010 venho, como liquidatário da Sociedade Comercial de Luanda "K", submeter à apreciação dos Exmºs sócios, o relatório e contas finais da liquidação da sociedade, cujo encerramento se verificou em 12 de Março de 2012:

1 - Documentos probatórios das operações de liquidação

A documentação relativa a todo o processo de liquidação (1/7/10 a 12/3/12) encontra-se devidamente organizada e arquivada por ordem cronológica e numérica, com base na qual foram executados os registos contabilísticos.

Faz parte integrante do presente relatório uma brochura com todos os documentos de prestação de contas previstos no PGCA – Plano Geral de Contabilidade de Angola, incluindo balancetes e extractos de contas, os quais traduzem a imagem das operações de liquidação havidas durante toda a fase de liquidação da empresa.

2 - Realização do "Activo"
2.1 Venda das existências

As mercadorias existentes no início da liquidação, no montante de 17.087,00 (valorizadas ao preço de custo), foram vendidas por 22.118,19.

Não obstante tratar-se de artigos de difícil colocação, conseguiu-se a sua comercialização com uma margem de 5.031,19, ou seja de 22,75%.

2.2 Alienação dos bens do activo imobilizado

Foram vendidos todos os bens do activo imobilizado pela melhor oferta obtida. Na maioria dos casos houve a colaboração de todos os sócios na concretização das vendas, nomeadamente para decisão do preço final a obter do comprador, tendo resultado numa menos-valia contabilística de 25 085,06 conforme se passa a demonstrar:

- Valor de aquisição dos bens alienados......................… 176 661,51
- Amortizações contabilizadas………….................... 35 655,82
  Sub-total………….......................................….…… 141 005,69
- Valor de realização.. 115 920,63
- Menos-valia contabilística.........…..................……… 25 085,06

A mais-valia fiscal apurada com base no mapa modelo 31, foi de Kz. 27 771,80.

2.3 Dívidas de clientes

Conseguiu-se, através de várias diligências, o recebimento da esmagadora maioria dos débitos dos clientes, com excepção dos seguintes saldos já transitados na rubrica "318 Clientes de cobrança duvidosa":

Cliente "DA" (30%).. 350,90
Cliente "DB"... 425,97
Cliente "DC"... 1 518,84
Cliente "DD"... 926,52
3 222,23

Parte daqueles valores estavam cobertos por "3811 Provisões para cobranças duvidosas - Clientes - correntes", cujo saldo (2.020,13) foi regularizado por contrapartida de proveitos, originando, por isso, no período de "liquidação", um resultado negativo apenas de 1.202,10 (3.222,23 –2.020,13).

3 - Pagamento do passivo

Houve, como se impunha, a preocupação de ressalvar todos os direitos dos credores:

3.1 Fornecedores

Os saldos dos fornecedores, descritos no balancete reportado à data da dissolução da sociedade, foram devidamente confirmados através de extractos que se solicitaram aos credores.

Foram pagos todos os créditos existentes e deu-se conhecimento, por escrito, da dissolução da sociedade, não só aos fornecedores a quem se liquidaram os seus saldos, como, também, àqueles a quem habitualmente se adquiriam bens, mas cujas c/c se encontravam saldadas no acto da dissolução.

3.2 Dívidas ao Estado

Como aconteceu com o caso anterior, foram igualmente pagos todos os impostos ao Estado, incluindo as retenções na fonte efectuadas a terceiros.

O "Lucro tributável" apurado na conta final de liquidação da sociedade, foi absorvido, pelos prejuízos fiscais de anos anteriores, motivo porque não é devido ao Estado imposto sobre os lucros.

3.3 Empréstimos dos Bancos

As livranças por liquidar no acto da dissolução foram, posteriormente, pagas aos respectivos credores e, em face disso, anulada a hipoteca existente a favor do Banco "A".

4 - Resultado da liquidação

No período compreendido entre 1 de Julho de 2010 e 12 de Março de 2012 foi obtido um resultado positivo no montante de 54.773,54.

5 - Projecto de partilha

O "Balanço de partilha", que consta dos elementos de prestação de contas, mostra que o património da sociedade foi reduzido a dinheiro, pelo que o "Activo" é representado pelas disponibilidades existentes no Banco "A", no montante de 61 348,14, a que corresponde, no lado oposto, um "Capital próprio líquido" do mesmo valor.

Nestes termos, propomos à deliberação dos sócios, a partilha daquele remanescente em função do montante da quota de cada um, ou seja:

- Sócio "A" .... 35% = 21.471,85
- Sócio "B" .... 35% = 21.471,85
- Sócio "C" .... 30%= 18.404,44

100% = 61.348,14

6 - Outras considerações a realçar

Além do que já se evidenciou ao longo deste relatório, acrescentamos mais o seguinte:

6.1 Segurança Social

Sobre este assunto dedicamos o "Capítulo X – Segurança Social" – (Protecção Social Obrigatória).

6.2 Registo Nacional de Pessoas Colectivas

Também foi comunicada a extinção da sociedade ao

Registo Geral de Contribuintes - Pessoas Colectivas - (MINFIN)

6.3 Registo do encerramento da liquidação

Com base no nº 1 do artigo 160º da Lei das Sociedades Comerciais, os liquidatários devem requerer o registo da conclusão da liquidação, data a partir da qual a sociedade se considera extinta.

ACTA NÚMERO VINTE E QUATRO

No dia doze do mês de Março de dois mil e doze, pelas vinte e uma horas, reuniu na sua sede social, Avenida Che Guevara nº 156, 5º andar, em Luanda, a Assembleia Geral da sociedade comercial por quotas sob a firma SOCIEDADE COMERCIAL DE LUANDA, "K", (EM LIQUIDAÇÃO) com o capital social de 79.807,66, matriculada na Conservatória do Registo Comercial de Luanda, sob o número 500777888, com a seguinte ordem de trabalhos, constante da convocatória dirigida aos sócios:

Ponto 1 – dissolução da sociedade;

Ponto 2 – aprovação das contas e do balanço do exercício final, reportados à data da dissolução, com declaração de liquidação simultânea da sociedade, por inexistência de activo e passivo.

À hora marcada, estiveram presentes:

Sócio "A", NIF 132908666, casado, residente na Rua da Samba, nº 746, 2º andar, em Luanda, titular de uma quota no valor nominal de 26.602,55 Kz.;

Sócio "B", NIF 188833320, casado, residente em Luanda, na Rua Joaquim Kapango, nº 332, titular de uma quota no valor nominal de 26.602,55 Kz.;

Sócio "C", NIF 108130999, solteiro, residente em Luanda, na Avenida 4 de Fevereiro, nº 32, 4º andar, titular de uma quota no valor nominal de 26.602,55 Kz.;

Estando em condições de deliberar validamente, assumiu a presidência o sócio "A", que deu início aos trabalhos, passando a ser analisados pela ordem indicada, os pontos constantes da convocatória.

Ponto 1 – O sócio-gerente "A", pediu a palavra e declarou que, tendo a sociedade sido constituída no ano de 1998, com vista à venda de artigos de papelaria, livraria e outros bens, e tendo cumprido integralmente o seu objecto social, propunha à assembleia que a mesma fosse dissolvida, por se reconhecer que o mesmo se encontrava esgotado.

Foi colocada à discussão e votação a proposta de dissolução da sociedade, tendo sido a mesma aprovada, por unanimidade.

Ponto 2 — Seguidamente, o sócio-gerente "A" pediu de novo a palavra e afirmou que, em virtude da sociedade, na presente data, já não ter qualquer activo nem passivo, se encontrava em condições de poder ser dada como liquidada, conforme tudo decorria da contabilidade social.

Nestes termos, propôs que fossem aprovados os documentos de prestação de contas e balanço do exercício final, reportadas à data da dissolução e reconhecida a inexistência de activo e passivo, ficando os livros e demais escrituração comercial da sociedade confiados à guarda do sócio-gerente "A", o qual seria encarregado de proceder aos respectivos actos de registo comercial, escolhendo o procedimento administrativo de extinção imediata da sociedade, bem como representante da entidade para efeitos tributários.

Os sócios concordaram que os documentos em apreciação eram do seu perfeito conhecimento, pelo que dispensaram a sua leitura e outras formalidades.

Postas à votação, foram aprovadas, por unanimidade, as contas e o respectivo balanço de exercício final assim como a declaração de encerramento da liquidação, por inexistência de activo e passivo, tendo o sócio-gerente "A" sido nomeado depositário da escrituração comercial e designado para formalizar os actos de registo comercial.

Nada mais havendo a tratar, foi encerrada a sessão pelas vinte horas, tendo sido lavrada de imediato a presente acta, que vai ser assinada por todos os sócios.

Sócio "A".

Sócio "B".

Sócio "C".

4.2.11 LANÇAMENTOS FINAIS (ENCERRAMENTO DAS CONTAS)

Como já se salientou, a contabilidade apenas evidencia no "Activo" a conta de "Depósitos à ordem" e no lado oposto as contas que representam o "Capital próprio".

Uma vez que já foram aprovadas as contas, estamos em condições de proceder ao encerramento final de todas as rubricas, de forma a apresentarem saldos nulos, como se passa a exemplificar:

I - Imputação do capital próprio aos sócios

A imputação do capital próprio aos sócios, para efeitos de partilha, far-se-á proporcionalmente às suas quotas.

O capital social (79.807,66) da Sociedade Comercial de Luanda "K" (Em liquidação), distribui-se da seguinte forma:

Sócio "A"...	35%	27.932,68
Sócio "B"...	35%	27.932,68
Sócio "C"...	30%	23.942,30
	100%	79.807,66

Nestes termos, e com base nos dados do balanço de partilha antes apresentado, saldar-se-ia a conta 59 "Resultados transitados", debitando os sócios pelos prejuízos acumulados e creditando-os pelos saldos credores das restantes contas de capital próprio.

Para realce contabilístico destas operações, sugere-se a utilização da conta "35.2.4.5" em aberto na rubrica "35.2.4 Outros" desdobrada como segue:

35.2.4.5 Sócios, C/Liquidação:

       35.2.4.5...1 Sócio "A"

       35.2.4.5...2 Sócio "B"

       35.2.4.5...3 Sócio "C"

II) Partilha do remanescente pelos sócios

Em face das deliberações tomadas, por unanimidade, a partilha do "Activo" (depósitos à ordem no Banco "A"), será efectuada por transferência do respectivo saldo para crédito das contas dos sócios, naquele banco, como segue:

    Sócio "A"..…….................... 21.471,85

    Sócio "B"...…......……......... 21.471,85

    Sócio "C"............................…….................................. <u>18.404,44</u>

                                               <u>61.348,14</u>

III) Lançamentos finais de encerramento das contas

Feita a partilha referida na alínea anterior, considera-se extinto todo o "Activo", "Passivo" e "Capital próprio" da sociedade liquidada.

De conformidade com as considerações descritas nas alíneas I) e II) cxecutar-se-iam os lançamentos finais, que vão dar origem ao encerramento automático de todas as contas do Razão, por deixarem de apresentar qualquer saldo.

Assim, os lançamentos anunciados serão os que se passam a mostrar no quadro seguinte.

IV) Extractos das c/c dos sócios, C/Liquidação

Como exemplo, das últimas contas movimentadas, mostram-se, igualmente, os extractos das c/c de "Sócios, C/Liquidação", que espelham a partilha do remanescente apurado na liquidação da Sociedade Comercial de Luanda "K" (Em liquidação):

SOCIEDADE COMERCIAL DE LUANDA "K", (EM LIQUIDAÇÃO)

III) LANÇAMENTOS FINAIS - ENCERRAMENTO DAS CONTAS

Nº do Docº	Ano 2012 Dia	Mês	DESIGNAÇÃO DAS OPERAÇÕES	LANÇAMENTOS P.G.C.A. DÉBITO	CRÉDITO	VALORES DÉBITO	CRÉDITO	CONTROLO VALORES ACUMULADOS
			Transporte			409 953,55	409 953,55	409 953,55
15	12	Março	Imputação dos "Resultados transitados"					
			negativos pelos sócios, c/Liquidação:					
			Sócio "A"	352431	561	24 864,28	24 864,28	
			Sócio "B"	352432	562	24 864,28	24 864,28	
			Sócio "C"	352433	563	21 312,24	21 312,24	71 040,79
			Imputação dos seguintes saldos credores					
			pelos sócios, c/Liquidação:					
16	12	Março	1 - Reserva legal:					
			Sócio "A"	551	352431	800,62	800,62	
			Sócio "B"	551	352432	800,62	800,62	
			Sócio "C"	551	352433	686,25	686,25	2 287,49
17	12	Março	2 - Reservas livres:					
			Sócio "A"	5524	352431	4 888,22	4 888,22	
			Sócio "B"	5524	352432	4 888,22	4 888,22	
			Sócio "C"	5524	352433	4 189,90	4 189,90	13 966,34
18	12	Março	3 - Capital social:					
			Sócio "A"	511	352431	27 932,68	27 932,68	
			Sócio "B"	511	352432	27 932,68	27 932,68	
			Sócio "C"	511	352433	23 942,30	23 942,30	79 807,66
19	12	Março	Imputação dos resultados da "Liquidação"					
			1 - Ano de 2011:					
			Sócio "A"	352431	881	986,81	986,81	
			Sócio "B"	352432	881	986,81	986,81	
			Sócio "C"	352433	881	845,85	845,85	2 819,47
20	12	Março	2 - Ano de 2012:					
			Sócio "A"	881	352431	13 701,41	13 701,41	
			Sócio "B"	881	352432	13 701,41	13 701,41	
			Sócio "C"	881	352433	11 744,08	11 744,08	39 146,91
21	12	Março	Partilha do remanescente pelos sócios:					
			Sócio "A"	352431	4301	21 471,84	21 471,84	
			Sócio "B"	352432	4301	21 471,84	21 471,84	
			Sócio "C"	352433	4301	18 404,44	18 404,44	61 348,12
			TOTAIS ACUMULADOS			**680 370,33**	**680 370,33**	**680 370,33**

352431 SÓCIO "A", C/LIQUIDAÇÃO

DOCº	2012 Dia	2012 Mês	Descrição	LANÇAMENTOS DÉBITO	LANÇAMENTOS CRÉDITO	SALDOS DÉBITO	SALDOS CRÉDITO
15	12	3	Imputação para efeitos de partilha:				
16			* Resultados transitados - Negativos........	24 864,28		24 864,28	
17			* Reserva legal...................................		800,62	24 063,66	
18			* Reservas livres.................................		4 888,22	19 175,44	
19			* Capital social..................................		27 932,68		8 757,24
20			* Resultados da liquidação/07.................	986,81		986,81	7 770,43
			* Resultados da liquidação/08.................		13 701,41		21 471,84
			Partilha do remanescente:				
21	12	3	* Depósito no Banco "A" a s/favor...........	21 471,84			
			TOTAIS ACUMULADOS	47 322,93	47 322,93	0,00	0,00

352432 SÓCIO "B", C/LIQUIDAÇÃO

DOCº	2011 Dia	2011 Mês	Descrição	LANÇAMENTOS DÉBITO	LANÇAMENTOS CRÉDITO	SALDOS DÉBITO	SALDOS CRÉDITO
15	12	3	Imputação para efeitos de partilha:				
16			* Resultados transitados - Negativos........	24 864,28		24 864,28	
17			* Reserva legal...................................		800,62	24 063,66	
18			* Reservas livres.................................		4 888,22	19 175,44	
19			* Capital social..................................		27 932,68		8 757,24
20			* Resultados da liquidação/07.................	986,81		986,81	7 770,43
			* Resultados da liquidação/08.................		13 701,41		21 471,84
			Partilha do remanescente:				
21	12	3	* Depósito no Banco "A" a s/favor...........	21 471,84			
			TOTAIS ACUMULADOS	47 322,93	47 322,93	0,00	0,00

352433 SÓCIO "C", C/LIQUIDAÇÃO

DOCº	2011 Dia	2011 Mês	Descrição	LANÇAMENTOS DÉBITO	LANÇAMENTOS CRÉDITO	SALDOS DÉBITO	SALDOS CRÉDITO
15	12	3	Imputação para efeitos de partilha:				
16			* Resultados transitados - Negativos........	21 312,24		21 312,24	
17			* Reserva legal...................................		686,25	20 625,99	
18			* Reservas livres.................................		4 189,90	16 436,09	
19			* Capital social..................................		23 942,30		7 506,21
20			* Resultados da liquidação/07.................	845,85		845,85	6 660,36
			* Resultados da liquidação/08.................		11 744,08		18 404,44
			Partilha do remanescente:				
21	12	3	* Depósito no Banco "A" a s/favor...........	18 404,44			
			TOTAIS ACUMULADOS	40 562,53	40 562,53	0,00	0,00

CAPÍTULO XI

CONTABILIDADE

DA

RUISGFP – SOCIEDADE DE EMPREITADAS DE LUANDA, S. A.

1. CONSIDERAÇÕES

Para os exemplos que se seguem, imaginar-nos-emos, como contabilistas da RUISGFP - Sociedade de Empreitadas de Luanda, S. A.

Vamos pressupor que o T.O.C. desta Sociedade procedeu, regular e periodicamente, à análise de todos os registos contabilísticos, corrigindo-os na altura oportuna, quando foi caso disso.

Também sabemos que já procedeu às habituais operações contabilísticas de fim de exercício, com excepção das seguintes:

1. Apuramento dos resultados das obras de carácter plurianual;

2. Apuramento do custo das existências consumidas.

2. LEI DA CONTRATAÇÃO PÚBLICA

Lei nº 20/10, de 7 de Setembro

SECÇÃO II

Proposta

ARTIGO 63º

(Noção)

A proposta é o documento pelo qual o concorrente manifesta à entidade contratante a vontade de contratar e indica as condições em que se dispõe a fazê-lo.

ARTIGO 64º

(Propostas variantes)

1. São variantes as propostas que apresentam condições alternativas relativamente ao disposto nas cláusulas do caderno de encargos.

2. A apresentação de proposta ou propostas variantes, quando admitida pelo anúncio ou programa do concurso, não dispensa os concorrentes da apresentação da proposta base, em conformidade com o disposto no caderno de encargos.

ARTIGO 65º

(Indicação do preço)

1. O preço da proposta deve ser sempre indicado por extenso, sendo a este que se atende em caso de divergência com o expresso em algarismos.

2. No preço da proposta devem estar incluídos todos os impostos, as taxas e os encargos aplicáveis.

ARTIGO 66º

(Caução provisória)

1. A entidade pública contratante pode exigir, no programa do procedimento, que os concorrentes apresentem uma caução provisória, juntamente com as suas propostas.

2. A caução provisória é accionada se o concorrente resolver retirar ou modificar a sua proposta após o termo do prazo da sua entrega e antes do termo do prazo de manutenção das propostas ou, ainda, no decurso de eventuais renovações automáticas do mesmo.

3. O valor da caução provisória deve ser estabelecido em montante até ao máximo de 5% do valor estimado do contrato.

ARTIGO 67°
(Modo de prestação da caução provisória)

1. A caução é prestada por depósito em dinheiro, em títulos emitidos ou garantidos pelo Estado ou mediante garantia bancária ou seguro-caução.

2. O depósito em dinheiro ou os títulos é efectuado em Angola, em qualquer instituição de crédito à ordem da entidade que for indicada no programa do procedimento, devendo ser especificado o fim a que se destina.

3. Quando o depósito for efectuado em títulos, estes são avaliados pelo respectivo valor nominal, salvo se, nos últimos três meses, a média da cotação na bolsa de valores ficar abaixo do par, caso em que a avaliação é feita em 90% dessa média.

4. O programa do concurso deve conter os modelos referentes à caução que venha a ser prestada por garantia bancária, por seguro-caução ou por depósito em dinheiro ou títulos.

5. Se o concorrente prestar a caução mediante garantia bancária, deve apresentar um documento pelo qual uma entidade bancária legalmente autorizada assegure, até ao limite do valor da caução, o imediato pagamento de quaisquer importâncias exigidas pela entidade contratante em virtude do incumprimento de quaisquer obrigações a que a garantia respeita.

6. Tratando-se de seguro-caução o programa do concurso pode exigir a apresentação da apólice pela qual uma entidade legalmente autorizada a realizar este seguro assuma, até ao limite do valor da caução, o encargo de satisfazer de ime-

diato quaisquer importâncias exigidas pela entidade contratante, em virtude do incumprimento de quaisquer obrigações a que o seguro respeita.

7. Das condições da garantia bancária ou da apólice de seguro-caução não pode, em caso algum, resultar uma diminuição das garantias da entidade pública contratante, nos moldes em que são asseguradas pelas outras formas admitidas de prestação da caução.

8. Todas as despesas relativas à prestação da caução são da responsabilidade dos concorrentes.

ARTIGO 68°
(Restituição ou cessação da caução provisória)

1. Decorrido o prazo de validade da proposta ou logo que seja celebrado contrato com qualquer concorrente, os concorrentes podem solicitar a restituição do dinheiro ou dos títulos depositados ou o cancelamento da garantia bancária ou do seguro-caução, devendo a entidade pública contratante promover, nos dez dias subsequentes, as diligências para o efeito necessárias.

2. O concorrente tem igualmente direito à restituição do depósito ou ao cancelamento da garantia ou do seguro-caução se não se apresentar a concurso ou se a sua proposta não vier a ser admitida, contando-se os dez dias para a promoção das diligências a partir da data do acto público do concurso.

ARTIGO 69°
(Documentos que acompanham as propostas)

A proposta deve ser acompanhada dos seguintes documentos de habilitação:

a) declaração na qual o concorrente indique o seu nome, número de contribuinte, número de bilhete de identidade ou de pessoa colectiva, estado civil e domicílio ou, no caso de se tratar de pessoa colectiva, a denominação social, sucursais que devam estar envolvidas na execução do contrato, nomes dos membros dos corpos sociais e de outras pessoas com poderes para a obrigarem, registo comercial, constituição e alterações do pacto social;

b) comprovativo da regularidade da situação jurídica do concorrente;

c) comprovativo da regularização da situação tributária perante o Estado angolano;

d) comprovativo da regularização da situação relativa às contribuições para a segurança social em Angola;

e) comprovativo da entrega da declaração fiscal mais recente;

f) outros documentos que forem exigidos no programa do concurso, adequados à comprovação da idoneidade, da habilitação profissional, da capacidade técnica e da capacidade financeira dos concorrentes, de entre os indicados nos artigos 56º a 58º da presente lei.

ARTIGO 70º

(Documentos que instruem as propostas)

1. A proposta deve ser instruída com todos os documentos exigidos no programa de concurso.

2. Sem prejuízo de outros exigidos no programa de concurso, a proposta deve ser instruída, nomeadamente com os seguintes documentos:

a) declaração do concorrente de aceitação do caderno de encargos, elaborada em conformidade com as exigências do concurso.

b) comprovativo da prestação da caução provisória, salvo dispensa do programa do concurso.

3. Em concursos públicos relativos a contratos de empreitada de obras públicas c sem prejuízo de outros exigidos no programa do concurso a proposta deve, ainda, ser, obrigatoriamente, instruída com os seguintes documentos:

a) nota justificativa do preço proposto;

b) lista dos preços unitários de todas as espécies de trabalhos previstas no projecto de execução;

c) programa de trabalhos, incluindo plano de trabalhos, plano de mão-de-obra e plano de equipamento;

d) memória justificativa e descritiva do processo de execução da obra;

e) cronograma financeiro;

f) plano de pagamentos;

g) declarações de compromisso subscritas pelo concorrente e por cada um dos subempreiteiros, se houver recurso a subempreitadas;

h) projecto de execução, quando este tiver sido submetido à concorrência pelo caderno de encargos, nos termos do disposto no nº 6 do artigo 48º da presente lei.

4. A declaração referida na alínea a) do nº 2 do presente artigo deve ser assinada pelo concorrente ou pelo representante que tenha poderes para o obrigar.

5. O programa do concurso, em concursos públicos relativos a contratos de empreitada de obras públicas, pode obrigar a que a proposta seja instruída, entre outros, com os seguintes elementos:

a) lista de preços por memória;

b) lista de aluguer de equipamento;

c) lista de cedência de mão-de-obra;

d) lista de eventuais subempreiteiros, para aprovação.

6. Quando a proposta seja apresentada por uma associação concorrente, a declaração referida na alínea a) do nº 2 da presente lei deve ser assinada pelo representante comum dos membros que a integram, caso em que devem ser juntos à declaração os instrumentos de mandato emitidos por cada um dos seus membros ou, não existindo representante comum, deve ser assinada por todos os seus membros ou respectivos representantes.

ARTIGO 71º

(Modo de apresentação das propostas e demais documentos em suporte de papel)

1. No caso de a entidade pública contratante optar pelo modo de apresentação das propostas em suporte de papel, a proposta, juntamente com os documentos de instrução, deve ser apresentada em invólucro opaco, fechado e lacrado, em cujo

rosto se deve escrever a palavra <<Proposta>> e o nome ou denominação do concorrente.

2. Em outro sobrescrito, com as mesmas características referidas no número anterior, devem ser encerrados os documentos de habilitação dos concorrentes previstos no artigo anterior, no rosto do qual se deve escrever a palavra <<Documentos>>, indicando o nome ou a denominação do concorrente.

3. Os invólucros referidos nos números anteriores devem ser, por sua vez, guardados num outro invólucro opaco, fechado e lacrado, em cujo rosto se identifica o concurso.

4. Em caso de apresentação de propostas variantes, cada uma delas deve ser apresentada em invólucro opaco e fechado e lacrado, em cujo rosto se deve escrever a expressão <<Proposta variante>> e o nome ou a denominação do concorrente.

5. O programa do concurso pode estabelecer que os documentos, quando formados por mais de uma folha, devam constituir fascículo ou fascículos indecomponíveis com todas as páginas numeradas, criados por processo que impeça a separação ou o acréscimo de folhas, devendo a primeira página escrita de cada fascículo mencionar o número total de folhas.

6. A proposta e os documentos devem ser redigidos em língua portuguesa ou, no caso de não o serem, devem ser acompanhados de tradução devidamente legalizada e em relação à qual o concorrente declara aceitar a prevalência, para todos os efeitos, sobre os respectivos originais.

ARTIGO 72°
(Modo de apresentação das propostas e demais
documentos em suporte electrónico)

1. A entidade pública contratante pode optar pela apresentação das propostas através de meio de transmissão por via electrónica, apresentadas directamente na respectiva plataforma electrónica, desde que seja garantido que as propostas electrónicas sejam abertas e avaliadas apenas no acto público do concurso.

2. Na hipótese prevista no número anterior, todas as propostas devem ser, obrigatoriamente, apresentadas em suporte electrónico.

3. Os documentos da proposta que respeitem à habilitação dos concorrentes devem ser reunidos em ficheiro próprio, identificado com a menção <<Documentos de Habilitação>>.

4. Os documentos de instrução da proposta, por sua vez, devem ser integrados num ficheiro identificado com a menção <<Documentos de Instrução da Proposta>>.

5. A recepção das propostas deve ser registada com referência às respectivas data e hora, sendo entregue aos concorrentes um recibo electrónico comprovativo dessa recepção.

6. Os termos a que deve obedecer a apresentação e a recepção das propostas, nos termos do disposto nos n°s. 1 a 3 anteriores, são definidos por diploma próprio.

7. Quando, pela sua natureza, qualquer documento de habilitação ou de instrução da proposta não possa ser apresentado nos termos do disposto no n° 1 do presente artigo, deve ser encerrado em invólucro opaco, fechado e lacrado e entregue à entidade contratante com observância do seguinte:

a) no rosto do invólucro deve ser identificado o procedimento e a respectiva entidade pública contratante;

b) a entrega pode fazer-se pessoalmente ou por correio registado com aviso de recepção, devendo, em qualquer caso, a sua recepção ocorrer dentro do prazo fixado para apresentação das propostas.

ARTIGO 73°
(Prazo para a apresentação das propostas)

1. A entidade pública contratante deve fixar, no anúncio e no programa do concurso, o prazo para a apresentação de propostas, que deve ter em conta o tempo necessário à sua elaboração, em função da natureza, das características, do volume e da complexidade das prestações objecto do contrato a celebrar.

2. O prazo para a apresentação de propostas não pode ser inferior a 20 nem superior a 120 dias.

ARTIGO 74º
(Prazo de manutenção das propostas)

1. Sem prejuízo da possibilidade de fixação de um prazo diferente no programa do concurso, os concorrentes ficam obrigados a manter as suas propostas durante o prazo de 60 dias contados da data do acto público.

2. O prazo de manutenção das propostas considera-se automaticamente prorrogado se os concorrentes não requererem o contrário.

SECÇÃO III
Acto Público do Concurso

ARTIGO 75º
(Acto público)

1. No dia útil, imediatamente a seguir à data limite para a apresentação de propostas, a Comissão de Avaliação procede, em acto público, à abertura dos invólucros recebidos ou, no caso da entidade pública contratante ter optado pela recepção electrónica das propostas, à sua desencriptação, descarregamento e abertura pública.

2. Por motivo justificado, pode o acto público do concurso realizar-se dentro dos 30 dias subsequentes ao indicado no número anterior, em data a determinar pela entidade pública contratante.

3. A alteração da data do acto público deve ser comunicada aos interessados que procederam ou venham a proceder ao levantamento dos documentos do concurso e publicitada pelos meios que a entidade contratante entenda mais conveniente.

3. CONTABILIDADE ANALÍTICA

A empresa dedica-se, exclusivamente, à prestação de serviços de empreitadas de obras públicas e privadas.

Os documentos com registos a processar na contabilidade analítica, já se encontravam todos efectuados e devidamente analisados, com excepção daqueles que se referem ao apuramento final dos resultados de obras de carácter plurianual.

3.1 BALANCETES DA CONTABILIDADE ANALÍTICA

Assim, para conclusão dos lançamentos de fim de exercício, com vista ao encerramento das contas e elaboração do balanço, passamos de imediato, a mostrar os balancetes da contabilidade analítica que identificam a posição de cada obra, relativamente aos custos incorridos e aos proveitos obtidos, antes da regularização final inerente aos lançamentos de acréscimos de proveitos ou de custos das obras com base na aplicação do método da percentagem de acabamento.

Para o efeito, apresenta-se o balancete da contabilidade analítica em 31 de Dezembro de 2011:

RUISGFP - SOCIEDADE DE EMPREITADAS DE LUANDA, S. A

Balancete Geral - Analítica

Acumulado

Conta	Descrição	Mov. Débito	Mov. Crédito	Saldo Débito	Saldo Crédito
92	EMPREITADAS - CUSTOS INCORPORADOS	2,445,008.37	0.00	2,445,008.37	
9201	OBRA Nº 1- HUAMBO	7,056.91	0.00	7,056.91	
92011	Mão de obra	2,223.72	0.00	2,223.72	
92012	Materiais	3,111.00	0.00	3,111.00	
92013	Subcontratos	1,573.49	0.00	1,573.49	
92014	Outros custos	148.70	0.00	148.70	
9202	OBRA Nº 2 - LOBITO	8,268.81	0.00	8,268.81	
92021	Mão de obra	2,633.65	0.00	2,633.65	
92022	Materiais	2,455.65	0.00	2,455.65	
92023	Subcontratos	2,743.39	0.00	2,743.39	
92024	Outros custos	436.12	0.00	436.12	
9203	OBRA Nº 3 - BENGUELA	384,772.70	0.00	384,772.70	
92031	Mão de obra	62,848.54	0.00	62,848.54	
92032	Materiais	202,013.15	0.00	202,013.15	
92033	Subcontratos	115,970.51	0.00	115,970.51	
92034	Outros custos	3,940.50	0.00	3,940.50	
9204	OBRA Nº 4 - LUANDA	524,901.89	0.00	524,901.89	
92041	Mão de obra	76,964.52	0.00	76,964.52	
92042	Materiais	258,177.79	0.00	258,177.79	
92043	Subcontratos	176,714.12	0.00	176,714.12	
92044	Outros custos	13,045.46	0.00	13,045.46	
9205	OBRA Nº 5 - MALANGE	357,150.77	0.00	357,150.77	
92051	Mão de obra	51,675.47	0.00	51,675.47	
92052	Materiais	173,082.87	0.00	173,082.87	
92053	Subcontratos	129,687.45	0.00	129,687.45	
92054	Outros custos	2,704.98	0.00	2,704.98	
9206	OBRA Nº 6 - CABINDA	198,016.28	0.00	198,016.28	
92061	Mão de obra	38,906.24	0.00	38,906.24	
92062	Materiais	111,730.73	0.00	111,730.73	
92063	Subcontratos	46,637.60	0.00	46,637.60	
92064	Outros custos	741.71	0.00	741.71	
9207	OBRA Nº 7 - ARMAZÉM	17,495.98	0.00	17,495.98	
92071	Mão de obra	4,366.61	0.00	4,366.61	
92072	Materiais	10,567.55	0.00	10,567.55	
92073	Subcontratos	2,134.85	0.00	2,134.85	
92074	Outros custos	426.97	0.00	426.97	
9208	OBRA Nº 8 - CAMABATELA	397,556.32	0.00	397,556.32	
92081	Mão de obra	89,108.75	0.00	89,108.75	
02082	Materiais	220,066.94	0.00	220,066.94	
92083	Subcontratos	83,320.69	0.00	83,320.69	
92084	Outros custos	5,059.94	0.00	5,059.94	
9209	OBRA Nº 9 - UÍGE	372,808.73	0.00	372,808.73	
92091	Mão de obra	70,559.05	0.00	70,559.05	
92092	Materiais	238,850.97	0.00	238,850.97	
92093	Subcontratos	59,658.55	0.00	59,658.55	
92094	Outros custos	3,740.16	0.00	3,740.16	
9210	OBRA Nº 10 - CAÁLA	176,979.98	0.00	176,979.98	
92101	Mão de obra	18,206.12	0.00	18,206.12	
92102	Materiais	111,855.43	0.00	111,855.43	
A transportar		2,398,089.94	0.00	2,398,089.94	0.00

RUISGFP - SOCIEDADE DE EMPREITADAS DE LUANDA, S. A

Balancete Geral - Analítica

Acumulado

Conta	Descrição	Mov. Débito	Mov. Crédito	Saldo Débito	Saldo Crédito
Transporte		2,398,089.94	0.00	2,398,089.94	0.00
92103	Subcontratos	44,891.81	0.00	44,891.81	
92104	Outros custos	2,026.62	0.00	2,026.62	
97	RECEITA DAS OBRAS - EMPREITADAS	0.00	2,812,429.20		2,812,429.20
9701	OBRA N° 3 - BENGUELA	0.00	473,858.00		473,858.00
97011	Facturação	0.00	473,858.00		473,858.00
9702	OBRA N° 4 - LUANDA	0.00	650,931.26		650,931.26
97021	Facturação	0.00	650,931.26		650,931.26
9703	OBRA N° 5 - MALANGE	0.00	404,026.30		404,026.30
97031	Facturação	0.00	404,026.30		404,026.30
9704	OBRA N° 6 - CABINDA	0.00	230,968.37		230,968.37
97041	Facturação	0.00	230,968.37		230,968.37
9705	OBRA N° 8 - CAMABATELA	0.00	436,547.92		436,547.92
97051	FACTURAÇÃO	0.00	436,547.92		436,547.92
9706	OBRA N° 9 - UÍGE	0.00	409,014.28		409,014.28
97061	Facturação	0.00	409,014.28		409,014.28
9707	OBRA N° 10 - CAÁLA	0.00	207,083.07		207,083.07
97071	Facturação	0.00	207,083.07		207,083.07
99	CONTROLO DO MOVIMENTO	367,420.83	0.00	367,420.83	
999	CONTROLO DA ANALÍTICA	367,420.83	0.00	367,420.83	
	Total da classe 9	2,812,429.20	2,812,429.20	2,812,429.20	2,812,429.20
Total		2,812,429.20	2,812,429.20	2,812,429.20	2,812,429.20

RUISGFP - SOCIEDADE DE EMPREITADAS DE LUANDA, S. A

Balancete RESUMO DA ANALITICA

Acumulado

Conta	Descricao	Mov. Debito	Mov. Credito	Saldo Debito	Saldo Credito
92	EMPREITADAS - CUSTOS INCORPORADOS	2445008.37	0.00	2445008.37	
9201	OBRA Nº 1- HUAMBO	7056.91	0.00	7056.91	
9202	OBRA Nº 2 - LOBITO	8268.81	0.00	8268.81	
9203	OBRA Nº 3 - BENGUELA	384772.70	0.00	384772.70	
9204	OBRA Nº 4 - LUANDA	524901.89	0.00	524901.89	
9205	OBRA Nº 5 - MALANGE	357150.77	0.00	357150.77	
9206	OBRA Nº 6 - CABINDA	198016.28	0.00	198016.28	
9207	OBRA Nº 7 - ARMAZÉM	17495.98	0.00	17495.98	
9208	OBRA Nº 8 - CAMABATELA	397556.32	0.00	397556.32	
9209	OBRA Nº 9 - UÍGE	372808.73	0.00	372808.73	
9210	OBRA Nº 10 - CAÁLA	176979.98	0.00	176979.98	
97	RECEITA DAS OBRAS - EMPREITADAS	0.00	2812429.20		2812429.20
9701	OBRA Nº 3 - BENGUELA	0.00	473858.00		473858.00
9702	OBRA Nº 4 - LUANDA	0.00	650931.26		650931.26
9703	OBRA Nº 5 - MALANGE	0.00	404026.30		404026.30
9704	OBRA Nº 6 - CABINDA	0.00	230968.37		230968.37
9705	OBRA Nº 8 - CAMABATELA	0.00	436547.92		436547.92
9706	OBRA Nº 9 - UÍGE	0.00	409014.28		409014.28
9707	OBRA Nº 10 - CAÁLA	0.00	207083.07		207083.07
99	CONTROLO DO MOVIMENTO	367420.83	0.00	367420.83	
999	CONTROLO DA ANALÍTICA	367420.83	0.00	367420.83	
	Total da Analitica	367420.83	0.00	367420.83	
	Total	2812429.20	2812429.20	2812429.20	2812429.20

4. CONTRATOS DE CONSTRUÇÃO – DETERMINAÇÃO DOS RESULTADOS

Conforme já se referiu, a empresa dedica-se à execução de empreitadas, pelo que se acha conveniente recordar a seguinte matéria, antes de se proceder à efectivação do cálculo dos resultados operacionais:

4.1 Contratos de construção plurienais

Para efeitos do disposto neste Plano designa-se por Contrato de construção, um contrato especificamente negociado para a construção de um activo ou de uma combinação de activos que estejam inter-relacionados, ou interdependentes em termos da sua concepção, tecnologia e função ou do seu propósito ou uso final, como por exemplo a construção de:

Pontes.
Edifícios.
Barragens.
Oleodutos.
Estradas.
Navios.
Túneis. (Notas explicativas).

5. TRABALHOS EM CURSO EM 31/12/2010

Os trabalhos em curso em 31 de Dezembro do ano anterior constam da conta 23 "Produtos e trabalhos em curso" e estão designados no balancete como:

23 PRODUTOS E TRABALHOS EM CURSO EM 31/12/2010		
23.1.3	Obra nº 3 – Benguela	5 332,15
23.1.4	Obra nº 4 – Luanda	15 856,29
23.1.5	Obra nº 5 – Malange	13 692,00
23.1.6	Obra nº 6 – Cabinda	2 513,94
23.1.7	Obra nº 7 – Armazém de materiais	11 563,99
Total..		48 958,37

6. OBRAS – APURAMENTO DOS CUSTOS E DAS RECEITAS DO EXERCÍCIO

O balancete da contabilidade analítica exibido em 3.1), já inclui as operações contabilísticas realizadas no final do exercício, como sejam os encargos com férias relativos a 2011 e as amortizações dos bens de equipamento ao serviço exclusivo das obras.

6.1 SITUAÇÃO DAS OBRAS EM 31 DE DEZEMBRO DE 2011

OBRA Nº	LOCAL	SITUAÇÃO EM 31/12/2011
1	HUAMBO	Concluída em 2009, já com entrega definitiva em 2011.
2	LOBITO	Obra concluída em 2010, cuja entrega definitiva se verificará em 2012.
3	BENGUELA	Concluída em 2011, com entrega provisória em 31 de Outubro.
4	LUANDA	Concluída em 2011, com entrega provisória em 23 de Setembro.
5	MALANGE	Obra iniciada em 2010 e em curso em 2011, prevendo-se a sua conclusão até final de 2012.
6	CABINDA	Obra iniciada em 2010 e em curso em 2012, prevendo-se a sua conclusão até final de 2013.
7	ARMAZÉM	Obra iniciada em 2010 e concluída em 2011. Trata-se de um imóvel construído para a própria empresa.
8	CAMABATELA	Obra iniciada em 2011, prevendo-se a sua conclusão até final de 2013.
9	UIGE	Obra iniciada em 2011, com conclusão prevista para 2013.
10	CAÁLA	Obra iniciada e concluída em 2011, com entrega provisória em 30 de Novembro de 2011.

6.2 TRABALHOS PARA A PRÓPRIA EMPRESA – OBRA Nº 7

Esta conta destina-se a compensar os custos incorridos e registados, por natureza, nas respectivas contas de custos relativos a trabalhos que a entidade tenha realizado para si mesma, sob a sua administração directa, aplicando meios próprios ou adquiridos para o efeito.

Estes trabalhos podem destinar-se ao seu imobilizado ou podem referir-se a situações que, pela sua natureza, devam ser repartidos por vários exercícios (caso em que serão registados por débito da 37.4 Encargos a repartir por exercícios futuros). **(conta 65 – Notas explicativas):**

A obra nº 7 refere-se à construção de um armazém de materiais para a própria empresa. O início da construção verificou-se em 2010 e a conclusão em Setembro de 2011.

Os custos incorridos em 2010 cifraram-se em 11.563,99 e constam do balanço daquele ano na rubrica 23.1.1 "Produtos e trabalhos em curso – Obra nº 7".

Os custos incorporados em 2011, conforme registos na contabilidade analítica, montam a 34.991,95 o que dá um custo total de 46.555,94.

Como a obra se concluiu em 2011, ter-se-á de considerar o seu valor, neste exercício, na conta 11.2.1.2 "Edifícios e outras construções", por crédito de 65.1.1 "Trabalhos para a própria empresa – para imobilizado corpóreo". Simultaneamente, será debitada a conta 822 "Resultados operacionais", por crédito de 23.1.1 "Produtos e trabalhos em curso – Obra nº 7 – Armazém de materiais", pelo valor dos custos transitados de 2010.

Assim, os custos da construção totalizaram 46.555,94, conforme se detalha:

1) Custos de 2010.……...……........................…..….................. 11.563,99
2) Custos de 2011............……....………..........................…............. 34.991,95
3) Total …………….. 46.555,94

Como já se referiu, concluíram-se durante o exercício de 2011, as obras nºs 3, 4, 7 e 10.

6.3 APURAMENTO DOS RESULTADOS DE OBRAS JÁ CONCLUÍDAS

A obra nº 7 que diz respeito à construção de um armazém para o imobilizado da empresa, vai ser regularizada, contabilisticamente, pela forma descrita na alínea anterior 6.2).

Quanto às obras 3, 4 e 10, porque o grau de acabamento e a percentagem de facturação é igual a 100%, os custos e os proveitos são considerados pela totalidade em 2011, com excepção de 5% dos valores facturados que podem ser considerados como receita antecipada.

6.3.1 RECEITAS ANTECIPADAS – CUSTOS DE GARANTIA

O balancete da conta 37.6.5 "Proveitos a repartir por períodos futuros – Custos de garantia" apresenta, relativamente às obras concluídas ou em curso, os seguintes saldos, já transitados de 2010, provenientes da contabilização dos 5% de garantia.

Custos de garantia

Tratando-se de obras públicas ou privadas em regime de empreitada e para fazer face aos custos a suportar durante o período de garantia, poderá considerar-se como receita antecipada uma quantia correspondente a 5% dos valores considerados como proveitos relativamente àquelas obras.

37.6.5 PROVEITOS A REPARTIR POR PERÍODOS FUTUROS EM 31/12/2010

37.6.5.1	Obra nº 1 – Huambo…….....................……....................	12 469,95
37.6.5.2	Obra nº 2 – Lobito……………......….......…...……….…....	21 198,91
37.6.5.3	Obra nº 3 – Benguela..	27 433,88
37.6.5.4	Obra nº 4 – Luanda…………….............…...….…....….	37 534,54
37.6.5.5	Obra nº 5 – Malange..............…….........…....…............……	8 230,17
37.6.5.6	Obra nº 6 – Cabinda…………….…......….…...…............	8 728,96
	Total ……………….......................................….	**115 596,41**

Assim, há que proceder aos lançamentos de regularização que se sugerem:

I – OBRAS JÁ CONCLUÍDAS ATÉ 31/12/2010

Obra nº 1 - Huambo

Como já se salientou, esta obra foi concluída em 2009 e a sua recepção definitiva verificou-se durante o exercício de 2011.

As receitas antecipadas já contabilizadas, deverão ser consideradas como proveitos nos exercícios em que foram suportados os custos decorrentes da garantia das obras respectivas, sendo o remanescente considerado como proveito do exercício em que se verificar a recepção definitiva da obra.

Assim, as receitas antecipadas no montante de 12.469,95, transitadas na conta 37.6 Proveitos a repartir por períodos futuros, serão transferidas para proveitos do exercício, dado que expirou o prazo de garantia, com a recepção definitiva da obra.

Por outro lado, serão considerados como custos do exercício os gastos efectuados em 2011, decorrentes da garantia, no montante de 7.056,91, conforme mostra a rubrica 9201 da contabilidade analítica.

Obra nº 2 - Lobito

A recepção definitiva desta obra só se verificará em 2012. Contudo, em 2011, suportaram-se custos inerentes ao período de garantia, cujo valor deverá ser compensado com os proveitos antecipados transitados na conta 37.6.5 "Proveitos a repartir por períodos futuros – Custos de garantia".

Para a respectiva regularização contabilística deverá ser debitada esta conta (37.6.5), por crédito de 62 "Prestações de serviços", pelos custos incorridos em 2011 no valor de 8.268,81, conforme registos efectuados na contabilidade analítica, conta 9202.

Quanto às obras terminadas em 2011, com recepção provisória, ter-se-ão que apurar as receitas antecipadas (5%) a contabilizar, para suportar custos de garantia.

I I – OBRAS CONCLUÍDAS EM 2011

Estão nestas circunstâncias as obras n°s 3, 4 e 10. As obras n°s 3 e 4 já se encontravam em curso em 2010, tendo figurado no balanço daquele ano, os saldos que se identificam:

37.6.5.3 – Obra n° 3 – Benguela........…………........................ 27.433,88

37.6.5.4 – Obra n° 4 – Luanda...........…………..…................... 37.534,54

Em 2011 reforçar-se-á o valor para efeitos de garantia, tendo-se em linha de conta os proveitos considerados em 2011:

Obra n° 3 – Benguela: 473.858,00 x 5%. ……...............…….... 23.692,90

Obra n° 4 – Luanda: 650.931,26 x 5%...……….................…... 32.546,56

A obra n° 10 iniciou-se em 2011 e concluiu-se no mesmo ano, tendo-se facturado na totalidade o valor contratado (207.083,07).

A recepção definitiva está programada para Novembro de 2013.

Como aconteceu com as restantes obras, neste caso também deverá ser considerada como receita antecipada a percentagem de 5% sobre os valores dos proveitos auferidos em 2011, ou seja:

207.083,07 x 5% = ……………….............……….…………….. 10 354,15

Para regularização contabilística destes valores creditar-se-á a conta (37.6.5), por débito de 62.1.1 "Prestações de serviços – Mercado nacional".

Relativamente às obras em curso no final do exercício de 2011, terão que se efectuar os necessários lançamentos para especialização de exercícios.

III – OBRAS EM CURSO EM 31/12/2011

Além do apuramento dos proveitos e dos custos das obras em curso em 31/12/2011, com base no grau de acabamento, há que contabilizar também os valores inerentes aos custos de garantia.

III - I Obras que já se encontravam em curso em 31/12/2010

As obras nºs 5 e 6 já transitaram de 2010 com os seguintes saldos, relativos aos 5%:

Obra nº 5 – Malange……….........……........……….…..………....... 8 230,17

Obra nº 6 – Cabinda.............….............……..……….…..…............… 8 728,96

Em 2011 foram considerados como proveitos destas obras os seguintes valores:

Obra nº 5 – Malange

Acréscimos de proveitos inerentes ao grau de acabamento............ 17 956,72

Facturação …………………………………..……........................ 404 026,30

Proveitos contabilizados em 2011..……….. 421 983,02

Obra nº 6 – Cabinda

Acréscimos de proveitos inerentes ao grau de acabamento............ 3 386,84

Facturação …………………………………..……........................ 230 968,37

Proveitos contabilizados em 2011 ……….……......................…...... 234 355,21

Em presença destes montantes, contabilizar-se-iam em 2011, como receitas antecipadas, os seguintes valores, debitando a conta 62.1 por crédito de 37.6.5.05 e 37.6.5.06:

Obra nº 5 – Malange: 421.983,02 x 5% ………........................ 21 099,15

Obra nº 6 – Cabinda: 234.355,20 x 5%...………............................ 11 717,76

III – II Obras iniciadas em 2011

Relativamente às obras n°s 8 e 9, iniciadas em 2011, foram considerados os seguintes proveitos:

Obra n° 8 – Camabatela

Acréscimos de proveitos inerentes ao grau de acabamento.......... 11 212,98

Facturação 436 547,92

Proveitos contabilizados em 2011 .... 447 760,90

Obra n° 9 – Uige

Acréscimos de proveitos inerentes ao grau de acabamento.......... 16 959,12

Facturação 409 014,28

Proveitos contabilizados em 2011....................................... 425 973,40

Com base nestes proveitos, contabilizar-se-iam em 2011, como receitas antecipadas, mais os seguintes valores, para fazer face aos possíveis custos de garantia, debitando a conta 62.1.1, por crédito de (37.6.5).

Obra n° 8 – Camabatela. 447.760,90 x 5% 22 388,05

Obra n° 9 – Uíge............. 425.973,40 x 5%........................ 21 298,67

6.4 APURAMENTO DOS RESULTADOS DE OBRAS EM CURSO, COM BASE NO GRAU DE ACABAMENTO

Como se referiu em 6.1) não se encontravam concluídas em 31/12/2011, as obras que a seguir se identificam:

Obra n° 5 – Malange

1) Início da obra: 2010;

2) Data provável de conclusão: 2012;

3) Custos incorporados:

* Até 31/12/2010.. 151 213,58

* Em 2011 .... 357 150,77

  508 364,35

4) Proveitos considerados:

      * Até 31/12/2010.. 164 603,30

      * Em 2011 (facturação).. <u>404 026,30</u>

                                                        <u>568 629,60</u>

5) Custos estimados para concluir a obra...................................... 140 062,45

6) Valor do contrato de construção.. 748 196,85

Obra nº 6 – Cabinda

1) Início da obra: 2010;

2) Data provável de conclusão: 2013;

3) Custos incorporados:

      * Até 31/12/2010.. 150 868,01

      * Em 2011... <u>198 016,28</u>

                                                        <u>348 884,29</u>

Proveitos considerados:

      * Até 31/12/2010.. 174 579,26

      * Em 2011 (facturação).. <u>230 968,37</u>

                                                        <u>405 547,63</u>

5) Custos estimados para concluir a obra................................... 842 469,65

6) Valor do contrato de construção.. 1 396 634,11

Obra nº 8 – Camabatela

1) Início da obra: 2011;

2) Data provável de conclusão: 2013;

3) Custos incorporados em 2011.. 397 556,32

4) Facturação emitida em 2011... 436 547,92

5) Custos estimados para concluir a obra 222 503,77

6) Valor do contrato de construção... 698 317,06

Obra nº 9 – Uige

1) Início da obra: 2011;

2) Data provável de conclusão: 2013;

3) Custos incorporados em 2011 ……………………........................... 372 808,73

4) Facturação emitida em 2011 …………………….…........................ 409 014,28

5) Custos estimados para concluir a obra ………........................... 500 294,29

6) Valor do contrato de construção.……………….......................... 997 595,79

6.4.1 CÁLCULO DO GRAU DE ACABAMENTO DAS OBRAS EM CURSO

Com base nos dados antes transcritos, apurar-se-iam as seguintes percentagens de "grau de acabamento" das obras em curso:

OBRA **GRAU DE ACABAMENTO**

Nº 5   508 364,34 x 100 ÷ (508 364,34 + 140 062,45) = 78,4%

Nº 6   348 884,29 x 100 ÷ (348 884,29 + 842 469,65) = 29,28%

Nº 8   397 556,32 x 100 ÷ (397 556,32 + 222 503,77) = 64,12%

Nº 9   372 808,73 x 100 ÷ (372 808,73 + 500 294,29) =   42,7%

6.4.2 ACRÉSCIMOS DE PROVEITOS OU DE CUSTOS DE OBRAS EM CURSO COM BASE NO GRAU DE ACABAMENTO

Em face das percentagens de acabamento antes calculadas os resultados do exercício, relativamente a estas obras seriam corrigidos como segue:

OBRA	DESCRIÇÃO	VALOR
N° 5	1) Proveitos – 748.196,85 x 78,4% ………...........................	586.586,33
	2) Já lançados em 2010 e 2011……................................	568.629,60
	3) Acréscimo a lançar em 2011…….........................…………..	**17.956,73**
N° 6	1) Proveitos – 1.396.634,11 x 29,28%…............................	408.934,47
	2) Já lançados em 2010 e 2011…………...........................	405.547,63
	3) Acréscimo a lançar em 2011……........................	**3.386,84**
N° 8	1) Proveitos – 698.317,06 x 64,12%……..........................	447.760,90
	2) Já lançados em 2011………............................	436.547,92
	3) Acréscimo a lançar em 2011……..	**11.212,98**
N° 9	1) Proveitos – 997.595,79 x 42,7%……..........................	425.973,40
	2) Já lançados em 2011…………............................	409.014,28
	3) Acréscimo a lançar em 2011…...	**16.959,12**

Pelos valores antes apurados verifica-se que o grau de acabamento é superior à percentagem de facturação, pelo que as regularizações contabilísticas vão resultar num acréscimo de proveitos.

Relativamente às contas do PGCA a movimentar para consideração dos proveitos em 2011, creditaremos a conta 62.1.1 "Prestações de serviços – Mercado nacional", por débito de 37.6.5.1 "Proveitos a repartir por períodos futuros".

6.4.3 CUSTOS INCORRIDOS EM CADA EXERCÍCIO

Aproveitamos para recordar o conteúdo de parte da Directriz Contabilística nº 3/91, do POC/Portugal, relativamente ao:

"Tratamento contabilístico dos contratos de construção

1. Esta directriz aplica-se aos contratos de construção que satisfaçam cumulativamente as seguintes características:

   a) respeitarem à construção de uma obra ou de um conjunto de obras que constituam um projecto único, tais como a construção de pontes, barragens, navios, edifícios e peças complexas de equipamento;

   b) as datas de início e de conclusão da respectiva obra situarem-se em períodos contabilísticos diferentes.

A directriz respeita ainda aos contratos de prestação de serviços que estiverem directamente relacionados com um contrato de construção, nos termos definidos.

2. Os contratos de construção podem envolver um preço previamente estabelecido (sujeito ou não à revisão) ou um preço obtido a partir dos custos suportados, acrescidos de uma percentagem ou de verbas fixas.

3. Os resultados relativos a estes contratos de construção podem ser determinados pelo método de percentagem de acabamento ou pelo método de contrato completado. De acordo com o método de percentagem de acabamento, os proveitos são reconhecidos à medida que a obra contratada progride, ou seja, excepcionalmente, na base da produção. Atribui-se assim a cada período contabilístico um resultado correspondente ao grau de acabamento, mediante o balanceamento dos proveitos respectivos com os custos incorridos inerentes.

Segundo o método de contrato completado, os proveitos apenas são reconhecidos quando a obra contratada estiver concluída ou substancialmente concluída, sendo deduzidos dos respectivos custos acumulados.

4. Entende-se como grau de acabamento a relação entre os custos incorridos até à data e a soma desses custos com os custos estimados para completar a obra.

5. Para efeitos do cálculo referido no número anterior, os custos incorridos a considerar devem ser apenas aqueles que reflictam o trabalho executado. São assim excluídos, por exemplo, os materiais adquiridos que ainda não tenham sido montados ou utilizados.

6. O método de percentagem de acabamento não deve ser aplicado se não houver possibilidade de estabelecer estimativas fiáveis.

7. Se a obra estiver substancialmente concluída, os custos que faltarem para a sua conclusão devem ser estimados e considerados como acréscimos de custos.

8. Devem constituir-se provisões para as perdas previsíveis decorrentes da realização do contrato, no termo de cada período contabilístico, independentemente do método adoptado.

9. Deverão ainda estabelecer-se provisões para contingências que surjam durante o período de garantia da obra.

10. Se houver facturações correspondentes a cumprimentos parciais do contrato, qualquer que seja o período contabilístico em que se verifiquem, serão consideradas como proveitos. Os pagamentos fraccionados e os adiantamentos recebidos dos clientes não reflectem necessariamente o grau de acabamento e, por isso, geralmente não poderão ser considerados como proveitos.

11. Quando os contratos apresentarem características semelhantes devem ser contabilizados pelo mesmo método, sem prejuízo de se poder utilizar o método de contrato completado em obras pouco relevantes ou de curta duração.

Os critérios adoptados na selecção dos métodos de contabilização constituem uma política contabilística que deve ser consistentemente aplicada.

12. Deve ser divulgado na nota 48 do Anexo o seguinte:

a) os custos e os proveitos dos contratos de construção em curso já tiverem contribuído para a determinação de resultados;

b) as quantias recebidas e a receber relativamente aos contratos de construção em curso."

Porque a contabilidade analítica lhe fornece os custos suportados em cada exercício, o contabilista da Sociedade de Empreitadas de Angola, S. A., optou por não movimentar a conta 23.

Se tivesse optado pela movimentação daquela conta, poderia, para o efeito, desenvolver a conta 23 conforme se sugere:

23 Produtos e trabalhos em curso:

......

23.1.5 Obra n° 5 – Malange:

23.1.5.1 Custos incorridos

23.1.5.2 Custos transferidos

23.1.6 Obra n° 6 – Cabinda:

23.1.6.1 Custos incorridos

23.1.6.2 Custos transferidos

6.4.4 MATÉRIAS-PRIMAS, SUBSIDIÁRIAS E DE CONSUMO

Para apuramento do custo das existências consumidas, suponha-se que em 31/12/2011 se inventariaram a preços de custo os seguintes valores:

a) Matérias-primas…………….....................................…… 101.838,57

b) Materiais diversos....................................…..................... 23.091,35

124.929,92

A conta 22 "Matérias-primas, subsidiárias e de consumo" transitou com o seguinte saldo de 2010 para 2011:

1) Matérias-primas…………….................................... 70.304,22

2) Materiais diversos…….. 29.061,46

99.365,68

Analisando o movimento da conta 21 "Compras", verifica-se que ainda não foram transferidos para a conta de existências os respectivos saldos em 31/12/2011, pelo que há que proceder aos necessários lançamentos, saldando as subcontas de "Compras", por débito ou crédito da conta 22.

Para apuramento do custo das existências consumidas em 2011, efectuaremos mais os seguintes lançamentos:

1) Debitando a conta 71.1.1, por crédito de 221:

1.469.154,13 - 101.838,57 = ... 1.367.315,56

2) Debitando a conta 71.1.1, por crédito de 24.1.1:

41.689,22 - 23.091,35 =…….....…................................... 18.597,87

3) Total.. 1.385.913,43

6.5 LANÇAMENTOS

Com base nos dados antes descritos, processar-se-iam, os lançamentos que se apresentam a seguir designados no "Diário de operações gerais" em 31/12/2011.

DIÁRIO DE OPERAÇÕES GERAIS EM 31/12/2011

Nº DOC.	DESIGNAÇÃO DAS OPERAÇÕES	P. G. C. A.		VALORES	
		Débito	Crédito	Débito	Crédito
2001	Custo da construção do armazém de materiais conforme registos analíticos............	11.2.1.2	65.1.1	29 059,96	29 059,96
2002	Transferência para resultados operacionais dos custos incorporados em 2010 da obra nº 7, transitados em "Produtos e trabalhos em curso".................................	822	23.1	11 563,99	11 563,99
2003	Pela alienação da viatura pesada de mercadorias "A".................................	11.4.2	68.3.1	37 470,20	37 470,20
	Valor de aquisição..............................	68.3.1	11.4.1	55 000,00	55 000,00
	Amortizações até 2010.............................	18.1.4	68,3.1	22 000,00	22 000,00
2004	Transferência para resultados operacionais do saldo da conta 19.1.9, pelo facto da obra nº 1 já ter sido entregue definitivamente	37.3.2	62.1.1	12 469,95	12 469,95
2005	Transferência de "Proveitos a facturar" dos proveitos do exercício do valor correspondente aos custos efectuados em 2011, decorrentes da garantia da obra nº 2	37.3.2	62.1.1	8 268,81	8 268,81
2006	Transferência para resultados operacionais dos custos incorporados até 2010, das obras que transitaram para 2011 em trabalhos em curso:				
	Obra nº 3 - Beira	822	23.1	5 332,15	5 332,15
	Obra nº 4 - Quelimane.............................	822	23.2	15 856,29	15 856,29
	Obra nº 5 - Nacala.............................	822	23.3	13 692,00	13 692,00
	Obra nº 6 - Nampula	822	23.4	2 513,94	2 513,94
2007	Custos de garantia a considerar em 2011 como receitas antecipadas das obras concluídas neste exercício:				
	Obra nº 3 - Beira	62.1.1	37.5.3.3	23 692,90	23 692,90
	Obra nº 4 - Quelimane.............................	62.1.1	37.5.3.4	32 546,56	32 546,56
	Obra nº 10 - Pemba.............................	62.1.1	37.5.3.10	10 354,15	10 354,15
	A transportar			279 820,90	279 820,90

DIÁRIO DE OPERAÇÕES GERAIS EM 31/12/2011

Nº DOC.	DESIGNAÇÃO DAS OPERAÇÕES	LANÇAMENTOS			
		P. G. C.A.		VALORES	
		Débito	Crédito	Débito	Crédito
	Transporte			279 820,90	279 820,90
2008	Custos de garantia a considerar em 2011, como receitas antecipadas, de obras ainda não concluídas em 31/12/2011:				
	Obra nº 5 - Nacala....................................	62.1.1	37.4.3.5	21 099,15	21 099,15
	Obra nº 6 - Nampula	62.1.1	37.4.3.6	11 717,76	11 717,76
	Obra nº 8 - Tete..	62.1.1	37.4.3.8	22 388,05	22 388,05
	Obra nº 9 - Inhambane	62.1.1	37.4.3.9	21 298,67	21 298,67
2009	Apuramento de resultados de obras em curso, em 31/12/11, com base no grau de acabamento:				
	Obra nº 5 - Nacala....................................	37.4.3.5	62.1.1	17 956,72	17 956,72
	Obra nº 6 - Nampula	37.4.3.6	62.1.1	3 386,84	3 386,84
	Obra nº 8 - Tete..	37.4.3.8	62.1.1	11 212,98	11 212,98
	Obra nº 9 - Inhambane	37.4.3.9	62.1.1	16 959,12	16 959,12
2010	Transferência para "Matérias primas, auxiliares e materiaiss do saldo da conta "Compras", em 31/12/2011:				
	a) Matérias primas	22.1.1	21.1	1 403 743,78	1 403 743,78
	b) Matérias auxiliares...............................	22.3.1	21.3	12 627,76	12 627,76
	c) Devoluções de compras (matérias primas)	21.7.1	22.1	4 216,42	4 216,42
	d) Descontos e abatimentos em compras (matérias primas)	21.8.1	22.1	677,45	677,45
2011	Pelo apuramento do custo das matérias consumidas em 2011:				
	1) Matérias primas	71.1.1	21.1	1 367 315,56	1 367 315,56
	2) Materiais...	71.3.1	22.3	18 597,87	18 597,87
2012	Estimativa do imposto sobre o rendiemnto de 2011..	87.1	34.1.1	14 879,73	14 879,73
	Totais...			3 227 898,76	3 227 898,76

RUISGFP - SOCIEDADE DE EMPREITADAS DE LUANDA, S. A.
BENS DE INVESTIMENTO - DEPRECIAÇÕES E AMORTIZAÇÕES
RESUMO EM 31 DE DEZEMBRO DE 2011

CÓDIGO	GRUPO HOMOGÉNEO	PGCA	ANO	VALORES	EXERCÍCIOS ANTERIORES	EXERCÍCIO DE 2011	PGCA	VALORES	LÍQUIDOS EM 31/12/11
	Grupo I - Imóveis								
	2.3 Edifício industrial e dependências								
-	Terreno dos edifícios....................	11.1.4.1	2011	24 690,50	0,00	0,00	-	0,00	24 690,50
2.3	Edifício "A"...............................	11.2.1.1	2010	452 900,36	9 058,01	9 058,01	18.1.2	18 116,02	434 784,34
2.2	Armazém de materiais	11.2.1.2	2011	46 555,94	0,00	931,12	18.1.2	931,12	45 624,82
	Grupo III - Máquinas e aparelhos								
4.	Compressores...........................	11.3.2.1	2009	45 700,00	22 850,00	11 425,00	18.1.3	34 275,00	11 425,00
7.	Guindastes...............................	11.3.2.1	2009	54 300,00	13 575,00	6 787,50	18.1.3	20 362,50	33 937,50
10.	Maquinaria diversa......................	11.3.2.1	2009	85 303,42	21 325,86	10 662,93	18.1.3	31 988,79	53 314,63
	9. Veículos automóveis/ligeiros e mistos								
9.2	Viatura ligeira "A"	11.4.1.1	2010	24 954,32	6238,58	6 238,58	18.1.4	12 477,16	12 477,16
9.4	Viatura pesada mercadorias "A"..	11.4.1.1	2010	55 000,00	22 000,00	0,00	18.1.4	22 000,00	33 000,00
9.4	Viatura pesada mercadorias "B"..	11.4.1.1	2010	69 879,80	13 975,96	13 975,96	18.1.4	27 951,92	41 927,88
9.4	Viatura pesada mercadorias "C"..	11.4.1.2	2010	53 109,44	10 621,89	10 621,89	18.1.4	21 243,78	31 865,66
	Grupo V - Elementos diversos								
6.	Mobiliário	11.5.1.1	2009	10 612,30	2 653,08	1 326,54	18.1.5	3 979,62	6 632,68
8.	Máquinas de escrever e calcular..	11.5.1.1	2009	5 035,10	2 014,04	1 007,02	18.1.5	3 021,06	2 014,04
8.	Computadores	11.5.1.1	2010	6 746,63	2 248,65	2 248,63	18.1.5	4 497,28	2 249,33
8.	Aparelhos telemóveis	11.5.1.1	2010	400,00	80,00	80,00	18.1.5	160,00	240,00
-	Elementos de reduzido valor	11.5.1.1	2010	164,60	164,60	0,00	18.1.5	164,00	0,00
6.	Ferramentas e utensílios..............	11.9.1.1	2009	4 475,28	2 237,64	1 118,82	18.1.5	3 356,46	1 118,82
18.	Aparelhos de ar condicionado.....	11.9.1.1	2011	7 496,39	0,00	937,05	18.1.5	937,05	6 559,34
SOMA ..	Imobilizado corpóreo....................			947 324,08	129 043,31	76 419,05		205 461,76	741 861,70
4	Programas de computadores	12.9.1.1	2009	7 492,09	4 994,22	2 497,87	18.2.9	7 492,09	0,00
2.	Projectos de desenvolvimento.....	12.2.1.1	2008	6 234,98	6 234,98	0,00	18.2.2	6 234,98	0,00
4.	Trespasses................................	12.1.1.1	2009	4 987,98	3 324,98	1 663,00	18.2.1	4 987,98	0,00
SOMA...	Imobilizado incorpóreo..............			18 715,05	14 554,18	4 160,87		18 715,05	0,00
TOTAIS ACUMULADOS				966 039,13	143 597,49	80 579,92		224 176,81	741 861,70

AMORTIZAÇÕES A CONTABILIZAR NO EXERCÍCIO DE 2011	LANÇAMENTOS			
	Débito	Doc°	Crédito	Valor
Edifícios e outras construções...	73.1.2	2012	18.1.2	9 989,13
Equipamento básico..	73.1.3	2012	18.1.3	28 875,43
Equipamento de carga e transporte.................................	73.1.4	2012	18.1.4	30 836,43
Equipamento administrativo...	73.1.5	2012	18.1.5	4 662,21
Outras imobilizações corpóreas.......................................	73.1.9	2012	18.1.9	2 055,87
Trespasses...	73.2.1	2012	18.2.1	1 663,00
Programas de computador...	73.2.9	2012	18.2.9	2 497,87
Total....................				80 579,94

RUISGFP - SOCIEDADE DE EMPREITADAS DE LUANDA, S. A

Balancete Razão - Financeira

Acumulado

Conta	Descrição	Mov. Débito	Mov. Crédito	Saldo Débito	Saldo Crédito
11	IMOBILIZAÇÕES CORPÓREAS	66,530.16	55,000.00	11,530.16	
18	AMORTIZAÇÕES ACUMULADAS	22,000.00	80,579.94		58,579.94
21	COMPRAS	4,893.87	2,783,687.10		2,778,793.23
22	MAT.PRIMAS, SUBS.E DE CONSUMO	1,416,371.54	23,491.74	1,392,879.80	
23	PRODUTOS E TRABALHOS EM CURSO	0.00	48,958.37		48,958.37
34	ESTADO	0.00	14,879.73		14,879.73
37	OUTROS VALORES RECEBER E A PAGAR	70,254.42	143,097.24		72,842.82
45	CAIXA	28,875.43	28,875.43		
62	PRESTAÇÕES DE SERVIÇOS	143,097.24	70,254.42	72,842.82	
65	TRABALHOS PARA A PRÓPRIA EMPRESA	0.00	29,059.96		29,059.96
68	OUTROS PROV.GANHOS N/OPERACIONAIS	55,000.00	59,470.20		4,470.20
71	CUSTO DAS EXISTÊNCIAS VENDIDAS	1,385,913.43	0.00	1,385,913.43	
73	AMORTIZAÇÕES DO EXERCÍCIO	80,579.94	0.00	80,579.94	
82	RESULTADOS OPERACIONAIS	48,958.37	0.00	48,958.37	
87	IMPOSTOS SOBRE OS LUCROS	14,879.73	0.00	14,879.73	
Total		3,337,354.13	3,337,354.13	3,007,584.25	3,007,584.25

RUISGFP - SOCIEDADE DE EMPREITADAS DE LUANDA, S. A

Balancete Geral - Financeira

Acumulado

Data da CTB: 31.12.2011	Mês: Dezembro de 2011			Pág. 1
Conta	Descrição	Mov. Débito	Mov. Crédito	Saldo Débito	Saldo Crédito
---	---	---	---	---	---
11	IMOBILIZAÇÕES CORPÓREAS	66,530.16	55,000.00	11,530.16	
112	EDIFÍCIOS E OUTRAS CONSTRUÇÕES	29,059.96	0.00	29,059.96	
1121	Edifícios	29,059.96	0.00	29,059.96	
11212	Integrados em conj.administratrivos	29,059.96	0.00	29,059.96	
114	EQUIPAMENTO DE CARGA E TRANSPORTE	37,470.20	55,000.00		17,529.80
1141	Viatura de turismo	37,470.20	55,000.00		17,529.80
18	AMORTIZAÇOES ACUMULADAS	22,000.00	80,579.94		58,579.94
181	Imobilizaçoes corporeas	22,000.00	76,419.07		54,419.07
1812	Edifícios e outras construçoes	0.00	9,989.13		9,989.13
1813	Equipamento basico	0.00	28,875.43		28,875.43
1814	Equipamento de carga e transporte	22,000.00	30,836.43		8,836.43
1815	Equipamento administrativo	0.00	4,662.21		4,662.21
1819	Outras imobilizações corpóreas	0.00	2,055.87		2,055.87
182	Imobilizaçoes incorporeas	0.00	4,160.87		4,160.87
1821	Trespasses	0.00	1,663.00		1,663.00
1829	Programas de computador	0.00	2,497.87		2,497.87
	Total da classe 1	88,530.16	135,579.94	11,530.16	58,579.94
21	COMPRAS	4,893.87	2,783,687.10		2,778,793.23
211	Matérias-primas, subs. e consumo	0.00	2,771,059.34		2,771,059.34
213	Materiais diversos	0.00	12,627.76		12,627.76
217	Devoluções de compras:	4,216.42	0.00	4,216.42	
2171	Matérias-primas	4,216.42	0.00	4,216.42	
218	Descontos e abatimentos em compras	677.45	0.00	677.45	
2181	Matérias-primas	677.45	0.00	677.45	
22	MAT.PRIMAS, SUBS.E DE CONSUMO	1,416,371.54	23,491.74	1,392,879.80	
221	Matérias-primas	1,403,743.78	4,893.87	1,398,849.91	
223	Materiais diversos	12,627.76	18,597.87		5,970.11
23	PRODUTOS E TRABALHOS EM CURSO	0.00	48,958.37		48,958.37
231	Obra nº 7 - Armazém	0.00	16,896.14		16,896.14
232	Obra nº 3	0.00	15,856.29		15,856.29
233	Obra nº 4	0.00	13,692.00		13,692.00
234	Obra nº 4	0.00	2,513.94		2,513.94
	Total da classe 2	1,421,265.41	2,856,137.21	1,392,879.80	2,827,751.60
34	ESTADO	0.00	14,879.73		14,879.73
341	Imobilizações financeiras	0.00	14,879.73		14,879.73
3411	Estimativa do imposto	0.00	14,879.73		14,879.73
37	OUTROS VALORES RECEBER E A PAGAR	70,254.42	143,097.24		72,842.82
373	Proveitos a facturar:	20,738.76	0.00	20,738.76	
3732	Prestações de serviço	20,738.76	0.00	20,738.76	
374	Encargos repartir períodos futuros	49,515.66	76,503.63		26,987.97
3743	Custos de garantia	49,515.66	76,503.63		26,987.97
37435	Obra nº 5	17,956.72	21,099.15		3,142.43
A transportar		1,548,491.05	3,027,696.03	1,453,542.50	2,932,747.48

RUISGFP - SOCIEDADE DE EMPREITADAS DE LUANDA, S. A

Balancete Geral - Financeira

Acumulado

Conta	Descrição	Mov. Débito	Mov. Crédito	Saldo Débito	Saldo Crédito
Transporte		1,548,491.05	3,027,696.03	1,453,542.50	2,932,747.48
37436	Obra nº 6	3,386.84	11,717.76		8,330.92
37438	Obra nº 8	11,212.98	22,388.05		11,175.07
37439	Obra nº 9	16,959.12	21,298.67		4,339.55
375	Encargos a pagar:	0.00	66,593.61		66,593.61
3753	Custos de garantia	0.00	66,593.61		66,593.61
	Total da classe 3	70,254.42	157,976.97	0.00	87,722.55
45	CAIXA	28,875.43	28,875.43		
451	Fundo fixo	28,875.43	28,875.43		
4511	Caixa	28,875.43	28,875.43		
	Total da classe 4	28,875.43	28,875.43	0.00	0.00
62	PRESTAÇÕES DE SERVIÇOS	143,097.24	70,254.42	72,842.82	
621	Serviços principais:	143,097.24	70,254.42	72,842.82	
6211	Mercado nacional	143,097.24	70,254.42	72,842.82	
65	TRABALHOS PARA A PRÓPRIA EMPRESA	0.00	29,059.96		29,059.96
651	Para imobilizado:	0.00	29,059.96		29,059.96
6511	Corpóreo	0.00	29,059.96		29,059.96
68	OUTROS PROV.GANHOS N/OPERACIONAIS	55,000.00	59,470.20		4,470.20
683	Ganhos em imobilizações	55,000.00	59,470.20		4,470.20
6831	Venda de imobilizaçºoes corpóreas	55,000.00	59,470.20		4,470.20
	Total da classe 6	198,097.24	158,784.58	72,842.82	33,530.16
71	CUSTO DAS EXISTÊNCIAS VENDIDAS	1,385,913.43	0.00	1,385,913.43	
711	Matérias-primas	1,367,315.56	0.00	1,367,315.56	
713	Materiais diversos	18,597.87	0.00	18,597.87	
7131	Materiais diversos	18,597.87	0.00	18,597.87	
73	AMORTIZAÇÕES DO EXERCÍCIO	80,579.94	0.00	80,579.94	
731	Imobilizações corpóres	76,419.07	0.00	76,419.07	
7312	Edifícios e outras construções	9,989.13	0.00	9,989.13	
7313	Equipamento básico	28,876.43	0.00	28,875.43	
7314	Equiupamento de carga e transporte	30,836.43	0.00	30,836.43	
7315	Equipamento administrativo	4,662.21	0.00	4,662.21	
7319	Outras imobilizações corpóreas	2,055.87	0.00	2,055.87	
732	Imobilizações incorpóreas	4,160.87	0.00	4,160.87	
7321	Trespasses	1,663.00	0.00	1,663.00	
7329	Programas de computador	2,497.87	0.00	2,497.87	
	Total da classe 7	1,466,493.37	0.00	1,466,493.37	0.00
82	RESULTADOS OPERACIONAIS	48,958.37	0.00	48,958.37	
822	Prestações de serviço	48,958.37	0.00	48,958.37	
A transportar		3,322,474.40	3,337,354.13	3,041,837.06	3,056,716.79

RUISGFP - SOCIEDADE DE EMPREITADAS DE LUANDA, S. A

Balancete Geral - Financeira

Acumulado

Conta	Descrição	Mov. Débito	Mov. Crédito	Saldo Débito	Saldo Crédito
Transporte		3,322,474.40	3,337,354.13	3,041,837.06	3,056,716.79
87	IMPOSTOS SOBRE OS LUCROS	14,879.73	0.00	14,879.73	
871	Imposto sobre resultados correntes	14,879.73	0.00	14,879.73	
	Total da classe 8	63,838.10	0.00	63,838.10	0.00
Total		3,337,354.13	3,337,354.13	3,056,716.79	3,056,716.79

CAPÍTULO XII

SEGURANÇA SOCIAL

ASSEMBLEIA NACIONAL
LEI nº 7/04 DE 15 DE OUTUBRO

O desenvolvimento económico sustentável de qualquer comunidade organizada deve combinar-se estreitamente com o desenvolvimento social, estimulante para todos os seus membros.

Durante a vigência da Lei nº 18/90, de 27 de Outubro, colheram-se experiências, amadureceram-se ideias e surgiram novos desafios que recomendam que o actual sistema de segurança social seja aperfeiçoado em todas as suas vertentes.

Por outro lado, a realidade concreta do país impõe a urgência do estabelecimento de uma política de protecção social que auxilie a redistribuição dos rendimentos, por forma a contribuir para eliminar a precariedade e reduzir as consequências sociais negativas, provocadas pelos longos anos de guerra, injusta e atroz, ao mesmo tempo que ajuda a gerar novos estímulos ao desenvolvimento.

Nestes termos, ao abrigo da alínea b) do artigo 88 da Lei Constitucional, a Assembleia Nacional aprova o seguinte:

LEI DE BASES DA PROTECÇÃO SOCIAL

CAPÍTULO I

DISPOSIÇÕES GERAIS

ARTIGO 1º
(Objectivos da protecção social)

Constituem objectivos da protecção social:

a) atenuar os efeitos da redução dos rendimentos dos trabalhadores nas situações de falta ou diminuição da capacidade de trabalho, na maternidade, no desemprego e na velhice e garantir a sobrevivência dos seus familiares, em caso de morte;

b) compensar o aumento dos encargos inerentes as situações familiares de especial fragilidade ou dependência;

c) assegurar meios de subsistência à população residente carenciada, na medida do desenvolvimento económico e social do país e promover, conjuntamente com os indivíduos e as famílias, a sua inserção na comunidade, na plena garantia de uma cidadania responsável.

ARTIGO 2°
(Dispositivo permanente de protecção social)

O dispositivo permanente da protecção social organiza-se em três níveis ou seja, na protecção social de base, na protecção social obrigatória e na protecção social complementar e compreende as respectivas prestações e as instituições que fazem a sua gestão.

ARTIGO 3°
(Relações com sistemas estrangeiros)

1. 0 Estado promove a celebração ou adesão a acordos internacionais com o objectivo de ser reciprocamente garantida a igualdade de tratamento aos cidadãos angolanos e suas famílias;

2. Os acordos internacionais visam garantir os direitos dos cidadãos angolanos que exerçam a sua actividade noutros países ou a estes se desloquem, bem como a conservação dos direitos adquiridos e em formação quando regressam a Angola.

CAPÍTULO II
PROTECÇÃO SOCIAL DE BASE

ARTIGO 4°
(Fundamentos e objectivos)

Constituem fundamentos e objectivos da protecção social de base:

a) a solidariedade nacional que reflecte características distributivas e é, essencialmente, financiada através do imposto;

b) o bem-estar das pessoas, das famílias e da comunidade que se concretiza através da promoção social e do desenvolvimento regional, reduzindo, progressivamente, as desigualdades sociais e as assimetrias regionais;

c) a prevenção das situações de carência, disfunção e de marginalização, organizando, com os próprios destinatários, acções de protecção especial a grupos mais vulneráveis;

d) a garantia dos níveis mínimos de subsistência e dignidade, através de acções de assistência a pessoas e famílias em situações especialmente graves quer pela sua imprevisibilidade ou dimensão quer pela impossibilidade total de recuperação ou de participação financeira dos destinatários.

ARTIGO 5º
(Âmbito de aplicação pessoal)

A protecção social de base abrange a população residente que se encontre em situação de falta ou diminuição dos meios de subsistência e não possa assumir na totalidade a sua própria protecção, nomeadamente:

a) pessoas ou famílias em situação grave de pobreza;

b) mulheres em situação desfavorecida:

c) crianças e adolescentes com necessidades especiais ou em situação de risco;

d) idosos em situação de dependência física ou económica e de isolamento;

e) pessoas com deficiência, em situação de risco ou de exclusão social;

f) desempregados em risco de marginalização.

ARTIGO 6º
(Âmbito de aplicação material)

1. A protecção social de base concretiza-se com actuações tendencialmente personalizadas ou dirigidas a grupos específicos e a comunidade, através de prestações de risco, de apoio social e de solidariedade.

2. As prestações de risco são dirigidas, em especial, às situações graves ou urgentes e podem ser pecuniárias ou em espécie, ao nível, entre outros, da protecção primaria da saúde, da concessão de pensões ou subsídios sociais e da distribuição de géneros de primeira necessidade.

3. As prestações de apoio social são atribuídas através de serviços, equipamentos, programas e projectos integrados de desenvolvimento local ou dirigidos a grupos com necessidades especificas ao nível da habitação, do acolhimento, da alimentação da educação, da saúde ou e outras prestações orientadas e podem desenvolver-se através do estimulo ao mutualismo e de acções orientadas para integração social com suporte nas necessidades dos próprios grupos.

4. As prestações de solidariedade apelam à participação de grupos profissionais, de vizinhança ou outros e traduzem-se, na validação de períodos, remissão de contribuições ou assunção momentânea das contribuições dos regimes de protecção social.

ARTIGO 7º
(Condições de atribuição das prestações)

1. A atribuição das prestações ou a participação em projecto depende da avaliação das necessidades e ponderação dos recursos dos interessados e respectivos familiares, podendo também obrigar a existência de um período mínimo de residência legal no país.

2. As condições de atribuição e o montante máximo das prestações pecuniárias são fixadas por decreto-executivo conjunto do titular das Finanças Públicas e o de Tutela, podendo esta ser reduzida em função dos rendimentos dos interessados e dos respectivos agregados familiares.

3. As prestações pecuniárias regem-se subsidiariamente pelo disposto na protecção social, mas são só devidas em território nacional.

ARTIGO 8°
(Organização dos meios)

1. Os meios a aplicar na protecção social de base são organizados por grandes objectivos e regiões e utilizados de acordo com os programas anuais e plurianuais fixados pelo organismo de tutela.

2. Estes meios destinam-se a promover a auto-suficiência dos cidadãos e seus familiares e dirigem-se nomeadamente, para:

   a) a comparticipação de serviços médicos e medicamentosos que deve ser total quando se destina a grupos especiais de risco ou respeite e prescrição com impacto social especialmente grave;

   b) o desenvolvimento de centros de recuperação nutricional dirigidos ao atendimento de pessoas especialmente carenciadas;

   c) o acompanhamento de crianças órfãs ou desamparadas através da recriação de ambiente familiar por recurso à adopção, à colocação familiar ou em núcleos comunitários ou mesmo em instituições sociais apropriadas;

   d) o apoio às famílias com o objectivo de combater o trabalho infantil e promover a frequência escolar, nomeadamente facilitando a deslocação à escola e participando nos custos de escolaridade;

   e) a criação de condições de dignidade dos idosos carenciados, através de mecanismos que proporcionem condições materiais mínima e reconhecimento social e efectivo;

   f) o apoio à auto-construção e à construção de habitações sociais ou melhoria das condições habitacionais;

   g) a ajuda financeira a instituições públicas ou privadas agindo nos domínios sanitário e social, cuja actividade se revista de interesse para a população.

ARTIGO 9°
(Relações entre o Estado e as organizações não governamentais)

1. O Estado reconhece, valoriza e apoia a acção desenvolvida por organizações não governamentais na prossecução dos objectivos da protecção social de base.

2. Os apoios a conceder às organizações não governamentais concretizam-se em forma de cooperação a estabelecer mediante acordos.

3. Em relação às organizações não governamentais, o Estado exerce a acção tutelar com o objectivo de promover a compatibilização dos seus fins e actividades, garantindo o cumprimento da lei e a defesa dos interesses dos destinatários.

4. A tutela pressupõe poderes de inspecção e de fiscalização exercidos, nos termos a definir, por serviços de administração directa do Estado ou por entidades expressamente designadas.

CAPITULO III

PROTECÇÃO SOCIAL OBRIGATÓRIA

SECÇÃO I

Disposições Gerais

ARTIGO 10º
(Fundamentos e objectivos)

1. A protecção social obrigatória pressupõe a solidariedade de grupo, tem carácter comutativo e assenta numa lógica de seguro, sendo financiada através de contribuições dos trabalhadores e das entidades empregadoras.

2. A protecção social obrigatória destina-se aos trabalhadores por conta de outrem ou por conta própria e suas famílias e tende a protegê-los, de acordo com o desenvolvimento económico e social, nas situações de falta ou diminuição da capacidade de trabalho, maternidade, acidente de trabalho e doenças profissionais, desemprego, velhice e morte, bem como nas situações de agravamento dos encargos familiares.

3. Os funcionários públicos são protegidos por regime próprio, ficando transitoriamente abrangidos pelo regime dos trabalhadores por conta de outrem, enquanto não for estabelecida a regulamentação própria e sem prejuízo do Sistema de Segurança Social das Forças Armadas Angolanas.

ARTIGO 11º
(Articulação de sistemas)

1. O trabalhador sucessivamente abrangido pelos regimes da protecção social obrigatória e dos funcionários públicos mantém no sistema para onde transita os direitos adquiridos e em formação.

2 Na passagem do trabalhador de um sistema para o outro, cada um dos sistemas assume a respectiva responsabilidade no reconhecimento dos direitos nos termos definidos por decreto.

ARTIGO 12°
(Regimes)

1. A protecção social obrigatória concretiza-se através dos regimes dos trabalhadores por conta de outrem e dos trabalhadores por conta própria, mediante prestações garantidas como direitos.

2. É garantida a conservação dos direitos adquiridos e a possibilidade de concretizar os direitos em formação.

3. O trabalhador que, tendo estado inscrito na protecção social obrigatória, deixe de reunir as condições para estar abrangido, pode requerer a continuação do pagamento das contribuições, nos termos definidos por decreto.

ARTIGO 13°
(Prestações)

1. As prestações podem ser pecuniárias ou em espécie e devem ser adequadas às eventualidades a proteger, tendo em conta a situação dos trabalhadores e as suas famílias.

2. As prestações pecuniárias são periodicamente revistas, tendo em conta as variações salariais.

3. O direito às prestações vencidas prescreve findo o prazo de 24 meses, contado a partir da data em que são postas em pagamento.

4. As prestações são intransmissíveis e impenhoráveis salvo aquelas cujo montante ultrapassa cinco vezes a pensão mínima definida para a protecção social obrigatória.

5. No caso de pagamento indevido de prestações, a restituição pode ser feita através de compensação com valores a que o beneficiário possa ter direito, até ao limite de um 1/3 desses valores.

ARTIGO 14°
(Exclusão do direito às prestações)

1. Não é reconhecido o direito às prestações no caso das condições da sua atribuição se verificarem em virtude de acto doloso do trabalhador ou de seu familiar.

2. O direito também não é reconhecido quando existe responsabilidade de terceiro que determina o pagamento de indemnização e esta venha efectivamente a ser paga ou não seja paga em virtude de negligência do beneficiário.

ARTIGO 15°
(Suspensão e cessação das prestações)

As condições de suspensão e cessação das prestações são determinadas por decreto.

ARTIGO 16°
(Concorrência de prestações e rendimento de trabalho)

As prestações pecuniárias e as prestações em espécie são livremente cumuláveis entre si e com rendimento do trabalho, salvo as excepções previstas na lei.

SECÇÃO II

Regime Dos Trabalhadores Por Conta de Outrem

ARTIGO 17°
(Âmbito de aplicação pessoal)

1. São abrangidos obrigatoriamente os trabalhadores por conta de outrem, nacionais e estrangeiros residentes, os familiares que estejam a seu cargo, incluindo os que desenvolvam actividades temporárias ou intermitentes, como são o caso das eventuais ou sazonais.

2. No caso riscos profissionais a protecção é garantida aos trabalhadores ou seus descendentes sem condição alguma de residência nos termos a regulamentar.

3. São também abrangidos os trabalhadores que exerçam actividade profissional subordinada na administração pública central ou local ou em qualquer outro organismo do Estado.

4. Podem não ser abrangidos os trabalhadores que se encontrem transitoriamente a exercer actividade em Angola, por período a definir e que provem estar enquadrados em regime de protecção social de outro país, sem prejuízos do estabelecido nos instrumentos internacionais aplicáveis.

5. O pessoal de serviço doméstico fica sujeito a um regime especial a definir em diploma próprio.

ARTIGO 18°
(Âmbito de aplicação material)

1. O âmbito de aplicação do regime compreende:

   a) a protecção na doença;

   b) a protecção na maternidade;

   c) a protecção nos riscos profissionais, acidente e doença profissional; d) a protecção na invalidez e velhice;

363

e) a protecção na morte;

f) a protecção no desemprego;

g) a compensação dos encargos familiares.

2. A protecção no desemprego deve realizar-se preferencialmente através de medidas de apoio e incentivo às políticas activas de emprego.

3. Progressivamente e através da ponderação dos factores económicos e sociais relevantes podem ser protegidos outros riscos sociais mediante aprovação em diploma próprio.

ARTIGO 19º
(Inscrição)

1. É obrigatória a inscrição das entidades empregadores e dos trabalhadores ao seu serviço no respectivo regime de protecção social.

2. A inscrição dos trabalhadores no regime de protecção social é da responsabilidade da entidade empregadora.

3. Os efeitos da inscrição não se extinguem pelo decurso do tempo.

ARTIGO 20º
(Condições de atribuição das prestações)

1. As condições de atribuição das prestações são estabelecidas por decreto, podendo ser adaptadas às características do grupo a abranger.

2. A atribuição das prestações depende da inscrição.

3. As prestações, nomeadamente, as da doença, maternidade, desemprego, invalidez, velhice e morte podem obrigar ao cumprimento de prazo de garantia, com excepção das que respeitam aos riscos profissionais.

4. O direito às prestações não fica justificado quando a falta de declaração ou pagamento das contribuições não for imputável aos trabalhadores.

ARTIGO 21º
(Montante das prestações)

Compete ao governo definir em diploma próprio os montantes máximos e mínimos das prestações, bem como as regras a que devem obedecer a revalorização das remunerações que servem de base ao cálculo das prestações.

SECÇÃO III

Regime dos Trabalhadores por Conta Própria

ARTIGO 22º
(Âmbito de aplicação pessoal)

1. São obrigatoriamente abrangidos os trabalhadores que exercem actividade profissional sem sujeição ao contrato de trabalho ou contrato legalmente equiparado e não se encontrem, em função da mesma, inscritos no regime dos trabalhadores por conta de outrem, nos termos a definir em diploma próprio.

2. A integração é faseada, determinando-se através de acto do organismo de tutela o alargamento do regime a novos trabalhadores com capacidade para ao mesmo se vincularem.

3. O enquadramento no regime tem em conta as características do grupo a abranger, podendo ser definidos regimes especiais.

ARTIGO 23º
(Âmbito de aplicação material)

1. Integram obrigatoriamente o regime as prestações de invalidez, velhice e morte, previstas para os trabalhadores por conta de outrem.

2. Pode haver opção por um esquema alargado de prestações contemplando as eventualidades de doença e maternidade e a concessão de subsídio de funeral.

ARTIGO 24º
(Inscrição)

É obrigatória a inscrição doa trabalhadores, não obstante o carácter facultativo de adesão ao esquema alargado.

ARTIGO 25º
(Contribuições e prestações)

As contribuições e as prestações são determinadas por referência a uma remuneração convencional escolhida pelo interessado entre escalões indexados.

ARTIGO 26º
(Regime subsidiário)

Desde que não seja incompatível com a sua natureza é de aplicação subsidiária neste regime o disposto para os trabalhadores por conta de outrem.

CAPITULO IV
PROTECÇÃO SOCIAL COMPLEMENTAR

ARTIGO 27º
(Fundamentos e objectivos)

A protecção social complementar é de adesão facultativa, assenta numa lógica de seguro e pretende reforçar a cobertura fornecida no âmbito dos regimes integrados na protecção social obrigatória.

ARTIGO 28º
(Âmbito de aplicação pessoal)

1. A protecção social complementar abrange, com carácter facultativo, as pessoas inscritas num dos regimes de protecção social obrigatória.

2. A inscrição na protecção social obrigatória é prévia e indispensável à adesão à protecção social complementar.

3. No quadro da profissão, da actividade ou da empresa, os parceiros sociais podem negociar as garantias sociais, o sistema de financiamento e a entidade gestora dos regimes.

4. O acordo, uma vez assinado e aprovado pela tutela, tem força obrigatória para todos os que entrarem no seu âmbito de aplicação.

ARTIGO 29º
(Âmbito de aplicação material)

A protecção social complementar visa reforçar e complementar as prestações dos regimes obrigatórios nas eventualidades de velhice, invalidez, morte e cuidados de saúde, através de planos de pensões, dos regimes profissionais complementares e dos regimes de benefícios de saúde.

ARTIGO 30º
(Entidades gestoras)

1. A gestão baseada em técnicas de capitalização pode ser efectuada pela entidade gestora da protecção social obrigatória, por sociedade financeira gestora de fundo de pensões, por companhias de seguros, por associações mutualistas ou por institutos de segurança social complementar.

2. A constituição dos fundos de pensões e das respectivas sociedades gestoras depende de autorização do Ministério que tutela as finanças públicas, ouvido o Ministério responsável pela área da protecção social obrigatória.

3. As associações mutualistas e os institutos de segurança social complementar que façam a gestão dos regimes profissionais complementares são sujeitos à

tutela inspectiva do Ministério responsável pela área da protecção social obrigatória, sem prejuízo do disposto na lei em matéria financeira.

CAPITULO V
FINANCIAMENTO E GESTÃO FINANCEIRA

SECÇÃO I
Protecção Social de Base

ARTIGO 31°
(Financiamento)

1. A protecção Social de base é financiada por:

   a) transferências do Orçamento Geral do Estado e receitas dos órgãos administrativos locais do Estado;

   b) donativos nacionais, internacionais ou por qualquer outra forma legalmente admitida, destinados a projectos específicos;

   c) comparticipações dos utilizadores de serviço e equipamentos sociais, tendo em conta os seus rendimentos ou dos agregados familiares.

2. Os programas sociais enquadrados na protecção social de base devem ter programação plurianual e podem ser financiadas através de um Fundo Nacional de Solidariedade e Assistência, essencialmente constituído por transferências do Orçamento do Estado resultantes de medidas fiscais apropriadas.

ARTIGO 32°
(Aprovação e fiscalização dos instrumentos de gestão)

Os planos de actividades anuais e plurianuais e os orçamentos anuais da protecção social de base são sujeitos a aprovação do Ministro da tutela e à fiscalização do Tribunal de Contas, nos ternos da lei.

SECÇÃO II
Protecção Social Obrigatória

ARTIGO 33°
(Financiamento)

A protecção social obrigatória é financiada por:

a) contribuições dos trabalhadores e das entidades empregadoras;

b) juros de mora devidos pelo atraso no pagamento das contribuições;

c) valores resultantes da aplicação de sanções;

d) rendimentos do património;

e) transferências do Orçamento Geral do Estado;

d) subsídios, donativos, legados e heranças;

g) comparticipações previstas na lei;

h) outras receitas.

ARTIGO 34º
(Aprovação e fiscalização dos instrumentos de gestão)

1. Os planos de actividade anuais e plurianuais e o orçamento anual da protecção social obrigatória são sujeitos a aprovação do organismo de tutela e à fiscalização do Tribunal de Contas, nos termos da lei.

2. A entidade gestora deve elaborar e publicar anualmente o relatório de actividade e o balanço e demonstração de resultados.

ARTIGO 35º
(Gestão financeira)

1. A gestão financeira dos regimes é feita de forma autonomizada, não podendo as receitas afectadas a cada regime ser desviada para cobertura de encargos com outros.

2. A aplicação de fundos de reserva deve obedecer a um plano anual a ser aprovado pelo organismo de tutela, tendo em conta critérios de segurança, rendibilidade e liquidez

3. A entidade gestora da protecção social obrigatória pode alienar os seus bens mediante autorização do organismo de tutela, desde que esse exercício represente um acto de boa gestão para os interesses e objectivos do sistema de protecção social.

ARTIGO 36º
(Despesas de administração)

1. As despesas de administração dos regimes e eventualidades são suportadas pelas respectivas fontes de financiamento, podendo ser distribuídas proporcionalmente aos encargos.

2. As despesas anuais de administração devem tendencialmente fixar-se em valores que não ultrapassem 5% das receitas cobradas.

3. Sem prejuízos das disposições constantes nos números anteriores, pode ser decidido, no quadro da Lei de Orçamento do Estado, que no todo ou em parte, as despesas de funcionamento da protecção social obrigatória sejam suportadas por transferências daquele orçamento.

ARTIGO 37º
(Base de incidência das contribuições)

1. Estão sujeitas a contribuições, as remunerações devidas aos trabalhadores por conta de outrem nos termos da Lei Geral do Trabalho.

2. A entidade empregadora é obrigada a entregar mensalmente, uma folha de remunerações da qual conste, para cada um dos trabalhadores ao seu serviço, o valor total das remunerações sobre as quais incidem as contribuições para a protecção social obrigatória.

3. No caso dos trabalhadores por conta própria, as contribuições incidem sobre as remunerações a definir em diploma próprio.

ARTIGO 38º
(Taxas de contribuição)

1. As taxas de contribuição do regime dos trabalhadores por conta de outrem são repartidas entre as entidades empregadoras e os trabalhadores e fixadas por decreto, não podendo a parcela imputada ao trabalhador exceder 50 % da sua soma.

2. As taxas de contribuição do regime dos trabalhadores por conta própria são igualmente definidas por decreto.

3. As taxas de contribuição são fixadas de modo a que as receitas totais de totais de cada eventualidade permitam cobrir o conjunto das despesas com prestações dessa mesma eventualidade e a parcela das despesas de administração imputadas, bem como constituir as correspondentes reservas e fundo de maneio.

ARTIGO 39º
(Responsabilidade das entidades empregadoras)

1. As entidades empregadoras são responsáveis pelo pagamento do conjunto das contribuições devidas à entidade gestora da protecção social obrigatória, incluindo a parcela a cargo do trabalhador que é descontada na respectiva remuneração.

2. O trabalhador não pode opor-se aos descontos a que está sujeito.

3. As contribuições da entidade empregadora são da sua inteira e exclusiva responsabilidade, sendo nula e de nenhum efeito qualquer convenção em contrário.

ARTIGO 40º
(Prazo de prescrição das contribuições)

As contribuições prescrevem no prazo de 10 anos, a contar da data do vencimento.

SECÇÃO III

Protecção Social Complementar

ARTIGO 41º
(Financiamento)

A protecção social complementar é financiada por contribuições dos trabalhadores ou destes e das entidades empregadoras ou por outras formas previstas em convenção.

ARTIGO 42º
(Contas)

As contas anuais das entidades gestoras da protecção social complementar devem ser remetidas aos organismos de tutela.

CAPÍTULO VI

ORGANIZAÇÃO E PARTICIPAÇÃO

SECÇÃO I

Disposições Gerais

ARTIGO 43º
(Conselho Nacional de Protecção Social)

1. O Conselho Nacional de Protecção Social é um órgão de consulta e concertação no domínio da política da protecção social e integra representantes do Estado, dos parceiros e das demais entidades ligadas à protecção social e funciona junto do organismo responsável pela protecção social obrigatória.

2. O Conselho Nacional de Protecção Social tem as seguintes competências:

   a) ser instância de concertação e de informação dos poderes públicos, sobre questões respeitantes à protecção social;

   b) acompanhar o funcionamento da protecção social para verificar se os objectivos e fins estão a ser alcançados e neste âmbito, poder emitir recomendações pertinentes;

   c) elaborar as contas sociais do Estado para avaliação periódica do estado da protecção social, com referência às receitas e despesas, respectivas origens e modo de intervenção.

3. A orgânica e o funcionamento do conselho Nacional de Protecção Social são objecto de regulamentação em diploma próprio.

ARTIGO 44º
(Órgãos da tutela)

A tutela das entidades gestoras da protecção social de base e da protecção social obrigatória são determinadas em função das competências e atribuições específicas dos departamentos ministeriais.

SECÇÃO II

Protecção Social de Base

ARTIGO 45º
(Composição do aparelho administrativo)

O aparelho administrativo da protecção social de base compreende serviços administrativos locais, serviço da administração central do Estado, organizações não governamentais e demais instituições com finalidades sociais.

ARTIGO 46º
(Competência dos órgãos e serviços locais)

Compete aos órgãos e serviços que compõem o aparelho administrativo local desenvolver, dinamizar e implementar acções que concorram para a melhoria das condições de vida das populações.

SECÇÃO III

Protecção Social Obrigatória

ARTIGO 47º
(Composição do aparelho administrativo)

O aparelho administrativo da protecção social obrigatória compreende os serviços centrais, as entidades gestoras e os respectivos serviços, criados para gerir os diversos regimes que integram a protecção social obrigatória.

ARTIGO 48º
(Entidades gestora da protecção social obrigatória)

1. As entidades gestoras da protecção social obrigatória têm a natureza de instituto público e gozam de autonomia administrativa, financeira e patrimonial nos termos da legislação em vigor.

2. As entidades gestoras da protecção social obrigatória são constituídas pelos seguintes órgãos:

   a) Conselho de Administração;

   b) Director Geral;

   c) Conselho Consultivo;

   d) Conselho Fiscal.

3. O presidente do Conselho de Administração é por inerência de funções o director geral da entidade gestora.

4. A entidade gestora da protecção social obrigatória goza das isenções fiscais reconhecidas por lei ao Estado e de outras que venham a ser definidas.

5. No âmbito da gestão da protecção social obrigatória, a gestão financeira pode ser exercida por uma entidade autónoma e especializada.

6. A orgânica e o funcionamento das entidades gestoras da protecção social obrigatória são objecto de diploma próprio.

ARTIGO 49º
(Conselho de Administração)

1. O Presidente do Conselho de Administração e Director Geral, bem como os Directores Gerais-Adjuntos das entidades gestoras da protecção social obrigatória são nomeados por despacho do Ministro de tutela.

2. Sem prejuízo do definido em diploma próprio, ao Conselho de Administração compete:

   a) definir os objectivos gerais a prosseguir pela entidade gestora da protecção social obrigatória;

   b) aprovar o plano de actividades, o orçamento, o relatório e as contas antes de os submeter à tutela;

   c) definir as regras para as aplicações financeiras dos excedentes orçamentais e aprovar os respectivos planos anuais;

   d) deliberar sobre a compra, venda, troca e arrendamento de imóveis e sobre a constituição e cessação de direitos reais imobiliários, bem como sobre a aceitação de donativos, legados e heranças;

   e) aprovar o regulamento interno e o estatuto de pessoal antes de submeter à tutela;

   f) submeter à tutela propostas de medidas legislativas que assegurem melhor organização e gestão do respectivo regime.

ARTIGO 50º
(Tutela sobre as pessoas)

1. Em casos de irregularidades, má gestão ou falta de decisão que impeça o funcionamento da entidade gestora da protecção social obrigatória, o Conselho de Administração pode ser destituído por despacho do Ministro de tutela.

2. Além da destituição, os membros que compõem o Conselho de Administração ou qualquer dos seus membros, estão sujeitos a procedimento disciplinar ou criminal conforme a natureza da irregularidade praticada.

ARTIGO 51º
(Tutela sobre os actos)

1. A tutela deve aprovar expressamente os estatutos, o regulamento, bem como as diferentes convenções que ligam a instituição a outros organismos.

2. A tutela pode ser suspender ou anular as decisões do Conselho de Administração e do Director Geral, no caso de ilegalidade ou indisponibilidade financeira, devidamente justificada.

3. No caso de indisponibilidade financeira o conselho financeira o Conselho de Administração pode apresentar nova proposta no prazo de 30 dias.

SECÇÃO IV
Protecção Social Complementar

ARTIGO 52º
(Composição do aparelho administrativo)

A protecção social complementar deve organizar-se de acordo com o estabelecido em diploma próprio.

CAPÍTULO VII
GARANTIAS E CONTENCIOSO

ARTIGO 53º
(Reclamação, queixa e recurso)

1. Podem ser objecto de reclamação e queixa os actos praticados pelas entidades gestoras do dispositivo permanente de protecção social, sem prejuízo do direito de recurso tutelar ou contencioso.

2. Os órgãos que integram o dispositivo permanente devem apreciar as queixas e as reclamações feitas e responder às mesmas nos prazos legais estabelecidos.

ARTIGO 54º
(Crédito e bens)

1. Os créditos e bens da entidade gestora da protecção social obrigatória são impenhoráveis.

2. Por incumprimento da entidade gestora da protecção social obrigatória, os portadores de títulos executórios podem requerer ao Ministro da tutela que as verbas necessárias à satisfação da dívida sejam orçamentadas.

3. Independentemente da acção penal, a entidade gestora da protecção social obrigatória pode emitir título com força executiva que é equiparado à decisão com trânsito em julgado.

4. O executado pode opor-se e suspender a execução com fundamento da inexistência ou inexactidão da dívida.

ARTIGO 55°
(Sub-rogação)

1. A entidade gestora da protecção social fica sub-rogada de pleno direito ao trabalhador ou aos seus familiares na acção contra o terceiro responsável pelo montante das prestações concedidas.

2. O trabalhador ou seus familiares conservam o direito de reclamar, contra o terceiro responsável, a reparação do prejuízo causado conforme as regras de direito comum.

ARTIGO 56°
(Inspecção e controlo)

O cumprimento dos deveres das entidades empregadoras e dos trabalhadores, bem como das demais entidades que compõem o dispositivo permanente de protecção social são assegurados por órgãos de inspecção e fiscalização criados para o efeito.

ARTIGO 57°
(Sanções)

1. A falta de cumprimento das obrigações legais relativas à protecção social relacionadas com a inscrição nos regimes de protecção social, da entrega das folhas de remuneração, das contribuições à segurança social, bem como a fraude na inscrição ou na obtenção de prestações, constituem contravenções puníveis com multa a fixar por diploma próprio.

2. A retenção pelas entidades empregadoras das contribuições deduzidas nas remunerações dos seus trabalhadores é punida como crime de abuso de confiança, sem prejuízo do disposto no número anterior.

CAPITULO VIII
DISPOSIÇÕES FINAIS E TRANSITÓRIAS

ARTIGO 58°
(Redução de período de garantia para a concessão de prestações)

1. Beneficia de redução no prazo de garantia para a concessão de pensões o trabalhador que, à data da inscrição, por efeito de alargamento do âmbito da protecção social obrigatória, tenha mais de 50 anos.

2. Para efeitos do número anterior, o trabalhador deve ter 6 meses de contribuições no decurso do primeiro ano a seguir à data do alargamento do âmbito.

3. Por cada ano a mais sobre idade referida no n.º1 do presente artigo completado à data da inscrição, o prazo de garantia é reduzido em 6 meses.

ARTIGO 59º
(Regulamentação)

1. Os três níveis de protecção social que constituem o dispositivo permanente devem ser objecto de regulamentação em diploma próprio pelo Governo.

2. A regulamentação da protecção social específica dos funcionários públicos é estabelecida por decreto.

ARTIGO 60º
(Revogação)

É revogada a Lei n.º18/90, de 27 de Outubro.

ARTIGO 61º
(Dúvidas e omissões)

As dúvidas e omissões suscitadas pela interpretação e aplicação da presente lei são resolvidas pela Assembleia Nacional.

ARTIGO 62º
(Entrada em vigor)

A presente lei entra em vigor 90 dias após a data da sua publicação.

Vista e aprovada pela **Assembleia Nacional**, em Luanda, aos 17 de Julho de 2003.

0 Presidente, em Exercício, da Assembleia Nacional, **Julião Mateus Paulo**.

Publique-se.

0 Presidente, Em Exercício; da Republica, **Roberto António Victor Francisco de Almeida**.

Sistema de Segurança Social

(Protecção Social Obrigatória)

1. Contribuintes

O Sistema de Segurança Social (Protecção Social Obrigatória) promove o desenvolvimento sócio-económico e assegura a coesão social da sociedade Angolana. É um sistema que procura proteger todos os trabalhadores dos eventuais riscos sociais que ao longo da vida podem ocorrer e que conduzem ou à extinção ou à redução substancial dos rendimentos dos trabalhadores e das suas famílias.

Por isso, é fundamental que as empresas estejam conscientes da importância de estarem inscritas e inscrevam os seus trabalhadores neste sistema, bem como cumpram com as suas obrigações contributivas.

Os **Contribuintes** são todas as pessoas colectivas ou singulares juridicamente constituídas, designados por Entidades Empregadoras:

- Órgãos da Administração Central e Local do Estado;
- Empresas Públicas;
- Empresas privadas;
- Empresas mistas;
- Cooperativas;
- Representações Diplomáticas e Consulares;
- Instituições Religiosas;
- Organizações Não-Governamentais;
- E demais entidades que têm sob sua protecção trabalhadores a prestar serviço remunerado.

Também são equiparados a Contribuintes os Trabalhadores por Conta Própria.

Neste site, oferecemos-lhe toda a informação que necessita para conhecer os seus direitos e deveres junto à Segurança Social.

Aqui poderá conhecer os requisitos para a sua inscrição e dos seus trabalhadores, para realizar o pagamento contributivo, bem como onde e como poderá fazer. Para **mais informações sobre Inscrição ou Folha de Remunerações** consulte na pagina principal deste site *Inscrição e Folha de Remunerações*.

2. Entidade Empregadora

2.1 Como se inscrever?

- **Empresas com suporte informático (computador e internet)**

   1. Solicite o "Kit Inscrição" nos locais de atendimento ou baixe o Aplicativo Inscrição.

   2. Cadastre a sua empresa e os seus trabalhadores e gere os relatórios.

   3. Entregue o ficheiro preenchido e os relatórios gerados, nos locais de atendimento.

. **Empresas sem suporte informático (computador e internet)**

   1. Solicite o formulário "Cadastro de Empregador" nos locais de atendimento ou baixe aqui.

   2. Preencha o formulário de inscrição e anexe os documentos da empresa e dos trabalhadores, devidamente assinados e carimbados.

   3. Entregue os documentos nos Locais de Atendimento.

2.2 Instrumentos de inscrição e actualização de dados

- **Kit Inscrição**

- **Aplicativo de Inscrição**

- **Manual de Inscrição**

- **Formulário "Cadastro de Empregador"**

2.3 Documentos

- Documento legal de certificação de início da actividade ou de funcionamento - Alvará ou Certidão Comercial.

- Número de Contribuinte Fiscal.

- Bilhete de Identidade do Gestor.

- Relação dos trabalhadores ao seu serviço, gerados pelo aplicativo ou preenchidos no formulário (anexados os respectivos documentos de identificação).

2.4 Locais de atendimento

- Agências de Atendimento do INSS ou SIAC.

- Guiché Único - Empresas a constituir.

- BUÉ – Empresas a constituir.

2.5 Prazo

Até Trinta (30) dias após início da Actividade da Empresa.

Outras obrigações de inscrição

É também responsabilidade da Entidade Empregadora inscrever os seus trabalhadores.

Para o efeito consulte, conforme a situação, Inscrição de **Trabalhador por Conta de Outrem** ou **Membro do Clero e Religioso**.

3. Taxas de Contribuição

3.1 Trabalhador por Conta de Outrem

	Taxa Contributiva
Entidade Empregadora	8%
Trabalhador	3%
Total	11%

3.2 Trabalhador por Conta Própria e Membro do Clero e Religioso

	Trabalhador por Conta Própria	Clero & Religioso
Esquema Normal	8%	5%
Esquema Alargado	11%	7%

4. Obrigação Contributiva

4.1 Responsáveis e Forma de Pagamento das Contribuições

Tipo de Regime	Responsáveis	Forma de Pagamento
Trabalhador Conta de Outrem	Entidade Empregadora	Folha de Remunerações Guia de Pagamento Simples
Trabalhador por Conta Própria	Próprio Trabalhador	Folha de Remunerações
Clero & Religioso	Entidade Religiosa	Folha de Remunerações Guia de Pagamento Simples

4.2 Periodicidade e Prazo de Pagamento das Contribuições

Tipo de Regime	Periodicidade	Prazo de Pagamento
Trabalhador por Conta Outrem	Mensal	Até ao 10º dia do mês de referência, ou seja 10 dias seguidos a contar do 1º dia do mês de referência.
Trabalhador por Conta Própria	Mensal (regra) Entre 2 a 6 meses, mediante autorização do INSS	
Clero & Religioso	Mensal (regra) Outra a definir entre a Entidade Religiosa e o INSS	

5. Folha de Remunerações

Sistema da Folha de Remunerações
http://www.inss.gv.ao/portal/Remuneracoes.htm

O que é?

A **FOLHA DE REMUNERAÇÕES** é o instrumento legal definido para efectuar o registo mensal das remunerações dos trabalhadores e apurar as contribuições à Segurança Social.

Este instrumento emite a **GUIA DE PAGAMENTO**, a fim de efectuar o pagamento das contribuições junto à Entidade Bancária.

Não esqueça, o uso da Folha de Remunerações é **OBRIGATÓRIO**.

Vantagens

- Maior rapidez, eficiência e rigor no processo contributivo ao INSS.
- O trabalhador ter o registo da carreira contributiva para efeitos de recepção de uma prestação social.

6. Manual

- ManualTecnicolayoutFolha.pdf.

  Acesse aqui ao **Sistema da Folha de Remunerações**.

7. Guia de Pagamento Simples

A **Guia de Pagamento Simples** é a opção mais fácil e segura das Entidades Empregadoras cumprirem com as suas obrigações contributivas para com a Segurança Social. Este documento electrónico contém o valor total das contribuições a pagar junto ao BPC, valor esse apurado através do sistema "Folha de Remunerações".

7.1 Vantagens do Serviço

1. Emissão da guia de pagamento com o exacto valor correspondente aos 11% sobre a Folha de Remunerações.

2. Maior segurança e facilidade na consulta dos pagamentos já realizados.

3. Simplificação mensal do processo do pagamento das contribuições.

7.1.1 Destinatários
- Entidades Empregadoras que ainda usam a Folha de Remunerações Manual.

8. Local de disponibilização do serviço
. Agências de Atendimento
. Serviços Municipais
. SIAC

8.1 Como Usar

O responsável pela entidade empregadora dirige-se a um dos locais do INSS de disponibilização do serviço para solicitar a emissão da guia de pagamento simples, levando consigo apenas a folha de remunerações do mês de referência.

Na Agência de Atendimento são preenchidos os dados para a emissão da guia de pagamento simples electrónica, onde lhe será entregue duas vias: uma para si e outra para entregar ao BPC.

Com a via do BPC emitida o passo seguinte é deslocar-se ao BPC para pagar as suas contribuições.

Após pagamento no BPC, não necessita de voltar ao INSS para cobrar o recibo comprovativo de recepção do valor da Guia de Pagamento.

9. Infracções e Penalizações

As Entidades Empregadoras que não se inscrevem ou não cumpram o pagamento mensal das contribuições na Segurança Social incorrem na prática de contravenções puníveis por lei, ficando sujeitas ao pagamento de multas e juros, cujo valor vai aumentando com o passar do tempo.

A Entidade Empregadora que utilize indevidamente os valores destinados ao pagamento das contribuições para a Segurança Social incorre na prática de **CRIME DE ABUSO DE CONFIANÇA**, punível nos termos da legislação criminal em vigor.

Nestas situações de infracção, a Entidade Empregadora está sujeita ao pagamento obrigatório de **MULTAS e JUROS** de mora à Segurança Social.

10. Valor e a base de incidências das multas

O valor das multas incide sobre o salário médio mensal praticado na empresa, isto é o montante que resulta da soma dos salários ilíquidos praticados na empresa dividido pelo número de trabalhadores da mesma.

O valor da multa é diferenciado pelo tipo de infracção, podendo assumir um montante mínimo ou máximo de acordo com o tempo e reincidência da infracção.

Tipo de Infracção	Valor de Multa
Falta de inscrição do contribuinte	3 a 6 vezes o salário médio mensal
Falta de inscrição dos trabalhadores	3 a 6 vezes o salário médio mensal
Envio da Folha de Remunerações fora do prazo previsto	1 a 6 vezes o salário médio mensal
Liquidação da contribuição fora do prazo previsto	Processamento automático no sistema folha de remunerações de 1 salário médio mensal OU 1 a 6 vezes o salário médio mensal

Omissão da inscrição do trabalhador	3 a 6 vezes o salário médio mensal
Não inclusão do trabalhador na folha de remunerações	3 a 6 vezes o salário médio mensal
Declaração fraudulenta das contribuições	3 a 6 vezes o salário médio mensal
Utilização ou retenção indevida dos valores contributivos dos trabalhadores	4 a 6 vezes o salário médio mensal

11. Juros

As Entidades Empregadoras que não efectuem a sua obrigação contributiva ficam sujeitas ao pagamento dos juros de mora de 2,5% por mês sobre o valor da dívida e que podem ser calculados e aplicados automaticamente pelo sistema Folha de Remunerações ou pelos serviços de Fiscalização e Inspecção do Instituto Nacional de Segurança Social.

SOCIEDADE COMERCIAL DO CENTRO DE ANGOLA, LIMITADA
SISTEMA DE SEGURANÇA SOCIAL
OPERAÇÕES REALIZADAS EM JANEIRO DE 2012
36. PESSOAL

P. G. C. ANGOLA

Dia	Designação	Valor parcial	Valor total	Débito	Crédito
25	Pessoal - remunerações de Janeiro de 2012:				
	Órgãos sociais...............................	150.000,00		72.1.1	36.1.1
	Empregados....................................	350.000,00	500.000,00	72.2.1	36.1.2
	Encargos sobre remunerações:				
	- Entidade empregadora........ 8%	40.000,00			
	- Trabalhadores:				
	. Órgãos sociais..................... 3%	4.500,00		72.5.1	36.1.1
	. Empregados........................ 3%	10.500,00	55.000,00	72.5.2	36.1.2
27	Seguros de acidentes de trabalho e doenças profissionais:				
	- Órgãos sociais............................				
	1º Semestre de 2011....................	30.075,27	30.075,27	72.6.1	36.9.1
	- Empregados...............................				
	1º Semestre de 2011....................	60.158,97	60.158,97	72.6.1	36.9.1
28	Adiantamentos aos seguintes empregados por conta de remunerações futuras:				
	- Empregado "A"........................	10.000,00	10.000,00	36.3.01	45.1.1
	- Empregado "B"........................	15.000,00	15.000,00	36.3.02	45.1.1
	- Empregado "C"........................	20.000,00	20.000,00	36.3.03	45.1.1
30	Adiantamentos aos seguintes órgãos sociais por conta de futuras remunerações:				
	- Órgão social "D"........................	20.000,00	20.000,00	36.3.04	43.1.2
	- Órgão social "F"........................	20.000,00	20.000,00	36.3.06	43.1.2
	TOTAIS...........................	730.234,24	730.234,24		

PGCA – Plano Geral de Contabilidade

36. PESSOAL

36.1 Pessoal – remunerações
36.1.1 Órgãos sociais
36.1.1.1 ....
....

36.1.2 Empregados
36.1.2.1 ....
....
....

36.2 Pessoal – participação nos resultados
36.2.1 Órgãos sociais
36.2.1.1 ....
....

36.2.2 Empregados
36.2.2.1 ....
....
....

36.3 Pessoal – adiantamentos
36.3.1...............................
....
....

36.9 Pessoal – outros
36.9.1...............................
....

PGCA – Notas explicativas

Pessoal — Remunerações (conta 36.1):

Esta conta, de natureza credora, destina-se a registar e controlar o processamento e pagamento das remunerações a órgãos sociais e ao pessoal.

Esta conta registará a crédito, por contrapartida de custos, os valores líquidos a pagar resultantes do processamento de salários e será saldada da seguinte forma:

Por contrapartida da conta *36.3 Pessoal – adiantamentos*, pela parte que haja sido adiantada.

Por contrapartida de meios monetários, aquando do pagamento na parte remanescente.

Pessoal – Participação nos resultados (conta 36.2):

Esta conta, de natureza credora, destina-se a registar e controlar os resultados atribuídos a órgãos sociais e ao pessoal que tenham sido deliberados em Assembleia Geral de sócios/accionistas.

Esta conta registará a crédito, por contrapartida da conta *81 Resultados transitados*, os valores líquidos a pagar e serão saldadas por contrapartida de meios monetários, aquando do pagamento.

Pessoal – Adiantamentos (conta 36.3):

Esta conta, de natureza devedora, destina-se a registar e controlar os vales dos empregados relativos a adiantamentos efectuados a empregados por conta de remunerações futuras.

Esta conta registará a débito, por contrapartida de meios monetários, os adiantamentos efectuados e será saldada por contrapartida da conta *Pessoal – Remunerações* após o registo do respectivo processamento de salários.

CAPÍTULO XIII

NOÇÕES DE COMÉRCIO

E

DE CONTABILIDADE

NOÇÕES DE COMÉRCIO E DE CONTABILIDADE

1. PRINCIPAIS DOCUMENTOS USADOS NO COMÉRCIO

1.1 Nota de Encomenda ou Requisição

É um documento por meio do qual o comprador encomenda ou requisita ao vendedor as mercadorias que pretende adquirir, normalmente a crédito.

1.2 Nota de Remessa (ou Guia de Remessa) e Nota de Recepção

Estes documentos, que são elaborados pelo vendedor, acompanham a mercadoria e são entregues ao destinatário para este conferir as quantidades e as qualidades requisitadas ou encomendadas:

a) Nota ou Guia de Remessa é o documento que serve de apoio ao débito a efectuar pelo vendedor ao comprador, através da factura a que adiante nos vamos referir;

b) Nota de Recepção geralmente vem apensa à guia ou nota de remessa. É destacável por uma picotagem, talão este que é assinado pelo destinatário como prova que a mercadoria foi entregue pelo transportador. Em outros casos é o duplicado ou triplicado da N. Remessa que serve de N. Recepção ao ser devidamente assinado pelo destinatário.

1.3 Factura

A factura é um dos documentos mais importantes e mais usados no comércio. Nele se descrevem as mercadorias vendidas e condições convencionadas entre o fornecedor e o comprador.

Existem variadíssimas espécies de facturas. Pode até dizer-se que cada comerciante ou empresa estuda o seu modelo, adaptando-o ao ramo de negócio a que se dedica.

No entanto, o costume comercial exige na factura vários requisitos que podemos dividir em duas partes:

a) O cabeçalho que normalmente compreende o nome e endereço do fornecedor e comprador, data da emissão, número de ordem e condições de venda;

b) O corpo que se destina ao detalhe da mercadoria vendida indicando quantidades, espécies, preços unitários, importâncias parciais e totais.

1.3.1 Tipo de facturas

Podemos classificar as facturas da seguinte forma:

a) **Facturas da Praça** — Aquelas que se emitem em nome de clientes da mesma praça do vendedor.

b) **Facturas de Expedição** — São as que se referem a mercadorias vendidas a clientes de outras praças e expedidas por via marítima, aérea ou terrestre.

c) **Facturas Gerais** — Habitualmente dá-se o nome de factura geral àquela que refere as compras parcialmente realizadas dentro de um período — normalmente um mês — na qual apenas se mencionam os números das notas ou guias de remessa e as importâncias totais de cada uma.

Este tipo de facturação é hoje o mais usado, principalmente nos casos em que há muita variedade de artigos a facturar.

Para este género de facturação é conveniente que se elabore a guia ou nota de remessa com mais uma via que fica em poder do vendedor, para anexar à factura, como justificativo da venda e auxílio da conferência pelo comprador. Isto, porque as notas de remessa devem ser sempre conferidas pelos fornecedores antes das facturas definitivas serem emitidas e isso dá origem a que, muitas vezes, são encontrados erros de cálculo, cometidos quando da emissão das notas, que carecem de correcção.

Portanto, as notas que são alteradas ou corrigidas deixam de condizer com o original em poder do cliente pelo que, se uma via corrigida acompanhar a factura, o comprador fica habilitado à sua conferência, sem dificuldades.

d) **Facturas Consulares** — Que também são conhecidas por «declarações de carga» — são documentos por meio dos quais o Cônsul do país de destino das mercadorias certifica o preço corrente por grosso que vigora na origem. Esta factura serve para o comprador provar, nas Alfândegas do seu país, o valor das mercadorias, para efeitos de pagamento dos direitos aduaneiros.

A factura consular pode ser acompanhada por um certificado de origem ou de manufactura.

O certificado de origem, emitido pelas autoridades locais e legalizado pelo Cônsul do país importador, certifica a proveniência e origem das mercadorias, auxiliando as

Alfândegas do país comprador a aplicar, com maior exactidão, as pautas aduaneiras em vigor.

A função principal da factura consular consiste em certificar que o preço corrente de venda no país exportador é o facturado ao importador. O certificado de origem certifica que a mercadoria exportada é oriunda de um determinado país a cujos produtos as alfândegas do país importador aplicam taxas aduaneiras reduzidas.

e) **Factura Pró-Forma** — Também conhecida por factura simulada — é aquela que o vendedor passa sem corresponder a uma venda real e que tem por fim elucidar o comprador sobre as condições e o preço a que forneceria determinadas mercadorias.

f) **Factura Provisória** — Costuma dar-se o nome de factura provisória aquela que relaciona mercadorias para serem vendidas à consignação. Das mercadorias não devolvidas à procedência, por terem sido vendidas, passam a conta firme através de factura definitiva.

1.4   Nota ou Aviso de Débito

Este documento pode, em muitos casos, substituir a factura. É, portanto, um documento no qual o credor indica as importâncias e origem das verbas que vai debitar ao comprador ou devedor.

Diferencia-se da factura pelo facto de, na descrição do débito se assinalar, não um fornecimento de mercadoria, mas um débito motivado por qualquer erro de cálculo numa factura, diferença de preço, despesas de transportes, seguros, cobranças, etc.. Por estes motivos podemos considerar a nota de débito como uma factura rectificativa, uma vez que, na maioria dos casos, a nota de débito surge por não se poder alterar a factura primitiva, quando se localizam erros, por esta já se encontrar lançada.

1.5 Nota ou Aviso de Crédito

Tem as mesmas características da Nota de Débito, mas destina-se ao aviso de lançamento de valores de origem inversa ou seja a créditos relativos a devoluções de mercadorias, reduções de preços, descontos, endosse de letras, etc.. Serve, do mesmo modo, para rectificar as facturas primitivas ou as alterar.

Modernamente, usa-se para estes avisos um impresso único para emissão das Notas de Débito e Notas de Crédito. É um impresso com uma coluna destinada ao débito e outra ao crédito. Faz-se, portanto, a descrição da razão do movimento e inscreve-se a verba na coluna a que respeita; a débito ou a crédito.

1.6 Recibo ou Documento de Quitação

É o documento passado pelo credor ao devedor quando este procede ao pagamento de um fornecimento ou valor de uma factura. Com a entrega do recibo, extingue-se o contrato de compra e venda das mercadorias, ou melhor, o vendedor dá quitação ao comprador.

O vendedor não pode recusar ao comprador a factura das coisas vendidas e entregues, com o recibo do preço ou da parte do preço que houver embolsado.

Quando o valor da factura ou do fornecimento for cobrado por partes, isto é, em prestações, o recibo de cada parte frisará que é por conta, com excepção do último, que deve indicar que é para liquidar o saldo de conta ou da factura.

O recibo também poderá ser passado na própria factura, apondo sobre os selos fiscais, quando devidos, as palavras «Recebi» ou «Recebemos», seguidas da data e assinatura do recebedor.

1.7 Vendas a Dinheiro

O impresso de «vendas a dinheiro» tem as mesmas características daquele que se utiliza para a factura ou nota de remessa. Podemos até designá-lo por «factura de vendas a dinheiro» ou «guia ou nota de vendas a dinheiro».

As notas de remessa e facturas funcionam para os casos de vendas a crédito ou a prazo. As notas de vendas a dinheiro são emitidas no acto da venda, portanto, quando as condições convencionadas entre o vendedor e o comprador sejam as de «pronto pagamento» (pagamento no acto da entrega da mercadoria).

Todavia, para as vendas a pronto pagamento nada impede que se elabore uma factura de vendas a crédito e, simultaneamente, o correspondente recibo de quitação. No entanto, este processo não é tão prático por ser mais moroso e originar mais expediente. É que, para a emissão de «V. D.» é habitual utilizarem-se impressos com mais uma via, para esta servir de apoio ao lançamento de «entrada de caixa».

2. PRINCIPAIS TÍTULOS DE CRÉDITO

Qualquer papel representativo de dinheiro e susceptível de transmissão denomina-se título de crédito.

Os Títulos de Crédito ou Papeis de Crédito classificam-se em duas categorias:

1) Quanto à qualidade das pessoas que neles podem intervir:

    a) Títulos de Crédito Público — Os que são emitidos pelo Estado (Exemplo: os fundos públicos, os vales de correio e telegráficos, etc.).

    b) Títulos de Crédito Privado *(ou Títulos de Crédito Particulares)* — Os que são emitidos pelos particulares. (Exemplo: as acções, as obrigações, as letras, as livranças, os cheques, etc.).

2) Quanto ao modo como se transmitem e circulam classificam-se nas categorias que a seguir se exemplificam:

    a) Nominativos — São os que se emitem em nome de pessoa certa, isto é, que mencionam o nome do seu possuidor. Para passarem para a posse de outra pessoa carecem de notificação ao devedor ou do seu assentimento. (Exemplo: as acções e obrigações nominativas).

    b) À ordem — São os que mencionam o nome do seu possuidor e que se transmitem a outra pessoa, sem prévio conhecimento do devedor, através de uma ordem ou endosso. (Exemplo: as letras, os cheques, os extractos de facturas, etc.).

    c) Ao portador — São os que não indicam o nome do portador. Considera-se com direito ao seu valor a pessoa que os apresente ao devedor. (Exemplo: as notas de banco, os cheques ao portador, as acções e obrigações ao portador, etc.).

    d) Mistos — São considerados títulos mistos aqueles que são:

        1) Nominativos quanto ao capital por só se poderem transferir por averbamento.

        2) Ao portador quanto ao juro por este estar representado num cupão, que se destaca dos títulos, e que é pagável a quem o apresentar.

O averbamento de um título consiste no registo da transmissão em nome do novo portador, feito em livro obrigatório que a sociedade emitente do título tem para tal fim.

O endosso é a declaração expressa no verso do título pelo transmitente e pela qual este transfere para a posse de outra pessoa os direitos do mesmo título.

Os títulos de crédito, que dão direito ao recebimento de uma quantia em dinheiro, costumam pagar-se nas seguintes condições:

1) **À vista** — O pagamento efectua-se na data da apresentação do título ao devedor. É o caso dos vales do correio, cheques, saques à vista, etc..

2) **A prazo** — O pagamento efectua-se no dia fixo, ou ao fim de um certo tempo, que se menciona no título. É o caso das letras e livranças, etc..

3) **Com aviso prévio** — O pagamento efectua-se posteriormente a um aviso que terá que ser feito com certa antecedência.

2.1 Principais títulos de crédito usados no comércio

Os principais títulos de crédito usados no comércio são o cheque, a letra, a livrança, o extracto de factura e o warrant.

É sobre estes títulos que a seguir vamos dar algumas noções que consideramos útil recordar:

2.1.1 O Cheque

O cheque é uma ordem dada por um depositante ao estabelecimento bancário para este pagar por débito da sua conta de depósitos à ordem uma certa importância.

No cheque o sacador é aquele que o emite e o sacado é quem paga o cheque. O beneficiário é aquele a favor do qual o cheque é emitido.

2.1.1.1 Principais requisitos do cheque

O cheque deve conter:

1) A palavra «cheque» inserta no próprio texto do título e expressa na língua empregada para a redacção desse título;

2) O mandato puro e simples de pagar uma quantia determinada;

3) O nome de quem deve pagar (sacado);

4) A indicação do lugar em que o pagamento se deve efectuar. No caso de não indicar o lugar do pagamento, considera-se pagável no lugar onde o sacado tem o seu estabelecimento principal;

5) A indicação da data em que e do lugar onde o cheque é passado. O cheque sem indicação do lugar da sua emissão considera-se passado no lugar designado ao lado do nome do sacador;

6) A assinatura de quem passa o cheque (sacador);

7) A importância a pagar por extenso e por algarismos. Quando houver divergência na importância por extenso e por algarismos, prevalece a importância por extenso;

8) O nome do beneficiário. O cheque sem indicação do nome do beneficiário é considerado como cheque ao portador.

Um cheque só pode ser emitido sobre um banqueiro que tenha fundos à disposição do sacador e em harmonia com uma convenção expressa ou tácita, segundo a qual o sacador tem o direito de dispor desses fundos por meio de cheques.

A lei considera criminosa a emissão de cheques sem cobertura, isto é, para pagamento dos quais o sacador não possui no banco quantia suficiente para o efeito.

O cheque é pagável à vista pelo que se considera como não escrita qualquer menção em contrário. Apresentado a pagamento antes do dia indicado como data da emissão, é pagável no dia da apresentação.

2.1.2 A Letra

A letra é o mais importante dos documentos usados no comércio, motivo porque lhe vamos dedicar mais atenção:

2.1.2.1 Intervenientes duma letra

a) **Sacador** — A pessoa ou entidade que saca a letra, ou seja aquela que ordena a outro o seu pagamento;

b) Sacado — Aquele a quem é dirigida a ordem de pagar, o devedor;

c) Aceitante — Aquele que se compromete ao pagamento do saque e que o assina antes de se verificar o seu vencimento. O sacado toma o nome de aceitante depois de assinar a letra, isto é, de a aceitar;

d) Tomador ou beneficiário — Aquele a favor do qual se sacou ou endossou uma letra;

e) Portador — Aquele que apresenta a letra ao aceitante no seu vencimento, para efeitos de pagamento. O portador é, portanto, o legítimo possuidor da letra que tanto pode ser o próprio sacador como qualquer outro indivíduo ou entidade a quem aquele endossou a letra;

f) Endossante ou cedente — O que endossa a letra, ou melhor, aquele que transfere o título a outra pessoa, que tanto pode ser o sacador, o tomador ou o último endossado, portanto o portador;

g) Endossado — Aquele a favor do qual são transferidos os direitos de propriedade da letra;

h) Interventor — Aquele que paga ou aceita a letra em honra do sacador ou de qualquer dos endossantes, depois do sacado se ter recusado ao seu aceite ou pagamento. Interventor é, também, aquele que paga a letra em honra do aceitante.

2.1.2.2 Principais requisitos da letra

A letra terá que satisfazer, obrigatoriamente, os seguintes requisitos:

a) Inserir a palavra «letra» no próprio texto do título e expressa na língua empregada para a redacção da letra;

b) O mandato puro e simples de pagamento, expresso pela palavra «pagará» inserida no próprio texto do título;

c) Indicar a quantia a satisfazer em algarismos e por extenso. Quando se verifique discordância entre as duas quantias, prevalece a quantia indicada por extenso;

d) O nome do sacado ou pessoa que tem de a pagar;

e) O nome da pessoa ou da firma a quem ou à ordem de quem deve ser paga a letra.

Quando a letra é sacada à ordem do próprio sacador, o nome omite-se, bastando mencionar na letra a frase: «...pagará V. Sr.ª por esta nossa única via de letra *a nós ou à nossa ordem* a quantia de...»;

f) A assinatura de quem passa a letra;

g) O dia do vencimento ou prazo de pagamento;

h) A data e lugar de emissão. Quando a letra não indica o lugar da sua emissão considera--se como emitida no lugar indicado ao lado do nome do sacador;

i) O local de pagamento. Na sua falta é considerado o lugar designado ao lado do nome do sacado.

2.1.2.3 O Vencimento

O vencimento é a data ou prazo mencionado na letra, para esta ser paga. A letra pode ter vencimento determinado ou indeterminado.

a) *Vencimento determinado:*

1) Prazo fixo — Quando na própria letra se indica o dia do pagamento («aos 31 de Março de 1976», por exemplo);

2) A um certo termo de data — Quando é fixada na letra a data de vencimento contado desde o dia mencionado na letra como data da sua emissão («aos 90 dias da data», por exemplo).

b) Vencimento indeterminado:

1) À vista — Quando o pagamento tem que ser feito pelo sacado no acto da apresentação da letra pelo tomador;

2) A um certo termo de vista — Quando o pagamento tem de ser feito a tantos dias, meses ou anos de vista, contagem que começa a ser feita no dia da apresentação ou aceite da letra pelo sacador.

2.1.2.4 O Aceite

O aceite é o compromisso escrito tomado pelo sacado ou interventor de pagar a letra no seu vencimento e pode ser completo, em branco, ou parcial:

a) Aceite completo — Quando o sacado escreve na letra a palavra «aceito» (ou «acei-tamos»);

b) Aceite em branco — Quando tem somente o nome (assinatura) do aceitante (ou acei-tantes);

c) Aceite parcial — Quando o aceitante ou sacado declara aceitar a letra apenas por parte do seu valor. Também se dá o nome de «aceite condicional» a esta modalidade.

Na prática verificam-se muitos aceites parciais. Normalmente o vendedor remete para aceite a letra juntamente com a factura. Acontece por vezes, que a factura, depois de conferida pelo destinatário, carece de ser rectificada por se terem verificado erros de cálculo, diferenças de preço, devoluções, ou faltas de mercadorias.

Quando isso acontece, para não se emitir nova letra, que originaria duplicação de despesas com o custo de outra letra e selagem, é habitual o sacado aceitar a letra pelo valor correcto, inserindo antes da sua assinatura de aceite, por exemplo: «Aceito por 41.600,00 (Quarenta e um mil e seiscentos kuanzas)».

Esta alteração necessita da concordância do sacador pelo que a letra ficará devidamente legalizada se este inscrever, por exemplo, no espaço em branco acima da parte reservada ao local e data de emissão da letra, a frase: «Concordamos com a alteração do valor da presente letra para 41.600,00 (Quarenta e um mil e seiscentos kuanzas)», assinando de seguida.

2.1.2.5 O Endosso

O endosso é a declaração escrita no reverso da letra pela qual o portador transfere a propriedade ou direito do valor nela descrito para outrem, caducando assim todos os seus direitos sobre a mesma.

Em relação ao novo portador da letra, o endossante toma o nome de «cedente».

O endosso pode ser completo ou em branco:

a) Endosso completo — É aquele que indica a pessoa ou firma a quem a letra é endossada. (Exemplo: «Pague-se a António Faria Antunes ou à sua ordem»);

b) Endosso em branco — Verifica-se quando o endosso é feito simplesmente com a assinatura do endossante.

2.1.2.6 O Alongo

O alongo é uma tira de papel das mesmas dimensões que se junta à letra quando os endossos sucessivos tenham ocupado todo o seu reverso e ainda haja necessidade em efectuar mais.

Esse alongo deve colocar-se numa das extremidades da letra, depois do último endosso.

Na face deve identificar-se, convenientemente, a letra a que ele pertence, repetindo no alongo os requisitos essenciais dessa mesma letra.

2.1.2.7 O Aval

O aval é a obrigação que contrai o avalista ao afiançar o pagamento de uma letra, independentemente do seu aceitante ou endossante.

O aval pode ser escrito na própria letra ou prestado em documento separado, podendo também, quando prestado na própria letra, ser completo ou em branco:

a) Aval completo — O aval completo exprime-se pelas frases «por aval», «bom para aval», «por aval a favor de F...», ou por qualquer outra fórmula equivalente, seguida da assinatura do avalista;

b) Aval em branco — O aval em branco é aquele que contém apenas a assinatura do dador. Terá de ser escrito na letra ou no seu alongo de forma a não se confundir com as assinaturas do sacador e do aceitante;

c) A quem se dá o aval? — O aval deve indicar a pessoa ou firma a quem se dá. Quando assim não acontecer (como é o caso do aval em branco) a lei presume que foi dado a favor do sacador.

2.1.2.8 A Reforma

A reforma é a substituição de uma letra, que não foi paga, por outra de igual valor ou inferior, com vencimento mais distante.

Dá-se a reforma quando o sacado, prevendo que não pode satisfazer o compromisso assumido no vencimento, de um seu aceite, pede ao sacador para emitir uma nova letra em sua substituição e, no caso de a ter endossado, a pagar por si ou solicitar que a mesma seja retirada de circulação.

A reforma pode ser parcial ou total:

a) Parcial — Quando o devedor entrega qualquer valor para amortização e aceita nova letra pela diferença;

b) Total — Quando a nova letra abrange na totalidade aquela que se reforma isto é, quando é substituída por outra letra do mesmo valor nominal com vencimento posterior.

Geralmente a nova letra inclui não só o montante da que se reforma, ou do seu saldo quando é reformada parcialmente, como também as despesas de emissão, os juros ou outros encargos que o sacador seja obrigado a efectuar para concretizar a reforma. No entanto, é também norma corrente o sacado proceder ao pagamento prévio da amortização bem como das despesas originadas com a reforma.

Vulgarmente, tanto os «cedentes» como os bancos, só permitem reformas parciais exigindo ao aceitante o pagamento de uma percentagem por conta da letra a reformar (10 a 20% pelo menos).

2.1.3 A Livrança

A livrança ou promissória é a promessa escrita de um devedor para pagar ao seu credor ou à sua ordem num dia determinado, a quantia nela descrita. É um título comprovativo de dívida emitido pelo devedor a favor do seu credor. É, portanto, um escrito particular de dívida.

A livrança distingue-se da letra por esta ordenar um pagamento e aquela constituir a obrigação de pagar.

2.1.3.1 Principais requisitos da livrança

A livrança deve conter, pelo menos:

a) A palavra «livrança» inserta no próprio texto do título e expressa na língua empregada para a redacção desse título;

b) A promessa de pagar uma quantia determinada;

c) A indicação da quantia a pagar;

d) O nome da pessoa ou firma a quem ou à ordem de quem deve ser paga;

e) A assinatura de quem passa a livrança «subscritor»;

f) A época do pagamento. Quando não se indique será considerada «pagável à vista»;

g) A indicação do lugar em que se deve efectuar o pagamento. Quando omitido considera-se para o efeito, o lugar do domicílio do subscritor;

h) A indicação da data e local de emissão;

i) Nas livranças não há aceite;

j) Outros pormenores:

    1) Dá-se também o nome de promissória aos títulos de depósitos a prazo entregues pelos bancos aos seus depositantes;

    2) Para elaboração de uma livrança é usual utilizarem-se os impressos das letras, tendo-se, no entanto, de ressalvar o termo «letra» e substituí-lo pelo de «livrança», que deve figurar, obrigatoriamente, no documento.

    3) Nas livranças pagáveis a «certo termo de vista», o prazo conta-se desde a data do visto dado pelo subscritor.

2.1.4 O Warrant

O warrant que também se designa por «cautela de penhor» é, na prática, uma livrança, cujo pagamento é garantido pelo penhor das mercadorias depositadas nos armazéns gerais.

O warrant pode ser transmissível por endosso, permitindo transaccionar as mercadorias armazenadas ou contrair um empréstimo sobre elas.

Por esta modalidade o comerciante deposita as mercadorias nos armazéns gerais para evitar o seu despacho imediato levantando-as à medida das suas necessidades, só pagando os direitos aduaneiros correspondentes às mercadorias levantadas.

2.1.5 Carta de Porte/AWB

- Carta de Porte ou AWB (do inglês Air Way Bill) – Trata-se de um documento que é sobretudo utilizado na importação de mercadorias por via aérea. No documento contam "remetente" e um "receptor" da mercadoria para além dos peso e/ou volume da mercadoria e ainda uma descrição sumária da mesma. Geralmente vem sempre anexa à Carte de Porte um "packing list-

lista de embalagem" e uma "factura", podendo mesmo vir anexos outros documentos tais como "certificados de origem, inspecção, qualidade ou outros" . A Carta de Porte representa a "proprie-dade" da mercadoria enviada através dela e permite a utilização de muitas condicionantes nessa propriedade. Quando a mercadoria é transportada, companhia transportadora tem que fazer constar todas as Cartas de Porte que vierem nesse avião numa listagem. Essa listagem tem que "conferir" com a presença física da mercadoria no avião. Quando a mercadoria chega ao país de destino fica sob a responsabilidade da Alfandega do respectivo país de destino até que se pro-cesse o "despacho aduaneiro" onde o importador paga todos direitos e demais imposições legais para que a mercadoria possa entrar no Pais assim como um conjunto de taxas como por exemplo "de armazenagem". Existem variantes no uso das Cartas de Porte sendo as mais importantes:

- MAWB – Master Air Way Bill – Trata-se de uma "Carta de Porte mãe" que é utilizada quando o importador não tem carga para encher um contentor ou pretenda beneficiar de des-contos de quantidade especiais praticados pelas empresas transportadoras; Neste caso a pro-priedade da mercadoria é do proprietário da MAWB o qual emite "AWB filhas" a favor do importador que depois processa normalmente o seu despacho. O uso deste sistema pode dar origem a atrasos no despacho das mercadorias por um conjunto de razões.

- AWB que precisa de ENDOSSO – Esta particularidade tem a ver com o facto de muitas mercadorias serem importadas através de Cartas de Crédito Bancárias e nestes casos é regra a AWB vir em nome do Banco que emitiu a Carta de Crédito. Técnicamente, a mercadoria é pro-priedade do Banco até que este proceda ao ENDOSSO da Carta de Porte a favor do importador.

2.1.6 Conhecimento de Embarque

- Conhecimento de embarque ou BL (do inglês Bill of Loading) – Trata-se de um docu-mento que é sobretudo utilizado na importação de mercadorias por via marítima. No documento contam "remetente" e um "receptor" da mercadoria para além dos peso e/ou volume da mer-cadoria e ainda uma descrição sumária da mesma. Geralmente vem sempre anexa Conheci-mento de Embarque um "packing list-lista de embalagem" e uma "factura", podendo mesmo vir anexos outros documentos tais como "certificados de origem, inspecção, qualidade ou outros". O Conhecimento de embarque representa a "propriedade" da mercadoria enviada através dele e permite a utilização de muitas condicionantes nessa propriedade. Quando a mercadoria é transportada, companhia transportadora tem que fazer constar todas as Cartas de Porte que vierem nesse avião numa listagem. Essa listagem tem que "conferir" com a presença física da mercadoria no navio. Quando a mercadoria chega ao país de destino fica sob a responsabilidade da Alfandega do respectivo país de destino até que se processe o "despacho aduaneiro" onde o importador paga todos direitos e demais imposições legais para que a mercadoria possa entrar no Pais assim como um conjunto de taxas como por exemplo "de armazenagem".

Existem variantes no uso das Cartas de Porte sendo as mais importantes:

- Grupagem – Trata-se de uma sistema que é utilizado quando o importador não tem carga para encher um contentor ou pretenda beneficiar de descontos de quantidade especiais praticados pelas empresas transportadoras; Neste caso a propriedade da mercadoria é do proprietário da grupagem o qual emite "BL´s filhos" a favor do importador que depois processa normalmente o seu despacho. O uso deste sistema pode dar origem a atrasos no despacho das mercadorias por um conjunto de razões sobretudo se a grupagem estiver a utilizar "contentores fechados" pois, no caso de haver um importador "atrasado" no seu despacho a violação do sêlo do contentor para retirar a mercadoria já despachada exige uma grande logistica de inspecção e pode ser problemática.

- B/L que precisa de ENDOSSO – Esta particularidade tem a ver com o facto de muitas mercadorias serem importadas através de Cartas de Crédito Bancárias e nestes casos é regra os B/L´s virem em nome do Banco que emitiu a Carta de Crédito. Técnicamente, a mercadoria é propriedade do Banco até que este proceda ao ENDOSSO da B/L a favor do importador.

2.1.7 Conhecimento de Embarque Ferroviário e de Camionagem

Este documentos têm configuração e tratamento semelhante aos Conhecimentos de Embarque e Cartas de Porte para os casos onde a mercadoria é transportada por via férrea e camion. Mesmo em casos de transportação "dentro do País" devem sempre ser emitidos os documentos correspondentes.

2.1.8 Ordem de saque em Angola

Ordens de Saque são documentos que correspondem aos "transferências bancárias" e que são passadas pelo Governo Angolano para efectuar os pagamentos aos seus fornecedores. As OS são emitidas informaticamente com linkagem e processamento em tempo real via internet, pelos gestores do Orçamento de cada Órgão do Estado que tem orçamento atribuído.

Os valores creditados na conta do respectivo fornecedor. Para que uma OS seja emitida ela tem que ter uma rubrica orçamental e estar dentro dos limites do Orçamento que o Orgão respectivo tem para essa rubrica.

Só podem receber Ordens de Saque fornecedores e entidades cadastradas no Ministério das Finanças no departamento próprio registo esse que exige um grande número de documentos da empresa fornecedora.

2.1.9 Despachos Aduaneiros

A Exigência pelos Países de "Despachos Aduaneiros" tem a ver com o facto dos Países não "serem iguais" e terem realidades económicas diferentes. Os governos dos Países utilizam geralmente impostos e taxas para "tentar igualar as condições de livre concorrência produtiva e empresarial" do seu País em relação a Países estrangeiros.

2.1.9.1 Bilhete de despacho normal

- A melhor forma de descrever um BL seria "uma factura dos direitos, impostos e demais imposições" emitida pelo Serviço Nacional da Alfandega e que corresponde ao que a Lei de cada País exige para que mercadorias importadas de um País estrangeiro possa ser comercializadas nesse mesmo País.

- Como o BD é um documento com alguma complexidade e que exige conhecimentos sobre muito tipo de mercadorias é geralmente feito por uma empresa especializada em Despachos Aduaneiros, o Despachante Oficial.

- Cada mercadoria tem uma classificação de acordo com a sua natureza e cada País "cria uma taxa" de direitos e de outros impostos, para esse tipo de mercadoria

- No Bilhete de Despacho constam em outros os seguintes dados... Nome, morada e país do importador, nome, morada e país do exportador... Posição pautal, valores e tonelagem/volumes, das mercadorias importadas

- Despachante oficial

- Valores a pagar

2.1.9.2 Despacho de caderneta

Como o nome dá a entender trata-se de um despacho como o tipo normal só que este PODE ser emitido sem a presença do despachante.

É geralmente utilizado nos Correios dos Países assim como para carga acompanhada pelo passageiro quando este entra no País.

Tem a particularidade de ser emitido na hora e sem qualquer atrazo.

2.1.9.3 SNA – Serviço Nacional das Alfândegas

- O SNA de cada País tem por missão fazer cumprir o que as leis de cada País disserem sobre a importação e exportação de mercadorias e bens sendo estas leis geralmente o seu papel geralmente

2.1.10 Cartas de Crédito ou L/C´s

Cartas de Crédito ou L/Cs (do inglês Letters of Credit) são instrumentos de pagamento utilizados geralmente nas operações de importação ou exportação de mercadorias embora possam tecnicamente ser usadas noutros casos.

Básicamente estas operações são feitas da seguinte forma:

- Um importador pretende comprar uma determinada mercadoria a um fornecedor, geralmente estrangeiros e pede para isso uma factura PROFORMA.

- Por razões de segurança nem o fornecedor quer mandar a mercadoria a crédito nem o importador quer pagar a mercadoria sem ter a garantia que a mesma foi enviada.

- Utiliza-se então o sistema bancário onde o importador coloca o dinheiro num banco do seu País e pede-lhe para este "pagar em seu nome ao fornecedor mediante a entrega de determinados comprovativos e garantias que a mercadoria adquirida foi enviada"; Esses comprovativos são geralmente 1 - Um Conhecimento de embarque ou Carta de Porte 2 - Uma factura definitiva 3 - Uma lista de embalagem 4 - Um certificado passado por uma entidade de inspecção internacional (existem várias sendo as mais conhecidas a SGS e a BV). Podem-se pedir outros documentos que sejam mutuamente acordados como por exemplo, Certificados de Origem ou Comprovativos de que a empresa fornecedora é uma empresa credível. Podem mesmo ser pedidas "garantias bancárias emitidas pelo Fornecedor"

- Básicamente este instrumento tem por objectivo que o Fornecedor recebe o seu dinheiro e que o comprador recebe a sua mercadoria. O grau de confiança entre as partes define o tipo de documentos que ambas as partes exigem entre si.

- É comum a Carta de Crédito ter ainda algumas variantes como por exemplo, ser paga a "n" dias, financiando assim parcialmente a operação ou então ser ICLOC (do inglês Irrevocable and Confirmed Letter of Credit).

- As cartas de crédito são geralmente "irrevogáveis" até ao fim da sua validade; Isto quer dizer que uma vez aberta, até ao fim da sua validade o comprador não a pode anular. Igualmente é norma definirem que são pagas "at sight" querendo isto dizer que o banco no País fornecedor tem que pagar o valor "à vista mediante apresentação dos documentos que forem definidos".

- Esta operação tem no entanto custos que ambas as partes cuja responsabilidade tem que ser definida à partida quem os assume. A responsabilidade desses custos são geralmente parte dos textos das Cartas de Crédito.

Procedimentos práticos para Cartas de Crédito

- Depois da factura proforma ser licenciada pelo Ministério do Comércio, o importador preenche um formulário no seu Banco comercial o qual "abre" a Carta de Crédito num Banco seu correspondente na praça do Fornecedor. Pode acontecer, e genéricamente acontece, que o banco do importador não possui correspondente na cidade do fornecedor; Nestes casos são utilizados os chamados Bancos Correspondentes que têm por missão "receber a documentação" e "pagar" em nome do Banco seu parceiro de Angola o respectivo valor contra entrega dos documentos que forem determinados.

- É comum os documentos não estarem 100% correctos e nestes casos o Banco Correspondente faz uma coisa que se chama de "Aceitação sob reserva" e só com autorização do banco angolano a operação é paga. O banco angolano quando recebe a comunicação da "reserva" pede por escrito uma autorização ao "importador" do "levantamento das reservas". Se o importador estiver de acordo faz a carta confirmando esse levantamento de reservas e, o fornecedor recebe o seu dinheiro. É raro as cartas de Crédito estarem 100% correctas no que diz respeito ao texto e documentos e é raro haver uma Carta de Crédito "sem reservas" pelo que "apenas casos muito raros" são alvo de tratamento que exija recurso à justiça ou outros métodos de resolução de conflitos. Fica o leitor no entanto informado que tal pode acontecer e, caso esteja interessado, deve estudar o assunto mais a fundo nalgum forum da especialidade. O objectivo deste livro não é dar "um curso de comércio externo" mas sim tratar de questões práticas.

- É também comum que os documentos "venham para Angola em nome do Banco Angolano". Isto acontece na maior parte dos casos pois o Banco angolano apenas considera o "processo encerrado" depois de debitadas todas as despesas que tiver com a operação, sendo essas despesas consideráveis. Deve o importador ter sempre o cuidado de negociar o melhor possível essas despesas porque pode ter surpresas, sobretudo quando o fornecedor é de algum mercado pouco comum. Nestes casos, ao receber cópia do AWB ou B/L dos documentos de importação, o importador tem que ir ao banco angolano "proceder ao endôsso" dos documentos para que possa proceder ao Despacho Aduaneiro. Até esse endôsso, as mercadorias pertencem "técnicamente" ao Banco que fez a operação.

Exmos. Senhores,

Solicitamos, sob nossa inteira responsabilidade, a abertura de um **Crédito Documentário** nas seguintes condições:

Importação - Crédito - Documentário Abertura	CD	Abertura por
		☐ Via Aérea ☐ Telex/Swift ☐ _____
Localidade	Data	☐ Irrevogável ☐ Confirmado ☐ Transferível
Validade do Crédito		em Local

Ordenador

Nome

Morada

Telefone	**Número de Conta**	

Beneficiário

Nome Empresa

Morada	País

Telefone	Fax

E-mail	Telefone de contacto

Moeda Estrangeira

Importância

Extenso

Expedições parciais	**Transbordos**
☐ Permitidas ☐ Proibidas	☐ Permitidos ☐ Proibidos

Mercadorias a embarcar	de	Data limite 1ª Expedição
	para	

Mercadoria (indicar genericamente a mercadoria, mencionando quantidades por qualidades, e sendo possível, no idioma em que tenha sido tratada a operação)

☐ FOB   ☐ CIF   ☐ C&F   ☐ _____

Documentos Requeridos

☐ Factura comercial (original e cópias)

☐ Jogo completo de conhecimentos limpos mercadoria a bordo, emitidos à ordem do Banco Sol, notificando o ordenador

☐ Certificado de origem

☐ Nota de peso   ☐ Nota de embalagem   ☐ Certificado de peso   ☐ _____

☐ Atestado de verificação (clean report of findings) emitido pela SGS, seus agentes ou delegações

☐ Carta de Porte Internacional (C.M.R.)   ☐ Recibo transitário   ☐ Carta de Porte aéreo   ☐ Guia de caminho de ferro

☐ Apólice/Certificado de Seguro, à ordem do Banco Sol, ou à ordem e endossado em branco, cobrindo a mercadoria pelo valor da factura, mais _____ % _____ contra os riscos de _____

Condições de Pagamento

☐ À vista   ☐ A prazo, a _____ dias, de _____

As despesas bancárias fora de Angola são

☐ A não cargo   ☐ A cargo do beneficiário

Prazo para entrega dos documentos após a data de expedição, mas dentro da validade do crédito, _____ dias.

Mod. 301

Verso

Condições Adicionais

_____
_____
_____
_____
_____
_____
_____
_____
_____
_____
_____

Fica expressamente convencionado que:

• A presente abertura de Crédito Documentário fica subordinada às regras e usos uniformes relativos aos Créditos Documentários, adaptadas pela Câmara de Comércio Internacional, à data da sua abertura, sem prejuízo dos usos e costumes na praça da sua liquidação ou negociação e designadamente ter em consideração que:

    - os Créditos Documentários são por natureza própria transacções distintas das vendas ou de outros contratos em que eles se possam basear, e essas vendas e contratos de modo algum respeitam ao Banco ou o vinculam, mesmo que o Crédito inclua uma referência a um tal contrato, qualquer que seja a referência;

    - nos Créditos Documentários todas as partes interessadas devem ter em consideração os documentos e não as mercadorias, serviços e/ou quaisquer obrigações contratuais às quais os documentos se possam reportar;

    - um Crédito irrevogável não poderá ser anulado antes de findo o prazo para a entrega dos documentos em ordem, nem alterado nem modificado, salvo acordo expresso de todas as partes nele interessadas;

    - os Bancos não são responsáveis por quaisquer circunstâncias ou anomalias sejam elas de que natureza forem, relacionadas com a mercadoria ou com o seu transporte até ao destino, nem quanto à autenticidade ou regularidade dos documentos, nem tão-pouco quanto a eventuais erros de tradução de termos técnicos, mutilações, más interpretações ou atrasos de correspondência ou telegramas/swift/telex utilizados para a transmissão do crédito.

• Assumimos o compromisso de pagar a V. Exas. o valor utilizado deste crédito, quer à recepção por V. Exas. dos documentos exigidos ou desde que tenham recebido aviso do mesmo ter sido utilizado pelos beneficiários, quer na data do vencimento que eventualmente nos termos do crédito, tenha sido fixada.

• Em execução do compromisso assumido, autorizamos V. Exas. a debitar em qualquer conta existente em nosso nome nesse Banco a quantia necessária para liquidação deste crédito, bem como dos respectivos juros, comissões e outras despesas, até integral pagamento da importância de que formos devedores.

• As comissões e mais despesas eventuais são sempre devidas a V. Exas. ainda que o crédito seja total ou parcialmente cancelado.

• Na eventualidade do não cumprimento das obrigações por nós aqui assumidas, reconhecemos a esse Banco o direito de proceder à venda da mercadoria, extrajudicialmente, sendo sempre de nossa responsabilidade qualquer diferença entre o produto de venda e a importância a reembolsar a V. Exas. acrescida das despesas inerentes, incluindo eventuais diferenças de câmbio, despesas de armazenagem, seguro, etc.

Operação a efectuar da nossa conta de

☐ Empréstimo nº_____

☐ Depósito à ordem nº _____

☐ Financiamento externo _____

Observações

_____
_____
_____

| Selo |
| Art. 92º TGIS |

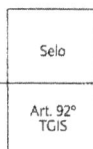

(Inutilização por carimbo e assinaturas que obriguem a empresa perante o Banco)

Swift Input:	FIN 700 Issue of a Documentary Credit
Sender :	BFMXAOLUXXX
	▉▉▉▉▉▉▉▉▉▉▉▉▉▉▉▉▉▉▉
	LUANDA AO
Receiver :	▉▉▉▉▉▉▉▉
	FIRSTRAND BANK LTD HEAD OFFICE INCL. DIVISIONS FIR
	(HEAD OFFICE AND ALL SOUTH AFRICAN OFFICES)
	JOHANNESBURG ZA

Message Text

```
F27: Sequence of Total
          1
          1
F40A: Form of Documentary Credit
          IRREVOCABLE
F20: Documentary Credit Number
          CDIM13700123
F31C: Date of Issue
          130403
F40E: Applicable Rules
          UCPURR LATEST VERSION
F31D: Date and Place of Expiry
          130702
          SOUTH AFRICA
F50: Applicant
          ▉▉▉▉▉▉▉▉▉▉▉▉▉▉▉▉▉▉▉
          LUA     LUANDA
F59: Beneficiary - Name & Address
          ▉▉▉▉▉▉▉▉▉▉▉▉▉▉▉▉▉▉▉
          MIDRAND, SOUTH AFRICA
F32B: Currency Code, Amount
          USD          [ US DOLLAR ]
          ▉▉▉▉▉▉▉▉▉▉▉▉▉▉▉
F39B: Maximum Credit Amount
          NOT EXCEEDING
F41A: Available With...By... - FI BIC
```

FIRNZAJJ

F███

(HEAD OFFICE AND ALL SOUTH AFRICAN OFFICES)
JOHANNESBURG   ZA
BY PAYMENT
F42P: Deferred Payment Details
.
F43P: Partial Shipments
ALLOWED
F43T: Transshipment
ALLOWED
F44E: Port of Loading/Airport of Dep.
ANY AIR PORT
F44F: Port of Dischrge/Airport of Dest
LUANDA AIR PORT - ANGOLA
F44C: Latest Date of Shipment
130611
F45A: Descriptn of Goods &/or Services
+ COMPUTER EQUIPMENT AS PER PROFORMA INVOICE
NO.0000438,0000439 AND 0000441 DD 12/03/2013.
+ FOB
F46A: Documents Required
+ COMMERCIAL INVOICE ORIGINAL AND 1 COPIES,DULY SIGNED.
+ AIR WAYBILL ISSUED IN NAME OF BANCO DE FOMENTO ANGOLA
NOTIFY APPLICANT, STATING OUR L/C NUMBER AND MARKED
FREIGHT PAYABLE AT DESTINATION.
+ PACKING LIST
F47A: Additional Conditions
+ DOCUMENTS DATED PRIOR TO ISSUANCE
OF THIS L/C NOT ACCEPTABLE.
F71B: Charges
ALL BANKING CHARGES ARE FOR OUR
ACCOUNT AND SHALL BE DEBITED ON
UTILIZATION OR AFTER EXPIRY.
F48: Period for Presentation
DOCUMENTS ARE TO BE PRESENTED
WITHIN 21 DAYS AFTER SHIPMENT
BUT WITHIN L/C VALIDITY.
F49: Confirmation Instructions
CONFIRM
F53A: Reimbursing Bank - FI BIC
BBPIPTPL
BANCO BPI SA
(ALL PT BRANCHES NOT LISTED)
PORTO   PT
F78: Instr to Payg/Accptg/Negotg Bank
+ PLEASE CLAIM REIMBURSEMENT FOUR WORKING DAYS AFTER YOUR SWIFT
DULY AUTHENTICATED ATESTING RECEIPT OF DOCUMENTS STRICTLY
IN COMPLIANCE WITH TERMS OF L/C.
PLEASE SEND DOCUMENTS TO THE FOLLOWING ADDRESS:
BANCO FOMENTO ANGOLA
ATT: CREDITOS DOCUMENTARIOS
RUA AMILCAR CABRAL, 56-58
LUANDA - ANGOLA
F57A: 'Advise Through' Bank - FI BIC
FIRNZAJJ
█████████████████████████████████

CORPORATE AND RAND MERCHANT BANK

(HEAD OFFICE AND ALL SOUTH AFRICAN OFFICES)
JOHANNESBURG   ZA

3 AUXILIAR PARA CÁLCULOS COMERCIAIS

Não queremos aqui incluir qualquer novidade, apenas desejamos relembrar aquilo que já se estudou e que poderá, entretanto, ter sido esquecido.

Nós próprios, para os exemplos que vamos apresentar, tivemos que recorrer à nossa «velha matéria» para recordar fórmulas para apuramento de valores a que habitualmente designamos por «cálculos rudimentares», mas sempre úteis a todo o contabilista ou empresário.

Por isso, vamos a seguir apresentar alguns problemas de uso corrente para assim podermos auxiliar aqueles que, por falta de treino, se possam sentir embaraçados na resolução dos seus trabalhos quotidianos.

3.1 Percentagens

Como se sabe, dá-se o nome de «percentagem» (%) ao cálculo feito em relação à unidade 100. Ou melhor, é a porção de determinado valor, que se conhece sabendo-se o quanto corresponde a cada 100.

3.1.1 Uma mercadoria que se adquiriu por 75 000$00, por quanto se há-de vender se quisermos ganhar 15% sobre o preço do custo?

3.1.1.1 Para efectivação do nosso cálculo temos de raciocinar da seguinte forma: Cada 100 do custo terão de se vender por 115 para ganharmos os 15% pelo que, assim, teremos:

$$\frac{100}{115} = \frac{75\,000\$00}{V} \qquad V = \frac{75\,000\$00 \times 115}{100} = 86\,250\$00$$

a) Para comprovar a exactidão deste cálculo poderíamos achar os 15% e adicionar ao resultado o custo da mercadoria, ou seja:

$$\frac{75\,000\$00 \times 15}{100} = 11\,250\$00 + 75\,000\$00 = 86\,250\$00$$

3.1.2 Um comerciante deseja ter um lucro líquido de 30% *sobre o valor de venda* de uma mercadoria. Sabendo que essa mercadoria lhe custou 140 000$00, por quanto a terá de vender?

a) Antes de exemplificarmos este cálculo desejamos salientar que temos verificado certa tendência de se achar os 30% sobre o valor do custo da mercadoria, o que é errado, como se exemplifica:

— Calculando 30% sobre 140 000$00, obtém-se 42 000$00 que, adicionado ao custo, daria:

140 000$00 + 42 000$00 = 182 000$00

— Calculando os 30% sobre os 182 000$00 obter-se-ia um lucro de 54 600$00 que, deduzido ao valor de venda, daria um custo apenas de 127 400$00 quando, na realidade, o custo da mercadoria foi de 140 000$00.

— O cálculo terá de efectuar-se por forma tal que, subtraindo o lucro ao preço de venda, se encontre o custo real da mercadoria.

b) Resolve-se este caso raciocinando-se da seguinte forma:

1) O preço de venda terá de ser de 100 acrescido de 30 que é o lucro que pretende obter o comerciante;

2) Em relação à venda o preço de compra foi de 100, deduzido do lucro de 30, ou seja:

100 — 30 = 70

Portanto, sabendo-se que a mercadoria custou 70 e foi vendida por 100, acharíamos o seu preço de venda através da seguinte fórmula e cálculo:

$$\text{Venda} = \frac{\text{Compra} \times 100}{100 - \text{Percentagem}}$$

$$V = \frac{140\,000\$00 \times 100}{70} = 200\,000\$00$$

c) Resposta: A venda terá de efectuar-se por 200 000$00 para se obter um lucro líquido de 30%. Verifica-se, assim, que os nossos cálculos estão certos ao adicionarmos os 30% sobre o valor de venda ao custo:

140 000$00 + 60 000$00 = 200 000$00

3.1.3 Quanto ganhou uma empresa que vendeu por 250 000$00 uma mercadoria que lhe deu de lucro 17 5/8%?

a) Resposta:

5/8 = 0,625, logo:

17 5/8 é igual a 17,625%

$$\text{Lucro} = \frac{250\,000\$00 \times 17,625}{100} = 44\,062\$50$$

3.1.4 Um comerciante facturou uma mercadoria com um lucro de 20% sobre o custo. Sabendo-se que o valor da venda totalizou 420 000$00 qual foi o custo da mercadoria?

a) Resposta (A mercadoria custou 100 e foi vendida por 100 mais 20):

$$\frac{420\,000\$00 \times 100}{120} = 350\,000\$00$$

3.1.5 Um comerciante adquiriu mercadorias pelo valor de 28 800$00. O vendedor concedeu-lhe um desconto de 20% mais 3% e, ainda, um desconto de pronto pagamento de 2%. Qual o valor líquido a pagar?

a) 20% sobre 28 800$00:

$$\frac{28\,800\$00 \times 20}{100} = 5\,760\$00$$

b) 3% sobre 28 800$00 — 5 760$00 = 23 040$00:

$$\frac{23\,040\$00 \times 3}{100} = 691\$20$$

c) 2% sobre 23 040$00 — 691$20 = 22 348$80:

$$\frac{22\,348\$80 \times 2}{100} = 446\$97 \text{ (ou 447$00 por arredondamento)}$$

d) Resposta: O valor líquido a pagar pelo comerciante será de 22 348$80 — 447$00 = = 21 901$80.

Nota: Como se constata o desconto de 20 + 3 + 2% não é a mesma coisa do que 25%, como às vezes é erradamente interpretado. (Na prática, 20 + 3 + 2% corresponde a 23,952%).

3.1.6 O mesmo comerciante pretende ganhar 20% numa mercadoria que lhe custou 36 000$00. Por que preço a terá de vender sabendo que terá ainda de pagar 4% de comissão sobre aquele valor e 1,5% de despesas de s/ conta para as remeter ao destinatário?

a) Resposta: Para se obter o lucro que se pretende, terá que se ter presente que o custo da mercadoria tem de ser sobrecarregado com mais 20, 4, e 1,5%, ou sejam 25,5%, pelo que, assim, teremos:

$$V = \frac{36\,000\$00 \times (100 + 25,5)}{100} = 45\,180\$00$$

3.1.7 Comprou-se na Alemanha uma mercadoria por DM 4 000,00 ao câmbio de 16$83,75. O importador deseja vender essa mercadoria com um lucro de 30% sobre o preço do custo. Pergunta-se por quanto a terá de vender, sabendo que efectuou as seguintes despesas até à entrada do produto em armazém?

— 3,5% s/ o valor da factura para despesas de transporte e seguro;

— 15% s/ o valor total para desembaraço alfandegário;

— 3/4% s/ o custo total até à saída da alfândega, para despesas com frete até ao armazém do comprador.

— Cálculos:

a) Conversão ao câmbio do dia:

DM 4 000,00 × 16$83,75 . . . .　67 350$00

b) Seguro e transporte:

$$\frac{67\,350\$00 \times 3,5}{100} = \;\; . \; . \; . \; . \; . \; . \; . \; . \; . \; . \; . \; . \;\;\;\; 2\,357\$25$$

c) Direitos alfandegários:

$$\frac{(67\,350\$00 + 2\,357\$25) \times 15}{100} = 10\,456\$087 \; . \; . \; . \; . \; . \;\;\;\; 10\,456\$10$$

d) Frete para o armazém:

$$\frac{(67\,350\$ + 2\,357\$25 + 10\,456\$10) \times 0,75}{100} = (601\$225) \; . \; . \; . \;\;\;\; 601\$20$$

Custo total . . . .　80 764$55

e) Preço de venda:

$$\frac{80\,764\$55 \times (100 + 30)}{100} = 104\,993\$91 \; . \; . \; . \; . \; . \; . \; . \; . \;\;\;\; 104\,993\$90$$

3.1.8 Qual a percentagem de lucro que se obteve numa mercadoria que custou 145 500$00 e foi vendida por 172 650$30?

Respostas:

a) Percentagem de lucro s/ o valor de compra:

$$\frac{(172\,650\$30 - 145\,500\$00) \times 100}{145\,500\$00} = 18,66\%$$

b) Percentagem de lucro s/ o valor de venda:

$$\frac{(172\,650\$30 - 145\,500\$00) \times 100}{172\,650\$30} = 15,725602 \text{ ou } 15,73\% \text{ (por arredondamento)}$$

3.2 Juros

3.2.1 Como calcular o juro:

Uma Instituição de Crédito concedeu um empréstimo de 60 000$00 a um seu cliente à taxa de 7% ao ano. Qual o juro a cobrar ao fim de 180 dias?

Resposta:

$$\frac{60\,000\$00 \times 7 \times 180}{100 \times 365} = 2\,071\$23 \text{ (ou } 2\,071\$20)$$

Fórmula:

$$J = \frac{C \times R \times T}{36500}$$

3.2.2 Como achar o capital:

Qual o capital que à taxa de 7% ao ano rendeu de juro 2 071$23, em 180 dias?

Resposta:

$$\frac{2\,071\$23 \times 36500}{7 \times 180} = 59\,999\$99 \text{ (ou } 60\,000\$00)$$

Fórmula:

$$C = \frac{J \times 36500}{R \times T}$$

3.2.3 Como achar a taxa:

Qual a taxa em que o capital de Esc. 60 000$00, rendeu de juro Esc. 2 071$23, durante o período de 180 dias?

Resposta:

$$\frac{2\,071\$23 \times 36500}{60\,000\$00 \times 180} = 6,9999 \text{ (ou } 7\%)$$

Fórmula:

$$R = \frac{J \times 36500}{C \times T}$$

3.2.4 Como achar o tempo:

Qual o tempo, em que o capital de Esc. 60 000$00, rendeu de juro Esc. 2 071$23 à taxa de 7% ao ano?

Resposta:

$$\frac{2\,071\$23 \times 36500}{60\,000\$00 \times 7} = 179,999 \text{ (ou } 180 \text{ dias).}$$

Fórmula:

$$T = \frac{J \times 36500}{C \times R}$$

ÍNDICE

ÍNDICE

CAPÍTULO I

COMO ORGANIZAR A CONTABILIDADE DE UM COMERCIANTE
OU DE UMA SOCIEDADE PARA INÍCIO DA SUA ESCRITURAÇÃO

CAPÍTULO II

PGCA – PLANO GERAL DE CONTABILIDADE DE ANGOLA

CAPÍTULO III

EXEMPLO Nº 2

COMO ORGANIZAR A CONTABILIDADE DE UM COMERCIANTE

OU EMPRESA PARA CUMPRIMENTO DA LEI

CAPÍTULO IV

EXEMPLO Nº 3

MOVIMENTOS CONTABILÍSTICOS DE FIM DE EXERCÍCIO

CAPÍTULO V

IMPOSTO SOBRE OS RENDIMENTOS DO TRABALHO (IRT)

CAPÍTULO VI

CÓDIGO DO IMPOSTO DO SELO

CAPÍTULO VII

CÓDIGO DO IMPOSTO SOBRE A APLICAÇÃO DE CAPITAIS

CAPÍTULO VIII

ASSOCIAÇÃO DE SOLIDARIEDADE SOCIAL "XYZ", DE LUANDA

Operações realizadas em Janeiro de 2011:

CAPÍTULO IX

SOCIEDADE COMERCIAL DE BENGUELA, LIMITADA

CAPÍTULO X

DISSOLUÇÃO E LIQUIDAÇÃO DE SOCIEDADES

CAPÍTULO XI

RUISGFP - SOCIEDADE DE EMPREITADAS DE LUANDA, S. A.

TÍTULO
TÉCNICAS CONTABILÍSTICAS
E OS IMPOSTOS DE ANGOLA

AUTORES
GIL FERNANDES PEREIRA
RUI M. DOS SANTOS

IMPRESSÃO E ACABAMENTO
NORPRINT

DEPÓSITO LEGAL
000000/13

ISBN
978-972-9286-70-4

www.ingramcontent.com/pod-product-compliance
Lightning Source LLC
Chambersburg PA
CBHW051115200326
41518CB00016B/2507